Luz sobre o Yoga

B. K. S. IYENGAR
Apresentação de Yehudi Menuhin

Luz sobre o Yoga

YOGA DĪPIKĀ

O Guia Clássico de Yoga Escrito
pelo Embaixador do Yoga no Ocidente

– Edição Integral –

Tradução
MARCIA NEVES PINTO
Professora Certificada em Iyengar Yoga

Prefácio
DEBORAH WEINBERG
Cofundadora da Associação Brasileira de Iyengar Yoga
e Professora Certificada em Iyengar Yoga

Editora
Pensamento
SÃO PAULO

Título original: *Light on Yoga*.
Copyright © 1991 B.K.S. Iyengar.
Publicado originalmente em inglês por HarperCollins Publishers.
Copyright da edição brasileira © 2016 Editora Pensamento-Cultrix Ltda.
1ª edição 2016.
7ª reimpressão 2023.

Todos os direitos reservados. Nenhuma parte deste livro pode ser reproduzida ou usada de qualquer forma ou por qualquer meio, eletrônico ou mecânico, inclusive fotocópias, gravações ou sistema de armazenamento em banco de dados, sem permissão por escrito, exceto nos casos de trechos curtos citados em resenhas críticas ou artigos de revista.

A Editora Pensamento não se responsabiliza por eventuais mudanças ocorridas nos endereços convencionais ou eletrônicos citados neste livro.

B. K. S. Iyengar detém o direito moral de ser identificado como autor desta obra.

Obs.: Não pode ser exportado para Portugal, Angola e Moçambique.

Editor: Adilson Silva Ramachandra
Editora de texto: Denise de C. Rocha Delela
Gerente editorial: Roseli de S. Ferraz
Revisão técnica e preparação de texto: Deborah Weinberg
Produção editorial: Indiara Faria Kayo
Assistente de produção editorial: Brenda Narciso
Editoração eletrônica: Join Bureau
Revisão: Liliane S. M. Cajado

Dados Internacionais de Catalogação na Publicação (CIP)
(Câmara Brasileira do Livro, SP, Brasil)

Iyengar, B. K. S., 1918-2014.
   Luz sobre o yoga : yoga dipika : o guia clássico de yoga escrito pelo embaixador do yoga no Ocidente / B. K. S. Iyengar ; apresentação de Yehudi Menuhin ; tradução Marcia Neves Pinto ; prefácio Deborah Weinberg. – São Paulo : Pensamento, 2016.

   Título original: Light on yoga
   "Edição integral"
   ISBN 978-85-315-1924-6

   1. Hatha yoga 2. Yoga I. Menuhin, Yehudi. II. Weinberg, Deborah. III. Título.

16-00301   CDD-613.7046

Índice para catálogo sistemático:
  1. Yoga : Sabedoria e prática : Promoção da saúde   613.7046

Direitos de tradução para o Brasil adquiridos com exclusividade pela
EDITORA PENSAMENTO-CULTRIX LTDA., que se reserva a
propriedade literária desta tradução.
Rua Dr. Mário Vicente, 368 – 04270-000 – São Paulo – SP
Fone: (11) 2066-9000
http://www.editorapensamento.com.br
E-mail: atendimento@editorapensamento.com.br
Foi feito o depósito legal.

Dedicado ao meu venerado *Gurujī*

*Sāmkya-yoga-Śikhāmaṇi; Veda-kesari; Vedāntavāgīśa;
Nyāyāchārya; Mīmāsa-ratna; Mīmāsa-thīrtha*

Professor Śrīmān T. Krishnamāchārya de Misore (Sul da Índia)

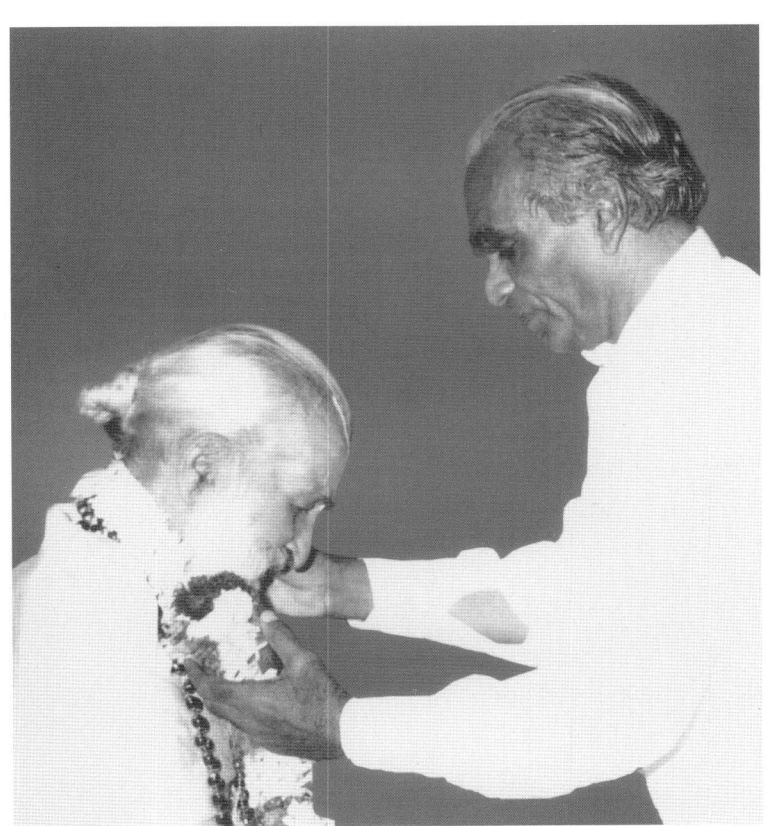

Invocação

"Prostro-me diante do mais nobre dos sábios, Patañjali, que trouxe a serenidade da mente por sua obra sobre *yoga*, clareza da palavra por sua obra sobre gramática e pureza do corpo por sua obra sobre medicina."

"Eu saúdo Ādīśvara (o Primevo Senhor Śiva), o primeiro a ensinar a ciência do *haṭha yoga* – uma ciência que se ergue como uma escada para aqueles que desejam escalar as alturas de *rāja yoga*."

Prefácio à edição brasileira

O leitor tem em suas mãos uma obra que representa uma verdadeira revolução. Antes de B.K.S. Iyengar, a prática do *yoga* era para poucos, um tema reservado aos integrantes de uma cultura e uma tradição oral exigentes, quando o conhecimento e o ensinamento só eram transmitidos a aspirantes testados e dedicados.

O próprio Iyengar teve que vencer muitos cumes e montanhas para adquirir o que transmite aqui com tanta clareza e generosidade. Ainda garoto, ele foi morar com a irmã e o cunhado, o célebre T. Srimān Krishnamāchārya. Mas, enfraquecido por doenças, não pareceu um aluno promissor, e Krishnamāchārya resistiu muito em aceitá-lo.

Em poucos anos, porém, Iyengar já dominava os *āsanas* e passou a ensiná-los, a pedido de seu mestre. Diante da dificuldade dos alunos, começou a fazer uso de objetos à sua volta como acessórios, para que todos pudessem se beneficiar da prática, independentemente da idade ou da capacidade. Sua paixão pelo tema e sua compaixão o impeliam a levar o *yoga* para todos.

Ao se propor a fazer este manual, B.K.S. Iyengar embarcou em uma enorme tarefa: a de catalogar e selecionar os principais *āsanas* de um universo sem fim; de colocá-los em uma ordem hierárquica; de apresentá-los em uma forma criteriosa e cuidadosa; de listar, de forma resumida, seus principais benefícios; de dar ao seu leitor programas para que pudesse avançar em suas práticas, mesmo na ausência de um professor. Assim, ele estaria dando acesso para muitos a uma ciência antes restrita a poucos e portanto preocupou-se em apresentar todos os cuidados que o praticante deveria ter.

Iyengar só foi levado a escrever este livro depois de dedicar-se durante décadas a, como ele diz, "digerir" as posturas. Deste modo, apesar de ter mergulhado fundo na prática desde jovem, vem a publicar *Luz Sobre o Yoga* com mais de 40 anos, depois de ter em sua bagagem vasta experiência de prática e ensino. Ele apresenta o resultado de um entendimento maduro, adquirido por um longo e árduo caminho, no qual descobriu em seu próprio corpo as noções de integração e alinhamento profundo, transmitidas na beleza de suas fotos.

Pode parecer curioso aos leitores que, apesar de ser famoso por ter introduzido o uso de objetos que tanto auxiliam estudantes em todo o mundo, Iyengar nos oferece um livro totalmente despido de acessórios. Ele exibe cada *āsana* em sua forma clássica, proporcionando a compreensão da imagem final das posturas, com sua beleza geométrica, limpa e nua, sem interferência e dentro da tradição.

Respeitoso da tradição, B.K.S. Iyengar revolucionou de muitas formas a prática de *yoga*, inclusive com aulas públicas e mistas. Sua pesquisa constante levou-o a uma evolução contínua da prática e do ensino. Até hoje, com seus 95 anos de idade, ele continua inovando e ensinando.*

Luz Sobre o Yoga foi publicado pela primeira vez em 1966 e tornou-se um guia para milhares de praticantes em todo o mundo. Seu trabalho meticuloso e organizado foi em grande parte responsável por apresentar o tema ao Ocidente. Na introdução, de forma clara e concisa, ele apresenta ao leitor a filosofia do *yoga* segundo Patañjali. Depois, oferece descrições sintéticas e objetivas de como entrar e sair de cada postura, seu grau de dificuldade, os cuidados a serem tomados e os benefícios de cada uma. As ilustrações são verdadeiras aulas para o olhar atento e, por isso, buscamos a impressão de melhor qualidade para esta edição. Iyengar ainda introduz o assunto de *bandhas*, *kriyās* e *prāṇāyāmas*, e termina o livro com sugestões de encadeamento dos *āsanas*, semana por semana.

Assim, B.K.S. Iyengar compôs um manual que se tornou uma verdadeira Bíblia para o praticante, preenchendo uma lacuna de forma tão sólida que sua obra se fez essencial para todos os interessados pelo tema.

Hoje, o livro foi traduzido para inúmeras línguas e há associações de Iyengar Yoga em todo o mundo. No Brasil, não é diferente: a Associação Brasileira de Iyengar Yoga (www.iyengar.com.br) vem atuando há anos para difundir o método em toda sua profundidade e, com este fim, envolveu-se neste projeto vital de tradução do *"Light on Yoga"*. Todo aquele que se interessa pelo tema tem na presente obra uma fonte inesgotável de informações.

A tradução para o português foi feita a partir do original em inglês. Nós procuramos manter a tradução o mais literal possível. Quando necessário, foram feitas pequenas alterações no sentido de tornar o texto mais fluido, com consultas às traduções francesa e

---

* Bellur Krishnamachar Sundararaja Iyengar faleceu no dia 20 de agosto de 2014; em janeiro daquele mesmo ano, tivemos a oportunidade de encontrá-lo, quando manifestou o anseio de ver este livro traduzido para o português e lhe comunicamos que seu desejo estava sendo cumprido e que em breve a publicação estaria à disposição dos leitores de língua portuguesa, o que lhe causou muita alegria. (N.T.R.)

espanhola. A ideia é trazer ao leitor brasileiro a obra responsável pela disseminação do *yoga* pelo mundo, que ela possa eliminar incertezas e inspirar tantos outros.

B.K.S. Iyengar dedicou sua vida ao *yoga*. Ele trouxe não apenas luz, mas força, vigor e nova clareza a este tema milenar. A força do *yoga* transmitida sob a luz de B.K.S. Iyengar é irresistível, uma verdadeira bênção para a humanidade.

Deborah Weinberg
Rio de Janeiro, 26 de maio de 2014
Cofundadora da Associação Brasileira de Iyengar Yoga
Professora Certificada em Iyengar Yoga

Apresentação
por Yehudi Menuhin

A prática do *yoga** desperta um sentido fundamental de medida e proporção. Reduzidos como estamos ao nosso próprio corpo – nosso primeiro instrumento – aprendemos a usá-lo, extraindo dele sua máxima ressonância e harmonia. Com paciência inquebrantável, afinamos e animamos cada uma de nossas células, à medida que retornamos diariamente ao ataque, desbloqueando e liberando capacidades de outro modo condenadas à frustração e à morte.

Cada área não desenvolvida de tecido e nervo, de cérebro ou pulmão é um desafio à nossa vontade e integridade, quando não é uma fonte de frustração e morte. Quem quer que tenha tido o privilégio de receber a atenção do Sr. Iyengar ou de testemunhar a precisão, o refinamento e a beleza de sua arte, foi apresentado àquela visão de perfeição e inocência que é o homem tal como foi criado – desarmado, livre de pudor, filho de Deus, senhor da criação – no Jardim do Éden. A árvore do conhecimento de fato produziu muitos frutos de grande variedade: doces, venenosos, amargos ou saudáveis, de acordo com o uso que fazemos deles. Mas não é mais imperativo do que nunca que cultivemos essa árvore, que nutramos suas raízes? E, além disso, como é perigoso esse conhecimento para aqueles que, inseguros, preferem aplicá-lo para manipular outras pessoas e coisas do que para o aperfeiçoamento de si mesmos.

A prática de *yoga* nos últimos quinze anos convenceu-me de que a maioria das nossas atitudes fundamentais perante a vida tem uma contraparte no corpo. Assim, a comparação e a crítica devem começar pelo alinhamento de nossos próprios lados direito e esquerdo, num grau em que até mesmo os ajustes mais finos são possíveis; ou a força

---

* Inicialmente, gostaríamos de expor que procuramos manter as palavras utilizadas em sânscrito em sua forma transliterada e adotada nas obras de B. K. S. Iyengar. A escolha se deve ao fato de que o sânscrito é a língua elaborada para transmitir os conhecimentos contidos nos Vedas e na literatura sagrada hindu em geral, sendo a tradução para outros idiomas muitas vezes inexata, porquanto essas palavras exprimem conceitos, entendimentos mais profundos que não encontram perfeita correspondência em outros idiomas. (N.T.)

de vontade pode nos levar a alongar o corpo desde os dedos dos pés até o topo da cabeça, em desafio à gravidade. O ímpeto e a ambição podem começar com a sensação de peso e velocidade do livre balanço dos membros, enquanto o equilíbrio prolongado sobre um pé, os dois pés ou as mãos confere estabilidade. A tenacidade é conquistada por meio do alongamento nas várias posturas de *yoga* por alguns minutos, ao passo que a calma vem com a respiração tranquila e uniforme e com a expansão dos pulmões. Um sentimento de continuidade e de universalidade surge com o conhecimento da inevitável alternância entre tensão e relaxamento, em ritmos eternos, dos quais cada inspiração e expiração constituem um ciclo, onda ou vibração entre as incontáveis miríades que constituem o universo.

Qual é a alternativa? Pessoas desvirtuadas e disformes que condenam a ordem das coisas; deformados criticando os eretos; autocratas mergulhados em atitudes que anunciam problemas coronários; o trágico espetáculo das pessoas impondo sobre as outras seu próprio desequilíbrio e frustração.

O *yoga* como praticado pelo Sr. Iyengar é a oferenda votiva de um homem que leva a si mesmo ante o altar, sozinho e limpo de corpo e mente, focado na atenção e na vontade, oferecendo com simplicidade e inocência não um sacrifício de fogo, mas simplesmente ele próprio elevado em seu mais alto potencial.

Trata-se de uma técnica ideal para a prevenção de doenças físicas e mentais e para proteger o corpo em geral, e desenvolve um inevitável sentido de confiança e segurança em si mesmo. Por sua própria natureza, está inextricavelmente associada às leis universais, pois o respeito à vida, verdade e paciência são fatores indispensáveis na condução de uma respiração tranquila, de uma mente calma e de uma vontade firme.

Aí residem as virtudes morais inerentes ao *yoga*. Por essas razões, ele exige um esforço completo e total, implicando e formando o ser humano como um todo. Não envolve repetições mecânicas ou palavras vãs, como no caso das boas resoluções ou das preces formais. Por sua própria natureza é, a cada vez e em todo momento, um ato vivo.

Espero que o livro *Luz sobre o Yoga* do Sr. Iyengar capacite muitos a seguirem seu exemplo e a se tornarem os professores que a humanidade tanto necessita. Se este livro servir para difundir esta arte fundamental e assegurar que seja praticada em seu mais alto nível, serei mais do que nunca grato por haver participado da sua apresentação.

Londres, 1964

Prefácio

Este livro foi concluído graças ao estímulo persistente de meus dedicados amigos e alunos. Sozinho, eu teria hesitado repetidamente, não apenas devido ao meu domínio limitado da língua inglesa, mas porque eu teria desanimado sem o apoio e a assistência incansável deles.

Yoga é uma ciência pragmática e atemporal, desenvolvida por milhares de anos, que lida com o bem-estar físico, moral, mental e espiritual do homem como um todo.

O primeiro livro a sistematizar esta prática foi o clássico tratado *Yoga Sūtras* (ou aforismos) de Patañjali, datado de 200 a.C. Infelizmente, a maior parte dos livros publicados sobre *yoga* em nossos dias não faz jus ao tema ou ao seu primeiro expositor, por serem superficiais, banais e às vezes enganadores. Alguns de seus leitores já chegaram a me perguntar se sou capaz de beber ácido, mascar vidro, caminhar sobre fogo, tornar-me invisível ou realizar outros atos mágicos. Na maior parte dos idiomas, há exposições eruditas e confiáveis de textos religiosos e filosóficos – mas a prática de uma arte é mais difícil de transmitir do que um conceito puramente literário ou filosófico.

O título deste livro, *Luz sobre o Yoga* (*Yoga Dīpikā*, em sânscrito), indica o meu propósito de descrever, da forma mais simples possível, os *āsanas** (posturas) e *prāṇāyāmas* (disciplinas da respiração) sob a nova luz da nossa própria era, com seus conhecimentos e necessidades. Por conseguinte, nele se oferecem instruções sobre *āsanas* e *prāṇāyāmas* em grande detalhe, baseadas em minha experiência ao longo de mais de 27 anos em diversas partes do mundo. Ele contém descrições técnicas completas de 200 *āsanas* acompanhadas de 592 fotografias, a partir das quais os *āsanas* podem ser dominados, e ainda cobre *bandha*, *kriyā* e *prāṇāyāma,* com outras cinco fotografias.

O leitor ocidental talvez se surpreenda com as referências recorrentes ao Espírito Universal, à mitologia e até mesmo aos princípios filosóficos e morais. Ele não deve se esquecer de que, na antiguidade, todas as maiores conquistas do homem em matérias do

---

* Embora o sânscrito não indique o plural com "s", preferimos utilizar a concordância nominal nas frases traduzidas adotando o uso do "s" para indicar plural, preservando as regras de concordância nominal do nosso idioma. (N.T.)

conhecimento, da arte e do poder faziam parte da religião e eram atribuídas a Deus e aos sacerdotes, seus servidores na Terra. No mundo ocidental, o papa católico representa a última dessas personificações do poder e do conhecimento divinos. Mas antigamente, mesmo no Ocidente, a música, a pintura, a arquitetura, a filosofia e a medicina, assim como as guerras, estavam sempre a serviço de Deus. Na Índia, apenas muito recentemente, essas artes e ciências iniciaram sua emancipação do divino. Mas, com o devido respeito para a emancipação da vontade humana como distinta da vontade divina, nós na Índia continuamos a valorizar a pureza de propósito, a humildade da disciplina e a abnegação que são o legado de nossa longa sujeição a Deus. Considero tão importante quanto interessante o leitor conhecer a origem dos *āsanas*, e então incluí as lendas transmitidas pelos sábios e *yogīs* praticantes.

Todos os antigos comentários sobre *yoga* insistem na necessidade de se trabalhar sob a orientação de um *guru* (mestre) e, embora minha experiência prove a sabedoria desta regra, neste livro empenhei-me com toda a humildade em guiar o leitor – seja ele professor ou estudante – em um método correto e seguro para alcançar o domínio destes *āsanas* e *prāṇāyāmas*.

No Apêndice I, apresentei um curso de 300 semanas para o praticante intenso, agrupando os *āsanas* por estágios de acordo com sua estrutura.

No Apêndice II, organizei grupos de *āsanas* segundo seu valor terapêutico e curativo.

Estude com detalhe as recomendações e precauções antes de praticar as técnicas dos *āsanas* e *prāṇāyāmas*.

Sou sinceramente grato ao meu estimado amigo e aluno Sr. Yehudi Menuhin por seu prefácio e seu imensurável apoio.

Estou em dívida com meu aluno Sr. B. I. Taraporewala por sua colaboração no preparo deste livro e com Eilean Pearcey por fornecer os desenhos.

Expresso meus sinceros agradecimentos aos estúdios fotográficos de G. G. Welling, Puna (Índia), por sua supervisão e interesse pessoal, ao tirarem inúmeras fotografias e colocarem os recursos do estúdio ao meu dispor.

O autor deseja expressar sua gratidão ao Sr. Gerald Yorke pelo cuidado com que lidou com a edição datilografada e das correções subsequentes.

Fico encantado além das palavras ao expressar meu sentimento de gratidão pela reimpressão do *Light on Yoga* na sua forma corrente por parte da Thorsons Imprints, da HarperCollins*Publishers*, a fim de satisfazer as necessidades dos praticantes de *yoga* e do público em todo o mundo.

B. K. S. Iyengar

Prefácio à nova edição: minhas reflexões

Atualmente, *Luz sobre o Yoga* é publicado em dezesseis línguas, reimpresso e lido por milhares de ardentes estudantes e aspirantes ao *yoga*.

Nesses 34 anos desde a primeira publicação do meu livro, o mundo viu o *yoga* florescer de maneira impressionante. O termo se tornou de uso comum em muitas cidades e vilas. Não é mais um segredo oculto privativo dos *ṛṣis* e *sādhus* do Oriente. Seus benefícios alcançaram todos os níveis da humanidade, desde crianças nas escolas até estadistas, desde artistas até artesãos, desde donas de casa até *hippies*. Agora, *yoga* não é mais algo que os praticantes encaram de forma casual.

As fotos que aparecem neste livro foram tiradas quando eu já vinha praticando *yoga* há 35 anos diariamente, e não me refiro somente a breves sessões de prática, mas frequentemente sessões de mais de dez horas por dia. Minha vida inteira foi de total absorção nessa grande arte, além de ensinar e viajar. Somente a partir deste grau de *sādhanā*, mantido até hoje, é que me permito falar do equilíbrio rítmico dos cinco elementos, do metabolismo de energia e da alma que vibra em cada célula.

Escrevo com alegria esta introdução especial para a nova edição de *Luz sobre o Yoga* oferecendo um vislumbre de como se gestou esta "luz", pois ninguém sabe os obstáculos com que me deparei na compilação deste trabalho monumental. Amigos me dissuadiram, admiradores me injetaram medo e meu *guru* rejeitou completamente o projeto.

Em 1958, uma editora indiana procurou-me pedindo que eu escrevesse um livro sobre *yoga*, com informações completas sobre todos os *āsanas e prāṇāyāmas* que eu conhecia, prometendo que o publicaria em papel de primeira qualidade. Eu era estudante e professor de *yoga* desde 1934, mas jamais havia tentado escrever nem mesmo um artigo sobre *yoga*. Assim, um arrepio percorreu meu corpo. Hesitei, pois escrever um tratado sobre *yoga* era uma tarefa hercúlea para um pobre coitado como eu. Mas algo no meu íntimo me impelia a assumir a tarefa. Tentei desenvolver um formato, mas várias tentativas se mostraram infrutíferas. Minha inspiração se transformou em desespero, e a espada de Dâmocles pendia sobre a minha cabeça.

Sem me deixar abater, perseverei e fiz uma sinopse. Então pedi ajuda a um aluno, Sr. B. I. Taraporewala, que na época era editor da *Law Magazine* e autor de diversos livros sobre a religião zoroástrica. Ele concordou em trabalhar comigo e estimulou-me até conseguir extrair de mim todos os meus recursos, frutos da minha experiência, que estavam ocultos em meu interior. Suas notas sobre as minhas explanações clarearam as dúvidas e confusões e tornaram-se a base para o desenvolvimento do livro.

Quando o livro ficou pronto, levei-o ao editor. Ao ver o compêndio volumoso, acompanhado de todas as ilustrações, ele me disse que queria um manual, não uma odisseia do *yoga*. Embora desapontado com sua rejeição, não perdi a esperança e fiquei ainda mais determinado a escrever um livro clássico sobre *yoga*.

A partir de 1954, minhas responsabilidades pedagógicas aumentaram. Eu costumava passar de seis semanas a três meses por ano no Reino Unido, na Europa, nos Estados Unidos e em outros países. Naquele ano, comecei a dar aulas de final de semana em Mumbai. Como tinha muito tempo em Mumbai, solicitei aos meus alunos avançados que me ajudassem com o livro depois das aulas no final de semana. Em meio aos intervalos, tentamos encontrar as palavras que descrevessem as sensações vivenciadas por mim. Eu costumava revisar o texto enquanto viajava de cá para lá de trem, fazendo anotações para posteriores discussões. Levamos quatro longos anos para completar o trabalho.

Em 1962, enquanto dava aulas ao Dr. Yehudi Menuhin, na Suíça, conversei com ele a respeito do livro, em busca de conselhos e sugestões. Em vez disso, ele imediatamente contatou alguns editores, convencendo-os da importância do livro para a saúde e a felicidade. O texto volumoso com suas centenas de fotografias, entretanto, não pareceu um bom negócio para a maioria deles. Isso paralisou o projeto por algum tempo.

Uma aluna minha subsequente, Beatrice Harthan, havia sofrido de artrite nos quadris por anos. Encontrando grande conforto por meio dos meus ensinamentos, ela e a Srta. Angela Marris (amiga de Menuhin) decidiram acompanhar-me à Suíça em 1963, a fim de aprofundar a prática de *yoga* e participar do Festival de Música de Gstaad, que era um evento anual organizado por Menuhin. Como Beatrice tinha uma boa amizade com o Sr. Gerald Yorke, que trabalhava para a editora George Allen & Unwin e para muitas outras editoras, ela me prometeu que entraria em contato com o Sr. Yorke e mostraria a ele o manuscrito quando voltasse para casa. Como o manuscrito já havia sido manipulado por muitas pessoas, ele estava sujo, então ela tomou para si a tarefa de datilografar uma nova cópia, com o auxílio de Angela Marris, em uma máquina de escrever alemã, pois não havia encontrado uma inglesa.

Retornando a Londres, Beatrice conversou sobre suas experiências com o *yoga* com o Sr. Yorke, que coincidentemente estava à procura de um livro que pudesse substituir o *Haṭha Yoga*, escrito por Theos Bernard e publicado pela Rider & Co. Imediatamente, ela tirou de sua bolsa o manuscrito e as fotografias. Ele olhou para o material e disse: "Eu venho esperando por um livro como este há anos" e pediu que ela deixasse o texto e as fotos com ele por alguns dias.

Ele ficou impressionado e escreveu de volta dizendo que o aspecto prático era original e soberbo, enquanto a parte introdutória era indireta e não combinava com o lado prático. Ele me aconselhou a remover todo o material concernente aos textos tradicionais, de modo que a parte teórica se tornasse direta, educativa e espiritual. Em suas palavras: "A menos que tenha uma introdução original, o livro não conhecerá uma segunda edição".

Suas sugestões sensatas quase equivaliam a escrever um novo livro. Embora enorme a tarefa, revisei a primeira parte, mantendo suas sugestões em mente. Ainda assim, ele continuou insatisfeito e pediu que eu fizesse mais cortes, mantendo os pontos relevantes intactos. Eu aceitei seu conselho e retoquei a obra, o que o agradou. Deste modo, ele se tornou meu *guru* no trabalho literário. Deu-me imensa alegria quando finalmente meu trabalho foi aceito por ele. Estou em dívida com Gerald Yorke, pois seu toque inteligente tornou *Luz sobre o Yoga* uma obra imortal. Ao mesmo tempo, sou grato a Beatrice Harthan por ter me apresentado a ele.

Pedi ao Sr. Yorke algum tempo para revisar todo o texto, a fim de coordenar a parte introdutória com as técnicas e ilustrações. De repente, pude perceber as conexões que faltavam e comecei a adicionar posturas intermediárias de modo que as técnicas e ilustrações também se equilibrassem uniformemente. Durante o processo de revisão, percebi que muitos *āsanas* pareciam distorcidos e fora do alinhamento em decorrência das sombras criadas pela iluminação imprópria. Assim, me vi obrigado a fotografar de novo quase todos os *āsanas* para assegurar a clareza das fotos. Expresso aqui, portanto, meus sinceros agradecimentos aos meus alunos que se revezaram atuando como iluminadores.

Neste ponto, gostaria de contar uma história narrada pelo próprio Sr. Yorke. Por um lado, ele estava me ajudando a produzir um bom livro de *yoga* e, pelo outro, ele estava me espionando por intermédio de amigos seus de confiança que estavam na Índia em busca de *gurus* e mestres. Esse exercício elaborado tinha por objetivo determinar se eu era respeitado em meu próprio país. Ele também disse que esses amigos compareceram às minhas aulas regulares por um mês de graça. De certo modo, ele tinha razão em fazer isso, uma vez que queria que o tratado de *yoga* fosse feito por alguém respeitado em sua terra natal e não por alguém que fosse conhecido como professor ou mestre de *yoga* apenas no Ocidente.

Depois de ter se assegurado de minhas credenciais, o Sr. Yorke editou meu livro sem cobrar nada e insistiu que a George Allen & Unwin o publicasse. Pedi ao Dr. Yehudi Menuhin que escrevesse uma apresentação, com o que ele imediatamente concordou, e redigiu palavras que para mim são um grande tributo por parte de um aluno de *yoga* e um dos grandes artistas do século XX.

Quando meu livro foi publicado em 1966, o Sr. Yorke me escreveu dizendo: "Se mil cópias de *Luz sobre o Yoga* forem vendidas em um ano, considere isso um sucesso espiritual." Sua profecia se tornou realidade e *Luz sobre o Yoga* se tornou um livro de autêntico destaque na matéria.

Com esse histórico de esforços contínuos para apresentar *Luz sobre o Yoga* como um livro melhor que um bom professor, me aflige ver uma disciplina tão importante sendo comercializada e praticada de maneira superficial, para fins de exibicionismo. Hoje abundam no mercado produtos de *yoga*: revistas, equipamentos e vestuário. Aproveitando-se que sopram ventos favoráveis para o *yoga*, alguns professores anunciam seu modo de ensino como autêntico e único quando, apesar disso, sua *sādhanā* carece de profundidade.

Todos conhecem o adágio: "O *guru* (mestre) aparece quando o *śiṣya* (discípulo) está pronto." Tenho certeza de que essa encantadora ideia de imprimir as posições finais dos *āsanas* em tamanho ampliado irá auxiliar os praticantes a aprender a sentir a expressão da textura da pele; a coordenação dos metabolismos físico, químico e energético; o equilíbrio rítmico dos cinco elementos no corpo; o uso da direção e da pressão gravitacional; o espaçamento entre os membros e os músculos; a elegância, a linha, a forma, a graça, a beleza, a potência, a força, a compacidade da mente e da inteligência, a atenção da consciência e o transporte do corpo e da mente para o nível da alma, como se a alma estivesse soando um sino em cada célula, dizendo "estou aqui, estou lá e estou em todo lugar". Esta voz é o *guru* – a estrela-guia na *sādhanā* do *śiṣya*.

Sem a prática devotada e o estudo em profundidade a partir das diferentes camadas do nosso próprio ser, não podemos ouvir os tons puros do *guru* interior – o Ser Universal (*Puruṣa*).

Estou em débito permanente com a HarperCollins*Publishers*, Londres, por concretizar meu mais caro sonho de tornar meu livro uma realidade, com decorações coloridas que realçam o valor extático e o fervor espiritual do *yoga*. Estou certo de que *Luz sobre o Yoga* ajudará o leitor a trazer à superfície essa parte oculta da mente que é fonte de toda experiência, enriquecendo o praticante para que tenha uma vida valorosa e significativa.

Que esta edição especial de *Luz sobre o Yoga* possa servir de base para sua prática e estudo, que você possa vivenciar os benefícios do *yoga* com atenção e reflexão. Apenas através do espelho do *yoga* o homem pode refletir-se e reconhecer-se em toda a sua plenitude. Nenhuma outra ciência oferece tão madura sabedoria.

B. K. S. Iyengar, 2000

Sumário

	Prefácio à edição brasileira	7
	Apresentação por Yehudi Menuhin	11
	Prefácio	13
	Prefácio à nova edição	15
Parte I	INTRODUÇÃO	21
	O que é *yoga*?	23
Parte II	*YOGĀSANAS, BANDHA* E *KRIYĀ*	59
	Yogāsanas	61
	Bandha e *kriyā*	439
Parte III	*PRĀṆĀYĀMA*	443
	Recomendações e precauções	445
	Técnica e efeitos do *prāṇāyāma*	455
Apêndice I:	Curso de *āsanas*	477
Apêndice II:	*Āsanas* curativos para diversas doenças	505
	Tabela de correspondência entre os *āsanas* e as fotos que os ilustram	529
Glossário		539
Índice		563

Parte I

Introdução

O que é *yoga*?

O termo *yoga* deriva da raiz *yuj*, do sânscrito, que significa atar, reunir, ligar e juntar, focar e concentrar a atenção em algo, usar e pôr em prática; significa também união e comunhão. É a verdadeira união da nossa vontade com a vontade de Deus. "Significa, portanto, a união de todos os poderes do corpo, da mente e da alma a Deus; significa o disciplinamento do intelecto, da mente, das emoções e da vontade que o yoga pressupõe; significa um equilíbrio da alma que nos permite olhar para a vida, em todos os seus aspectos, de maneira equânime", diz Mahadev Desai, em sua introdução ao *Gītā According to Gandhī*.*

Yoga é um dos seis sistemas ortodoxos da filosofia indiana. Foi compilado, organizado e sistematizado por Patañjali em sua obra clássica, os *Yoga Sūtras*, composta por 185 aforismos. Segundo o pensamento indiano, tudo é permeado pelo Espírito Universal Supremo (*Paramātmā* ou Deus), do qual o espírito humano individual (*jīvātmā*) faz parte. O sistema é denominado *yoga* porque ensina os meios pelos quais *jīvātmā* pode unir-se a ou estar em comunhão com *Paramātmā* e assim assegurar a libertação (*mokṣa*).

Quem segue o caminho do *yoga* é um *yogī* ou *yogin*.

No sexto capítulo do *Bhagavad Gītā*, que é a obra de maior importância na filosofia do *yoga*, Śrī Kṛṣṇa explica a Arjuna o significado de *yoga* como a libertação do contato com a dor e o sofrimento:

"Quando a mente, o intelecto e o ego (*ahaṁkāra*) estão sob controle, liberados da insaciabilidade dos desejos, de forma que repousam no espírito interior, o homem torna-se um *yukta* – um ser em comunhão com Deus. A chama de uma lamparina não oscila onde não há vento; assim acontece com um *yogī* que controla sua mente, intelecto e ego e se absorve em seu próprio espírito. Quando a agitação da mente, do intelecto e do ego se aquieta por meio da prática do *yoga*, o *yogī*, pela graça do Espírito que reside em seu interior, encontra a plenitude. Ele então conhece a alegria eterna que está além do limite dos sentidos e que a razão

---

* Em tradução livre, "*Gītā segundo Gandhi*". (N.T.)

não pode conceber. Ele habita nessa realidade e dela não se afasta. Ele encontrou o tesouro dos tesouros. Nada existe de mais elevado, e quem o alcança não será abalado nem pelo maior dos sofrimentos. Este é o significado real de yoga – uma libertação do contato com a dor e o sofrimento."

Assim como um diamante bem lapidado tem muitas facetas e cada uma reflete uma tonalidade diferente, a palavra *yoga* também encerra diversas facetas, cada uma refletindo um matiz de significado e revelando aspectos distintos de toda a gama de esforços humanos para alcançar a paz e a felicidade interior.

O *Bhagavad Gītā* traz outras explicações para o termo *yoga* e enfatiza o *karma yoga* (*yoga* por meio da ação). Diz: "Apenas o trabalho é o teu privilégio, nunca seus frutos. Jamais deixes os frutos da ação serem tua motivação; e nunca pares de trabalhar. Trabalha em nome do Senhor, deixando de lado os desejos egoístas. Não te deixes afetar pelo sucesso ou pelo fracasso. Esta equanimidade é chamada de yoga".

O *yoga* também é descrito como a sabedoria na ação ou a arte de viver com destreza em meio às atividades, com harmonia e moderação.

"*Yoga* não é para aquele que come demais, nem para aquele que se mata de fome; não é para aquele que dorme em excesso, nem para aquele que permanece acordado. Pela moderação na comida e no repouso, pelo regramento no trabalho e pela harmonia entre o sono e a vigília, o yoga combate toda dor e sofrimento."

O *Kaṭhopaniṣad* descreve *yoga* da seguinte maneira: "Quando os sentidos se aquietam, quando a mente está em repouso, quando o intelecto não oscila, então, dizem os sábios, o estágio mais elevado é alcançado. Este imperturbável controle dos sentidos e da mente foi definido como *yoga*. Aquele que o atinge torna-se livre de ilusão".

No segundo aforismo do primeiro capítulo dos *Yoga Sūtras*, Patañjali descreve *yoga* como "*citta vṛtti nirodhaḥ*", que pode ser traduzido como restrição (*nirodhaḥ*) das modificações (*vṛtti*) da mente (*citta*) ou como supressão (*nirodhaḥ*) das flutuações (*vṛtti*) da consciência (*citta*). A palavra *citta* denota a mente em seu sentido total ou coletivo, composta por três categorias: (a) mente (*manas*, isto é, a mente individual que tem o poder e a faculdade de atenção, seleção e rejeição; a faculdade oscilante e indecisa da mente); (b) inteligência ou razão (*buddhi*, isto é, a capacidade de decidir, aquela que determina a distinção entre as coisas); (c) ego (*ahaṁkāra*, literalmente, o artífice do "eu", o estado que afirma que "eu sei").

A palavra *vṛtti* é derivada da raiz sânscrita *vṛt*, que significa virar, revolver, rolar. Assim, indica um curso de ação, comportamento, modo de ser, condição ou estado mental. *Yoga* é o método pelo qual a agitação da mente é acalmada e a energia é dirigida para canais construtivos. Como um rio caudaloso que, propriamente contido por represas e canais, cria um vasto reservatório de água, previne a fome e provê energia abundante para a indústria, assim também é a mente: quando controlada, fornece um reservatório de paz e gera energia abundante para a elevação humana.

O problema do controle da mente não é de fácil solução, como se percebe pelo seguinte diálogo extraído do sexto capítulo do *Bhagavad Gītā*. Arjuna pergunta a Śrī Kṛṣṇa:

"Ó Kṛṣṇa, falaste-me do *yoga* como uma comunhão com Brahman (o Espírito Universal), que é sempre uno. Mas como esta comunhão pode ser permanente, se a mente é tão inquieta e inconsistente? A mente é impetuosa e obstinada, forte e voluntariosa, tão difícil de domar quanto o vento". Śrī Kṛṣṇa replica: "Sem dúvida, a mente é inquieta e difícil de controlar. Mas pode ser treinada pela prática constante (*abhyāsa*) e pelo desprendimento dos desejos (*vairāgya*). Um homem que não possa controlar sua mente vai encontrar dificuldades para alcançar esta divina comunhão; mas o homem que tem autocontrole pode atingi-la, se ele se empenhar tenazmente e dirigir sua energia pelos meios apropriados".

Os estágios do *yoga*

Tão importante quanto o fim almejado são os meios apropriados para alcançá-lo. Patañjali enumera esses meios como os oito estágios ou membros do *yoga* para a busca da alma. São eles: 1. *yama* (mandamentos morais universais); 2. *niyama* (autopurificação por meio da disciplina); 3. *āsana* (postura); 4. *prāṇāyāma* (controle rítmico da respiração); 5. *pratyāhāra* (recolhimento e emancipação da mente do domínio dos sentidos e dos objetos externos); 6. *dhāraṇā* (concentração); 7. *dhyāna* (meditação); 8. *samādhi* (estado de supraconsciência gerado pela meditação profunda, no qual o aspirante individual, ou *sādhaka*, se torna um com o objeto de sua meditação: o *Paramātmā* ou o Espírito Universal).

Yama e *niyama* controlam as paixões e as emoções do *yogī* e o mantêm em harmonia com seus semelhantes. Os *āsanas* mantêm o corpo saudável e forte e em harmonia com a natureza. Por último, o *yogī* se liberta da consciência do corpo. Ele conquista o corpo e o converte em um veículo adequado para a alma. Os três primeiros estágios constituem a busca exterior (*bahiraṅga sādhanā*).

Os dois estágios seguintes, *prāṇāyāma* e *pratyāhāra*, ensinam o aspirante a regular a respiração e, desse modo, a controlar a mente. Isso ajuda a libertar os sentidos da escravidão dos objetos de desejo. Esses dois estágios do *yoga* são conhecidos como busca interior (*antaraṅga sādhanā*).

Dhāraṇā, *dhyāna* e *samādhi* conduzem o *yogī* aos recessos mais íntimos de sua alma. O *yogī* não olha em direção ao céu para encontrar Deus. Ele sabe que Deus está em seu interior, conhecido como *Antarātmā* (o Ser Universal Interior). Os três últimos estágios o mantêm em harmonia consigo mesmo e com o seu Criador. Esses estágios são denominados *antarātmā sādhanā*, a busca da alma.

Pela meditação profunda, o conhecedor, o conhecimento e o objeto conhecido se tornam um. O observador, a visão e o que é visto não têm existências apartadas uns dos outros. É como um grande músico que se torna um com seu instrumento e com a música que dele emana. Então, o *yogī* reside em sua própria natureza e alcança a realização do ser (*Ātman*), a parte da Alma Suprema que reside em seu interior.

Existem diferentes caminhos (*mārgas*) pelos quais o homem faz a viagem até seu Criador. O homem ativo encontra a realização por meio do *karma mārga*, no qual concebe a sua própria divindade por meio do trabalho e do dever. O homem emotivo encontra a realização por meio de *bhakti mārga*, pela devoção e o amor a um Deus pessoal. O intelectual persegue *jñāna mārga*, no qual a realização é obtida por meio do conhecimento. O homem meditativo ou contemplativo segue o *yoga mārga* e compreende sua própria divindade por meio do controle da mente.

Feliz é aquele que sabe distinguir o real do irreal, o eterno do transitório e o bom do agradável, por seu discernimento e sabedoria. Duas vezes abençoado é aquele que conhece o verdadeiro amor e sabe amar todas as criaturas de Deus. Aquele que trabalha desinteressadamente pelo bem-estar dos outros, com amor no coração, é três vezes abençoado. Mas o homem que combina, no interior de sua estrutura mortal, conhecimento, amor e serviço desinteressado é sagrado e torna-se um local de peregrinação, como a confluência dos rios Gaṅgā, Sarasvatī e Jamunā. Quem com ele se encontra, torna-se calmo e purifica-se.

A mente é a rainha dos sentidos. Aquele que conquistou a mente, os sentidos, as paixões, os pensamentos e a razão é um rei entre os homens. Ele é digno do *rāja yoga*, a régia união com o Espírito Universal. Ele tem a Luz Interior.

Aquele que conquista a mente é um *rāja yogī*. A palavra *rāja* significa rei. A expressão *rāja yoga* implica na completa maestria do Ser Universal. Embora Patañjali explique os meios de controlar a mente, em lugar algum em seus aforismos ele afirma que essa ciência é *rāja yoga*, mas a denomina *aṣṭāṅga yoga*, ou os oito estágios (membros) do *yoga*. Como implica na completa maestria de si mesmo, pode-se denominar essa ciência de *rāja yoga*.

O que é yoga?

Svātmārāma, autor do *Haṭha Yoga Pradīpikā* (*haṭha* = força ou esforço determinado), chama o mesmo caminho de *haṭha yoga,* pois exige uma disciplina rigorosa.

Geralmente acredita-se que *rāja yoga* e *haṭha yoga* são inteiramente distintos, diferentes e opostos um ao outro, que os *Yoga Sūtras* de Patañjali lidam com a disciplina espiritual e que o *Haṭha Yoga Pradīpikā* de Svātmārāma trata exclusivamente da disciplina física. Não é assim, pois *haṭha yoga* e *rāja yoga* se complementam e formam uma única abordagem para a Libertação. Como um montanhista necessita de escadas, cordas e grampos, além de boa forma física e disciplina para escalar os picos gelados do Himalaia, também o aspirante a *yogī* precisa do conhecimento e da disciplina do *haṭha yoga* de Svātmārāma para alcançar as alturas do *rāja yoga* de que trata Patañjali.

Essa via do *yoga* é a fonte para as três outras vias. Ela traz calma e tranquilidade e prepara a mente para uma rendição absoluta e irrestrita a Deus, na qual essas quatro vias se fundem em uma.

Citta vṛtti (causas das flutuações da mente)

Em seus *Yoga Sūtras,* Patañjali lista cinco classes de *citta vṛtti* que criam prazer e dor. São elas:

1. *Pramāṇa* (padrão ou ideal), pelo qual as coisas e valores são medidos pela mente, e que o homem admite por: (a) evidência direta, como é o caso da percepção (pratyakṣa), (b) inferência (anumāna) e (c) testemunho ou a palavra de uma autoridade, quando a fonte do conhecimento é considerada segura e digna de confiança (āgama).
2. *Viparyaya* (concepção errônea, reconhecida como tal após análise). São exemplos de viparyaya um diagnóstico médico errado, baseado em uma hipótese incorreta, ou a teoria astronômica antiga que sustentava que o Sol girava em torno da Terra.
3. *Vikalpa* (fantasia ou imaginação que se baseia apenas em uma expressão oral sem qualquer base concreta). Um pedinte pode sentir-se feliz quando se imagina gastando milhões. Um rico avaro, por outro lado, pode matar-se de fome acreditando ser pobre.
4. *Nidrā* (sono), no qual há a ausência de ideias e experiências. Quando uma pessoa dorme profundamente, ela não se lembra de seu nome, de sua família, de sua posição social, de seu conhecimento ou sabedoria, ou mesmo de sua própria existência. Quando a pessoa se esquece de si mesma no sono, ela acorda renovada. Mas se um pensamento perturbador invade sua mente quando está caindo no sono, ela não descansa apropriadamente.
5. *Smṛti* (memória, a retenção das impressões dos objetos experimentados). Há pessoas que vivem em suas experiências passadas, apesar do passado ter ficado

para trás. Suas memórias, tristes ou felizes, as mantêm acorrentadas ao passado, e elas não conseguem romper esses grilhões.

Patañjali enumera cinco causas de *citta vṛtti* que causam dor (*kleśa*):

(1) *Avidyā* (ignorância ou desconhecimento); (2) *asmitā* (o sentido de individualidade que limita uma pessoa e a distingue de um grupo; pode ser físico, mental, intelectual ou emocional); (3) *rāga* (apego ou paixão); (4) *dveśa* (aversão ou repulsão); (5) *abhiniveśa* (o amor à vida ou a sede de viver, o apego instintivo à vida terrena e aos prazeres do corpo e o medo de ser apartado de tudo isso pela morte). Essas causas de dor permanecem submersas na mente do *sādhaka* (aspirante ou buscador); são como *icebergs* nos mares polares, que apenas expõem uma pequena parte de seu vulto. Se não forem zelosamente controladas e erradicadas, a paz não será possível. O *yogī* aprende a esquecer-se do passado e não pensa no futuro. Ele vive no eterno presente.

Como uma brisa ondula a superfície de um lago e distorce as imagens nele refletidas, assim também as *citta vṛtti* perturbam a paz mental. As águas calmas de um lago refletem a beleza em seu derredor. Quando a mente está quieta, a beleza do Ser Universal é refletida nela. O *yogī* acalma a mente por meio do estudo constante e da libertação dos desejos. Os oito estágios do *yoga* ensinam-lhe o caminho.

Citta vikṣepa (distrações e obstáculos)

As distrações e obstáculos que atrapalham a prática do *yoga* pelo aspirante são:

1. *Vyādhi* – enfermidade que perturba o equilíbrio físico;
2. *Styāna* – languidez ou falta de disposição mental para o trabalho;
3. *Saṁśaya* – dúvida ou indecisão;
4. *Pramāda* – indiferença ou insensibilidade;
5. *Ālasya* – preguiça;
6. *Avirati* – sensualidade; o despertar do desejo quando objetos sensoriais apoderam-se da mente;
7. *Bhrānti darśana* – conhecimento falso ou inválido; ilusão;
8. *Alabdha bhūmikatva* – incapacidade de conseguir continuidade de raciocínio ou de concentração, de modo que a realidade não pode ser apreendida;
9. *Anavasthitattva* – instabilidade na manutenção da concentração que foi obtida após longa prática.

Existem, entretanto, mais quatro distrações: (1) *duḥkha* – dor ou sofrimento, (2) *daurmanasya* – desespero, (3) *aṅgamejayatva* – instabilidade no corpo e (4) *śvāsa praśvāsa* – respiração irregular.

Para vencer uma batalha, o general faz uma inspeção do terreno e do inimigo e planeja as medidas para o contra-ataque. De modo similar, o *yogī* planeja a conquista do Ser Universal.

Vyādhi: Nota-se que o primeiro obstáculo é a falta de saúde ou a enfermidade. Para o *yogī*, o corpo é um instrumento essencial para sua realização. Se o veículo enguiça, o viajante não pode ir longe. Se o corpo enguiçar por falta de saúde, o aspirante pouco poderá alcançar. A saúde física é importante para o desenvolvimento mental, já que normalmente a mente funciona através do sistema nervoso. Quando o corpo fica doente ou o sistema nervoso é afetado, a mente fica irrequieta ou entorpecida e inerte, e a concentração ou a meditação se tornam impossíveis.

Styāna: Uma pessoa que sofre de apatia carece de objetivos, de um caminho a seguir ou de qualquer entusiasmo. Sua mente e intelecto ficam entorpecidos em virtude da inatividade, e suas faculdades se enferrujam. O fluxo constante de água mantém puros os riachos das montanhas, mas nada de bom pode florescer na água estagnada de uma vala. Uma pessoa apática é como um cadáver vivo, porque ela não consegue se concentrar em nada.

Saṁśaya: O insensato, o incrédulo e o cético destroem a si mesmos. Como podem apreciar este mundo ou o próximo ou desfrutar de qualquer felicidade? O buscador deve ter fé em si mesmo e em seu mestre. Ele deve ter fé que Deus está sempre ao seu lado e que nenhum mal pode atingi-lo. Quando a fé brota no coração, ela afasta a luxúria, a má vontade, a preguiça mental, o orgulho e a dúvida espiritual, e o coração, livre desses obstáculos, torna-se sereno e imperturbável.

Pramāda: A pessoa que sofre de *pramāda* é presunçosa, carece de humildade e acha que somente ela é sábia. Sem dúvida sabe o que é certo ou o que é errado, mas persiste em sua indiferença quanto ao que é certo e escolhe o que é agradável. Para satisfazer suas paixões egoístas e seus sonhos de glória pessoal, ela sacrifica deliberadamente e sem escrúpulos todos os que estiverem em seu caminho. Uma pessoa assim é cega para a glória de Deus e surda para Sua palavra.

Ālasya: Para vencer o obstáculo da preguiça, é necessário um entusiasmo inabalável (*vīrya*). A atitude do aspirante é como a do amante, sempre ansiando em rever sua amada, sem jamais ceder ao desespero. A esperança deve ser seu escudo, e a coragem, sua espada. Ele deve estar livre de ódio e de mágoa. Com fé e entusiasmo, ele deve superar a inércia do corpo e da mente.

Avirati: É um tremendo anseio, muito difícil de conter, pelos objetos sensoriais, depois de terem sido conscientemente abandonados. Sem estar preso a eles, o *yogī* aprende a desfrutá-los com o auxílio dos sentidos, que estão completamente sob seu controle. Pela prática de *pratyāhāra*, ele se liberta do apego, se emancipa do desejo e se torna contente e tranquilo.

Bhrānti darśana: Uma pessoa afligida pelo falso conhecimento padece de ilusões e acredita que somente ela viu a verdadeira Luz. Ela possui um poderoso intelecto, mas lhe falta humildade e ela se vangloria de sua sabedoria. Ao permanecer na companhia de grandes almas e ser orientada por elas, firma os pés na senda reta e supera suas fraquezas.

Alabdha bhūmikatva: Como um alpinista que não consegue chegar ao cume por falta de resistência, uma pessoa que não consegue superar a falta de concentração fica incapacitada de buscar a realidade. Ele pode ter percepções fugazes da realidade, mas não poderá vê-la claramente. É como um músico que ouve uma música divina em um sonho, mas não consegue lembrar-se dela em seus momentos de vigília e não consegue reproduzir o sonho.

Anavasthitattva: Com muito esforço, uma pessoa afetada por *anavasthi tattva* consegue obter um vislumbre da realidade. Feliz e orgulhosa de sua conquista, ela se torna negligente em sua prática (*sādhanā*). Ela tem pureza e grande poder de concentração e chegou à encruzilhada final da sua jornada. Mesmo neste último estágio, o esforço contínuo é essencial, e a pessoa tem que seguir o caminho com paciência infinita e determinação perseverante. Ela não deve amolecer e assim adiar seu avanço pelo caminho da realização de Deus. Ela deve aguardar até que a graça divina baixe sobre ela. Segundo o *Kaṭhopaniṣad*: "O Ser Universal não será realizado pelo estudo ou pela instrução, nem pela sutileza do intelecto, nem por muita aprendizagem, mas apenas por aquele que anseia por Ele e que por Ele é escolhido. Em verdade, a alguém assim o Ser Universal revela Sua verdadeira essência".

Para superar os obstáculos e conquistar uma felicidade pura, Patañjali propõe diversos remédios. O melhor deles é o remédio quádruplo de *maitri* (benevolência), *karuṇā* (compaixão), *muditā* (deleite) e *upekṣā* (desconsideração).

Maitri não é mera benevolência, mas também um sentimento de unidade com o objeto da benevolência (*ātmīyatā*). Uma mãe sente intensa felicidade com o sucesso do filho por causa de *ātmīyatā*, um sentimento de unidade. Patañjali recomenda *maitri* para se obter *sukha* (felicidade ou virtude). O *yogī* cultiva *maitri* e *ātmīyatā* para o bem, torna os inimigos em amigos e não nutre malícia contra ninguém.

Karuṇā não significa simplesmente ter pena ou compaixão e derramar lágrimas de desespero ante o sofrimento (*duḥkha*) alheio. É a compaixão associada à ação dedicada a aliviar o sofrimento dos aflitos. O *yogī* usa todos os seus recursos – físicos, financeiros, mentais e morais – para aliviar a dor e o sofrimento dos outros. Ele compartilha sua força com os fracos até que eles se tornem fortes. Ele compartilha sua bravura com os tímidos até que se tornem corajosos mediante seu exemplo. Ele condena a máxima que diz que "só os mais aptos sobrevivem" e ajuda o fraco a se tornar suficientemente forte para sobreviver. Ele se torna um abrigo para todos.

Muditā é um sentimento de apreciação diante de um bom trabalho (*puṇya*) realizado por outrem, mesmo que seja um rival. Com *muditā*, o *yogī* se livra de muitos dissabores por não demonstrar irritação, aversão ou inveja de outro que tenha alcançado o objetivo que ele mesmo tenha fracassado em conquistar.

Upekṣā não é um mero sentimento de desdém ou desprezo pela pessoa que caiu em vício (*apuṇya*), ou de indiferença ou superioridade em relação a ela. É um exame de consciência, uma pesquisa para descobrir como teríamos agido diante das mesmas tentações. É também um exame para descobrir até que ponto se é responsável pelo estado do desafortunado e o esforço para ajudá-lo a voltar ao bom caminho. O *yogī* entende as faltas dos outros, pois as vê e estuda primeiro em si mesmo. Esse autoestudo ensina-o a ser caridoso com todos.

O significado profundo do quádruplo remédio de *maitri*, *karuṇā*, *muditā* e *upekṣā* não pode ser percebido por uma mente inquieta. Minha experiência me levou à conclusão que, para os homens e mulheres em geral, em qualquer comunidade do mundo, o meio para adquirir uma mente calma é trabalhar com determinação em dois dos oito estágios de *yoga* mencionados por Patañjali, a saber: *āsana* e *prāṇāyāma*.

A mente (*manas*) e a respiração (*prāṇa*) estão intimamente conectadas, e a atividade ou a cessação da atividade de uma afeta a outra. Por esta razão, Patañjali recomendou o *prāṇāyāma* (controle rítmico da respiração) para se adquirir serenidade mental e paz interior.

Śiṣya e guru (discípulo e mestre)

O *Śiva Saṁhitā* divide os *sādhakas* (discípulos ou aspirantes) em quatro categorias: (1) *mṛdu* (fraco), (2) *madhyama* (regular), (3) *adhimātra* (superior) e (4) *adhimātratama* (supremo). Este último, o mais elevado, é o único capaz de cruzar o oceano do mundo manifesto.

Os aspirantes fracos não têm entusiasmo, criticam seus professores, são predadores e inclinados a cometerem maus atos, comem muito, estão sob o poder das mulheres, são instáveis, covardes, doentes, dependentes, falam asperamente, apresentam um caráter débil e falta de virilidade. O *guru* (professor ou mestre) guia tais aspirantes somente pelo caminho do *mantra yoga*. Com muito esforço, o estudante pode alcançar a iluminação em doze anos. (A palavra "mantra" é derivada da raiz *"man"*, que significa "pensar". *Mantra*, portanto, significa um pensamento sagrado ou prece, a ser repetido com plena compreensão de seu significado. Leva um longo tempo, talvez anos, para um *mantra* fixar raízes firmes na mente de um *sādhaka* fraco e leva ainda mais tempo para dar frutos).

O aspirante regular tem uma mente equânime, é capaz de suportar privações, deseja aperfeiçoar seu trabalho, fala gentilmente e é moderado em todas as circunstâncias. Reconhecendo essas qualidades, o *guru* ensina-lhe *laya yoga*, que proporciona a liberação (*laya* significa devoção, absorção ou dissolução).

De mente estável, capaz de *laya yoga*, viril, independente, nobre, piedoso, clemente, sincero, corajoso, jovem, respeitoso, dedicado ao seu professor, aplicado na prática de *yoga*, assim é um aspirante superior. Ele pode atingir a iluminação em seis anos de prática. O *guru* instrui um indivíduo assim vigoroso em *haṭha yoga*.

De grande virilidade e entusiasmo, bem-apessoado, corajoso, versado nas escrituras, estudioso, sensato, isento de melancolia, jovial, regular na alimentação, com os sentidos sob controle, livre de medo, limpo, hábil, generoso, prestimoso com todos, firme, inteligente, independente, clemente, de bom caráter, de fala gentil e respeitador de seu *guru*, assim é o aspirante supremo, apto a todas as formas de *yoga*. Este pode atingir a iluminação em três anos.

Embora o *Śiva Saṁhitā* e o *Haṭha Yoga Pradīpikā* mencionem o período de tempo no qual o sucesso pode ser atingido, Patañjali em nenhum lugar declara o tempo necessário para unir a alma individual com a Alma Divina Universal. De acordo com ele, *abhyāsa* (prática constante e determinada) e *vairāgya* (libertação dos desejos) deixam a mente calma e tranquila. Ele define *abhyāsa* como um esforço de longa duração, realizado sem interrupção e com devoção, que cria uma firme fundação.

O estudo de *yoga* não se assemelha à obtenção de um diploma ou título universitário, quando a pessoa pretende obter resultados favoráveis em um prazo determinado.

Os obstáculos, desafios e tribulações no caminho do *yoga* podem ser removidos em larga extensão com a ajuda de um *guru* (a sílaba *"gu"* significa escuridão e *"ru"* significa luz. Só é *guru* quem remove a escuridão e aporta a iluminação). O conceito de *guru* é profundo e significativo. Não se trata de um guia comum, e sim de um professor espiritual que ensina um modo de vida, não meramente como ganhar a vida. Ele transmite o conhecimento do Espírito e quem recebe esse conhecimento é um *śiṣya*, ou discípulo.

O relacionamento entre *guru* e *śiṣya* é muito especial e transcende aquele que existe entre pai e filho, entre marido e mulher ou entre amigos. Um *guru* é livre de egotismo. Ele conduz dedicadamente seu *śiṣya* em direção ao objetivo último, sem esperar fama ou recompensa. Ele mostra a senda de Deus e assiste ao progresso de seu discípulo, guiando-o ao longo do caminho. Ele inspira confiança, devoção, disciplina, compreensão profunda e iluminação através do amor. Com confiança em seu aluno, o *guru* se esforça arduamente para que ele assimile o ensinamento, estimulando-o a fazer perguntas e a conhecer a verdade por meio do questionamento e da análise.

Um *śiṣya* deve possuir as qualificações necessárias para a mais alta realização e desenvolvimento. Ele precisa ter confiança, devoção e amor por seu *guru*. Os exemplos perfeitos do relacionamento entre *guru* e *śiṣya* são o de Yama (o Deus da Morte) e Nachiketās, no *Kaṭhopaniṣad,* e de Śri Kṛṣṇa e Arjuna, no *Bhagavad Gītā*. Nachiketās e Arjuna obtiveram a iluminação graças a sua mente focada e seus espíritos ávidos e questionadores. O *śiṣya* deve ter fome de conhecimento e um espírito de humildade, perseverança e firmeza de propósito. Ele não deve procurar um *guru* apenas por curiosidade. Ele deve ter *śraddhā* (fé dinâmica) e não desanimar caso não atinja a meta no tempo esperado. É necessária uma paciência tremenda para acalmar a mente agitada, colorida por inumeráveis experiências passadas e *saṁskāra* (resíduo acumulado de pensamentos e ações passadas).

O simples fato de ouvir as palavras do *guru* não capacita o *śiṣya* a absorver seus ensinamentos. Isso é ilustrado pela história de Indra e Virochana. Indra, o rei dos Deuses, e Virochana, príncipe dos demônios, foram juntos se consultar com seu mentor espiritual, Brahmā, para obter o conhecimento do Ser Supremo. Ambos ouviram as mesmas palavras do *guru*. Indra obteve a iluminação, ao passo que Virochana, não. A memória de Indra havia sido desenvolvida graças a sua devoção ao tema ensinado e pelo seu amor e fé em seu mestre. Ele tinha um sentimento de união com seu *guru*. Essas foram as razões para seu sucesso. A memória de Virochana era movida apenas por seu intelecto. Ele não tinha devoção alguma pela matéria ensinada ou por seu mentor. Seguiu sendo o que era desde o princípio: um gigante intelectual. Voltou um cético. Indra tinha humildade intelectual, enquanto Virochana era cheio de orgulho intelectual, a ponto de achar condescendente de sua parte ter ido ouvir Brahmā. O enfoque de Indra era cheio de devoção, enquanto o de Virochana era prático. Virochana era motivado pela curiosidade e queria adquirir um conhecimento prático que mais tarde pudesse lhe ser útil para obter poder.

O *śiṣya* deve valorizar acima de tudo o amor, a moderação e a humildade. O amor engendra a coragem; a moderação cria a abundância e a humildade gera poder. Coragem sem amor é brutalidade. Abundância sem moderação conduz ao hedonismo e à decadência. O poder sem humildade alimenta a arrogância e a tirania. O autêntico *śiṣya* aprende de seu *guru* sobre um poder que nunca o abandonará ao longo de seu retorno à Unidade Primeva, à Origem de seu Ser.

Sādhanā (uma chave para a liberdade)

Todos os tratados importantes sobre *yoga* colocam grande ênfase em *sādhanā* ou *abhyāsa* (prática constante). *Sādhanā* não é somente o estudo teórico dos textos de *yoga*. É um empenho espiritual. Como as sementes oleaginosas que têm de ser prensadas para produzirem óleo, ou a madeira que tem que ser aquecida para incendiar-se e produzir o fogo que traz em si, o *sādhaka* deve acender a chama divina que existe dentro dele por meio da prática constante.

"O jovem, o idoso, o extremamente ancião e até mesmo o enfermo e o fraco podem obter a perfeição em *yoga* pela prática constante. O êxito acompanha aquele que pratica, não aquele que não pratica. O sucesso em *yoga* não é obtido pela mera leitura teórica dos textos sagrados, tampouco pelo uso das vestes de um *yogī* ou *sannyāsī* (eremita), ou por discorrer a respeito do tema. O segredo para o sucesso é apenas a prática constante. Na verdade, não cabem dúvidas sobre isso." (*Haṭha Yoga Pradīpikā*, capítulo I, versículos 64-6.)

"A partir do aprendizado do alfabeto, é possível, com a prática, dominar todas as ciências. Da mesma forma, começando por um treinamento físico minucioso, adquire-se o conhecimento da Verdade (*tattva jñāna*), que a verdadeira natureza da alma humana é idêntica à do Supremo Espírito que permeia o Universo." (*Gheraṇḍa Saṁhitā*, capítulo I, versículo 5.)

Por meio dos esforços concentrados e coordenados do corpo, dos sentidos, da mente, da razão e do Ser Universal, o homem obtém o prêmio da paz interior e satisfaz o anseio da alma por seu Criador. A aventura suprema da vida de um homem é sua jornada de volta ao Criador. Para alcançar essa meta, ele precisa do funcionamento bem desenvolvido e coordenado do corpo, dos sentidos, da mente, da razão e do Ser Universal. Se o esforço não for coordenado, ele fracassa em sua aventura. No terceiro *valli* (capítulo) da primeira parte do *Kaṭhopaniṣad*, Yama (o Deus da Morte) expõe esse *yoga* ao discípulo Nachiketās, por meio da parábola do indivíduo em uma carruagem.

"Considere o *Ātman* (Ser Universal) como o Senhor montado em uma carruagem; a razão como o cocheiro, e a mente como as rédeas. Os sentidos seriam os cavalos, e as pastagens, os objetos do desejo. Quando o Ser Universal se encontra preso aos sentidos e à mente, é chamado pelos sábios de hedonista (*bhoktṛ*). Quem carece de discernimento nunca consegue refrear sua mente; seus sentidos são como cavalos indóceis. Aquele que tem discernimento sempre controla sua mente; seus sentidos são como cavalos disciplinados. Aquele que não tem discernimento torna-se inconsequente, sempre impuro; ele não atinge a meta, vagando de um corpo para outro. Quem tem discernimento torna-se vigilante, sempre puro; alcança o objetivo e jamais renasce. O homem que possui um cocheiro com discernimento para guiar sua mente alcança o propósito de sua jornada: a Suprema Morada do Espírito Eterno."

"Os sentidos são mais poderosos do que os objetos do desejo. Maior do que os sentidos é a mente; mais elevada que a mente é a razão, e superior à razão é Ele – o Espírito em tudo. Discipline-se por meio do Ser Universal e destrua seu inimigo falaz, que toma a forma do desejo." (*Bhagavad Gītā*, capítulo III, versículos 42-3.)

Para realizar isso, não apenas é necessária a prática constante, mas também a renúncia. Então surge a questão sobre o que deve ser renunciado. O *yogī* não renuncia ao mundo, uma vez que isso significaria renunciar ao Criador. O *yogī* renuncia a tudo o que o afasta do Senhor. Ele renuncia a seus próprios desejos, sabedor de que toda inspiração e toda ação justa são oriundas do Senhor. Ele renuncia àqueles que se opõem à obra do Senhor, àqueles que propagam ideias demoníacas e se limitam a falar de valores morais, sem praticá-los.

O *yogī* não renuncia à ação. Ele corta as amarras que o prendem às suas ações pela dedicação de seus frutos ao Senhor ou à humanidade. Ele entende que é um privilégio poder cumprir seu dever e que não tem direito algum aos frutos de suas ações.

Enquanto outros permanecem adormecidos quando o dever os chama e acordam somente para reclamar seus direitos, o *yogī* está plenamente desperto para seu dever, mas adormecido acerca de seus direitos. Por isso se diz que, na noite de todos os seres, o homem disciplinado e sereno desperta para a luz.

Aṣṭāṅga yoga – Os oito membros do yoga

Os *Yoga Sūtras* de Patañjali são divididos em quatro capítulos ou *pādas*. O primeiro trata de *samādhi*; o segundo, dos meios (*sādhanā*) para alcançar o *yoga*; o terceiro enumera os poderes (*vibhūti*) que o *yogī* encontra ao longo de sua busca; e o quarto lida com a emancipação (*kaivalya*).

Yama

Os oito membros do *yoga* aparecem descritos no segundo capítulo. O primeiro deles é *yama* (disciplinas éticas) – os grandes mandamentos que transcendem credo, país, idade e época. São eles: *ahiṁsā* (não violência), *satya* (verdade), *asteya* (não roubar), *brahmacharya* (continência) e *aparigraha* (não cobiçar). Esses mandamentos são regras de moralidade para a sociedade e para os indivíduos que, se não forem observadas, trazem o caos, violência, falsidade, roubo, desperdício e cobiça. A raiz desses males são a ganância, o desejo e o apego, que podem ser brandos, médios ou excessivos e só trazem dor e ignorância. Patañjali ataca a raiz desses males mudando a direção do pensamento do indivíduo segundo os cinco princípios de *yama*.

Ahiṁsā. A palavra *ahiṁsā* é composta da partícula "a" que significa "não" e do substantivo "*hiṁsā*", que significa "matar" ou "violência". É mais do que um mandamento negativo para não matar, tem um sentido positivo mais amplo, de amor. Este amor abarca toda criação, pois somos todos filhos do mesmo Pai – o Senhor. O *yogī* acredita que matar ou destruir uma coisa ou um ser é insultar seu Criador. Os homens matam tanto para comer quanto para protegerem-se do perigo. Não obstante, o mero fato de um indivíduo ser vegetariano não quer dizer necessariamente que não tenha um temperamento violento ou que seja um *yogī*, embora uma dieta vegetariana seja necessária para a prática do *yoga*. Tiranos sanguinários podem ser vegetarianos, pois a violência é um estado de espírito, não uma dieta. Ela reside na mente do homem e não no instrumento que ele leva em sua mão. Pode-se usar a mesma faca para descascar uma fruta ou para apunhalar um inimigo. A culpa não está no instrumento, mas naquele que o empunha.

O homem recorre à violência para proteger seus próprios interesses: seu corpo, seus entes queridos, suas posses ou sua dignidade. Mas ele não deve supor que é capaz de sozinho proteger a si mesmo e aos outros. Acreditar nisso é um erro. O homem deve confiar em Deus, que é a fonte de toda a força. Assim, não temerá mal algum.

A violência surge do temor, da fraqueza, da ignorância ou da inquietação. Para deter a violência, o mais importante é libertar-se do temor. A fim de se obter esta liberdade, é preciso mudar o modo de ver a vida e reorientar a mente. A violência tende a diminuir quando o homem aprende a basear sua fé na realidade e na investigação em vez de baseá-la na ignorância e na suposição.

O *yogī* julga que cada criatura tem tanto direito à vida quanto ele. Ele acredita que nasceu para ajudar os outros e contempla a criação com amor. Ele sabe que sua vida está intrinsecamente ligada à dos outros e se alegra quando pode ajudá-los a ser felizes. Ele antepõe a felicidade dos outros à sua própria e torna-se uma fonte de alegria para todos a seu redor. Assim como os pais encorajam um bebê a dar seus primeiros passos, ele estimula os menos afortunados e os torna aptos para a sobrevivência.

Os homens clamam por justiça quando os outros cometem erros; no entanto, quando eles mesmos erram, suplicam por misericórdia e perdão. O *yogī*, por sua vez, busca justiça por um erro cometido por ele mesmo e perdão para a falta do outro. Ele sabe como viver e transmite este saber aos outros. Sempre empenhado em aperfeiçoar-se, ele mostra a todos, com seu amor e compaixão, como melhorar.

O *yogī* se opõe ao mal no malfeitor, mas não ao malfeitor. Para uma falta, ele prescreve penitência, não punição. A oposição ao mal e o amor pelo malfeitor não são incompatíveis. A esposa de um alcoólico, mesmo o amando, pode opor-se ao seu vício. A oposição sem amor leva à violência; amar o malfeitor sem se opor ao mal que há nele é insensatez e conduz ao sofrimento. O *yogī* sabe que o curso correto a seguir é amar a pessoa enquanto se combate o mal que há nela. A batalha é vencida porque é travada com amor. Uma mãe amorosa algumas vezes bate na criança para curá-la de um mau hábito; do mesmo modo, um verdadeiro seguidor de *ahiṁsā* ama seu oponente.

Abhaya (libertação do temor) e *akrodha* (libertação da ira) acompanham *ahiṁsā*. Apenas aqueles que cultivam uma vida pura libertam-se do temor. O *yogī* não teme ninguém, nem ninguém precisa temê-lo, pois se purifica pelo estudo do Ser Universal. O temor assalta um homem e o paralisa. Ele tem medo do futuro, do desconhecido e do impalpável. Ele tem medo de perder seus meios de subsistência, sua saúde e sua reputação. Mas seu maior temor é a morte. O *yogī* sabe que é diferente de seu corpo, que não passa de uma morada temporária do espírito. Ele vê todos os seres no Ser Universal e o Ser Universal em todos os seres; portanto, perde todo o medo. Embora o corpo esteja sujeito à doença, à velhice, à decadência e à morte, o espírito mantém-se inalterado. Para o *yogī*, a morte é o tempero que acrescenta sabor à vida. Ele dedicou a mente, a razão e toda a sua vida ao Senhor. Quando uniu todo o seu ser ao Senhor, o que poderá temer?

Há dois tipos de ira (*krodha*): uma que corrompe a mente e outra que conduz ao crescimento espiritual. A primeira tem raiz no orgulho, que enfurece a pessoa quando é menosprezada. Isso impede a mente de ver as coisas em perspectiva e torna seus juízos equivocados. O *yogī*, por sua vez, se revolta consigo mesmo quando sua própria mente se rebaixa ou quando todo o seu estudo e experiência não conseguem impedi-lo de ser insensato. Ele é rigoroso consigo mesmo quando lida com suas próprias faltas, mas brando com as faltas dos outros. A delicadeza de espírito é um atributo do *yogī*, e seu coração se enternece diante de todo sofrimento. Para ele, a consideração com os outros e o rigor consigo mesmo andam de mãos dadas e, em sua presença, toda hostilidade desaparece.

Satya. Satya ou verdade é a mais alta regra de conduta e de moralidade. Mahātma Gāndhī disse: "A Verdade é Deus, e Deus é a Verdade". Assim como o fogo queima as impurezas e refina o ouro, o fogo da verdade depura o *yogī* e queima suas impurezas.

Se a mente tem pensamentos de verdade, se a língua profere palavras de verdade e se toda a vida é baseada na verdade, então a pessoa está preparada para a união com o Infinito. A Realidade é, em essência, amor e verdade, e se expressa por meio desses dois aspectos. A vida do *yogī* deve se conformar estritamente com essas duas facetas da Realidade. É por isso que se coloca ênfase em *ahiṁsā*, que se baseia essencialmente no amor. *Satya* pressupõe absoluta veracidade no pensamento, palavra e ação. A falsidade, sob qualquer forma, coloca o *sādhaka* em desarmonia com a lei fundamental da verdade.

A verdade não se limita apenas à palavra. Há quatro pecados da palavra: insultar e dizer obscenidades; afirmar falsidades; caluniar e fazer intriga; e, por fim, ridicularizar o que os outros tomam como sagrado. O caluniador é mais venenoso do que uma serpente. O controle da palavra leva ao desenraizamento da malícia. Quando a mente não carrega maldade para com ninguém, ela se enche de caridade para com todos. Aquele que aprendeu a controlar sua língua, em grande medida atingiu o autocontrole. Quando fala, é ouvido com respeito e atenção. Suas palavras serão lembradas, pois serão boas e verdadeiras.

Se uma pessoa estabelecida na verdade ora com o coração puro, então as coisas das quais necessita vêm até ela quando são realmente necessárias; não é preciso que corra atrás delas. O homem firmemente estabelecido na verdade recebe os frutos de suas ações sem aparentemente fazer nada. Deus, a fonte de toda verdade, supre suas necessidades e cuida de seu bem-estar.

Asteya. O desejo de possuir e desfrutar daquilo que o outro possui leva uma pessoa a cometer maus atos. Desse desejo surgem a cobiça e o impulso de roubar. *Asteya* (*a* = não, *steya* = roubar), ou seja, "não roubar", inclui não apenas não tomar sem permissão aquilo que pertence ao outro, como tampouco usar algo para um propósito diferente do pretendido ou por mais tempo do que permitido por seu proprietário. Assim, compreende a apropriação indébita, a quebra de confiança, a má administração e o mau uso. O *yogī* reduz suas necessidades físicas ao mínimo, pois acredita que, ao acumular coisas das quais não precisa realmente, se comporta como um ladrão. Enquanto outros buscam fortuna, poder, fama ou prazer, o *yogī* tem apenas uma ambição: adorar o Senhor. A libertação dos desejos permite o afastamento das grandes tentações. O desejo turva a corrente da tranquilidade, torna os homens abjetos e vis e os mutila. Aquele que obedece ao mandamento "não roubarás" se converte em fiel depositário de todos os tesouros.

Brahmacharya. De acordo com o dicionário, *brahmacharya* significa a vida de celibato, estudo religioso e continência. Acredita-se que a perda de sêmen conduz à morte, e sua retenção, à vida. Mediante a conservação do sêmen, o corpo do *yogī* desenvolve um aroma agradável. Quando o sêmen é retido, não há medo da morte. Daí a injunção de que deve ser preservado por um esforço concentrado da mente. O conceito de *brahmacharya* não é de negação, austeridade forçada e proibição. De acordo com Śankarāchārya, um *brahmachārī* (aquele que observa *brahmacharya*) é um homem absorvido no estudo da ciência sagrada dos *Vedas*, que vive constantemente em Brahman e sabe que tudo existe em Brahman. Em outras palavras, quem vê a divindade em tudo é um *brahmachārī*. Patañjali, entretanto, dá ênfase à continência do corpo, da fala e da mente. Isso não significa que a filosofia do *yoga* é destinada apenas aos celibatários. *Brahmacharya* tem pouco a ver com o fato de a pessoa ser solteira ou casada e chefe de família. Temos que traduzir os aspectos mais elevados de *brahmacharya* para o nosso dia a dia. Para a salvação, não é necessário permanecer solteiro e sem teto. Ao contrário, todos os *smṛtīs* (códigos legais) recomendam o matrimônio. Não é possível conhecer o amor divino sem experimentar a felicidade e o amor humanos. Quase todos os *yogī*s e sábios da antiga Índia eram casados e tinham suas famílias. Eles não se esquivavam de suas responsabilidades sociais ou morais. O casamento e a paternidade não são barreiras para se conhecer o amor divino, a felicidade e a união com a Alma Suprema.

Ao tratar da situação do aspirante que é chefe de família, o *Śiva Saṁhitā* recomenda que ele "faça sua prática longe da companhia dos homens, em um local isolado. Aparentemente, deve permanecer na sociedade, mas ali não estará seu coração. Ele não deve renunciar às obrigações de sua profissão, casta ou posição, mas cumpri-las como um instrumento do Senhor, sem pensar nos resultados. Triunfará, sem dúvida, se seguir com sabedoria o método do *yoga*. Permanecendo no seio da família, sempre cumprindo seus deveres de chefe de família, aquele que se encontra livre dos méritos e deméritos e refreou seus sentidos alcança a salvação. O chefe de família que pratica yoga não é afetado pela virtude ou pelo vício. Se, para proteger a humanidade, ele cometer algum pecado, não será contaminado". (Capítulo V, versículos 234-38.)

Quem observa *brahmacharya* desenvolve uma reserva de vitalidade e energia, uma mente corajosa e um intelecto poderoso que o permitem enfrentar qualquer tipo de injustiça. O *brahmachārī* emprega com sabedoria as forças que gera: usa sua força física para cumprir o serviço do Senhor; sua força mental para a difusão da cultura e a intelectual para o fomento da vida espiritual. *Brahmacharya* é a bateria que acende a tocha da sabedoria.

Aparigraha. Parigraha significa acumular ou colecionar. Estar livre da necessidade de acumular é *aparigraha*. Trata-se, pois, de outra faceta de *asteya* (não roubar). Assim como não se deve adquirir coisas que não sejam realmente indispensáveis, tampouco se deve acumular ou colecionar coisas que não sejam imediatamente necessárias. Também não se deve aceitar coisas sem trabalhar por elas, nem a título de favor, pois indica pobreza de espírito. O *yogī* compreende que o acúmulo de coisas implica na falta de fé em Deus e em si mesmo para garantir seu futuro. Ele mantém a fé lembrando-se da imagem da Lua. Durante a metade escura do mês, ela surge tarde, quando a maioria das pessoas está dormindo e não aprecia sua beleza. E mesmo que seu esplendor vá minguando, ela não se desvia de seu caminho, indiferente à falta de apreciação dos homens. Ela tem fé que voltará a ficar cheia quando estiver em face do Sol, e então as pessoas esperarão ansiosamente por seu glorioso surgimento.

Pela observância de *aparigraha*, o *yogī* torna sua vida o mais simples possível e exercita sua mente para não sentir a perda ou a falta de qualquer coisa. Então, tudo aquilo de que ele realmente necessita virá a ele por si só e no momento oportuno. A vida de um homem comum é repleta de uma infindável série de perturbações e frustrações e de suas reações a elas. Assim, quase não há possibilidade de se manter a mente em um estado de equilíbrio. O *sādhaka* desenvolve a capacidade de permanecer satisfeito com o que quer que aconteça. Deste modo, ele obtém a paz que o leva para além dos domínios da ilusão e do sofrimento que saturam nosso mundo. Ele lembra a promessa feita por Śrī Kṛṣṇa a Arjuna no nono capítulo do *Bhagavad Gītā*: "Àqueles que veneram apenas a Mim com devoção sincera e que estão em harmonia comigo em todos os momentos, trago segurança completa. Satisfarei todas as suas necessidades e os protegerei para sempre".

Niyama

Niyamas são as normas de conduta que se referem à disciplina individual, ao passo que as regras de *yama* são universais em sua aplicação. Os cinco *niyamas* listados por Patañjali são: *śaucha* (pureza), *santoṣa* (contentamento), *tapas* (ardor ou austeridade), *svādhyāya* (estudo do Ser Universal) e *Īśvara praṇidhāna* (dedicação ao Senhor).

Śaucha. A pureza do corpo é essencial para o bem-estar. Enquanto bons hábitos como o banho purificam o corpo externamente, *āsana* e *prāṇāyāma* o limpam internamente. A prática de *āsana* tonifica o corpo inteiro e remove as toxinas e impurezas causadas pelo excesso de indulgência. *Prāṇāyāma* limpa e areja os pulmões, oxigena o sangue e purifica os nervos. Mais importante que a limpeza física, contudo, é a depuração da mente das emoções perturbadoras como ódio, paixão, raiva, luxúria, cobiça, ilusão e orgulho. E ainda mais importante é a depuração do intelecto (*buddhi*) dos pensamentos impuros. As impurezas da mente são lavadas pelas águas de *bhakti* (devoção). As impurezas do intelecto ou da razão são consumidas pelo fogo de *svādhyāya* (estudo do Ser Universal).

Essa limpeza interna traz luz e alegria. Ela traz benevolência (*saumanasya*) e afasta o sofrimento mental, a depressão, a tristeza e o desespero (*daurmanasya*). Quando somos benevolentes, não vemos somente as faltas, mas também as virtudes dos outros. O respeito pelas virtudes alheias desperta respeito próprio e nos ajuda a combater nossas próprias aflições e dificuldades. Quando a mente está lúcida, é fácil concentrá-la em um ponto (*ekāgra*). Com concentração, obtém-se um domínio dos sentidos (*indriya-jaya*). Então a pessoa se vê pronta para ingressar no templo de seu próprio corpo e ali contemplar seu verdadeiro ser no espelho de sua mente.

Além da pureza do corpo, do pensamento e da palavra, se faz necessária a pureza do alimento. À parte do asseio na preparação da comida, é preciso estar atento à pureza dos meios pelos quais ela é obtida.

O alimento, substância que sustenta e ao mesmo tempo consome a vida, é considerado uma fase de *Brahman*. Ele deve ser ingerido com a sensação de que, a cada bocada, são obtidas forças para servir ao Senhor. Então a comida se torna pura. Ser vegetariano ou não é uma questão puramente pessoal, porquanto cada pessoa é influenciada pela tradição e os hábitos do país em que nasceu e se criou. Com o tempo, contudo, o praticante de *yoga* tem que adotar uma dieta vegetariana a fim de obter a concentração da atenção e evolução espiritual.

A comida deve ser consumida para promover saúde, força, energia e vida. Ela deve ser simples, nutritiva, saborosa e reconfortante. É preciso evitar alimentos que sejam azedos, amargos, salgados, pungentes, picantes, quentes demais, estragados, sem gosto, pesados e sujos.

O caráter é moldado pelo tipo de alimento ingerido e pelo modo como é consumido. Os homens são as únicas criaturas que comem quando não estão com fome e, geralmente, vivem para comer em vez de comerem para viver. Quando comemos para satisfazer o paladar, comemos além da medida e, assim, sofremos com distúrbios digestivos que tiram nossos sistemas do eixo. O *yogī* acredita em harmonia e por isso ele come apenas para seu sustento, nem mais nem menos. Ele cuida de seu corpo como a morada de seu espírito e evita os excessos.

Além da alimentação, o local também é importante para as práticas espirituais. É difícil praticar em um local distante (longe de casa), em uma floresta, em uma cidade muito populosa ou onde há muito barulho. É preciso escolher um lugar onde seja fácil se obter comida, que seja livre de insetos, abrigado do tempo, com arredores agradáveis. Margens de lagos ou rios ou o litoral marítimo são ideais. Lugares assim, idealmente tranquilos, são difíceis de encontrar nos tempos modernos; mas pelo menos a pessoa pode separar um canto em sua própria sala para a prática e mantê-lo limpo, arejado, seco e livre de insetos.

Santoṣa. É preciso cultivar *santoṣa* ou contentamento. Uma mente descontente não consegue se concentrar. O *yogī* não sente falta de nada e por isso é naturalmente contente. O contentamento traz um êxtase sem par para o *yogī*. Um homem contente é completo porque conhece o amor do Senhor e cumpre seu dever. Ele é abençoado porque conhece a verdade e a alegria.

Contentamento e tranquilidade são estados mentais. As diferenças surgem entre as pessoas em virtude de raça, credo, riqueza e educação. Essas diferenças criam discórdia e então surgem conflitos, conscientes ou inconscientes, que distraem e confundem. Então a mente não consegue se concentrar em um ponto único (*ekāgra*) e sua paz é roubada. Há contentamento e tranquilidade quando a chama do espírito não oscila ao sabor do desejo. O *sādhaka* não persegue a paz vazia dos mortos, e sim a paz de quem tem a razão firmemente estabelecida em Deus.

Tapas. O termo *tapas* deriva da raiz *"tap"*, que significa arder, queimar, brilhar, sofrer dor ou consumir-se pelo fogo. Portanto, significa um esforço ardente sob todas as circunstâncias para a consecução de um objetivo bem definido na vida. Envolve purificação, disciplina e austeridade. Toda a ciência de edificação de caráter pode ser vista como uma prática de *tapas*.

Tapas é o esforço consciente para se atingir a união definitiva com o Divino e queimar todos os desejos que se interponham no caminho desta meta. Um objetivo digno deixa a vida iluminada, pura e divina. Sem esse objetivo, as ações e preces não têm valor. A vida sem *tapas* é como um coração sem amor. Sem *tapas*, a mente não pode alcançar o Senhor.

Existem três tipos de *tapas*: relativo ao corpo (*kāyika*), à palavra (*vāchika*) e à mente (*mānasika*). Continência (*brahmacharya*) e não violência (*ahiṁsā*) são *tapas* do corpo. Usar palavras não ofensivas, recitar a glória de Deus, falar a verdade sem considerar as consequências para si mesmo e não falar mal dos outros são *tapas* da palavra. Cultivar uma atitude mental pela qual a pessoa permanece tranquila e equilibrada na alegria e na tristeza, sem perder o autocontrole, é *tapas* da mente.

Também é *tapas* um trabalho desenvolvido sem motivos egoístas ou esperança de recompensa, guiado pela fé inabalável de que nem mesmo uma folha de capim pode mover-se sem a vontade de Deus.

Por meio de *tapas*, o *yogī* desenvolve força física, mental e de caráter. Ele adquire coragem e sabedoria, integridade, franqueza e simplicidade.

Svādhyāya. *Sva* significa si próprio e *adhyāya* significa estudo ou educação. Educar consiste em extrair o que há de melhor em uma pessoa. *Svādhyāya*, portanto, é a educação de si mesmo.

Svādhyāya é diferente da mera instrução, quando se assiste a uma aula em que o professor ostenta seu saber ante a ignorância da sua plateia. Quando se reúnem para *svādhyāya*, orador e ouvinte têm um só pensamento e demonstram amor e respeito mútuos. Não há sermões, e cada coração fala ao outro. Os pensamentos enobrecedores que surgem com *svādhyāya* são, por assim dizer, absorvidos pela própria corrente sanguínea, de tal modo que se tornam parte da nossa vida e de nosso ser.

Aquele que pratica *svādhyāya* lê seu próprio livro da vida, ao mesmo tempo em que o escreve e revisa. Há uma mudança em sua maneira de ver a vida. Ele começa a perceber que toda a criação é destinada à *bhakti* (devoção) e não ao *bhoga* (prazer); que toda a criação é divina; que a divindade reside em seu interior e que a energia que o move é a mesma que move todo o universo.

De acordo com Śrī Vinobā Bhāve (líder do Movimento Bhoodan), *svādhyāya* é o estudo de um tema que é a base ou raiz de todos os outros temas ou ações, sobre o qual se apoiam os demais, embora ele mesmo não se apoie sobre coisa alguma.

Para tornar a vida saudável, feliz e pacífica, é essencial estudar regularmente a literatura sagrada em um lugar puro. O estudo dos livros sagrados da humanidade permite ao *sādhaka* concentrar-se e resolver os problemas difíceis da vida, quando surgem. Ele põe fim à ignorância e traz o conhecimento. A ignorância não tem começo, mas tem fim. O conhecimento tem um começo, mas não tem fim. Pela prática de *svādhyāya*, o *sādhaka* entende a natureza de sua alma e obtém a comunhão com o divino. Os livros sagrados do mundo são para todos. Eles não pertencem somente aos membros de uma fé específica. Assim como as abelhas se deleitam com o néctar de várias flores, o *sādhaka* absorve coisas de outras crenças que lhe permitem compreender melhor a sua própria.

A filologia não é uma língua, e sim a ciência das línguas, cujo estudo capacita o aluno a aprender melhor sua própria língua. Da mesma forma, o *yoga* não é uma religião em si. É a ciência das religiões, cujo estudo capacitará o *sādhaka* a apreciar melhor sua própria fé.

Īśvara praṇidhāna. *Īśvara praṇidhāna* é a dedicação das nossas ações e da nossa vontade ao Senhor. Aquele que tem fé em Deus não se desespera, pois tem luz (*tejas*). Aquele que sabe que toda a criação pertence ao Senhor não vai inflar-se de orgulho ou inebriar-se com o poder. Ele não vai se render a motivos egoístas; só curvará a cabeça em veneração. Quando as águas de *bhakti* (adoração) fluírem pelas turbinas da mente, o resultado será poder mental e iluminação espiritual. Enquanto a mera força física sem *bhakti* é letal, a mera adoração sem força de caráter é como um narcótico. O vício nos prazeres combate tanto o poder como a glória. *Moha* (apego) e *lobha* (cobiça) nascem da gratificação dos sentidos, quando eles perseguem os prazeres. Se os sentidos não forem gratificados, então há *śoka* (tristeza). Portanto, devem ser refreados com conhecimento e paciência, mas controlar a mente é mais difícil. Depois de termos esgotado nossos próprios recursos sem êxito, nos voltamos ao Senhor em busca de ajuda, pois Ele é a fonte de todo poder. É neste estágio que começa *bhakti*. Com *bhakti*, a mente, o intelecto e a vontade se rendem ao Senhor, e o *sādhaka* roga: "Eu não sei o que é bom para mim. Seja feita a Vossa vontade". Outros oram para que seus desejos sejam satisfeitos ou cumpridos. Em *bhakti*, ou no amor verdadeiro, não há lugar para "eu" e "meu". Quando a consciência do "eu" e do "meu" desaparece, a alma individual atinge sua maturidade.

Uma vez esvaziada dos desejos de gratificação pessoal, a mente deve ser preenchida por pensamentos voltados ao Senhor. Uma mente cheia de pensamentos de gratificação pessoal corre o risco de ser dragada pelos objetos do desejo. Tentar praticar *bhakti* sem esvaziar a mente dos desejos é como acender uma fogueira com lenha molhada. Produz muita fumaça e faz lacrimejar quem acende o fogo tanto quanto aqueles que o cercam. A mente que abriga desejos não pode se acender ou brilhar, nem gerar luz e calor quando tocada pela chama do conhecimento.

O nome do Senhor é como o Sol que dissipa toda a escuridão. A Lua fica cheia quando está diante do Sol. A alma individual vivencia sua plenitude (*pūrṇatā*) quando fica diante do Senhor. Se a Terra se interpõe entre a Lua e o Sol, ocorre um eclipse. Se a consciência do "eu" e do "meu" projeta sua sombra sobre a experiência de plenitude, todos os esforços do *sādhaka* para encontrar a paz são em vão.

Ações refletem mais a personalidade de um homem do que suas palavras. O *yogī* aprende a arte de dedicar todas as suas ações ao Senhor e, assim, elas refletem a divindade em seu interior.

Āsana

O terceiro pilar do *yoga* é *āsana* ou postura. *Āsana* traz firmeza, saúde e leveza aos membros. Uma postura estável e agradável confere equilíbrio mental e evita a inconstância da mente. Os *āsanas* não são meros exercícios de ginástica; são posturas. Para sua realização, é preciso um local arejado e limpo, um cobertor e determinação. Enquanto outros sistemas de treinamento físico requerem espaços amplos e equipamentos dispendiosos, os *āsanas* podem ser feitos sem nada, pois os próprios membros do corpo proporcionam os pesos e contrapesos necessários. Com a prática, a pessoa desenvolve agilidade, equilíbrio, resistência e grande vitalidade.

Os *āsanas* se desenvolveram ao longo dos séculos de modo a exercitar cada músculo, nervo e glândula do corpo. Eles asseguram um físico harmonioso, forte e elástico, que não é restrito por uma musculatura excessiva, e mantêm o corpo livre de doenças. Eles reduzem a fadiga e acalmam os nervos. Mas sua importância real reside na maneira como treinam e disciplinam a mente.

Muitos atores, acrobatas, atletas, dançarinos, músicos e esportistas também têm um físico soberbo e um grande controle sobre seu corpo, mas lhes falta o controle da mente, do intelecto e do Ser Universal. Segue-se daí sua falta de harmonia interior: raramente encontramos personalidades equilibradas entre eles. Costumam colocar o corpo acima de tudo. O *yogī*, embora não subestime o corpo, não se preocupa apenas com o seu aperfeiçoamento, mas também com o dos sentidos, da mente, do intelecto e da alma.

O *yogī* conquista o corpo pela prática dos *āsanas* e faz dele um veículo adequado para o espírito. Ele sabe que o corpo é um veículo necessário para o espírito. Uma alma sem um corpo é como um pássaro privado de seu poder de voar.

O *yogī* não teme a morte, pois o tempo necessariamente cobra seu tributo de toda carne. Ele sabe que o corpo está em constante mudança e é afetado pela infância, juventude e velhice. O nascimento e a morte são fenômenos naturais, mas a alma não está sujeita ao nascimento e à morte. Da mesma maneira que um homem joga fora suas roupas usadas para vestir novas, o hóspede do corpo se despe do invólucro usado e veste um novo.

O *yogī* acredita que seu corpo lhe foi dado pelo Senhor não apenas para o prazer, mas também para o serviço ao próximo em todos os momentos de sua vida. Ele não o considera como sua propriedade. Ele sabe que o Senhor lhe deu um corpo e que um dia vai tomá-lo de volta.

Com a prática de *āsanas*, o *sādhaka* primeiro adquire saúde, que não é a simples existência. Tampouco é uma mercadoria que pode ser comprada com dinheiro. É um bem que se conquista pelo trabalho árduo. É um estado de completo equilíbrio de corpo, mente e espírito. A saúde consiste no esquecimento da consciência física e mental. O *yogī* se livra de enfermidades físicas e distrações mentais pela prática de *āsanas*. Ele entrega as ações e os frutos delas ao Senhor, a serviço do mundo.

O *yogī* compreende que sua vida e todas as suas atividades são parte da ação divina na natureza, manifestando-se e operando na forma humana. No batimento de seu pulso e no ritmo de sua respiração, ele reconhece o fluxo das estações e a palpitação da vida universal. Seu corpo é um templo que abriga a Centelha Divina. Para ele, negligenciar ou negar as necessidades do corpo e pensar nele como algo não divino é negligenciar ou negar a vida universal da qual faz parte. As necessidades do corpo são as necessidades do espírito divino que vive através do corpo. O *yogī* não olha para o céu para encontrar Deus, porque sabe que Deus encontra-se em seu interior, conhecido como *Antarātmā* (o Ser Universal Interior). Ele sente o reino de Deus dentro e fora dele e entende que o paraíso reside nele mesmo.

Onde termina o corpo e começa a mente? Onde termina a mente e começa o espírito? Eles não podem ser separados, pois são intimamente ligados, apenas diferentes aspectos da mesma consciência divina que a tudo permeia.

O *yogī* jamais negligencia ou mortifica o corpo ou a mente; pelo contrário, ele cuida de ambos. Para ele, o corpo não é um obstáculo para sua libertação espiritual, nem é a causa de sua queda, mas um instrumento de realização. Ele busca ter um corpo tão potente quanto um trovão, saudável e livre de sofrimentos, de modo a poder consagrá-lo ao serviço do Senhor, que é a sua razão de ser. Como destacado pelo *Muṇḍakopaniṣad*, aquele que carece de força, de atenção ou de propósito não pode alcançar o Ser Universal. Como um vaso de barro se dissolve na água se não for cozido no forno, o corpo se degrada rapidamente. Portanto, é preciso assar o corpo no fogo da disciplina do *yoga* de modo a fortalecê-lo e purificá-lo.

Os nomes dos *āsanas* são significativos e ilustram o princípio da evolução. Alguns têm nome de plantas, como árvore (*vṛkṣa*) e lótus (*padma*); alguns têm nome de insetos, como gafanhoto (*śalabha*) e escorpião (*vṛścika*); outros, de animais aquáticos e anfíbios, como peixe (*matsya*), tartaruga (*kūrma*), rã (*bheka* ou *maṇḍūka*) e crocodilo (*nakra*). Há *āsanas* designados por nomes de pássaros como galo (*kukkuṭa*), garça (*baka*), pavão (*mayūra*) e cisne (*haṁsa*). Há outros com nomes de quadrúpedes: cachorro (*śvāna*), cavalo (*vātāyana*), camelo (*uṣṭra*) e leão (*siṁha*). Os répteis, como a serpente (*bhujaṅga*), não são esquecidos, nem tampouco o estado embrionário do homem (*garbha-piṇḍa*). Heróis lendários emprestam seus nomes a outros *āsanas*, tais como Vīrabhadra e Hanumān, o filho do Vento; sábios como Bharadvāja, Kapila, Vasiṣṭha e Viśvāmitra também são lembrados em nomes de *āsanas*. Alguns *āsanas* são chamados por nomes de Deuses do panteão hindu e outros homenageiam avatares ou encarnações do Poder Divino. Ao praticar *āsanas*, o corpo do *yogī* assume formas que se assemelham a diversas criaturas. Deste modo, sua mente aprende a não desprezar nenhuma criatura, pois sabe que o mesmo Espírito Universal sopra em toda a criação, desde o menor inseto até o sábio mais perfeito. Ele sabe que a forma mais elevada é a Sem forma. Ele encontra a unidade na universalidade. O verdadeiro *āsana* é aquele em que o pensamento de Brahman flui sem esforço e incessantemente pela mente do *sādhaka*.

Dualidades como perda e ganho, vitória e derrota, fama e desonra, corpo e mente, mente e alma, somem com o domínio dos *āsanas*, e o *sādhaka*, então, passa ao *prāṇāyāma*, o quarto estágio no caminho do *yoga*. Na prática do *prāṇāyāma*, as únicas partes do corpo ativamente envolvidas são as narinas, a passagem nasal com suas membranas, a traqueia, os pulmões e o diafragma. Só elas percebem o pleno impacto da força do *prāṇa*, o sopro vital. Por isso não procure dominar o *prāṇāyāma* apressadamente, pois estará brincando com a própria vida. Uma prática incorreta pode acarretar problemas respiratórios e abalar o sistema nervoso. Por outro lado, a prática correta nos protege da maior parte das doenças. Nunca tente praticar *prāṇāyāma* sozinho. É essencial contar com a supervisão pessoal de um *guru* que conheça as limitações físicas do seu aluno.

Prāṇāyāma

Assim como a palavra *yoga*, a palavra *prāṇa* encerra numerosas acepções. *Prāṇa* significa fôlego, respiração, vida, vitalidade, vento, energia ou força. Também designa a alma em oposição ao corpo. Em geral, o termo é usado no plural para indicar os sopros vitais. *Āyāma* significa extensão, expansão, alongamento ou retenção. Portanto, *prāṇāyāma* denota, ao mesmo tempo, a extensão e o controle da respiração. Este controle se dá sobre todas as funções da respiração, a saber: (I) inalação ou inspiração, denominada *pūraka* (dilatação); (2) exalação ou expiração, denominada *rechaka* (esvaziamento dos pulmões) e (3) retenção, um estado em que não há inspiração nem expiração, denominado *kumbhaka*. Nos textos de *haṭha yoga*, *kumbhaka* também é empregado no sentido mais geral, que compreende os três processos respiratórios: inspiração, expiração e retenção.

Kumbha é um cântaro, moringa, jarra ou cálice. Uma jarra de água pode estar vazia de ar e cheia de água ou pode estar vazia de água e cheia de ar. De modo similar, há dois estágios de *kumbhaka*: (1) quando a respiração é suspensa após uma inspiração completa (os pulmões cheios de ar vital) e (2) quando a respiração é suspensa depois da expiração (os pulmões esvaziados de todo o ar viciado). O primeiro estágio, quando a respiração é retida após uma inspiração completa, antes de começar a expiração, é conhecido como *antara kumbhaka*. O segundo, quando a respiração é retida após uma expiração completa, antes de iniciar a inspiração, é conhecido como *bāhya kumbhaka*. *Antara* significa interno ou interior, enquanto *bāhya* significa externo ou exterior. Portanto, *kumbhaka* é o intervalo de tempo entre a inspiração completa e a expiração (*antara kumbhaka*) ou entre a expiração completa e a inspiração (*bāhya kumbhaka*). Em ambos os casos, a respiração é suspensa ou retida.

Prāṇāyāma é portanto a ciência da respiração; o eixo em torno do qual gira a roda da vida. "Assim como os leões, elefantes e tigres são domados com tempo e cautela, o *prāṇa* deve ser controlado lenta e progressivamente, segundo a capacidade e as limitações físicas de cada um. Caso contrário, ele matará o praticante", adverte o *Haṭha Yoga Pradīpikā* (capítulo II, versículo 16).

A vida do *yogī* não é medida pela quantidade de dias e sim pelo número de respirações. Portanto, ele segue um padrão rítmico apropriado de respiração lenta e profunda. Esse ritmo fortalece o sistema respiratório, acalma o sistema nervoso e abranda a ansiedade. À medida que os desejos e a ansiedade diminuem, a mente fica livre e torna-se um veículo adequado para a concentração. Se a prática de *prāṇāyāma* for incorreta, o aluno se expõe a diversos transtornos, tais como soluços, gases, asma, tosse, catarro, dores na cabeça, nos olhos e nos ouvidos e irritação nervosa. É preciso muito tempo para aprender a inspirar e a expirar lenta, profunda, uniforme e corretamente. Essa técnica deve ser dominada antes de se tentar *kumbhaka*.

Assim como o fogo resplandece vivamente quando as cinzas que o recobrem são espalhadas pelo vento, também o fogo divino dentro do corpo resplandece em toda sua majestade quando as cinzas do desejo são dispersas pela prática do *prāṇāyāma*.

"O esvaziamento da mente de toda ilusão é a verdadeira expiração (*rechaka*). A realização de que 'Eu sou Ātman (espírito)' é a verdadeira inspiração (*pūraka*). E a manutenção firme da mente nesta convicção é a verdadeira retenção (*kumbhaka*). Este é o verdadeiro *prāṇāyāma*", diz Śaṅkarāchārya.

A cada inspiração, os seres vivos pronunciam inconscientemente a prece *"So'ham"* (*Saḥ* = ele; *aham* = eu, ou seja, Ele, o Espírito Imortal, sou eu). Da mesma maneira, a cada expiração toda criatura recita *"haṁsaḥ"* (eu sou Ele). Esse *ajapa mantra* (prece repetida inconscientemente) acompanha cada ser ao longo de sua vida. O *yogī* realiza plenamente o significado deste *ajapa mantra* e assim se liberta de todos os grilhões que aprisionam sua alma. Ele oferece seu próprio alento como sacrifício ao Senhor e recebe o sopro da vida como bênção do Senhor.

O *prāṇa* no corpo do indivíduo (*jīvātmā*) é parte do alento cósmico do Espírito Universal (*Paramātmā*). Pela prática do *prāṇāyāma*, faz-se uma tentativa de harmonizar o alento individual (*piṇḍa prāṇa*) com o alento cósmico (*Brahmāṇḍa prāṇa*).

Kariba Ekken, místico do século XVII, disse: "Para cultivar a serenidade de espírito, primeiro regule sua respiração, porque quando ela estiver sob controle, o coração estará em paz; mas se a respiração estiver espasmódica, então ele estará perturbado. Deste modo, antes de fazer qualquer coisa, primeiro regule sua respiração, assim seu temperamento será suavizado, e seu espírito, acalmado".

Citta (mente, razão e ego) é como uma carruagem puxada por vigorosos cavalos. Um deles é *prāṇa* (sopro vital), o outro é *vāsanā* (desejo). A carruagem vai na direção do animal mais forte. Quando a respiração prevalece, os desejos são controlados, os sentidos são refreados e a mente é acalmada. Quando o desejo prevalece, a respiração se descontrola, e a mente fica agitada e perturbada. Por isso, o *yogī* busca o domínio da ciência da respiração e, por meio de seu controle e regulação, ele controla a mente e aquieta seu constante movimento. Durante a prática de *prāṇāyāma*, os olhos devem permanecer fechados para evitar a dispersão da mente. "Quando *prāṇa* e *manas* (mente) são absorvidos, sobrévem uma alegria inefável." (*Haṭha Yoga Pradīpikā*, capítulo IV, versículo 30.)

A excitação emocional afeta o padrão da respiração; inversamente, a regulação intencional da respiração contém a excitação emocional. Como o próprio objeto do *yoga* é controlar e aquietar a mente, o *yogī* aprende primeiro o *prāṇāyāma*, para dominar a respiração. Isso o capacitará a controlar os sentidos e assim atingir o estágio de *pratyāhāra*. Somente então a mente estará pronta para a concentração (*dhyāna*).

Diz-se que a mente tem dois estados: puro e impuro. Ela é pura quando está completamente livre de desejos e impura quando está presa aos desejos. Ao fazer cessar os movimentos da mente e libertá-la da indolência e das distrações, alcança-se o estado de não mente (*amanaska*), que é o supremo estado de *samādhi*. Este estado de não mente não é demência ou idiotia, e sim um estado consciente da mente, quando se vê livre de pensamentos e desejos. Há uma diferença fundamental entre um idiota ou lunático, por um lado, e um *yogī* que se esforça para alcançar um estado de não mente. O primeiro é descuidado; o segundo procura ver-se livre dos cuidados. A união da respiração com a mente, e assim também dos sentidos, e o abandono de todas as condições de existência e pensamento é o que chamamos de *yoga*.

Prāṇa vāyu – O ar é uma das formas mais sutis de energia. Nos textos que tratam de *haṭha yoga*, essa energia vital que também permeia o corpo humano é classificada em cinco categorias principais, segundo as diferentes funções que desempenha. São designadas *vāyu* (vento) e suas cinco divisões principais são: *prāṇa* (aqui o termo genérico é utilizado para designar o particular), que ocorre na região do coração e controla a respiração; *apāna*, que transita na esfera do baixo ventre e controla a função de eliminação da urina e das fezes; *samāna*, que atiça o fogo gástrico para auxiliar na digestão; *udāna*, que reside na caixa torácica e controla a entrada de ar e de alimento; e *vyāna*, que permeia o corpo inteiro e distribui a energia extraída do alimento e da respiração.

Há também cinco *vāyus* subsidiários, a saber: *nāga*, que alivia a pressão abdominal por meio do arroto; *kūrma*, que controla os movimentos das pálpebras, a fim de evitar a entrada de corpos estranhos ou de luz excessiva nos olhos; *kṛkara*, que evita que substâncias penetrem no nariz e na garganta, provocando espirros e tosse; *devadatta*, que por meio do bocejo traz para o corpo fatigado um suprimento de oxigênio e, por último, *dhanaṁjaya*, que permanece no corpo mesmo após a morte e às vezes faz o cadáver inchar.

Pratyāhāra

Se a razão sucumbir ao apelo dos sentidos, a pessoa estará perdida. Por outro lado, quando há um controle rítmico da respiração, os sentidos, em vez de correrem atrás de objetos externos, voltam-se para dentro, e a pessoa se vê livre de sua tirania. Este é o quinto estágio do *yoga*, denominado *pratyāhāra*, no qual os sentidos são dominados.

Quando este estágio é alcançado, o *sādhaka* passa por uma profunda autoanálise. Para superar o mortal, porém atraente feitiço dos objetos dos sentidos, ele precisa do insulamento proporcionado pela adoração (*bhakti*), a lembrança do Criador, aquele que criou os objetos do desejo. Ele também precisa da luz do conhecimento de sua herança divina. A mente, na verdade, é para o homem causa de servidão e liberdade: conduz ao cativeiro quando está sujeita aos objetos do desejo e à libertação quando está livre da influência desses objetos. Há servidão quando a mente anseia, sofre ou se entristece por alguma coisa. A mente torna-se pura quando todo o desejo e todo o temor são aniquilados. Tanto o bom quanto o agradável se apresentam ao homem e o incitam a agir. O *yogī* prefere o bom ao agradável. Outros, movidos por seus desejos, preferem o agradável ao bom e perdem o real propósito da vida. O *yogī* sente-se feliz por ser o que é. Ele sabe parar e, por isso, vive em paz. De início, prefere o que é amargo como veneno, mas persevera em sua prática, sabendo que, no final, vai se tornar doce como néctar. Outros, ávidos pela união dos sentidos com os objetos do desejo, preferem o que a princípio parece doce como néctar, sem saber que, no final, será amargo como veneno.

O *yogī* sabe que é vasta a via rumo à satisfação dos sentidos por meio dos desejos sensuais, mas conduz à destruição, e há muitos que a seguem. O caminho do *yoga* é como o fio de uma navalha: estreito e difícil de trilhar, e poucos são os que o encontram. O *yogī* sabe que os caminhos da ruína ou da salvação se encontram dentro dele.

Segundo a filosofia hindu, a consciência se manifesta em três diferentes qualidades, pois o homem, sua vida e sua consciência, assim como todo o cosmos, são emanações de uma mesma *prakṛti* (substância ou matéria cósmica) – emanações que diferem em sua designação segundo o predomínio de um dos *guṇas*. Esses *guṇas* (qualidades ou atributos) são:

1. *Sattva* (qualidade iluminadora, pura ou boa), que conduz à lucidez e à serenidade mental;
2. *Rajas* (qualidade de mobilidade ou de atividade), que torna uma pessoa ativa e enérgica, tensa e voluntariosa;
3. *Tamas* (qualidade escura e restritiva), que obstrui e se contrapõe à tendência de *rajas* ao trabalho e de *sattva* à revelação.

Tamas é a qualidade da ilusão, da escuridão, da inércia e da ignorância. Se essa qualidade predomina, a pessoa fica inerte, mergulhada em um estado de torpor. *Sattva* conduz ao divino, e *tamas*, ao demoníaco; entre as duas, encontra-se *rajas*.

Os frutos rendidos por cada indivíduo variam de acordo com seu *guṇa* predominante, assim como a fé que possui, a comida que consome, os sacrifícios que leva a cabo e as austeridades que suporta.

Quem nasce com uma tendência para o divino é destemido e puro, se mostra generoso, possui autocontrole e persegue o estudo do Ser Universal. Defende a não violência, é verdadeiro e livre de raiva. Ele renuncia aos frutos do seu labor e trabalha apenas por amor ao trabalho. Tem uma mente tranquila, não tem maldade para com ninguém e é caridoso com relação a todos, pois é livre de desejos. Ele é amável, modesto e equilibrado; iluminado, clemente e resoluto, alheio à perfídia e ao orgulho.

Aquele que nasce com predomínio de *rajo-guṇa* é animado por uma sede interior e é afetuoso. Com sua paixão e cobiça, fere os outros. Cheio de luxúria e ódio, inveja e falsidade, seus desejos são insaciáveis. Ele é inconstante, volúvel e dispersivo, além de ambicioso e consumista. Ele procura favores dos amigos e se envaidece por sua família. Ele se acovarda diante das coisas desagradáveis e se apega às agradáveis. Seu discurso é ácido, e seu estômago, voraz.

Quem nasce com tendências demoníacas é falso, insolente e vaidoso. É colérico, cruel e ignorante. Para essas pessoas, não há nem pureza, nem conduta correta, nem verdade. Elas gratificam suas paixões e são aturdidas por inúmeros desejos. Presas à rede de ilusões e viciadas nos prazeres sensuais, caem no inferno.

O modo de pensar das pessoas com diferentes *guṇas* predominantes pode ser ilustrado por suas abordagens diversas a um mandamento universal como "não cobiçarás". Um homem em que predomina *tamo-guṇa*, o interpreta assim: "Os outros não devem cobiçar o que é meu, não importa como eu o obtive. Se ousarem fazê-lo, vou destruí-los". O tipo *rajo-guṇa* é egoísta e calculista, e vai entender assim o mandamento: "Eu não cobiçarei o que é dos outros, para que não cobicem o que é meu". Ele seguirá a letra da lei por uma questão de conveniência, mas não atenderá ao verdadeiro espírito da lei por uma questão de princípio. Por outro lado, uma pessoa de temperamento sátvico* seguirá tanto a letra quanto o espírito do preceito, por uma questão de princípio, por um valor eterno e não por conveniência. Ela será justa pelo amor à justiça, e não por haver uma lei humana impondo uma pena que a mantém honrada.

O *yogī*, sendo humano, é igualmente afetado por esses três *guṇas*. Por meio de um estudo constante e disciplinado (*abhyāsa*) de si mesmo e dos objetos que seus sentidos tendem a perseguir, ele aprende a reconhecer quais pensamentos, palavras e ações são movidos por *tamas* e *rajas*. Com esforço incessante, ele erradica e extirpa os pensamentos provocados por *tamas* e se esforça para adquirir um estado mental sátvico. Quando restar apenas *sattva-guṇa*, a alma humana terá avançado um longo caminho em direção à meta final.

A atração dos *guṇas* é como a força da gravidade. Assim como são necessárias pesquisas intensas e uma disciplina rigorosa para se experimentar as maravilhas da ausência do peso gravitacional no espaço, também é necessário um autoestudo intenso e a disciplina do *yoga* para que o *sādhaka* experimente a união com o Criador do espaço, quando se liberta da atração dos *guṇas*.

---

* Neologismo, adjetivo de *sattva*. (N.T.)

Quando o *sādhaka* experimenta a plenitude da criação ou do Criador, sua sede (*tṛṣṇā*) pelos objetos dos sentidos desaparece e ele passa a vê-los com desprendimento (*vairāgya*). Sua paz não é perturbada nem pelo calor, nem pelo frio, nem pela dor, nem pelo prazer, nem pela honra, nem pela desonra, nem pela virtude, nem pelo vício. Ele trata com equanimidade os dois impostores: o triunfo e a derrota. Ele se emancipa desses pares de opostos e supera a força de atração dos *guṇas* e se torna um *guṇātīta* (quem transcendeu os *guṇas*). Então, estará livre do nascimento e da morte, da dor e da tristeza. Ele se torna imortal, não tem mais identidade própria, pois vive imerso na plenitude da Alma Universal. Tal indivíduo conduz todas as coisas pelo caminho da perfeição, sem desprezar nada.

Dhāraṇā

Quando o corpo foi temperado pelos *āsanas*, quando a mente foi refinada pelo fogo do *prāṇāyāma* e quando os sentidos foram dominados por *pratyāhāra*, o *sādhaka* alcança o sexto estágio, chamado *dhāraṇā*. Aqui ele está totalmente concentrado em um único ponto ou tarefa, que o absorve completamente. É preciso pacificar a mente para atingir este estado de completa absorção.

A mente é um instrumento que classifica, julga e coordena as impressões do mundo exterior, assim como as que surgem dentro do indivíduo.

A mente é um produto dos pensamentos que, sutis e inconstantes, são difíceis de conter. Um pensamento bem vigiado por uma mente controlada traz felicidade. Para tirar o melhor proveito de um instrumento, é necessário saber como ele funciona. A mente é o instrumento para pensar e, portanto, é preciso considerar como ela funciona. Os estados mentais são classificados em cinco grupos. O primeiro chama-se *kṣipta*, no qual as forças mentais estão dispersas, desorganizadas e negligenciadas. Aqui a mente anseia por objetos, e o *rajo-guṇa* é dominante. O segundo estado é *vikṣipta*, no qual a mente está agitada e distraída. Há uma capacidade de gozar dos frutos de nossos próprios esforços, mas os desejos ainda não foram dominados e controlados. Depois, há o estado de *mūḍha*, quando a mente é insensata, indolente e burra. Ela é confusa e desorientada e não sabe o que quer. Neste caso, predomina o *tamo-guṇa*. O quarto estado da mente chama-se *ekāgra* (*eka* = um; *agra* = o principal), no qual a mente está extremamente atenta e as faculdades mentais se concentram em um único objeto ou convergem para um único ponto; predomina o *sattva-guṇa*. A pessoa em estado de *ekāgra* tem capacidades intelectuais superiores, sabe exatamente o que quer e usa todos os seus recursos para atingir seu propósito. Por vezes, a busca implacável pelo objeto desejado, a despeito do prejuízo alheio, pode engendrar grande sofrimento. Frequentemente ocorre que, mesmo quando o objeto desejado é conquistado, ele deixa atrás de si um gosto amargo.

Arjuna, o potente arqueiro do épico *Mahābhārata*, nos dá um exemplo do que entendemos por *dhāraṇā*. Um dia, Droṇa, preceptor dos príncipes reais, organizou uma competição de arco e flecha para pôr à prova a competência dos príncipes. Um por um, eles foram chamados a dar uma descrição do alvo, que era um pássaro em seu ninho. Alguns príncipes descreveram o bosque de árvores; outros, a árvore ou o galho onde estava o ninho. Quando chegou a vez de Arjuna, ele primeiro descreveu o pássaro. Depois, passou a ver apenas a cabeça e, por fim, via somente o olho brilhante do pássaro, o centro do alvo escolhido por Droṇa.

Existe o perigo, contudo, de uma pessoa capaz de *ekāgra* se tornar extremamente egoísta. Quando os sentidos começam a vagar sem controle, a mente os acompanha. Eles turvam o juízo da pessoa, que fica à deriva, como um barco perdido no mar revolto. O barco precisa do lastro para não adernar, e o timoneiro precisa das estrelas para se guiar. A pessoa que tem *ekāgra* precisa de *bhakti* (adoração ao Senhor) e da concentração no divino para garantir seu equilíbrio mental, de modo a seguir sempre na boa direção. Ela não conhecerá a felicidade enquanto o sentido de "eu" e de "meu" não desaparecerem.

O último estado mental é o de *niruddha*, no qual a mente (*manas*), o intelecto (*buddhi*) e o ego (*ahaṁkāra*) são controlados, e todas essas faculdades são oferecidas ao Senhor para Seu serviço e uso. Aqui não há sentimento de "eu" e "meu". Assim como uma lente fica luminosa quando incide uma forte luz sobre ela, de modo que parece ser apenas luz e é indiscernível dela, também o *sādhaka* que rende sua mente, intelecto e ego ao Senhor se unifica com Ele, pois o *sādhaka* não pensa em nada além Dele, que é o criador do pensamento.

Sem *ekāgratā* ou concentração, não se pode dominar nada. Sem concentração na Divindade que molda e controla o universo, não é possível revelar a divindade interior nem converter-se em um homem universal. Para adquirir essa concentração, recomenda-se *eka-tattva-abhyāsa*, o estudo do elemento único que a tudo permeia, o Ser Universal mais íntimo em todos os seres, que converte Sua forma única em muitas. Por isso o *sādhaka* se concentra no *ĀUṀ*, que é Seu símbolo, a fim de alcançar *ekāgratā*.

Āuṁ: De acordo com Śrī Vinobā Bhāve, a palavra latina *Omne* e a palavra sânscrita *ĀUṀ* derivam da mesma raiz, que significa "tudo", e ambas transmitem os conceitos de onisciência, onipresença e onipotência. Outra acepção para *Āuṁ* é *praṇava*, palavra derivada da raiz *nu*, que significa louvar, unida ao prefixo *pra*, que denota superioridade. *Praṇava* refere-se, portanto, à melhor prece ou louvor.

O símbolo *ĀUṀ* é composto de três elementos, as letras A, U e M, e é escrito com um símbolo da Lua crescente e um ponto em cima. Talvez seja útil expor alguns aspectos de suas várias interpretações para esclarecer melhor seu significado.

A letra A simboliza o estado consciente ou de vigília (*jāgrata avasthā*); a letra U, o estado de sonho (*svapna avasthā*), e a letra M, o estado do sono sem sonhos (*suṣupti avasthā*). O símbolo completo, com o crescente e o ponto, representa o quarto estado (*turīya avasthā*), que combina os três primeiros e os transcende – o estado de *samādhi*.

As letras A, U e M simbolizam respectivamente a palavra (*vak*), a mente (*manas*) e o sopro vital (*prāṇa*), enquanto o símbolo completo representa o espírito vivo, que não é senão uma parte do espírito divino.

As três letras também representam as dimensões de comprimento, largura e profundidade, ao passo que o símbolo completo representa a divindade, que está além das limitações de dimensão e forma.

As três letras A, U e M simbolizam a ausência de desejo, de medo e de cólera, enquanto o símbolo completo representa o homem perfeito (um *sthita prajñā*), cuja sabedoria está firmemente estabelecida no divino.

Representam, igualmente, os três gêneros: masculino, feminino e neutro, enquanto o símbolo completo simboliza toda a criação, junto com o Criador.

Elas representam ainda os três *guṇas* ou as qualidades de *sattva*, *rajas* e *tamas*, enquanto o símbolo completo representa *guṇātīta*, aquele que transcendeu e superou a força de atração dos *guṇas*.

As três letras correspondem aos três tempos – passado, presente e futuro – enquanto o símbolo completo representa o Criador, que transcende as limitações do tempo.

Elas também representam, respectivamente, o ensinamento transmitido pela mãe, pelo pai e pelo *guru*. O símbolo completo significa *Brahmā Vidyā*, o conhecimento do Ser Universal, o ensinamento imperecível.

A, U e M designam os três estágios da disciplina do *yoga*, notadamente, *āsana*, *prāṇāyāma* e *pratyāhāra*. O símbolo completo, representa *samādhi*, a meta que tem esses três estágios como degraus.

Elas representam a divina trindade: Brahmā – o Criador; Viṣṇu – o Protetor; e Śiva – o Destruidor do Universo. O símbolo completo representa, então, Brahman, do qual o universo emana, tem seu crescimento e fruição e no qual se funde no final. Ele não cresce nem muda. O múltiplo muda e passa, mas Brahman é Uno, que permanece sempre imutável.

As letras A, U e M também representam o *mantra* "*tat tvam asi*" ("Aquilo és tu"), a realização da divindade do homem no interior de si mesmo. O símbolo completo designa esta realização, que libera o espírito humano dos limites do corpo, mente, intelecto e ego.

Compreendendo a importância de ĀUṀ, o *yogī* centra sua atenção na Divina amada, acrescentando ĀUṀ ao nome divino. Sendo o símbolo ĀUṀ demasiado vasto e abstrato, o *yogī* unifica seus sentidos, vontade, intelecto, mente e razão concentrando-se no nome do

Senhor e adicionando a palavra *ĀUṀ* com uma devoção focada. Assim, o *sādhaka* experimenta o sentimento e o significado do mantra.

O *yogī* evoca o *Muṇḍakopaniṣad*: "Tomando a grande arma do *Upaniṣad* como se fosse um arco, carregue-o com uma flecha afiada pela meditação. Tensione-o com um pensamento direcionado à essência Daquilo, penetre o Imperecível como o alvo, meu amigo. A sílaba mística *ĀUṀ* é o arco. A flecha é o Ser Universal (*Ātmā*). *Brahman* é o alvo. Ele é atingido pelo homem atento. Devemos nos fixar Nele como a flecha no alvo".

Dhyāna

Assim como a água assume o formato do recipiente que a contém, a mente adquire a forma do objeto que contempla. A mente que pensa na divindade adorada onipresente, com uma devoção longa e continuada, finalmente se transforma na imagem dessa divindade.

Quando se transfere óleo de uma garrafa para outra, pode-se observar um fluxo contínuo permanente. Quando o fluxo da concentração é ininterrupto, ocorre o estado de *dhyāna* (meditação). Assim como o filamento de uma lâmpada brilha e ilumina quando há uma corrente elétrica regular e ininterrupta, a mente do *yogī* é iluminada pelo estado de *dhyāna*. Seu corpo, respiração, sentidos, mente, razão e ego são todos integrados ao objeto de sua contemplação – o Espírito Universal. Ele permanece em um estado de consciência que não tem qualificação, sem outro sentimento que não o de Suprema Bem-aventurança. Como um relâmpago, o *yogī* vê a Luz que brilha além da terra e do céu – ele vê a luz que brilha em seu próprio coração e se torna uma luz para si mesmo e para os demais.

Os sinais de progresso no caminho do *yoga* são saúde, uma sensação de leveza física, estabilidade, clareza do semblante e beleza da voz, frescor do corpo e libertação do desejo. A mente do *yogī* é equilibrada, serena e tranquila. Ele é o próprio símbolo de humildade; dedica todas as suas ações ao Senhor e, refugiando-se Nele, liberta-se das amarras do karma (ação) e se torna um *Jīvana Mukta* (uma Alma Liberta).

"O que acontece com aquele que, apesar de esforçar-se, fracassa em alcançar a meta do yoga; que tem fé, mas cuja mente vagueia para longe do yoga?" A esta questão de Arjuna, Śrī Kṛṣṇa replica:

"Nada de mal pode acontecer a um homem justo. Ele passa longos anos no céu daqueles que fizeram o bem, e então renasce na casa de seres puros e grandes. Ele pode inclusive renascer em uma família de *yogīs* iluminados, mas nascer numa família assim é muito difícil neste mundo. Ele vai recuperar a sabedoria reunida em sua vida anterior e seguirá buscando a perfeição. Graças a seu estudo, prática e suas lutas anteriores, que sempre o impelem à frente, o *yogī* mantém seus esforços incessantes, com a alma purificada de pecados. Através de muitas vidas, ele alcança a perfeição e atinge a meta suprema. O *yogī* vai mais longe do que aqueles que seguem apenas o caminho da austeridade, do conhecimento ou do serviço. Portanto, Arjuna, seja um *yogī*. O maior de todos os *yogīs* é aquele que Me adora com fé e cujo coração reside em Mim." (*Bhagavad Gītā*, capítulo VI, versículos 38 a 47.)

Samādhi

Samādhi é o fim da busca do *sādhaka*. No ápice da meditação, ele entra no estado de *samādhi*, no qual o corpo e os sentidos estão em repouso, como se estivesse dormindo; as faculdades mentais e a razão estão alertas, como se ele estivesse desperto, embora ele esteja além da consciência. A pessoa no estado de *samādhi* está completamente consciente e alerta.

Toda a criação é Brahman. O *sādhaka* permanece tranquilo e o venera como àquele de onde ele veio, no qual respira e no qual será dissolvido. A alma dentro do coração é menor do que a menor das sementes, entretanto, é maior que o céu, contendo todas as obras e todos os desejos. Em seu interior, penetra o *sādhaka*. Então, as noções de "eu" e de "meu" não subsistem, pois o funcionamento do corpo, da mente e do intelecto foi interrompido, como se a pessoa estivesse em um sono profundo. O *sādhaka* alcançou o verdadeiro *yoga*; existe somente a experiência da consciência, da verdade e de indizível felicidade. Há uma paz que ultrapassa toda compreensão. A mente não pode encontrar palavras para descrever tal estado, e a língua não é capaz de pronunciá-las. Comparando a experiência de *samādhi* com outras experiências, os sábios dizem: "Neti! Neti!" – "Não é isso! Não é isso!" O estado só pode ser expressado por um profundo silêncio. O *yogī* deixou o mundo material e fundiu-se no Eterno. Então não há dualidade entre o conhecedor e o conhecido, pois estão fundidos como a cânfora e a chama.

Do coração do *yogī*, brota então a Canção da Alma, cantada por Śaṅkarāchārya em seu *Ātma Ṣaṭkam*:

Canção da Alma

Não sou ego, nem razão; não sou mente, nem pensamento,
Não posso ser ouvido, nem posto em palavras, nem posso ser captado pelo olfato ou pela visão;
Não sou encontrado na luz ou no vento, na terra ou no céu –
Sou a consciência e a felicidade encarnadas, o Êxtase do Bem-aventurado.

Não tenho nome, não tenho vida, não respiro o sopro vital,
Nenhum elemento me moldou, nenhum envelope carnal é meu refúgio.
Não tenho fala, mãos ou pés, nem meios de evolução –
Sou consciência e felicidade, o Êxtase na dissolução.

Descartei o ódio e a paixão e venci a ilusão e a cobiça;
Nenhum traço de orgulho me toca, assim a inveja nunca se cria;
Além de todas as crenças, além da influência da fortuna, além da liberdade, além do desejo,
Sou consciência e felicidade, e a Bem-aventurança é minha veste.

Virtude e vício, prazer e dor não são minha herança,
Nem textos sagrados, nem oferendas, nem preces, nem peregrinações;
Não sou o alimento, nem o comer, nem sequer aquele que come –
Sou a consciência e a felicidade encarnadas, o Êxtase do Bem-aventurado.

Não receio a morte, nem sou dividido por diferenças raciais;
Nenhum pai jamais me chamou de filho, nenhum laço de nascença jamais me atou,
Não sou nem discípulo, nem mestre; não tenho família, nem amigos –
Sou consciência e felicidade, e imergir na Bem-aventurança é meu fim.

Não sou nem conhecível, nem conhecimento, nem conhecedor. A ausência de forma é minha forma,
Habito em meio aos sentidos, mas eles não são minha casa;
Sempre serenamente equilibrado, não estou livre nem preso –
Sou consciência e felicidade, e na Bem-aventurança é onde me encontro.

Parte II

Yogāsanas, bandha e kriyā

(Após o nome de cada *āsana*, há um número seguido de um asterisco. Esse número indica a intensidade do *āsana*: quanto mais baixo, mais fácil; quanto mais elevado, mais difícil o *āsana*. O mais fácil é o número "um*", e o mais difícil, "sessenta*").

Yogāsanas

Recomendações e Precauções para a Prática dos *ĀSANAS*

Requisitos

1. Uma casa não pode ficar de pé sem fundações firmes. Sem a prática dos princípios de *yama* e *niyama*, que estabelecem alicerces firmes para a edificação do caráter, não pode haver uma personalidade integrada. A prática de *āsanas* sem a base dos *yamas* e *niyamas* é mera acrobacia.
2. As qualidades exigidas de um aspirante são disciplina, fé, tenacidade e perseverança para praticar regularmente e sem interrupções.

Limpeza e alimentação

3. Antes de começar a prática de *āsanas*, deve-se esvaziar a bexiga e evacuar o intestino. As posturas invertidas favorecem os movimentos peristálticos. Se o estudante estiver com prisão de ventre ou não conseguir evacuar antes da prática de *āsanas*, ele deve começar com *śīrṣāsana* e *sarvāṅgāsana* e suas variações e só realizar os outros *āsanas* depois da evacuação. Nunca pratique *āsanas* avançados sem antes ter evacuado.

Banho

4. Os *āsana*s são mais fáceis depois de um banho. Depois da prática, o corpo fica suado, e é recomendável tomar outro banho cerca de 15 minutos mais tarde. Tomar um banho ou uma chuveirada tanto antes quanto depois da prática de *āsanas* refresca o corpo e a mente.

Alimentação

5. É preferível praticar *āsanas* com o estômago vazio. Se isso for difícil, uma xícara de chá ou café, chocolate ou leite pode ser ingerida antes da prática. Os *āsana*s podem ser praticados sem desconforto uma hora após uma refeição muito leve. Depois de uma refeição pesada, espere pelo menos quatro horas antes de começar a prática. Alimentos podem ser ingeridos meia hora depois de terminada a prática de *āsana*s.

Horário

6. A melhor hora para praticar é bem cedo pela manhã ou no final da tarde. Pela manhã, os *āsanas* oferecem certa dificuldade, pois o corpo está rígido. A mente, por outro lado, ainda está fresca, mas sua agilidade e determinação diminuem à medida que o tempo passa. A rigidez do corpo é vencida com a prática regular, e então é possível realizar bem os *āsanas*. Ao entardecer, o corpo tem mais liberdade de movimento do que pela manhã, e os *āsanas* se mostram mais cômodos e fáceis. A prática matutina ajuda a trabalhar melhor nossa vocação pessoal. A prática vespertina remove a fadiga do esforço do dia e deixa a pessoa revigorada e calma. *Āsanas* difíceis devem, portanto, ser feitos pela manhã, quando a determinação é maior, e *āsanas* estimulantes (como *śīrṣāsana, sarvāṅgāsana* e suas variações e *paśchimōttānāsana*) devem ser praticados à noite.

Sol

7. Não pratique *āsanas* depois de se expor muitas horas ao sol quente.

Local

8. A prática deve ser feita em local limpo e arejado, livre de insetos e silencioso.
9. Não pratique em um piso nu ou irregular, e sim sobre um cobertor dobrado em um piso nivelado.

Cuidados

10. Durante a prática, não deve haver tensão nos músculos faciais, ouvidos e olhos ou na respiração.

Fechar os olhos

11. No começo, mantenha os olhos abertos. Assim você vai saber o que está fazendo e onde está errando. Se fechar os olhos, não poderá observar os movimentos exigidos pelo corpo ou mesmo a direção em que está realizando a postura. Os olhos poderão ser fechados apenas quando o *āsana* estiver perfeito, pois somente então você estará apto a ajustar os movimentos corporais e a sentir os estiramentos corretos.

Espelho

12. Se você estiver executando os *āsanas* na frente de um espelho, mantenha-o no nível do chão e na posição vertical. De outra forma, as posturas vão parecer inclinadas em virtude do ângulo do espelho. Você não será capaz de observar os movimentos ou a colocação da cabeça e dos ombros nas posturas invertidas, a menos que o espelho chegue até o piso.

O cérebro

13. Durante a prática de *āsanas*, somente o corpo deve estar ativo, enquanto o cérebro deve permanecer passivo, vigilante e alerta. Se as posturas forem feitas com o cérebro, você não será capaz de perceber seus próprios erros.

Respiração

14. Em todos os *āsanas*, a respiração deve ser realizada apenas pelas narinas e não pela boca.
15. Não segure a respiração ao entrar ou ao permanecer nas posturas. Siga as instruções sobre a respiração dadas na seção técnica de cada *āsana* descrito adiante.

Śavāsana

16. Uma vez terminada a prática de *āsanas*, deite-se sempre em *śavāsana* por pelo menos 10 a 15 minutos, pois isso removerá a fadiga.

Āsanas e prāṇāyāma

17. Leia cuidadosamente as recomendações e precauções para a prática de *prāṇāyāma* antes de começá-la (ver Parte III). Pode-se praticar o *prāṇāyāma* muito cedo pela manhã, antes da prática de *āsanas*, ou ao entardecer, depois desta ter sido terminada. Quando praticado cedo pela manhã, o *prāṇāyāma* deve ser feito primeiro, por 15 a 30 minutos, seguido de alguns minutos de *śavāsana*. Depois de transcorrido algum tempo de intervalo, durante o qual a pessoa pode se dedicar a atividades normais, inicie a prática de *āsanas*. Se, por outro lado, a prática de *āsanas* for à tarde, é preciso deixar passar pelo menos meia hora de intervalo antes de sentar-se para o *prāṇāyāma*.

Advertências especiais para pessoas que sofrem de tontura ou de pressão arterial alta

18. Não comece por *śīrṣāsana* e *sarvāṅgāsana* se você sofre de tontura ou pressão alta. Pratique primeiro *paśchimōttānāsana*, *uttānāsana* e *adho mukha śvānāsana* antes de tentar posturas invertidas como *śīrṣāsana* e *sarvāṅgāsana*. Depois destas, repita *paśchimōttānāsana*, *adho mukha śvānāsana* e *uttānāsana*, nesta ordem.
19. Todas as flexões para a frente são benéficas para pessoas que sofrem tanto de pressão alta quanto de pressão baixa.

Advertências especiais para pessoas com inflamação nos ouvidos ou descolamento de retina

20. Aqueles que sofrem com pus nos ouvidos ou descolamento de retina não devem fazer posturas invertidas.

Precauções especiais para mulheres

21. *Menstruação:* Evite os *āsanas* durante o período menstrual. Mas se o fluxo estiver excessivo, *upaviṣṭha koṇāsana*, *baddha koṇāsana*, *vīrāsana*, *jānu śīrṣāsana*, *paśchimōttānāsana* e *uttānāsana* podem ser realizados com efeito benéfico. De forma alguma fique de cabeça para baixo durante o período menstrual.
22. *Gravidez:* Todos os *āsanas* podem ser praticados durante o primeiro trimestre da gravidez. As posturas em pé e as flexões para a frente podem ser feitas com suavidade, pois neste momento a coluna deve ganhar força e elasticidade, sem que nenhuma pressão seja exercida sobre o abdômen. *Baddha koṇāsana* e *upaviṣṭha koṇāsana* podem ser praticados ao longo de toda a gravidez a qualquer hora do dia (mesmo após as refeições, mas não faça flexões para a frente imediatamente após as refeições), pois esses dois *āsanas* fortalecem os músculos pélvicos e lombares e também reduzem consideravelmente as dores do parto. *Prāṇāyāma* sem retenção (*kumbhaka*) pode ser praticado durante toda a gestação, já que a respiração profunda e regular ajuda consideravelmente o parto.

Após o parto

23. Nenhum *āsana* deve ser feito no primeiro mês após o parto. Depois desse período podem ser praticados com suavidade. Aumente aos poucos o programa como indicado no Apêndice I. Três meses após o parto, todos os *āsanas* podem ser praticados com conforto.

Efeitos dos *āsanas*

24. A prática incorreta causa desconforto e incômodo em poucos dias. Isso é suficiente para mostrar ao praticante que está cometendo erros. Caso não consiga identificar a falha sozinho, é melhor procurar alguém experiente e pedir sua orientação.
25. A prática correta de *āsanas* traz leveza e alegria tanto ao corpo quanto à mente, e um sentimento de unidade de corpo, mente e alma.
26. A prática contínua modifica a atitude do praticante, que passa a disciplinar-se na alimentação, no sexo, no asseio e no caráter e se transforma em uma nova pessoa.

27. Uma vez dominado um *āsana*, ele se torna fácil e sem esforço e não causa desconforto. Os movimentos do corpo se tornam graciosos. Ao praticar os *āsanas*, o corpo do aluno assume numerosas formas de vida encontradas na criação – desde o mais baixo inseto até o mais perfeito sábio – e ele compreende que o mesmo Espírito Universal – o Espírito de Deus – respira em cada uma delas. Ele olha para dentro de si enquanto pratica e sente a presença de Deus nos diferentes *āsanas* que realiza com um sentido de entrega aos pés do Senhor.

ĀSANAS

1. Tāḍāsana (também chamado samasthiti) Um* (foto 1)

Tāḍā significa montanha. *Sama* significa ereto, reto, imóvel. *Sthiti* significa permanecer parado, firme. Portanto, *tāḍāsana* consiste numa postura em que se permanece de pé firme e ereto como uma montanha. Esta é a postura básica de pé.

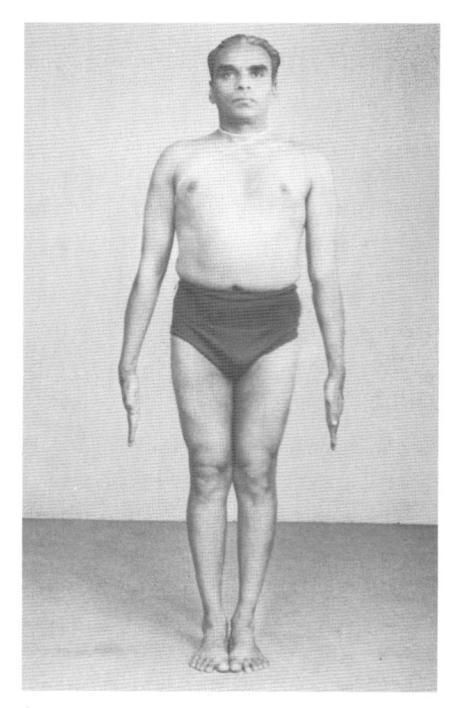

Técnica

1. Fique em pé ereto com os pés juntos, com os calcanhares e os dedões dos pés se tocando. Apoie a extremidade anterior dos metatarsos no chão e alongue todos os dedos de modo que estejam em pleno contato com o chão.
2. Firme os joelhos e puxe as patelas para cima, contraia os quadris e puxe para cima os músculos da parte posterior das coxas.
3. Mantenha o abdômen contraído, o peito para a frente, a coluna estendida para cima e o pescoço reto.
4. Não concentre o peso do corpo nem nos calcanhares nem nos dedos, mas distribua-o igualmente sobre ambos.
5. Idealmente, em *tāḍāsana,* os braços devem estar estendidos acima da cabeça, mas, por motivo de conveniência, eles podem ficar ao lado das coxas.

Todas as posturas em pé descritas a seguir podem ser realizadas facilmente a partir de *tāḍāsana*, com as palmas das mãos ao lado das coxas.

Efeitos

As pessoas não prestam atenção à maneira correta de ficar em pé. Algumas deixam o peso do corpo somente sobre uma perna, ou com uma perna completamente voltada para fora. Outras colocam todo o peso sobre os calcanhares ou nas bordas internas ou externas dos pés. Isso pode ser notado olhando-se como as solas e saltos dos sapatos se desgastam. Devido a esse problema em nossa postura em pé e pela distribuição desigual do peso do corpo sobre os pés, adquirimos deformidades particulares que prejudicam a elasticidade da coluna. Mesmo que os pés estejam afastados, é melhor manter o calcanhar e os dedos do pé em uma linha paralela ao plano medial e não em ângulo. Desse modo, o quadril fica contraído, o abdômen é puxado para dentro e o peito se expande. Sente-se leveza no corpo, e a mente adquire agilidade. Se ficarmos de pé com o peso do corpo jogado somente sobre os calcanhares, sentimos uma mudança no eixo de gravidade; os quadris ficam soltos, o abdômen fica protuberante, o corpo se inclina para trás, a coluna sente o esforço e, como consequência, logo sentimos cansaço e a mente embotada. É, portanto, essencial dominar a arte de ficar em pé corretamente.

2. Vṛkṣāsana Um* *(foto 2)*

Vṛkṣa significa árvore.

Técnica

1. Fique de pé em *tāḍāsana* (foto 1).

2

2. Flexione o joelho direito e coloque o calcanhar direito na raiz da coxa esquerda. Apoie o pé na coxa esquerda, dedos apontando para baixo.
3. Equilibre-se na perna esquerda, junte as palmas das mãos e estique os braços acima da cabeça (foto 2).

4. Permaneça por alguns segundos na postura, respirando profundamente. Então abaixe os braços e separe as palmas das mãos, estenda a perna direita e fique em pé novamente em *tāḍāsana*.
5. Repita a postura, permanecendo em pé sobre a perna direita, colocando o calcanhar esquerdo na raiz da coxa direita. Permaneça pelo mesmo tempo em ambos os lados, volte para *tāḍāsana* (foto 1) e relaxe.

Efeitos

A postura tonifica os músculos da perna e dá uma sensação de equilíbrio e estabilidade.

3. Utthita Trikoṇāsana Três* *(fotos 4 e 5)*

Utthita significa estendido, esticado. *Trikoṇa* (*tri* = três; *koṇa* = ângulo) é um triângulo. Este *āsana* em pé é a postura do triângulo estendido.

Técnica

1. Fique de pé em *tāḍāsana* (foto 1).
2. Inspire profundamente e, com um salto, separe as pernas lateralmente a uma distância de 90 centímetros a 1 metro. Erga os braços ao lado, alinhados com os ombros, palmas das mãos voltadas para baixo. Mantenha os braços paralelos ao chão (foto 3).
3. Gire o pé direito 90 graus para a direita. Gire o pé esquerdo ligeiramente para a direita, mantendo a perna esquerda estendida a partir da parte interna e o joelho firme.
4. Expire, flexione o tronco lateralmente para a direita, levando a palma direita para perto do tornozelo direito. Se possível, a palma da mão direita deve ficar completamente apoiada no chão (fotos 4 e 5).

3   4   5

5. Estenda o braço esquerdo para cima (como na foto), mantendo-o alinhado com o ombro direito e estenda o tronco. A parte posterior das pernas, do tórax e do quadril devem estar na mesma linha. Olhe para o polegar da mão esquerda estendida. Firme o joelho direito completamente puxando a patela para cima e mantenha o joelho direito alinhado com os dedos do pé.
6. Permaneça nesta posição de 30 a 60 segundos, respirando profunda e regularmente. Então eleve a palma direita do chão, inspire e retorne para a posição do item 2.
7. Em seguida, gire o pé esquerdo 90 graus para a esquerda e o direito ligeiramente para a esquerda. Mantenha os joelhos firmes e siga as posições dos itens 2 a 6, invertendo todo o processo. Inspire e retorne à posição do item 2. Sustente a postura pelo mesmo tempo do lado esquerdo.
8. Expire e, com um salto, volte para *tāḍāsana* (foto 1).

Efeitos

Este *āsana* tonifica os músculos das pernas, remove a rigidez das pernas e do quadril, corrige qualquer deformidade menor das pernas e permite que elas se desenvolvam uniformemente. Ele alivia dores nas costas e torcicolos, fortalece os tornozelos e desenvolve o tórax.

4. Parivṛtta Trikoṇāsana Cinco* (fotos 6 e 7)

Parivṛtta significa revolvido, girado ou voltado para trás. *Trikoṇa* é um triângulo. Esta é a postura do triângulo girado. A postura tem o sentido contrário ao de *utthita trikoṇāsana* (foto 4).

Técnica

1. Fique de pé em *tāḍāsana* (foto 1). Inspire profundamente e, com um salto, separe as pernas lateralmente de 90 centímetros a 1 metro. Levante os braços ao lado do corpo, alinhados com os ombros, palmas das mãos voltadas para baixo (foto 3).
2. Gire o pé direito 90 graus para a direita e o esquerdo 60 graus para a direita, mantendo a perna esquerda estendida e o joelho firme.
3. Expire, gire o tronco junto com a perna esquerda na direção oposta (para a direita), de modo a trazer a palma da mão esquerda para o chão, próxima à borda externa do pé direito.
4. Estenda o braço direito para cima, mantendo-o em linha com o braço esquerdo. Olhe para o polegar direito (fotos 6 e 7).

6   7

5. Mantenha os joelhos firmes. Não levante os dedos do pé direito do chão. Lembre-se de apoiar bem a borda externa do pé esquerdo no chão.
6. Estenda os dois ombros e escápulas.

7. Permaneça nesta postura por meio minuto, respirando normalmente.
8. Inspire, levante a mão esquerda do chão, gire o tronco de volta para sua posição original e retorne à posição do item 1.
9. Expire, repita a postura do lado esquerdo, girando o pé esquerdo 90 graus para a esquerda e o direito 60 graus para a esquerda. Coloque a palma da mão direita no chão perto da parte externa do pé esquerdo.
10. Permaneça na postura pelo mesmo tempo nos dois lados. Isso pode ser ajustado pelo número de respirações, digamos, três ou quatro respirações profundas em cada lado.
11. Após completar o tempo, inspire, erga o tronco de volta para a posição original, gire os dedos dos pés para a frente e mantenha os braços como na posição do item 1.
12. Expire e pule de volta para *tāḍāsana* (foto 1). Isso completa o *āsana*.

Efeitos

Este *āsana* tonifica as coxas, as panturrilhas e os músculos isquiotibiais; também possibilita o trabalho correto da coluna e dos músculos das costas, à medida que a postura incrementa o suprimento de sangue na parte inferior da região da coluna. O peito se expande completamente. A postura alivia dores nas costas, revigora os órgãos abdominais e fortalece os músculos do quadril.

5. *Utthita Pārśva Koṇāsana* Quatro* *(fotos 8 e 9)*

Pārśva significa lado ou flanco. *Koṇa* é ângulo. Esta é a postura do ângulo lateral estendido.

Técnica

1. Fique de pé em *tāḍāsana* (foto 1). Inspire profundamente e, com um salto, separe as pernas entre 1,20 metro e 1,30 metro de distância. Levante os braços ao lado, alinhados com os ombros, palmas voltadas para baixo (foto 3).
2. Expirando lentamente, gire o pé direito 90 graus para a direita e o esquerdo ligeiramente para a direita, mantendo a perna esquerda estendida e o joelho

firme. Flexione o joelho direito até que a coxa e a panturrilha formem um ângulo reto e a coxa direita esteja paralela ao chão.

3. Coloque a palma da mão direita no chão ao lado do pé direito com a axila direita cobrindo e tocando o lado externo do joelho direito. Estique o braço esquerdo por cima da orelha esquerda. Mantenha a cabeça para cima (fotos 8 e 9).
4. Compacte os quadris e estenda os músculos isquiotibiais. O peito, os quadris e as pernas devem estar alinhados. Para alcançar isso, mova o peito para cima e para trás. Estenda todas as partes do corpo, concentrando-se na porção posterior, especialmente a coluna. Alongue a coluna até que todas as vértebras e costelas se movam e haja uma sensação de que até mesmo a pele está sendo estendida e puxada.
5. Permaneça na postura por 30 a 60 segundos, respirando profunda e uniformemente. Inspire e levante a palma da mão direita do chão.
6. Inspire, estenda a perna direita e levante os braços como na posição do item 1.

8   9

7. Continue com a expiração, seguindo as posições dos itens 2 a 5, realizando o processo inverso do lado esquerdo.
8. Expire e pule de volta para *tāḍāsana* (foto 1).

Efeitos

Este *āsana* tonifica os tornozelos, os joelhos e as coxas. Ele corrige defeitos das panturrilhas e coxas, desenvolve o tórax, reduz a gordura ao redor da cintura e quadris e alivia dores ciáticas e artríticas. Ele também incrementa a atividade peristáltica e auxilia na eliminação.

6. Parivṛtta Pārśva Koṇāsana Oito* (fotos 10 e 11)

Parivṛtta significa revolvido, girado ou voltado para trás. *Pārśva* significa lado ou flanco. *Koṇa* é ângulo. Esta é a postura do ângulo lateral girado.

Técnica

1. Fique de pé em *tāḍāsana* (foto 1).
2. Inspire profundamente e, com um salto, separe as pernas entre 1,20 metro e 1,30 metro. Levante os braços ao lado do corpo, alinhados com os ombros, palmas voltadas para baixo (foto 3).
3. Gire o pé direito 90 graus para a direita e o esquerdo 60 graus para a direita, mantendo a perna esquerda estendida e o joelho firme. Flexione o joelho direito até que a coxa e a panturrilha formem um ângulo reto, e a coxa direita esteja paralela ao chão.
4. Expire, gire o tronco e a perna esquerda de modo a trazer o braço esquerdo por cima do joelho direito. Apoie a axila esquerda sobre o lado externo do joelho direito e coloque a palma da mão esquerda no chão, ao lado da borda externa do pé direito (fotos 10 e 11).
5. Torcendo bem a coluna (para a direita), vire o tronco, traga o braço direito por cima da orelha direita (como nas fotos) e olhe para cima para o braço direito estendido. Mantenha o joelho esquerdo sempre firme.

10

11

6. Permaneça nesta postura por 30 a 60 segundos, respirando profunda e uniformemente. Inspire e tire a palma da mão esquerda do chão. Erga o tronco e retorne à posição do item 2, estendendo a perna direita e levantando os braços.
7. Continue do lado esquerdo, com uma expiração, como nas posições dos itens 3 a 5, invertendo todo o processo.
8. Sempre que se realizam os movimentos primeiro de um lado e depois de outro, o tempo deve ser o mesmo em cada lado. Essa regra geral se aplica aqui.

Efeitos

Esta postura, mais intensa do que *parivṛtta trikoṇāsana* (foto 6), produz maiores efeitos. Os músculos isquiotibiais, entretanto, não são tão alongados quanto em *parivṛtta trikoṇāsana*. Os órgãos abdominais se contraem mais, e isso auxilia a digestão. O sangue circula bem em torno dos órgãos abdominais e da coluna vertebral que, deste modo, são rejuvenescidos. Este *āsana* ajuda a remover a matéria residual do cólon sem esforço.

7. *Vīrabhadrāsana I* Três* *(foto 14)*

Certa feita, Dakṣa celebrou um grande ritual de sacrifício, mas não convidou sua filha, Satī, nem o marido dela, Śiva, chefe dos deuses. Satī, entretanto, compareceu ao sacrifício, mas tendo sido muito humilhada e insultada, atirou-se ao fogo e pereceu. Quando Śiva ouviu a notícia, sentiu-se gravemente afrontado, arrancou um fio de cabelo de seus tufos emaranhados e lançou-o ao chão. Surgiu um poderoso herói chamado Vīrabhadra, que prontamente se pôs à sua disposição. Ele foi encarregado de liderar os exércitos de Śiva contra Dakṣa e destruir seu ritual de sacrifício. Vīrabhadra e seu exército apareceram no meio da reunião de Dakṣa como um furacão e destruíram o sacrifício, expulsaram os outros deuses e sacerdotes e decapitaram Dakṣa. Śiva, em luto por Satī, se retirou para o monte Kailāsa e entrou em meditação. Satī renasceu como Umā na casa de Himalaia. Novamente, ela se esforçou para obter o amor de Śiva e, por fim, conquistou seu coração. A história é contada por Kālidāsā em seu grande poema *Kumāra Saṁbhava* (O Nascimento do Senhor da Guerra).

Este *āsana* é dedicado ao poderoso herói criado por Śiva a partir de sua cabeleira emaranhada.

Técnica

1. Fique de pé em *tāḍāsana* (foto 1).
2. Levante os braços acima da cabeça e, alongando-os, una as palmas das mãos (foto 12).
3. Inspire profundamente e, com um salto, separe as pernas de 1,20 metro a 1,40 metro.
4. Expire, gire para a direita. Simultaneamente, gire o pé direito 90 graus para a direita e o pé esquerdo ligeiramente para a direita (foto 13). Flexione o joelho direito até que a coxa esteja paralela ao chão e a canela perpendicular, formando um ângulo reto entre a coxa direita e a panturrilha direita. O joelho não deve ultrapassar o tornozelo, e sim ficar alinhado com o calcanhar.
5. Estenda a perna esquerda e firme o joelho.

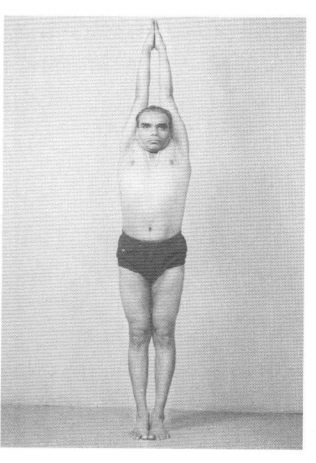

12   13

6. A face, o peito e o joelho direito devem estar voltados para a mesma direção que o pé direito, como indica a foto 13. Gire a cabeça para cima, estenda a coluna a partir do cóccix e olhe para as palmas unidas (foto 14).
7. Mantenha a postura por 20 a 30 segundos, respirando normalmente.
8. Repita do lado esquerdo como nas posições dos itens 4 a 6, invertendo todo o processo.

9. Expire e salte de volta para *tāḍāsana* (foto 1).

   *** Todas as posturas em pé são vigorosas, particularmente esta. Portanto, pessoas com o coração fraco não devem realizá-la. Mesmo as pessoas razoavelmente fortes não devem permanecer muito tempo neste *āsana*.

14

Efeitos

Nesta postura, o peito é plenamente expandido, o que facilita a respiração profunda. Ela reduz a rigidez dos ombros e das costas, tonifica os tornozelos e joelhos e cura a rigidez do pescoço. Ela também reduz a gordura em torno dos quadris.

8. Vīrabhadrāsana II Um* (foto 15)

Técnica

1. Fique de pé em *tāḍāsana* (foto 1).
2. Inspire profundamente e, com um salto, separe as pernas em torno de 1,20 metro a 1,30 metro. Levante os braços ao lado, alinhados com os ombros, palmas voltadas para baixo (foto 3).
3. Gire o pé direito 90 graus para a direita e o pé esquerdo ligeiramente para a direita, mantendo a perna esquerda estendida e o joelho firme. Estenda os músculos isquiotibiais da perna esquerda.
4. Expire e flexione o joelho direito até que a coxa direita esteja paralela ao chão e a canela direita perpendicular ao chão, formando assim um ângulo reto entre a coxa direita e a panturrilha direita. O joelho flexionado não deve ultrapassar o tornozelo, e sim ficar alinhado com o calcanhar (foto 15).

15

5. Estenda as mãos para os lados, como se duas pessoas o estivessem puxando de cada lado.

6. Vire o rosto para a direita e olhe para a mão direita. Estenda completamente os músculos posteriores da perna esquerda. A parte posterior das pernas, a região dorsal e os quadris devem estar alinhados.
7. Permaneça nesta postura por 20 a 30 segundos, respirando profundamente. Inspire e retorne à posição do item 2.
8. Vire o pé esquerdo 90 graus lateralmente para a esquerda e o pé direito ligeiramente para a esquerda, flexione o joelho esquerdo e continue pelos itens 3 a 6, do lado esquerdo, invertendo todo o processo.
9. Inspire e retorne novamente à posição do item 2. Expire e salte de volta para *tāḍāsana* (foto 1).

Efeitos

Esta postura fortalece e modela os músculos da perna. Ela alivia câimbras nos músculos das panturrilhas e coxas, traz flexibilidade para os músculos das pernas e das costas e também tonifica os órgãos abdominais.

O domínio das posturas em pé prepara o aluno para as posturas de flexão para a frente avançadas, que então podem ser conquistadas com facilidade.

9. *Vīrabhadrāsana III* Cinco* *(foto 17)*

Esta postura é uma continuação de *vīrabhadrāsana I* (foto 14) mais intensa.

Técnica

1. Fique de pé em *tāḍāsana* (foto 1).
2. Inspire profundamente e, com um salto, separe as pernas de 1,20 metro a 1,30 metro (foto 3).
3. Entre na postura final de *vīrabhadrāsana I* do lado direito (foto 14).
4. Expire, incline o tronco para a frente e apoie o peito sobre a coxa direita. Mantenha os braços esticados e as palmas das mãos unidas (foto 16). Pause nesta posição e respire 2 vezes.

16

5. Agora expire e, de forma simultânea, levante a perna esquerda do chão impulsionando o corpo levemente para a frente e estenda a perna direita, tornando-a tão dura quanto um bastão. Gire a perna esquerda para dentro de modo que a parte anterior fique paralela ao chão (foto 17).

17

6. Permaneça nesta postura por 20 a 30 segundos, respirando de forma profunda e regular.
7. No equilíbrio, todo o corpo (exceto a perna direita) deve permanecer paralelo ao chão. A perna direita, que deve estar completamente estendida e rija, deve ser mantida perpendicular ao chão. Alongue a parte posterior da coxa direita e estenda os braços e a perna esquerda como se duas pessoas o estivessem puxando de cada ponta.

8. Expire e volte para *vīrabhadrāsana I* (foto 14).
9. Repita a postura do lado esquerdo.

Efeitos

A ilustração (foto 17) transmite a harmonia, o equilíbrio, a estabilidade e a força adquiridos com a prática deste *āsana*, que ajuda a contrair e tonificar os órgãos abdominais e torna os músculos das pernas mais modelados e robustos. É recomendado para corredores, pois traz vigor e agilidade.

Todos os movimentos deste *āsana* melhoram o porte e a postura da pessoa. Quando não mantemos uma boa postura em pé e levamos o peso para os calcanhares, retardamos o crescimento simétrico e prejudicamos a elasticidade da coluna. Ficar em pé com o peso nos calcanhares causa a protrusão do estômago e diminui a agilidade mental e corporal. Este *āsana* auxilia a pessoa a se manter firmemente nas plantas dos pés, mantém os músculos abdominais contraídos e dá agilidade ao corpo e à mente.

10. Ardha Chandrāsana Cinco* (foto 19)

Ardha significa metade. *Chandra* é a Lua. A postura se assemelha à meia-lua, daí o nome.

Técnica

1. Fique de pé em *tāḍāsana* (foto 1) e então faça *utthita trikoṇāsana* (foto 4) seguindo a técnica descrita anteriormente.
2. Uma vez em *trikoṇāsana* do lado direito, expire e coloque a palma da mão direita a cerca de 30 centímetros do pé direito, flexionando o joelho direito e ao mesmo tempo trazendo o pé esquerdo para perto do pé direito (foto 18).
3. Mantenha esta posição e respire 2 vezes. Então expire e levante a perna esquerda do chão, os dedos do pé apontando para cima. Estenda a mão e a perna direita.
4. Coloque a palma da mão esquerda sobre o quadril esquerdo e estenda-se para cima, mantendo os ombros bem elevados. Gire o peito para a esquerda e mantenha o equilíbrio (foto 19).
5. O peso do corpo é sustentado pelo pé e pelo quadril direito. A mão direita é apenas um apoio para controlar o equilíbrio.

6. Mantenha a postura por 20 a 30 segundos, respirando profunda e regularmente. Depois deslize a perna esquerda até o chão e volte para *trikoṇāsana* (foto 4).
7. Repita a postura do lado esquerdo.

18

19

Efeitos

A postura é benéfica para pessoas com lesões ou infecções nas pernas. Ela tonifica a região inferior da coluna e os nervos conectados com os músculos das pernas e fortalece os joelhos. Junto com outras posturas em pé, este *āsana* cura problemas gástricos.

Nota. Aqueles que se sentem fracos e cansados pelas posturas em pé, devem praticar somente *utthita trikoṇāsana* (foto 4) e *utthita pārśva koṇāsana* (foto 8), já que esses dois *āsana*s fortalecem o corpo. Os outros *āsana*s em pé devem ser realizados apenas por pessoas que tenham adquirido certa força e elasticidade corporal.

11. Utthita Hasta Pādāṅguṣṭhāsana Dezesseis* (foto 23)

Utthita significa estendido. *Hasta* significa mão. *Pādāṅguṣṭha* é o dedão do pé. Esta postura é feita sobre uma perna com a outra estendida para a frente, segurando o dedão do pé da perna estendida e apoiando a cabeça na perna.

Técnica

1. Fique de pé em *tāḍāsana* (foto 1).
2. Expire, erga a perna direita flexionando o joelho e segure o dedão do pé direito entre o polegar e os dedos indicador e médio da mão direita.
3. Apoie a mão esquerda sobre o quadril esquerdo e equilibre-se (foto 20). Respire 2 vezes.
4. Expire, estenda a perna direita para a frente e puxe-a (foto 21). Respire 2 vezes.

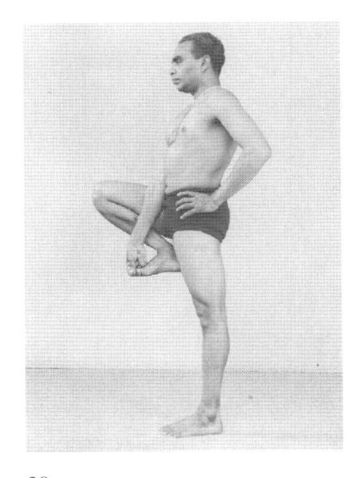

20 21

5. Quando estiver firme nesta posição, segure o pé direito com ambas as mãos e levante-a ainda mais alto (foto 22). Respire 2 vezes.
6. Agora, com uma expiração, apoie a cabeça, depois o nariz e finalmente o queixo além do joelho direito (foto 23). Permaneça nesta posição e respire profundamente algumas vezes.
7. Expire, solte as mãos e abaixe a perna direita até o chão para retornar à *tāḍāsana* (foto 1).
8. Repita a postura do outro lado, mantendo a perna direita no chão e erguendo a perna esquerda.
9. O equilíbrio nas posições dos itens 5 e 6 é difícil e só será possível com o domínio da posição do item 4.

22   23

Efeitos

Este *āsana* traz força aos músculos das pernas enquanto o equilíbrio confere estabilidade e harmonia.

12. Pārśvōttānāsana Seis* (foto 26)

Pārśva significa lado ou flanco. *Uttāna* (*ut* = intenso e *tān* = estirar, estender, alongar) significa um estiramento intenso. O nome implica uma postura em que a lateral do peito é estendida intensamente.

Técnica

1. Fique de pé em *tāḍāsana* (foto 1). Inspire profundamente e estenda o corpo para a frente.
2. Una as palmas das mãos atrás das costas e puxe os ombros e cotovelos para trás.
3. Expire, vire os pulsos e traga as palmas das mãos acima da parte média das costas, com os dedos na altura das escápulas. Você está fazendo *"namastê"* (o gesto indiano de mãos unidas em atitude de respeito) com as mãos nas costas (foto 24).

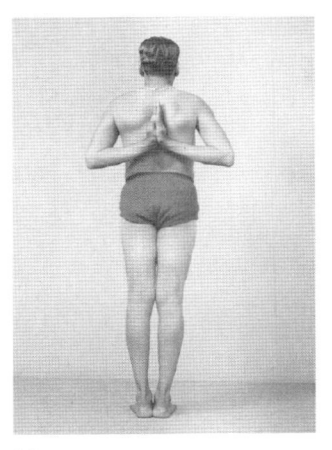

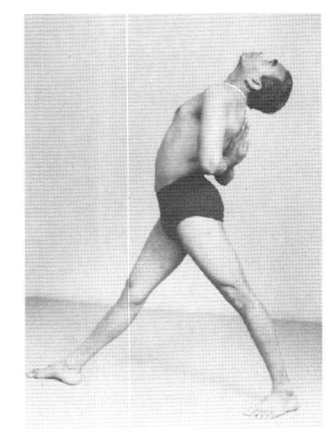

24   25

4. Inspire e, com um salto, separe as pernas ao lado em torno de 90 centímetros a 1 metro. Permaneça nesta posição e expire.
5. Inspire e gire o tronco para a direita. Gire o pé direito 90 graus para a direita, mantendo os dedos e o calcanhar alinhados com o tronco; gire o pé esquerdo de

75 graus a 80 graus para a direita, mantendo o pé esquerdo estendido e o joelho firme. Leve a cabeça para trás (foto 25).

6. Expire, incline o tronco para a frente e apoie a cabeça no joelho direito. Alongue as costas e gradativamente estenda o pescoço até que o nariz, depois os lábios e finalmente o queixo se apoie além do joelho direito (foto 26). Mantenha as duas pernas firmes elevando as patelas.

26

7. Permaneça na postura por 20 a 30 segundos, respirando normalmente. Em seguida, lentamente, mova a cabeça e o tronco em direção ao joelho esquerdo girando o tronco ao redor dos quadris. Ao mesmo tempo, gire o pé esquerdo 90 graus para a esquerda e o pé direito de 75 graus a 80 graus para a esquerda. Então erga o tronco e leve a cabeça o máximo que puder para trás, sem dobrar a perna direita. Esse movimento deve ser feito com uma inspiração.
8. Expire, incline o tronco para a frente, apoie a cabeça no joelho esquerdo e gradativamente estenda o queixo além do joelho esquerdo esticando o pescoço como no item 6 (foto 26).
9. Depois de manter a postura por 20 a 30 segundos com respiração normal, inspire, leve a cabeça para o centro e os pés para a posição original, de modo que os dedos apontem para a frente. Então erga o tronco.
10. Expire e salte de volta para *tāḍāsana* (foto 1), soltando as mãos das costas.
11. Se você não puder unir as mãos atrás das costas, simplesmente segure os pulsos e siga a técnica descrita acima (fotos 27 e 28).

27   28

Efeitos

Este *āsana* alivia a rigidez dos músculos das pernas e dos quadris e traz elasticidade às articulações do quadril e da coluna vertebral. Enquanto a cabeça repousa sobre o joelho, os órgãos abdominais são contraídos e tonificados. Os pulsos se movem livremente e toda rigidez desaparece. A postura também corrige ombros arredondados e caídos. Na postura correta, os ombros são bem puxados para trás, e isso facilita a respiração profunda.

13. Prasārita Pādōttānāsana I Quatro* *(fotos 33 e 34)*

Prasārita significa expandido, espalhado, estendido. *Pāda* significa pé. Esta é uma postura em que as pernas separadas são intensamente alongadas.

Técnica

1. Fique de pé em *tāḍāsana* (foto 1).
2. Inspire, coloque as mãos na cintura e afaste as pernas de 1,30 metro a 1,50 metro (foto 29).

Luz sobre o *Yoga*

29

30

31

32

33

34

3. Firme as pernas elevando as patelas. Expire e coloque as palmas das mãos no chão alinhadas com os ombros, entre os pés (visão frontal: foto 30).
4. Inspire e eleve a cabeça, mantendo as costas côncavas (visão lateral: fotos 31 e 32).
5. Expire, flexione os cotovelos e apoie o topo da cabeça no chão, mantendo o peso do corpo nas pernas (fotos 33 e 34). Não jogue o peso do corpo na cabeça. Os dois pés, as duas mãos e a cabeça devem estar em uma linha reta.
6. Permaneça na postura por meio minuto, respirando profunda e uniformemente.
7. Inspire, erga a cabeça do chão e estique os cotovelos. Mantenha a cabeça bem elevada, tornando as costas côncavas como no item 4 (foto 30).
8. Expire e volte à posição do item 2 (foto 29).
9. Salte de volta para *tāḍāsana* (foto 1).

14. Prasārita Pādōttānāsana II Quatro* *(fotos 35 e 36)*

Esta é uma variação avançada da postura anterior. Aqui, no lugar de colocar as mãos no chão, elas ficam na cintura (foto 35) ou se unem nas costas fazendo *"namastê"* (foto 36), como descrito em *pārśvōttānāsana* (foto 26). Nesta variação, o alongamento das pernas é intensificado.

Efeitos

Nesta postura, os músculos isquiotibiais e abdutores são totalmente desenvolvidos, enquanto há maior fluxo sanguíneo para o tronco e para a cabeça. As pessoas que não podem fazer *śīrṣāsana* (foto 184) podem se beneficiar desta postura, que aumenta o poder digestivo.

35 36

Todas as posturas em pé descritas antes são imprescindíveis para os iniciantes. À medida que o aluno avança, ele obtém maior flexibilidade, e então as posturas em pé podem ser dispensadas, embora seja aconselhável praticá-las 1 vez por semana. Todas essas posturas em pé contribuem para reduzir o peso corporal.

15. *Parighāsana* Quatro* *(foto 39)*

Parighā significa uma trave ou barra usada para fechar um portão. Nesta postura, o corpo lembra uma barra cruzada trancando um portão, daí o nome.

Técnica

1. Ajoelhe-se no chão, com os tornozelos unidos.
2. Alongue a perna direita ao lado, à direita, e mantenha-a alinhada com o tronco e com o joelho esquerdo. Gire o pé direito lateralmente para o lado direito, mantendo a perna direita estendida com o joelho firme.
3. Estenda os braços ao lado com uma inspiração (foto 37). Respire 2 vezes.
4. Expire, mova o tronco e o braço direito em direção à perna direita estendida (foto 38). Apoie o antebraço e o pulso direitos na canela e no tornozelo direito, respectivamente, com a palma da mão direita voltada para cima. A orelha direita ficará então apoiada no alto do braço direito. Traga o braço esquerdo sobre

37

38

a cabeça e toque a palma da mão direita com a esquerda. Assim, a orelha esquerda estará em contato com o alto do braço esquerdo (foto 39).

39

5. Permaneça nesta posição por 30 a 60 segundos, respirando normalmente.
6. Inspire, traga o tronco e os braços de volta para a posição do item 3. Flexione a perna direita e ajoelhe-se no chão, unindo novamente os tornozelos.
7. Repita a postura do outro lado, substituindo "direita" por "esquerda" e vice-versa. Permaneça na postura pelo mesmo tempo nos dois lados.

Efeitos

Nesta postura, a região pélvica é alongada. Um lado do abdômen é estendido enquanto o outro é flexionado lateralmente. Isso mantém os músculos e órgãos abdominais em forma, e a pele ao redor do abdômen permanece sadia e não flácida. O movimento lateral da coluna ajuda pessoas que sofrem de rigidez nas costas.

16. Uṣṭrāsana Três* (foto 41)

Uṣṭra significa camelo.

Técnica

1. Ajoelhe-se no chão, mantendo as coxas e os pés unidos com os dedos apontando para trás e apoiados no chão.
2. Coloque as palmas das mãos nos quadris. Alongue as coxas, curve a coluna para trás e estenda as costelas (foto 40).
3. Expire, coloque a palma da mão direita sobre o calcanhar direito e a palma da mão esquerda sobre o calcanhar esquerdo. Se possível, apoie as palmas das mãos nas plantas dos pés.

40

4. Pressione os pés com as palmas das mãos, leve a cabeça para trás e empurre a coluna em direção às coxas, que devem ser mantidas perpendiculares ao chão.
5. Contraia as nádegas e alongue ainda mais a região dorsal e do cóccix, mantendo o pescoço estendido para trás (foto 41).
6. Permaneça nesta posição por cerca de meio minuto, respirando normalmente.
7. Solte as mãos uma por uma e coloque-as nos quadris (foto 40). Então, sente-se no chão e relaxe.

41

Efeitos

Este *āsana* trará benefícios para pessoas corcundas e de ombros caídos.

A coluna inteira é alongada para trás e tonificada. Esta postura pode ser praticada convenientemente por idosos e até por pessoas com lesões na coluna.

17. *Utkaṭāsana* Dois* *(foto 42)*

Utkaṭa significa poderoso, impetuoso, desigual. Este *āsana* é semelhante a sentar-se numa cadeira imaginária.

Técnica

1. Fique de pé em *tāḍāsana* (foto 1), alongue os braços acima da cabeça e una as palmas das mãos (foto 12).
2. Expire, flexione os joelhos e abaixe o tronco até que as coxas estejam paralelas ao chão (foto 42).

3. Não se incline para a frente; mantenha o tórax tão para trás quanto possível e respire normalmente.
4. Permaneça na postura por alguns segundos, 30 são suficientes. É difícil equilibrar-se nesta postura.
5. Inspire, estenda as pernas (foto 12), abaixe os braços, volte para *tāḍāsana* (foto 1) e relaxe.

42

Efeitos

Esta postura remove a rigidez nos ombros e corrige qualquer deformidade menor nas pernas. Os tornozelos se tornam fortes e os músculos das pernas se desenvolvem uniformemente. O diafragma é elevado, o que massageia suavemente o coração. Os órgãos abdominais e as costas são tonificados, e o peito se desenvolve ao expandir-se completamente. É uma postura benéfica para quem anda a cavalo.

18. Pādāṅguṣṭhāsana Três* (foto 44)

Pāda significa pé. *Aṅguṣṭha* é o dedão do pé. Esta postura é feita estando de pé e segurando os dedões.

Técnica

1. Fique de pé em *tāḍāsana* (foto 1). Afaste as pernas cerca de 30 centímetros.
2. Expire, incline-se para a frente e segure os dedões dos pés entre o polegar e o dedo indicador e médio, de modo que as palmas das mãos fiquem de frente uma para outra. Segure-os firmemente (foto 43).

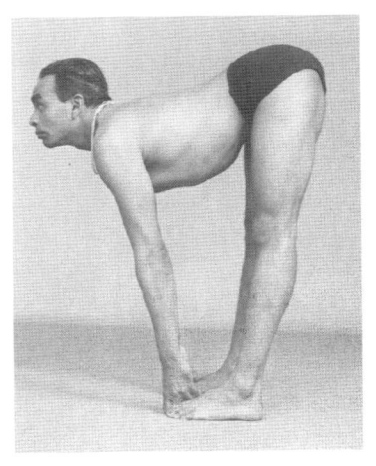

43   44

3. Mantenha a cabeça erguida, alongue o diafragma em direção ao tórax e deixe as costas o mais côncavas possível. Em vez de esticar-se para baixo a partir dos ombros, flexione à frente a partir da região pélvica a fim de obter a concavidade das costas desde o cóccix.
4. Mantenha as pernas rijas sem perder a firmeza nos joelhos e nos dedões dos pés. Alongue também as escápulas. Faça uma ou duas respirações nesta posição.

5. Agora expire e traga a cabeça entre os joelhos, firmando os joelhos e puxando os dedões sem tirá-los do chão (foto 44). Permaneça nesta postura por cerca de 20 segundos, respirando normalmente.
6. Inspire, vá para a posição do item 2 (foto 43), solte os dedões dos pés e eleve-se. Retorne para *tāḍāsana* (foto 1).

19. Pāda Hastāsana Seis* *(foto 46)*

Pāda significa pé. *Hasta* significa mão. Esta postura é realizada estendendo-se para a frente e pisando nas próprias mãos.

Técnica

1. Fique de pé em *tāḍāsana* (foto 1). Afaste as pernas em torno de 30 centímetros.
2. Expire, incline-se para a frente e, sem dobrar os joelhos, insira as mãos debaixo dos pés, de modo que as palmas das mãos estejam em contato com as plantas dos pés (foto 45).

45   46

3. Mantenha a cabeça elevada e dê às costas a maior concavidade possível. Não afrouxe os joelhos e respire algumas vezes nesta posição.
4. Expire e leve a cabeça entre os joelhos, dobrando os cotovelos e puxando os pés para cima com as palmas das mãos (foto 46). Permaneça nesta postura por cerca de 20 segundos, respirando normalmente.
5. Inspire, levante a cabeça e volte para a posição do item 2 (foto 45), com a cabeça bem erguida. Respire 2 vezes.
6. Inspire, levante-se e retorne para *tāḍāsana* (foto 1).

Efeitos de pādāṅguṣṭhāsana e pāda hastāsana

O segundo *āsana* é mais árduo que o primeiro, mas os efeitos de ambos são os mesmos. Os órgãos abdominais são tonificados e as secreções digestivas aumentam, enquanto o fígado e o baço são ativados. Pessoas que sofrem de sensação de inchaço no abdômen ou de problemas gástricos obterão benefícios com a prática desses dois *āsanas*.

Os casos de deslocamento de discos intervertebrais** só poderão ser corrigidos na posição côncava das costas, como nas fotos 43 e 45. Não coloque a cabeça entre os joelhos se você tiver discos deslocados. Tive a oportunidade de experimentar a postura com pessoas com esse tipo de problema, e a posição côncava se provou benéfica para elas. É imperativo obter a orientação de um *guru* (mestre) antes de fazer esta postura, porque talvez não seja possível obter a posição côncava das costas imediatamente. É preciso dominar outras posturas menores antes de realizar esta.

20. Uttānāsana Oito* *(foto 48)*

Ut é uma partícula que indica deliberação, intensidade. O verbo *tān* significa alongar, estender, esticar. Neste *āsana*, a coluna é submetida a um alongamento deliberado e intenso.

Técnica

1. Fique de pé em *tāḍāsana* (foto 1), com os joelhos firmes.

** Hérnias ou protrusões discais. (N.R.T.)

2. Expire, incline-se para a frente e coloque os dedos no chão. Em seguida, apoie as palmas das mãos no chão ao lado dos pés, atrás dos calcanhares. Não flexione os joelhos (foto 47).

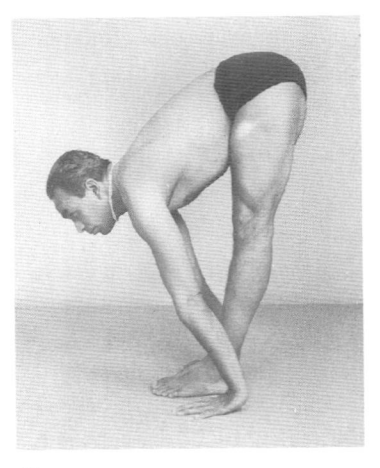

47

48

3. Tente manter a cabeça erguida e alongue a coluna. Mova os quadris ligeiramente para a frente em direção à cabeça para que as pernas fiquem perpendiculares ao chão.
4. Permaneça nesta posição e faça duas respirações profundas.
5. Expire, aproxime o tronco das pernas e apoie a cabeça nos joelhos (foto 48).
6. Não afrouxe os joelhos, pelo contrário, puxe as patelas bem para cima. Mantenha esta posição por 1 minuto, com respiração profunda e uniforme.
7. Inspire e erga a cabeça para longe dos joelhos, mas sem tirar as palmas das mãos do chão (foto 47).
8. Depois de duas respirações, inspire profundamente, levante as mãos do chão e retorne para *tāḍāsana* (foto 1).

Efeitos

Este *āsana* cura dores de estômago e tonifica o fígado, o baço e os rins. Ele também alivia dores no ventre durante os períodos menstruais. Os batimentos cardíacos tornam-se mais lentos e os nervos da coluna são rejuvenescidos. Estados de depressão mental são removidos se a posição for mantida por 2 minutos ou mais. A postura é benéfica para pessoas que se excitam facilmente, pois acalma as células do cérebro. Depois de concluir o *āsana*, a pessoa se sente calma e tranquila, os olhos ganham brilho, e a mente fica em paz.

Aqueles que sentem peso na cabeça, rubor ou qualquer desconforto quando fazem *śīrṣāsana* (foto 184) devem praticar *uttānāsana* primeiro; depois estarão aptos para fazer *śīrṣāsana* (apoio sobre a cabeça) com conforto e facilidade.

21. *Ūrdhva Prasārita Eka Pādāsana* Seis* *(foto 49)*

Ūrdhva significa para cima, acima, alto. *Prasārita* significa estendido, estirado. *Eka* significa um, *pāda* significa pé. Esta postura é feita em pé sobre uma perna, inclinando-se para a frente e elevando a outra perna.

Técnica

1. Fique de pé em *tāḍāsana* (foto 1).
2. Expire e incline o tronco para a frente. Com a mão esquerda, pegue a parte posterior do tornozelo direito. Apoie a mão direita no chão, ao lado do pé direito, e a cabeça ou o queixo no joelho direito.
3. Eleve a perna esquerda o mais alto possível. Firme ambos os joelhos. Mantenha os dedos da perna elevada apontando para cima. As pernas devem permanecer retas, de modo que os dedos apontem diretamente para a frente e não se desviem para os lados (foto 49).
4. Permaneça na postura por cerca de 20 segundos, com respiração regular. Inspire, abaixe a perna esquerda e volte para *tāḍāsana* (foto 1).

49

5. Repita a postura do outro lado, mantendo a perna esquerda no chão e a direita para cima. Sustente a postura pelo mesmo tempo em ambos os lados.

Efeitos

Este *āsana* tonifica os músculos da perna e reduz a gordura em torno dos quadris.

22. *Ardha Baddha Padmōttānāsana* Nove* *(foto 52)*

Ardha significa metade. *Baddha* significa atado, restrito, preso, contido. *Padma* significa lótus. *Uttāna* é um alongamento intenso.

Técnica Yogāsanas

1. Fique de pé em *tāḍāsana* (foto 1).
2. Inspire, eleve a perna direita, flexione o joelho direito e apoie a planta do pé direito na coxa esquerda.
3. Segure o pé direito com a mão esquerda, leve o braço direito por trás das costas e segure o dedão do pé direito com os dedos polegar, indicador e médio da mão direita (foto 50).

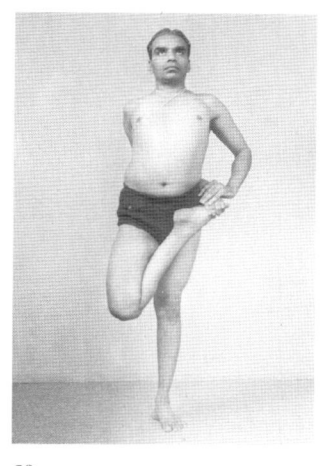

50   51

4. Solte a mão esquerda. Expire, incline o corpo para a frente, coloque a mão esquerda no chão, ao lado do pé esquerdo (foto 51), e mantenha a cabeça elevada. Deixe as costas o mais côncavas possível. Respire algumas vezes.
5. Expire, apoie a cabeça ou o queixo no joelho esquerdo (foto 52).
6. Se não for possível apoiar toda a palma da mão esquerda no chão, comece com as pontas dos dedos, então, gradualmente, coloque os dedos e, finalmente, toda a palma no chão. Proceda da mesma maneira na posição da cabeça: primeiro coloque a testa no joelho esquerdo, depois alongue o pescoço e coloque a ponta do nariz, em seguida, os lábios e, finalmente, o queixo no joelho esquerdo. O avanço progressivo da cabeça para o queixo mostra que o corpo está se tornando cada vez mais flexível.

52 53

54 55

7. Depois de respirar profundamente algumas vezes nesta postura, inspire e erga o tronco para a posição do item 4 (foto 51). Respire 2 vezes.

8. Inspire, tire a palma da mão esquerda do chão e volte para a posição do item 3 (foto 50).
9. Solte a mão direita** do pé direito e retorne para *tāḍāsana* (foto 1).
10. Repita do outro lado, mantendo a perna direita no chão, flexionando a perna esquerda, colocando o pé esquerdo na coxa direita, segurando o dedão do pé esquerdo com a mão esquerda por trás, inclinando-se para a frente e colocando a palma direita no chão (foto 53).
11. Se não for possível segurar o dedão do pé com a mão por trás, apoie as duas palmas das mãos no chão e siga a técnica acima (fotos 54 e 55).

Efeitos

Este *āsana* cura rigidez nos joelhos. Como os órgãos abdominais são contraídos, o poder digestivo aumenta, e a atividade peristáltica promove a eliminação dos dejetos produtores de toxinas. A postura ajuda a mover os ombros para trás. Isso expande o tórax, permitindo uma respiração livre e profunda.

23. Garuḍāsana Um* *(foto 56)*

Garuḍa significa águia e também é o nome do rei dos pássaros. Garuḍa é representado como o veículo de Viṣṇu, com a cara branca, bico aquilino, asas vermelhas e o corpo dourado.

Técnica

1. Fique de pé em *tāḍāsana* (foto 1). Flexione o joelho direito.
2. Traga a perna esquerda sobre a coxa direita acima do joelho direito e apoie a parte posterior da coxa esquerda sobre a parte anterior da coxa direita.
3. Leve o pé esquerdo para trás da panturrilha direita, de modo que a canela esquerda toque a panturrilha direita e o dedão esquerdo se enganche justo acima da parte interna do tornozelo direito. A perna esquerda, assim, estará enroscada em torno da perna direita.

** O original fazia referência à mão "esquerda", a troca por "direita" foi efetuada com o consentimento do autor. (N.R.T)

4. Equilibre-se apenas sobre a perna direita; isso leva algum tempo para ser aprendido.
5. Flexione os cotovelos e eleve os braços até a altura do peito. Apoie o cotovelo direito na parte anterior do braço superior esquerdo, próximo à articulação do cotovelo. Então, leve a mão direita para a direita e a mão esquerda para a esquerda e junte as palmas das mãos. O braço esquerdo agora estará enroscado em torno do braço direito (foto 56).
6. Permaneça nesta posição por alguns segundos, digamos 15 a 20, respirando profundamente. Então solte os braços e pernas e retorne para *tāḍāsana* (foto 1).
7. Repita a postura de pé sobre a perna esquerda, enroscando a perna direita em torno da esquerda e o braço direito em torno do esquerdo. Permaneça por igual período de tempo em ambos os lados.

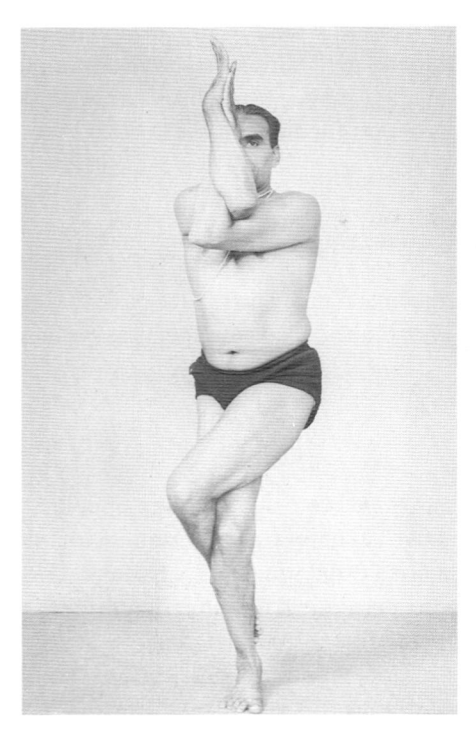

56

Efeitos

Este *āsana* desenvolve os tornozelos e remove a rigidez dos ombros. Ele é recomendado para prevenir câimbras nas panturrilhas. Para eliminar câimbras e dores nas pernas, as posturas recomendadas são *garuḍāsana*, *vīrāsana* (foto 89) e *bhekāsana*, também denominada *maṇḍukāsana* (foto 100), descritas mais adiante.

24. Vātāyanāsana Onze* *(foto 58)*

Vātāyana significa cavalo. A postura se assemelha à cara de um cavalo, daí o nome.

Técnica

1. Sente-se no chão e coloque o pé esquerdo na raiz da coxa direita, em meia postura de *padmāsana*.
2. Coloque as mãos no chão ao lado dos quadris. Expire, eleve o tronco do chão e apoie o topo do joelho esquerdo no chão. Apoie o pé direito perto do joelho esquerdo flexionado e mantenha a coxa direita paralela ao chão (foto 57).
3. Alongue a pélvis para a frente, mantenha a coxa esquerda perpendicular ao chão, erga as mãos, endireite as costas e equilibre-se. Não se incline para a frente para buscar o equilíbrio, mantenha as costas eretas.
4. Flexione os cotovelos e erga os braços até a altura do peito. Apoie a parte posterior do braço direito próxima ao cotovelo na parte anterior do braço esquerdo, acima da articulação do cotovelo. Entrelace os antebraços em torno um do outro e una as palmas das mãos. Sustente esta posição por cerca de 30 segundos, respirando normalmente (visão frontal: foto 58; visão lateral, foto 59).
5. Libere os braços, sente-se no chão e estenda as pernas.
6. Repita a postura do outro lado. Desta vez, coloque o pé direito na raiz da coxa esquerda, apoie o pé esquerdo perto do joelho direito flexionado no chão e entrelace os braços na frente do peito de modo que o braço esquerdo esteja sobre o direito, próximo à articulação do cotovelo e mantenha o equilíbrio, com a coxa esquerda paralela ao chão. Mantenha a postura pelo mesmo tempo em ambos os lados. Então solte a postura e relaxe no chão.
7. No começo, será difícil equilibrar-se, e os joelhos vão doer. Com a prática, a dor desaparece e o equilíbrio é alcançado.

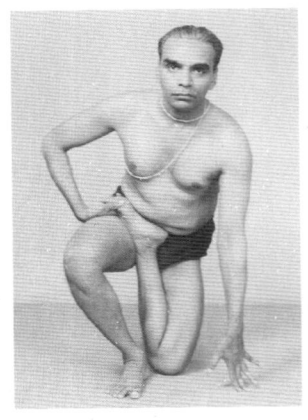

57 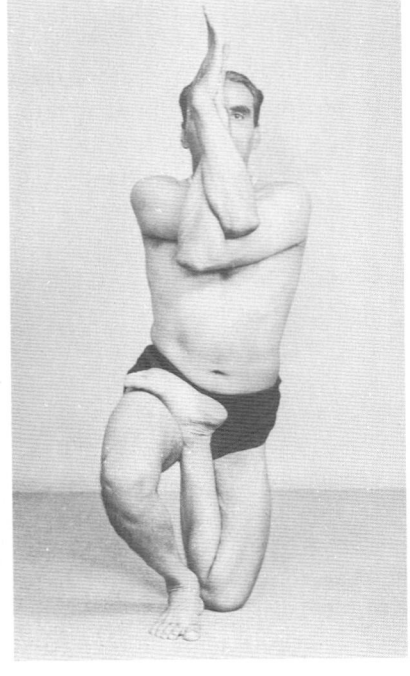 58 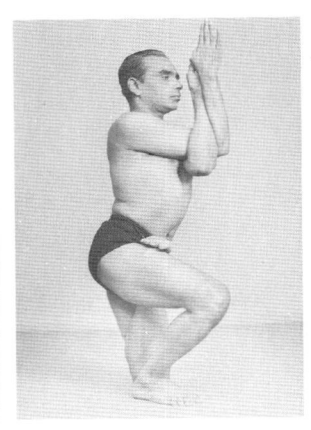 59

Efeitos

Nesta postura, as articulações dos quadris recebem circulação sanguínea apropriada e deformidades menores nos quadris e coxas são corrigidas. A postura também é boa para rigidez na região sacroilíaca.

25. *Śalabhāsana* Um* *(foto 60)*

Śalabha significa gafanhoto. A postura se assemelha a um gafanhoto repousando no chão, daí o nome.

Técnica

1. Deite-se completamente no chão, de barriga para baixo. Estenda os braços para trás.
2. Expire e erga, simultaneamente, a cabeça, o peito e as pernas, o mais alto que puder. Não se deve apoiar nem as mãos nem as costelas no chão. Apenas o abdômen repousa no chão e sustenta o peso do corpo (foto 60).

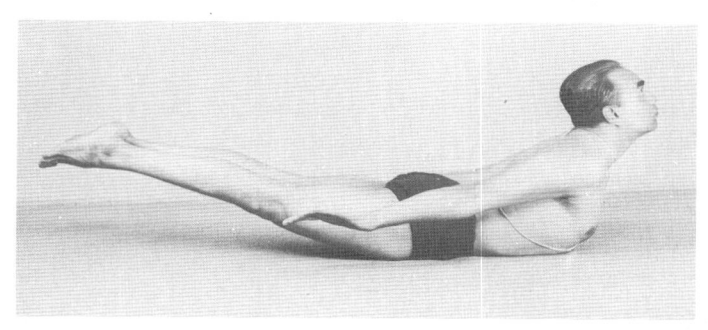

60

3. Contraia as nádegas e alongue os músculos das coxas. Mantenha as pernas completamente estendidas e retas, com as coxas, joelhos e tornozelos em contato.
4. Não sustente o peso do corpo nas mãos; estenda-as para trás, a fim de exercitar os músculos da parte superior das costas.
5. Permaneça nesta posição o máximo que puder, respirando normalmente.
6. No começo, é difícil erguer o peito e as pernas do chão, mas se torna mais fácil à medida que os músculos abdominais se fortalecem.

Efeitos

A postura auxilia a digestão e alivia transtornos gástricos e flatulência. Como a coluna vertebral é estendida para trás, ela se torna flexível, e a postura alivia dores nas regiões sacral e lombar. Na minha experiência, pessoas com deslocamento dos discos vertebrais se beneficiam da prática regular deste *āsana*, sem recorrerem ao repouso forçado ou ao tratamento cirúrgico. A bexiga e a próstata também se beneficiam do exercício e permanecem saudáveis.

Outra variação da postura pode ser usada para aliviar dores na parte inferior das costas. Nesta variação, os joelhos são flexionados e as coxas permanecem afastadas, enquanto as canelas ficam perpendiculares ao chão. Então, com uma expiração, as coxas são erguidas e aproximadas até que os joelhos se toquem, com as canelas ainda perpendiculares ao chão (foto 61).

O versículo 40 do segundo capítulo do *Gheraṇḍa Saṁhitā* descreve

26. *Makarāsana (foto 62) assim:*

"Deite-se no chão de barriga para baixo, o peito tocando a terra e ambas as pernas estendidas: agarre a cabeça com os braços. Esta é a postura do crocodilo que aumenta o calor corporal." É uma variação de *śalabhāsana*.

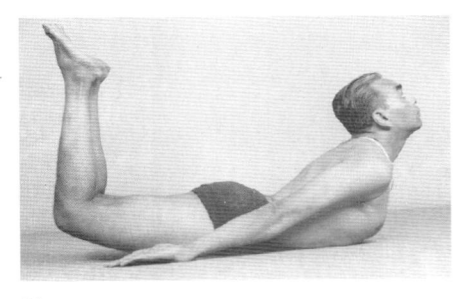

61

62

27. *Dhanurāsana* Quatro* *(foto 63)*

Dhanu significa arco. Nesta postura, as mãos são usadas como a corda de um arco para puxar a cabeça, o tronco e as pernas para cima, e a postura se assemelha a um arco tensionado.

Técnica

1. Deite-se completamente no chão, de barriga para baixo.
2. Expire e flexione os joelhos. Estenda os braços para trás e segure o tornozelo esquerdo com a mão esquerda e o tornozelo direito com a mão direita. Respire 2 vezes.

3. Agora, expire completamente e puxe as pernas para cima tirando os joelhos do chão e erguendo o peito ao mesmo tempo. Os braços e mãos agem como a corda de um arco para retesar o corpo como um arco tensionado (foto 63).
4. Erga a cabeça e leve-a o para trás o máximo que puder. Não apoie nem as costelas nem os ossos da pélvis no chão. Apenas o abdômen sustenta o peso do corpo no chão.

63

5. Ao elevar as pernas, não junte os joelhos, pois desse modo elas não subirão o suficiente. Depois que o alongamento completo para cima for alcançado, una as coxas, os joelhos e os tornozelos.
6. Como o abdômen é estendido, a respiração se torna rápida, mas não se preocupe com isso. Permaneça na postura segundo sua capacidade, de 20 a 60 segundos.
7. Então, com uma expiração, solte os tornozelos, estique as pernas, abaixe a cabeça e as pernas de volta até o chão e relaxe.

Efeitos

Nesta postura, a coluna é estendida para trás. Pessoas com mais idade normalmente não fazem esse tipo de movimento, então suas colunas se enrijecem. Este *āsana* devolve a elasticidade à coluna e tonifica os órgãos abdominais. Em minha experiência, pessoas que sofrem de deslocamento de disco obtêm alívio com a prática regular de *dhanurāsana* e *śalabhāsana* (foto 60) e não precisam se submeter ao repouso ou ao tratamento cirúrgico.

28. *Pārśva Dhanurāsana* Quatro* *(fotos 64 e 65)*

Pārśva significa de lado. Nesta variação de *dhanurāsana*, a postura é feita deitada de lado.

Técnica

1. Faça *dhanurāsana* (foto 63).
2. Expire, role sobre o lado direito e estenda as pernas e o peito (foto 64).
3. Inspire e volte para a posição do item 1. Em seguida, expire e role sobre o lado esquerdo (foto 65).

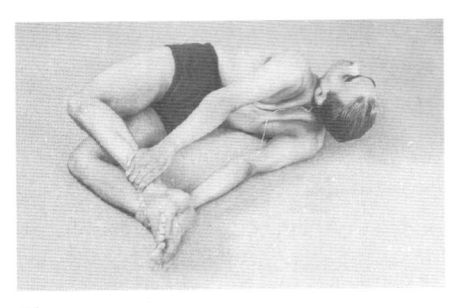

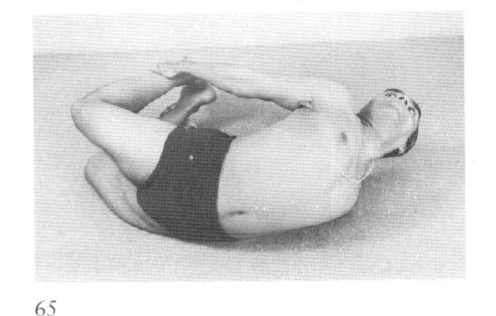

64

65

4. Permaneça em cada lado pela mesma duração de tempo, de acordo com a sua capacidade, respirando normalmente. Inspire, volte para *dhanurāsana*, solte as pernas e relaxe.
5. Nesta postura, que é uma versão mais vigorosa da anterior, os tornozelos tendem a escapar das mãos. Portanto, agarre os tornozelos com mais firmeza.

Efeitos

O rolamento lateral nesta postura massageia os órgãos abdominais ao pressioná-los contra o chão.

29. *Chaturaṅga Daṇḍāsana* Um* *(foto 67)*

Chatur significa quatro. *Aṅga* significa membro ou parte. *Daṇḍa* significa bastão. Deite-se no chão de barriga para baixo e sustente o peso do corpo sobre as palmas das mãos e dos dedos dos pés, expire e mantenha o corpo paralelo ao chão, rígido como um bastão. Os quatro membros que sustentam o peso do corpo são as mãos e os pés. A postura é similar à flexão de braços da ginástica ocidental.

Técnica

1. Deite-se no chão, de barriga para baixo.
2. Flexione os cotovelos e apoie as palmas das mãos ao lado do peito. Mantenha os pés afastados cerca de 30 centímetros.
3. Com uma expiração, eleve todo o corpo uns poucos centímetros acima do chão, equilibrando-o sobre as mãos e os dedos dos pés (foto 66). Mantenha o corpo paralelo ao chão da cabeça aos calcanhares, rígido como um bastão, com os joelhos firmes. Permaneça na postura por algum tempo, respirando normalmente.

66

4. Então, gradativamente, estenda todo o corpo para a frente, de modo que os pés se apoiem no chão sobre a parte superior dos dedos (foto 67).

67

5. Permaneça na postura por cerca de 30 segundos, com respiração normal ou profunda. O movimento pode ser repetido diversas vezes. Em seguida, relaxe no chão.

Efeitos

A postura fortalece os braços; os pulsos desenvolvem mobilidade e potência. Ela também contrai e tonifica os órgãos abdominais.

30. Nakrāsana Seis* (fotos 68 a 71)

Nakra significa crocodilo. Esta postura consiste em movimentos dinâmicos que se assemelham aos de um crocodilo caçando sua presa, daí o nome.

Técnica

1. Deite-se no chão, de barriga para baixo.
2. Flexione os cotovelos e apoie as palmas das mãos ao lado da cintura.
3. Mantenha os pés afastados cerca de 30 centímetros. Expire, eleve todo o corpo alguns centímetros acima do chão, equilibrando-se sobre as mãos e os dedos dos pés. Mantenha o corpo rígido como um bastão e os joelhos firmes. O corpo deve permanecer paralelo ao chão (foto 68).

4. Respire algumas vezes e, com uma expiração, arremeta todo o corpo cerca de 30 centímetros para a frente, tirando as mãos e os pés do chão simultaneamente (fotos 69, 70 e 71). Depois de avançar 30 centímetros, respire algumas vezes, expire e impulsione-se para a frente novamente.

68

69

70

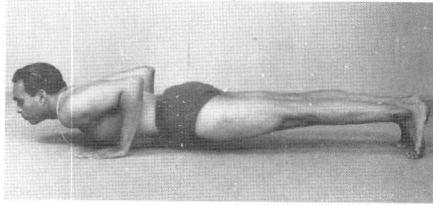

71

5. Repita as investidas à frente 4 ou 5 vezes. Ao final de cada arremetida, a posição do corpo deve ser a descrita na posição do item 3 acima. Esses movimentos se assemelham aos botes dados por um crocodilo caçando sua presa. Depois de cada bote, descanse por alguns segundos respirando profundamente.
6. Agora reverta os movimentos e salte para trás, cerca de 30 centímetros de cada vez, até retornar à posição inicial.
7. Repouse o tronco no chão e relaxe.

Efeitos

Este *āsana* desenvolve punhos fortes, elimina a letargia do corpo e a fadiga do cérebro, rejuvenesce todo o corpo e faz com que a pessoa se sinta viva e vigorosa. Como os movimentos exercem grande pressão sobre os punhos, recomenda-se um progresso gradual; caso contrário, a pessoa corre o risco de torcer os punhos.

31. Bhujaṅgāsana I Um* *(foto 73)*

Bhujaṅga significa serpente. Para esta postura, deite-se no chão de barriga para baixo, erga o tronco e leve a cabeça para trás, como uma serpente prestes a atacar.

Técnica

1. Deite-se no chão, de barriga para baixo. Estenda as pernas, mantendo os pés unidos. Mantenha os joelhos firmes e os dedos dos pés apontando para trás.
2. Apoie as palmas das mãos ao lado da região pélvica.
3. Inspire, pressione as palmas das mãos firmemente no chão e puxe o tronco para cima (foto 72). Respire 2 vezes.

72

73

4. Inspire, eleve mais o tronco, mantendo o púbis em contato com o chão e permaneça nesta posição, com o peso sobre as pernas e as mãos (foto 73).
5. Contraia o ânus e as nádegas, firme as coxas.
6. Mantenha a postura por cerca de 20 segundos, respirando normalmente.
7. Expire, flexione os cotovelos e descanse o tronco no chão. Repita a postura 2 ou 3 vezes e em seguida relaxe.

Efeitos

Esta postura é excelente para lesões da coluna. Em casos de ligeiros deslocamentos dos discos vertebrais, a prática desta postura repõe os discos na sua posição original; tonifica a região da coluna e expande totalmente o peito.

32. Ūrdhva Mukha Śvānāsana Um* (foto 74)

Ūrdhva mukha significa com a boca voltada para cima. *Śvāna* significa cachorro. A postura se assemelha a um cachorro se alongando com a cabeça para cima, daí o nome.

Técnica

1. Deite-se no chão de barriga para baixo.
2. Mantenha os pés afastados cerca de 30 centímetros. Os dedos devem estar apontando diretamente para trás. Coloque as palmas das mãos no chão ao lado da cintura, os dedos apontando para a cabeça.
3. Inspire, erga a cabeça e o tronco, estenda os braços completamente e empurre a cabeça e o tronco ao máximo para trás, sem apoiar os joelhos no chão.
4. Mantenha as pernas estendidas e firmes nos joelhos, mas não apoie os joelhos no chão. O peso do corpo repousa somente nas palmas das mãos e nos dedos dos pés (foto 74).
5. A coluna, as coxas e as panturrilhas devem estar totalmente alongadas, e as nádegas firmemente contraídas. Empurre o peito para a frente, estenda completamente o pescoço e leve a cabeça o máximo para trás possível. Alongue também o lado posterior dos braços.
6. Permaneça na postura por 30 a 60 segundos, respirando profundamente.
7. Flexione os cotovelos, relaxe o estiramento e repouse no chão.

Efeitos

Esta postura rejuvenesce a coluna e é especialmente recomendada para pessoas que sofrem de rigidez nas costas. O movimento também é bom para pessoas com lumbago, ciática e protrusão ou hérnia discal. A postura fortalece a coluna e cura dores nas costas. Devido à expansão do peito, os pulmões ganham elasticidade. O sangue circula apropriadamente na região pélvica e a mantém saudável.

74

33. Adho Mukha Śvānāsana Cinco* (foto 75)

Adho mukha significa ter a cara virada para baixo. *Śvāna* significa cachorro. A postura lembra a de um cachorro estendendo-se com a cabeça e as patas dianteiras para baixo e as traseiras para cima, daí o nome.

Técnica

1. Deite-se completamente no chão, de barriga para baixo. Os pés devem estar afastados cerca de 30 centímetros.

2. Apoie as palmas das mãos ao lado do peito, os dedos estendidos e apontando em direção à cabeça.
3. Expire e erga o tronco do chão. Estique os braços, leve a cabeça na direção dos pés e apoie o topo da cabeça no chão, mantendo os cotovelos estendidos e alongando as costas (visão lateral: foto 75, visão das costas: foto 76).
4. Mantenha as pernas firmes e, sem dobrar os joelhos, pressione os calcanhares para baixo. Os calcanhares e as plantas dos pés devem estar totalmente apoiados no chão; os pés devem estar paralelos entre si, com os dedos apontando diretamente para a frente.

75

76

5. Fique nesta posição por cerca de 1 minuto, respirando profundamente. Então, com uma expiração, erga a cabeça do chão, estenda o tronco para a frente, abaixe o corpo gentilmente até o chão e relaxe.

Efeitos

Uma longa permanência nesta postura, quando se está exausto, remove a fadiga e recupera a energia perdida. A postura é especialmente apropriada para corredores cansados após uma corrida dura. Ela proporciona aos velocistas rapidez e leveza nas pernas. A postura alivia a dor e a rigidez nos calcanhares e ajuda a suavizar esporões do calcâneo. Ela fortalece os tornozelos e modela as pernas. A prática deste *āsana* auxilia a erradicar a rigidez na região das escápulas e alivia a artrite nas articulações dos ombros. Os músculos abdominais são tonificados e levados em direção à coluna. Como o diafragma é elevado para a cavidade do tórax, a frequência cardíaca é reduzida. Esta é uma postura estimulante.

Aqueles que têm medo de fazer *śīrṣāsana* (foto 184) podem tranquilamente praticar esta posição. Neste *āsana*, o tronco se abaixa e se estende completamente, recebendo sangue saudável sem nenhum esforço por parte do coração. A postura rejuvenesce as células cerebrais e revigora o cérebro, aliviando a fadiga.

Pessoas que sofrem de pressão alta podem praticar esta postura.

34. Paripūrṇa Nāvāsana Dois* *(foto 78)*

Paripūrṇa significa inteiro ou completo. Esta postura se assemelha a um barco com remos, daí o nome.**

Técnica

1. Sente-se no chão com as pernas estendidas à frente. Coloque as palmas das mãos no chão ao lado dos quadris, os dedos apontando para os pés. Estenda as mãos e mantenha as costas eretas. Essa posição se chama:

** *Nāva* é um navio, barco ou embarcação, vide *ardha nāvāsana*. (N.R.T.)

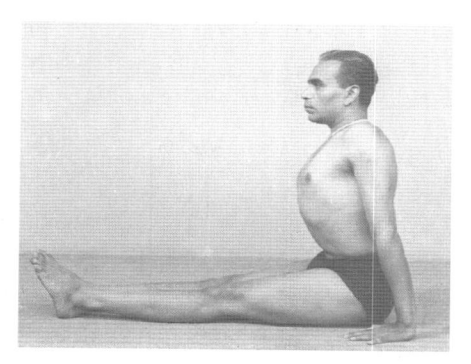

77

35. Daṇḍāsana Dois* *(foto 77) (Daṇḍa = bastão ou haste)*

2. Expire, recline o tronco ligeiramente para trás e, ao mesmo tempo, eleve as pernas do chão, mantendo-as rígidas como uma vara com os joelhos firmes e os dedos dos pés apontando para a frente. O equilíbrio é mantido apenas sobre as nádegas e nenhuma parte da coluna deve tocar no chão. Mantenha as pernas em um ângulo de 60 graus a 65 graus em relação ao chão. Os pés devem ficar mais altos do que a cabeça e não no mesmo nível como em *ardha nāvāsana* (foto 79).
3. Tire as mãos do chão e estenda os braços para a frente, de modo que fiquem paralelos ao chão e próximos às coxas. Os ombros e as palmas das mãos devem estar na mesma altura, e as palmas das mãos devem estar voltadas uma para a outra (foto 78).
4. Fique na postura por 30 segundos, respirando normalmente. Aumente aos poucos o tempo para 60 segundos. Depois de apenas 20 segundos, sente-se o efeito do exercício.
5. Então expire, abaixe as mãos, repouse as pernas no chão e relaxe, deitando-se de costas.

Efeitos

Este *āsana* dá alívio para aqueles com sensação de inchaço no abdômen devido a gases e também para aqueles com queixas gástricas; reduz a gordura em torno da linha da cintura e tonifica os rins.

36. Ardha Nāvāsana Dois* (foto 79)

Ardha significa metade. *Nāva* é um navio, barco ou embarcação. Esta postura se assemelha à forma de um barco, daí o nome.

78

Técnica

1. Sente-se no chão. Estenda as pernas à frente, mantendo-as estendidas (foto 77).
2. Entrelace os dedos e coloque-os atrás da cabeça, logo acima do pescoço.
3. Expire, recline o tronco para trás e levante ao mesmo tempo as pernas do chão, mantendo os joelhos firmes e os dedos dos pés apontando para a frente. O equilíbrio do corpo repousa nas nádegas, e nenhuma parte da coluna deve tocar o chão (foto 79). Nota-se a contração dos músculos do abdômen e da parte inferior da coluna.
4. Mantenha as pernas em um ângulo de 30 graus a 35 graus em relação ao chão, e o topo da cabeça alinhado com os dedos dos pés.
5. Sustente a postura por 20 a 30 segundos, respirando normalmente. A permanência de 1 minuto nesta postura indica músculos abdominais fortes.

79

6. Não prenda a respiração ao fazer este *āsana*, embora exista sempre uma tendência de suspender a respiração após a inspiração. Quando se prende a respiração, o efeito será sentido nos músculos do estômago e não nos órgãos abdominais. Uma inspiração profunda neste *āsana* faria perder o controle dos músculos abdominais. Para manter esse controle, inspire, expire e retenha a respiração; prossiga repetindo esse processo, mas sem respirar profundamente. Isso exercitará não somente os músculos, mas também os órgãos abdominais.
7. A diferença entre *ardha nāvāsana* e *paripūrṇa nāvāsana* deve ser observada; nesta última, as pernas ficam mais elevadas, e a distância entre elas e o ventre é menor do que na primeira.

Efeitos

Os efeitos de *ardha nāvāsana* e *paripūrṇa nāvāsana* (foto 78) diferem em função da posição das pernas. *Paripūrṇa nāvāsana* é eficaz sobre os intestinos, enquanto que *ardha nāvāsana* trabalha sobre o fígado, vesícula biliar e baço.

No começo, as costas são fracas demais para suportar o esforço da postura. Quando a pessoa consegue sustentar a postura, isso indica que as costas estão ganhando força. Ter as costas fracas é desvantajoso de muitas maneiras, especialmente para as mulheres, que precisam de costas fortes para a gravidez. Estes dois *āsanas*, combinados com torções laterais da coluna, ajudam a fortalecer as costas.

Pode-se perceber a importância de ter a parte inferior das costas saudável observando as pessoas idosas quando se sentam, se levantam e caminham. Consciente ou inconscientemente, elas seguram as costas com as mãos. Isso indica que as costas estão fracas e não resistem ao esforço. Quando as costas estão fortes e não necessitam de apoio, a pessoa se sente jovem, mesmo em idade avançada. Os dois *āsanas* trazem vida e vigor para as costas e nos permitem envelhecer com graça e conforto.

37. Gomukhāsana Dois* (foto 80)

Go significa vaca. *Mukha* significa cara. *Gomukha* significa aquele cuja face se assemelha à de uma vaca. Também representa um tipo de instrumento musical, estreito em uma ponta e largo na outra, como a cara de uma vaca.

Técnica

1. Sente-se no chão com as pernas estendidas à frente (foto 77).
2. Apoie as palmas das mãos no chão e eleve o assento.
3. Flexione o joelho esquerdo para trás e sente-se sobre o pé esquerdo. Tire as mãos do chão, eleve a perna direita e coloque a coxa direita sobre a esquerda. Eleve as nádegas e, com a ajuda das mãos, aproxime os tornozelos e a parte posterior do calcanhar até que se toquem.
4. Repouse os tornozelos, mantendo os artelhos apontando para trás.
5. Eleve o braço esquerdo acima da cabeça, flexione o cotovelo e coloque a palma da mão esquerda entre os ombros, abaixo da parte posterior do pescoço. Abaixe o braço direito, flexione-o no cotovelo e eleve o antebraço direito por trás das costas até que a mão direita esteja na altura das escápulas, entre elas. Agarre as mãos atrás das costas entre os ombros (visão frontal: foto 80, visão das costas: foto 81).
6. Sustente a postura por 30 a 60 segundos, respirando normalmente. Mantenha o pescoço e a cabeça eretos e olhe diretamente para a frente.
7. Solte as mãos, estenda as pernas e repita a postura do outro lado, pelo mesmo tempo, inserindo "esquerdo" no lugar de "direito" e vice-versa. Em seguida, solte as mãos das costas, estenda as pernas e relaxe.

Efeitos   Yogāsanas

A postura cura câimbras nas pernas e torna os músculos das pernas flexíveis. O peito se expande, e as costas se endireitam. As articulações dos ombros movem-se livremente e os grandes dorsais são completamente estendidos.

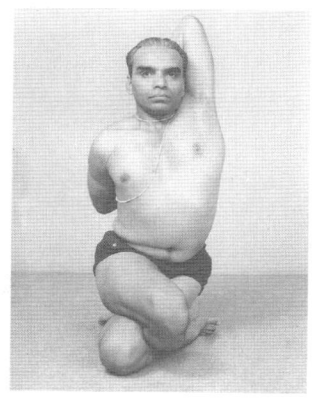

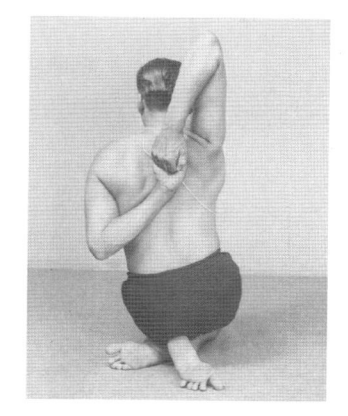

80   81

38. Lolāsana Seis* *(foto 83)*

Lola significa trêmulo, que balança ou está pendurado como um brinco. Nesta postura, as pernas e os pés estão como em *gomukhāsana* (foto 80). As mãos são apoiadas no chão ao lado dos quadris, e o corpo é elevado e sustentado apenas pelas mãos e punhos. Então, a pessoa se equilibra, balançando ligeiramente para a frente e para trás, em um movimento que lembra o de um pendente.

Técnica

1. Sente-se no chão com as pernas estendidas à frente (foto 77).
2. Coloque as palmas das mãos no chão ao lado dos quadris.
3. Eleve as nádegas, flexione o joelho direito para trás, coloque a planta do pé direito abaixo da nádega esquerda e sente-se sobre ela.

4. Flexione o joelho esquerdo para trás e, novamente elevando as nádegas, coloque a planta do pé esquerdo sob a nádega direita e sente-se sobre ela.
5. Os pés ficarão cruzados, com a canela direita em cima da panturrilha esquerda. Mantenha os dedos dos pés apontando para trás (foto 82).
6. Respire algumas vezes. Expire, eleve o tronco e as pernas do chão e equilibre-se sobre as mãos, estendendo os braços (foto 83). Gentilmente oscile o tronco e as pernas para a frente e para trás. Respire normalmente.
7. Repouse no chão e descruze as pernas.
8. Mude o cruzamento das pernas e volte a se equilibrar sobre as mãos.
9. Permaneça no equilíbrio tanto quanto puder.

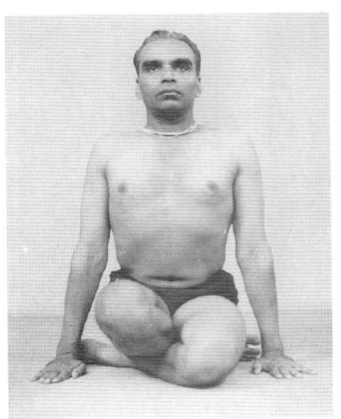

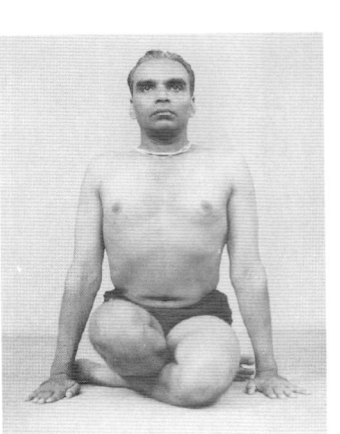

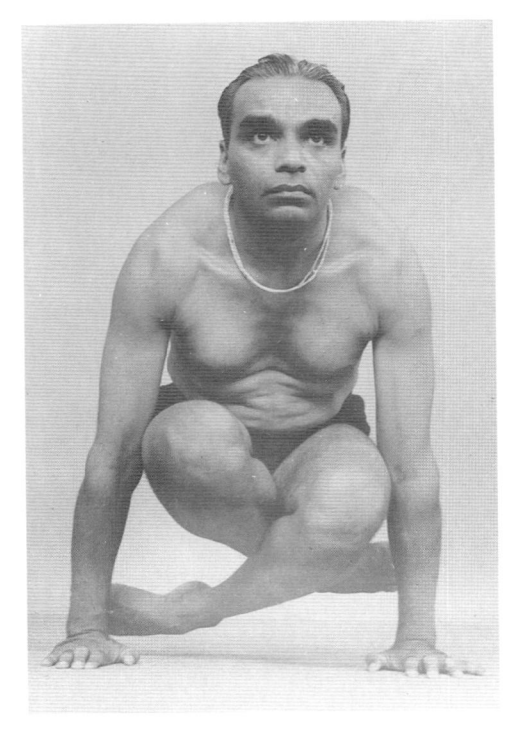

82

83

Efeitos

Este *āsana* fortalece os punhos e as mãos, os músculos das costas e os órgãos abdominais. Ele torna os músculos das pernas flexíveis e tonifica e desenvolve os músculos menores dos braços.

39. *Siddhāsana* Um* *(foto 84)*

Siddha significa um ser semidivino, de grande pureza e santidade, que possui faculdades sobrenaturais chamadas *siddhis*. *Siddha* também significa um inspirado sábio, vidente ou profeta.

"Os *siddhas* dizem que, entre os *niyamas*, o mais importante é não causar dano a ninguém; entre os *yamas*, o mais importante é a dieta moderada; e entre os *āsanas*, o mais importante é *siddhāsana*."

"Dos 8.400.000 *āsanas*, deve-se sempre praticar *siddhāsana*, que purifica 72.000 *nāḍīs*" (*nāḍīs* são canais no corpo humano por onde passa a energia nervosa).

"Se o *yogī* que pratica a contemplação do *Ātman* e observa uma dieta moderada praticar *siddhāsana* por doze anos, obterá os *siddhīs* do *yoga*." (*Ātman* significa o Ser Universal e a Alma Suprema. *Siddhīs* são faculdades sobrenaturais.)

"Quando se domina *siddhāsana*, atinge-se sem esforço e naturalmente o *unmanī avasthā* (*samādhi*), que dá deleite."

A alma tem três *avasthās*, ou estados, que estão incluídos em um quarto. São eles: vigília, sonho, sono e o que é chamado de *turīya*. "O primeiro estado é o da vigília, quando o ser está consciente do mundo comum de objetos ordinários. Ele desfruta das coisas ordinárias. Predomina a dependência do corpo. O segundo estado é o do sonho, quando o ser desfruta coisas sutis, construindo para si um mundo novo de formas derivadas do material de sua experiência em vigília. Diz-se que o espírito passeia livremente, desembaraçado das amarras do corpo. O terceiro estado é o do sono profundo, no qual não temos nem sonhos nem desejos. Ele é chamado de *suṣupti*. Neste estado, diz-se que a alma se torna temporariamente una com Brahman e desfruta o êxtase. No sono profundo, somos elevados acima de todos os desejos e libertos das vexações do espírito... A alma é divina na origem, embora contida pela carne. Durante o sono, liberta-se dos grilhões do corpo e readquire sua própria natureza... Mas isto (o sono eterno sem sonhos) é facilmente confundido com pura inconsciência... O mais elevado não é este estado de sono sem sonhos, mas outro, um quarto estado da alma, de pura consciência intuitiva, no qual não há conhecimento dos objetos internos ou externos. No sono profundo, o espírito reside em uma região muito acima da inconstante vida dos sentidos, em absoluta união com Brahman. A condição de *turīya* revela o aspecto positivo do que era negativo no sono profundo." (Radhakrishnan, em *Philosophy of the Upanishads*). Este quarto estado foi descrito da seguinte maneira pelo *Māṇḍūkya Upanishad*: "A quarta, dizem os sábios, não é uma experiência subjetiva, nem uma experiência objetiva, nem uma experiência intermediária entre as duas; tampouco é uma condição negativa, que não é nem consciência, nem inconsciência. Não é o conhecimento dos sentidos, nem é o conhecimento relativo, nem tampouco o conhecimento inferencial. A quarta está além dos sentidos, além do entendimento, além de todas as expressões. É pura consciência unitária, na qual toda a consciência do mundo e da multiplicidade é completamente obliterada. É o bem supremo. É Um sem um segundo. É o Ser Universal. Conheça apenas este!"

"*Rāja yoga*, *samādhi*, *unmanī*, *manomanī*, imortalidade, concentração, *śūnyāśūnya* (vazio e, ainda assim, não vazio), *paramapāda* (o estado supremo), *amanaska* (suspensão das operações da mente), *advaita* (não dualidade), *nirālamba* (sem suporte), *nirañjana* (puro), *jīvanmukti* (estado emancipado), *sahajāvasthā* (estado natural) e *turīyā* (literalmente, o Quarto), todos significam a mesma coisa. Como um grão de sal que, jogado na água, se une e se torna um com ela, *samādhi* é uma união semelhante entre a mente e o *Ātman*. Quando *prāṇa* e *manas* (mente) são aniquilados (absorvidos), o estado de harmonia que surge chama-se *samādhi*." – *Haṭha Yoga Pradīpikā*, capítulo IV, versículos 3 a 6.

Não há *āsana* como *siddha*, não há *kumbhaka* como *kevala*, não há *mudrā* como *khecharī* e não há *laya* (absorção da mente) como *nāda*.

(O *khecharī mudrā*, que literalmente quer dizer viajando pelo espaço, é descrito no *Gheraṇḍa Saṁhitā* da seguinte maneira nos versículos 25 a 28 do terceiro capítulo: "Corte o tendão inferior da língua e mova a língua constantemente; esfregue-a com manteiga fresca e puxe-a para fora (para alongá-la) com um instrumento de ferro. Praticando isso sempre, a língua se torna longa e, quando ela alcança o espaço entre as sobrancelhas, daí *khecharī* é alcançado. Então (com a língua alongada), vire-a para cima e para trás, de modo que toque o palato e alcance os orifícios nasais que se abrem por dentro da boca. Feche esses orifícios com a língua (interrompendo a inspiração) e contemple o espaço entre as sobrancelhas. Isso se chama *khecharī*. Mediante essa prática, não há nem desmaio, nem fome, nem sede, nem preguiça. Não há doença, nem decadência, nem morte. O corpo se torna divino.")

(*Nāda* é o som místico interno. Os versículos 79 a 101 do quarto capítulo descrevem-no em grande detalhe com uma variedade de exemplos. *Yoga* é definido como o controle sobre as aberrações da mente. Para controlar a mente, é necessário que primeiro ela seja absorvida na concentração em algum objeto; então, ela é gradualmente retirada deste objeto e volta-se interiormente para o ser. Neste ponto, o *yogī* deve concentrar-se no som místico interior. "A mente é como uma serpente; esquecendo sua inconstância ao escutar o som *nāda*, não se move para lugar algum". Paulatinamente, à medida que *nāda* se torna latente, a mente também o acompanha. "O fogo, quando pega na madeira, se extingue junto com ela [depois de queimá-la]; assim também a mente, trabalhando com *nāda*, se torna latente com ele.")

Técnica

1. Sente-se no chão, com as pernas estendidas à frente (foto 77).
2. Flexione o joelho esquerdo. Segure o pé esquerdo com as mãos, coloque o calcanhar próximo ao períneo e apoie a planta do pé esquerdo contra a coxa direita.
3. Agora flexione o joelho direito e coloque o pé direito sobre o tornozelo esquerdo, mantendo o calcanhar direito contra o osso púbico.
4. Coloque a planta do pé direito entre a coxa e a panturrilha da perna esquerda.
5. Não apoie o corpo nos calcanhares.
6. Estenda os braços à frente e apoie o dorso das mãos nos joelhos, com as palmas das mãos para cima. Una o polegar e o indicador e mantenha os demais dedos estendidos (foto 84).

84

7. Mantenha esta posição tanto tempo quanto possível, mantendo as costas, o pescoço e a cabeça eretos e a visão dirigida para dentro como se estivesse contemplando a ponta do nariz.
8. Solte os pés e relaxe por algum tempo. Então repita a postura pelo mesmo tempo com o calcanhar direito próximo ao períneo em primeiro lugar e então o pé esquerdo sobre a panturrilha direita, como descrito antes.

Efeitos

Esta postura mantém a região pélvica saudável. Como *padmāsana* (foto 104), é um dos *āsanas* mais relaxantes. O corpo, sentado, está em repouso, enquanto a posição das pernas cruzadas e das costas eretas mantém a mente atenta e alerta. Este *āsana* também é recomendado para a prática de *prāṇāyāma* e para a meditação.

Do ponto de vista exclusivamente físico, esta postura é eficaz para curar a rigidez nos joelhos e tornozelos. O sangue circula pela região lombar e abdominal e assim tonifica a região inferior da coluna e os órgãos abdominais.

40. *Vīrāsana* Um* (foto 89)

Vīra significa um herói, guerreiro, campeão. Esta postura sentada é feita com os joelhos unidos e os pés separados ao lado dos quadris.

É uma boa postura para a meditação e o *prāṇāyāma*.

Técnica

1. Ajoelhe-se no chão. Mantenha os joelhos unidos e os pés afastados cerca de 45 centímetros.
2. Apoie as nádegas no chão e não o corpo sobre os pés. Os pés devem ficar ao lado das coxas com a parte interna de cada panturrilha tocando a parte externa da sua respectiva coxa. Mantenha os dedos dos pés apontando para trás e em contato com o chão. Apoie os pulsos sobre os joelhos, com as palmas das mãos voltadas para cima, e junte as pontas dos polegares e indicadores. Mantenha os outros dedos estendidos. Mantenha as costas alongadas e eretas (visão das costas: foto 88; visão frontal: foto 89).

3. Permaneça nesta postura pelo tempo que puder, respirando profundamente.
4. Então, apoie as palmas das mãos sobre os joelhos por um tempo (visão lateral: foto 90).
5. Agora entrelace os dedos e estenda os braços em linha reta sobre a cabeça, com as palmas voltadas para cima (foto 91).

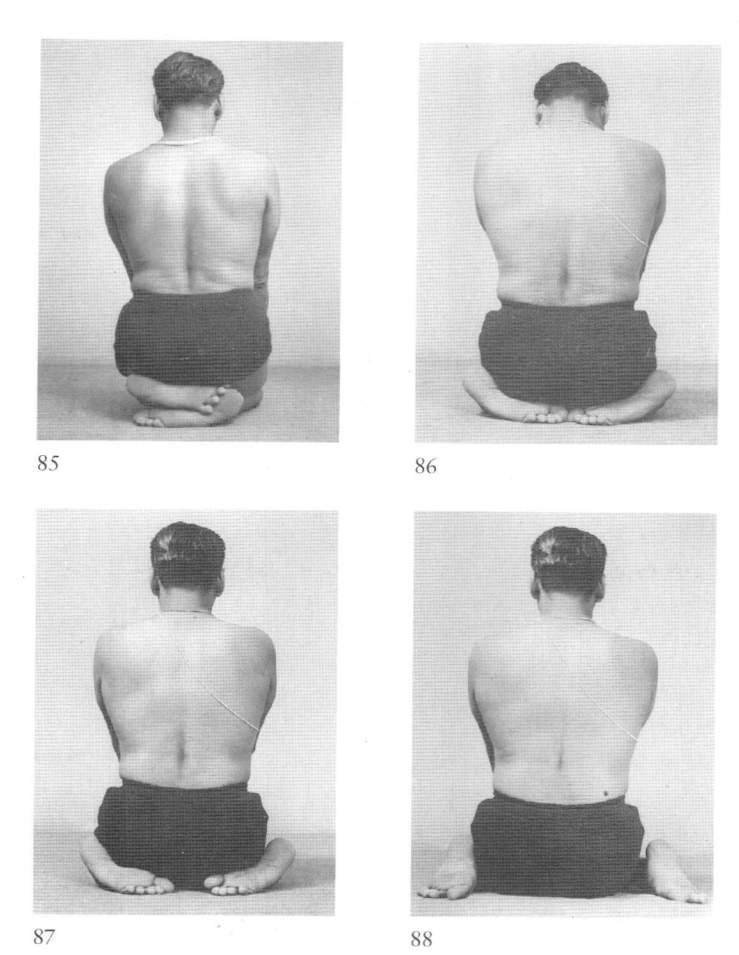

85

86

87

88

6. Permaneça nesta posição por 1 minuto, respirando profundamente.
7. Expire, solte o entrelaçamento dos dedos, coloque as palmas das mãos nas plantas dos pés, incline-se para a frente e apoie o queixo nos joelhos (foto 92).

89 90

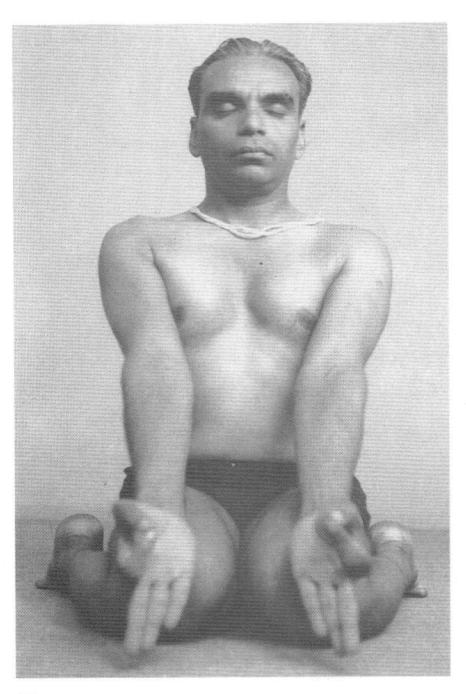

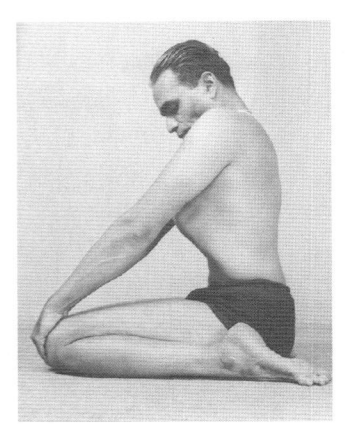

8. Permaneça nesta postura por 1 minuto, respirando normalmente.
9. Inspire, erga o tronco, traga os pés para a frente e relaxe.
10. Se for difícil realizar a postura como descrita acima, tente colocar os pés um sobre o outro e apoiar os nádegas sobre eles (foto 85). Paulatinamente, vá afastando os dedos dos pés e separe os pés (fotos 86 e 87) até chegarem do lado de fora das coxas. Assim, com o tempo, as nádegas tocarão devidamente o chão e o corpo não se apoiará sobre os pés.

Efeitos

Esta postura cura dores reumáticas nos joelhos e gota, e também é boa para pés chatos. Devido ao alongamento dos tornozelos e pés, os arcos corretos dos pés ganham forma. Isso, entretanto, leva um longo tempo e requer uma prática diária da postura por alguns minutos por vários meses. Aqueles que sofrem de dores nos calcanhares ou de esporões de calcâneo obterão alívio, e os esporões desaparecerão aos poucos.

A postura pode ser feita até mesmo imediatamente após a refeição e alivia a sensação de peso no estômago.

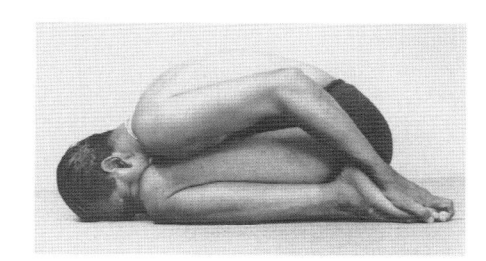

91   92

41. Supta Vīrāsana Dois* (foto 96)

Supta significa deitado. Neste *āsana*, a pessoa se reclina para trás, no chão, e estica os braços por cima da cabeça.

Técnica

1. Sente-se em *vīrāsana* (foto 89).
2. Expire, recline o tronco para trás e apoie os cotovelos no chão, um de cada vez (foto 93).
3. Alivie a pressão sobre os cotovelos estendendo os braços, um após o outro.
4. Primeiro, apoie o topo da cabeça no chão (foto 94). Apoie gradativamente a parte posterior da cabeça e depois as costas no chão (foto 95). Leve os braços acima da cabeça e estenda-os (foto 96). Mantenha esta postura tanto quanto puder, respirando profundamente. A seguir, coloque os braços ao lado do tronco, pressione os cotovelos no chão e, com uma expiração, sente-se novamente.

93

94

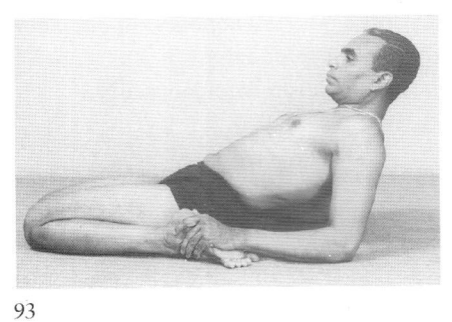

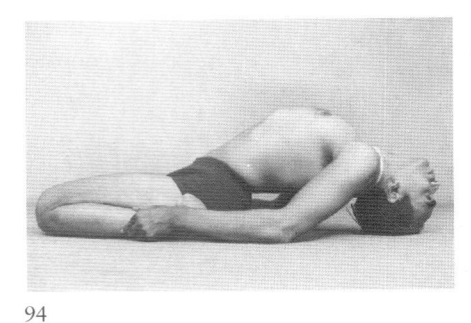

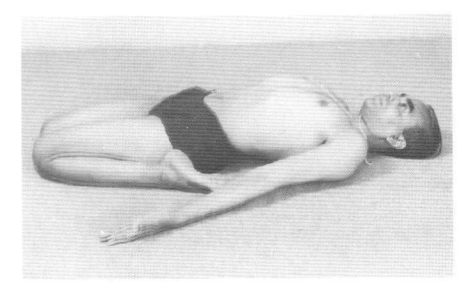

95

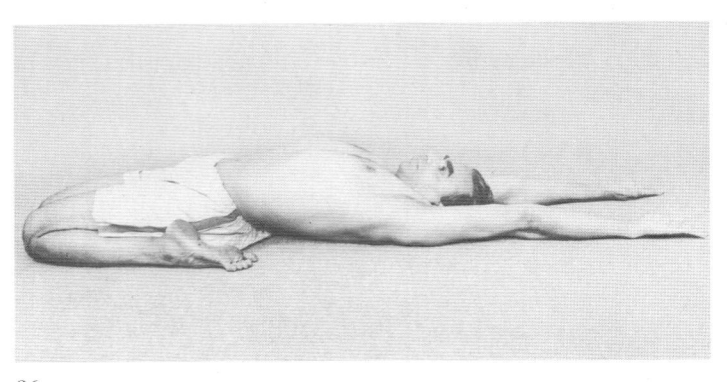

96

5. As mãos podem estar estendidas por cima da cabeça ou ao lado das coxas. Quando estiverem estendidas sobre a cabeça, não tire as escápulas do chão.
6. Iniciantes podem manter os joelhos separados.

Efeitos

Este *āsana* alonga os órgãos abdominais e a região pélvica. Pessoas com dores nas pernas terão grande alívio com a prática desta postura por 10 a 15 minutos. É recomendada para atletas e todos aqueles que têm de caminhar ou ficar de pé por longas horas. Pode ser feita após as refeições e, quando praticada antes de dormir, as pernas amanhecem descansadas. Vários de meus alunos que eram cadetes na Academia Nacional de Defesa encontraram grande alívio depois de longas marchas combinando este *āsana* com *sarvāṅgāsana I* (foto 223).

42. *Paryankāsana* Dois* *(foto 97)*

Paryanka significa cama, divã ou sofá. Este *āsana* é uma continuação de *supta vīrāsana* (foto 96). Nele, o corpo se assemelha a um sofá, daí o nome.

Técnica

1. Sente-se em *vīrāsana* (foto 89).
2. Expire e recline-se para trás (foto 93). Eleve o pescoço e o peito e, arqueando as costas, apoie somente o topo da cabeça no chão (foto 94). Nenhuma parte do tronco deve estar no chão.
3. Flexione os cotovelos. Com a mão direita, segure o braço esquerdo próximo ao cotovelo, e com a mão esquerda, o braço direito próximo ao cotovelo. Apoie os braços dobrados no chão, atrás da cabeça (foto 97).

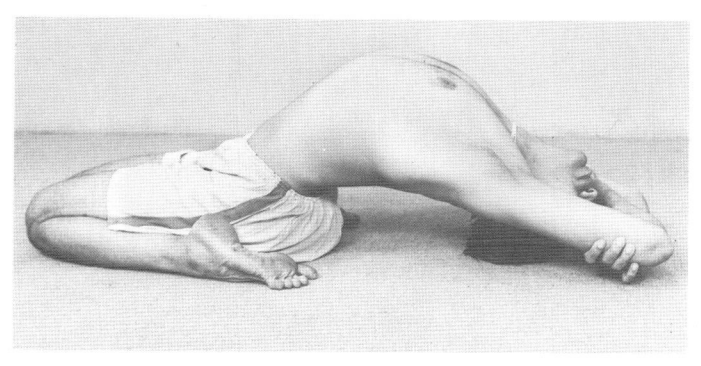

97

4. Permaneça nesta postura por 1 minuto, com respiração uniforme.
5. Inspire, repouse o tronco e o pescoço no chão, solte as mãos e sente-se em *vīrāsana* (foto 89).
6. Estique as pernas, uma a uma, deite-se de costas e relaxe.

Efeitos

Como em *matsyāsana* (foto 113) e em *paryankāsana*, a região dorsal é totalmente estendida, de modo que os pulmões são bem expandidos. Os músculos do pescoço são alongados e a tireoide e as paratireoides são estimuladas de modo a funcionarem apropriadamente. Aqueles que não conseguem fazer *matsyāsana* obterão os mesmos benefícios com este exercício.

Enquanto *vīrāsana* (foto 89) e *supta vīrāsana* (foto 96) podem ser feitos a qualquer momento, mesmo logo após as refeições, *paryankāsana* não pode ser realizado logo após a refeição.

43. Bhekāsana (também chamado maṇḍūkāsana) Quatro* (foto 100)

Bheka significa rã. A ação neste *āsana* se assemelha a de uma rã, daí o nome.

Técnica

1. Deite-se no chão de barriga para baixo. Estenda os braços para trás.
2. Expire, flexione os joelhos e leve os calcanhares em direção aos quadris. Segure a planta do pé direito com a mão direita e a planta do pé esquerdo com a mão esquerda (foto 98). Respire 2 vezes. Expire, eleve a cabeça e o tronco do chão e olhe para cima.
3. Agora gire as mãos de modo que as palmas toquem na parte superior do pé e os dedos do pé e da mão apontem para a cabeça (foto 99). Empurre as mãos ainda mais para baixo e aproxime os dedos dos pés e os calcanhares do chão. Mantenha os antebraços perpendiculares, desde os pulsos até os cotovelos (foto 100). Quando os tornozelos e os joelhos se tornam flexíveis, os calcanhares podem ser levados até o chão.

98   99

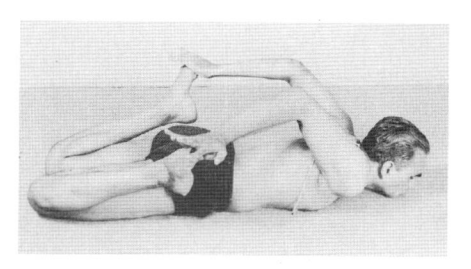

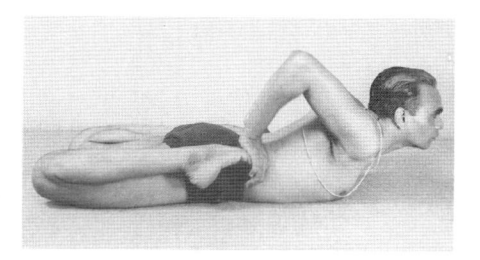

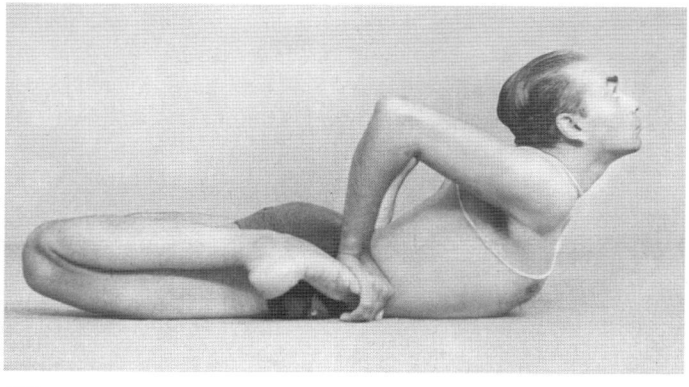

100

4. Permaneça na postura por 15 a 30 segundos, mas não prenda a respiração. Expire, solte as mãos dos pés, estenda as pernas e relaxe.

Efeitos

Os órgãos abdominais se beneficiam do exercício, à medida que são pressionados contra o chão. Os joelhos se tornam mais firmes, e a postura alivia as dores nas articulações dos joelhos provocadas por reumatismo e gota. A pressão das mãos sobre os pés cria arcos corretos e, assim, cura pés chatos. Ela ajuda nos casos de torção dos tornozelos e os fortalece. A postura também alivia dores nos calcanhares. Pela prática regular deste *āsana*, os calcanhares se tornam mais suaves. Pessoas que sofrem de esporão do calcâneo se beneficiam desta postura assim como de *vīrāsana* (foto 89).

44. Baddha Koṇāsana Três* (foto 102)

Baddha significa seguro, contido. *Koṇa* significa ângulo. Nesta postura, sente-se no chão, traga os calcanhares próximos ao períneo, segure os pés e afaste as coxas até que os joelhos toquem no chão de cada lado. É assim que os sapateiros indianos se sentam.

Técnica

1. Sente-se no chão com as pernas estendidas à frente (foto 77).
2. Flexione os joelhos e aproxime os pés do tronco.
3. Junte as plantas dos pés e, segurando os pés perto dos dedos, aproxime os calcanhares do períneo. A borda externa de ambos os pés deve estar apoiada no chão, e a parte posterior dos calcanhares deve tocar o períneo.
4. Separe as coxas e abaixe os joelhos até que toquem no chão.
5. Entrelace os dedos das mãos e segure os pés firmemente. Estique e erga a coluna, olhe diretamente à frente ou para a ponta do nariz (foto 101). Mantenha a postura pelo tempo que puder.
6. Coloque os cotovelos sobre as coxas e pressione-as para baixo. Expire, incline-se para a frente, apoie a cabeça, depois o nariz e, por fim, o queixo no chão (foto 102). Mantenha a postura por 30 a 60 segundos, respirando normalmente.
7. Inspire, erga o tronco do chão e volte para a posição do item 5 (foto 101).
8. Solte os pés, estenda as pernas e relaxe.

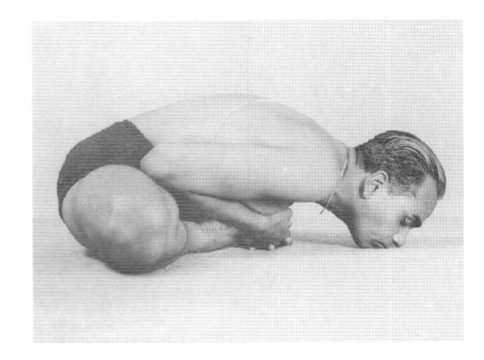

101

102

Efeitos

Esta postura é especialmente recomendada para pessoas que padecem de problemas urinários. A pélvis, o abdômen e as costas recebem um suprimento abundante de sangue e são estimulados. Ela mantém os rins, a próstata e a bexiga saudáveis. Sabe-se que raramente são encontradas doenças do trato urinário entre os sapateiros indianos, e a razão para isso é que eles se sentam o dia inteiro nesta posição.

Ela alivia dores ciáticas e previne hérnias.** Quando praticada regularmente, alivia dores e a sensação de peso nos testículos.

A postura é uma bênção para as mulheres. Associada à *sarvāṅgāsana I* (foto 223) e seu ciclo (fotos 235 a 271), corrige períodos menstruais irregulares e ajuda no funcionamento dos ovários. As gestantes que se sentam diariamente nesta postura por alguns minutos têm muito menos dor durante o parto e ficam livres de varizes. (É recomendada para gestantes no livro *Childbirth Without Fear*, do Dr. Grantly Dick Reed.)

Juntamente com *padmāsana* (foto 104) e *vīrāsana* (foto 89), este *āsana* é recomendado para a prática de *prāṇāyāma* e para a meditação. Para meditar nesta postura, as palmas das mãos devem estar unidas na frente do peito (foto 103), mas requer prática para fazer isso com as costas eretas. Este *āsana* pode ser realizado sem medo mesmo após as refeições, desde que não se leve a cabeça ao chão.

45. *Padmāsana* Quatro* *(foto 104)*

Padma significa lótus. Esta é a postura do lótus, um dos *āsanas* mais importantes e úteis. É a postura da meditação, e Buddha frequentemente é representado neste *āsana*.

O versículo 48 do primeiro capítulo do *Haṭha Yoga Pradīpikā* descreve da seguinte maneira a prática do controle da respiração nesta postura:

"Em *padmāsana*, com as palmas das mãos uma sobre a outra, fixe o queixo firmemente no peito e, meditando sobre *Brahman*, contraia o ânus frequentemente e eleve o *apāna*; com uma contração similar da garganta, force o *prāṇa* para baixo. Assim se obtém um conhecimento inigualável graças à Kuṇḍalinī (que é despertada por este processo)."

Kuṇḍalinī é a Energia Cósmica Divina no corpo. Ela é simbolizada por uma serpente enrolada e adormecida no centro inferior do corpo, na base da coluna vertebral. Essa energia latente tem de ser despertada e ascender pela coluna até o cérebro pelo

---

** Ao longo do texto, o autor utiliza o termo "hérnia" para se referir a hérnias abdominais em geral e não a hérnias de disco. Para este caso, ele se utiliza da expressão "deslocamento de discos". (N.R.T.)

103

suṣumṇā nāḍī, um canal pelo qual passa a energia nervosa, e através dos seis *chakras*, os centros sutis no corpo, reguladores do sistema nervoso da máquina humana. O despertar da Kuṇḍalinī é analisado em detalhes no livro de Arthur Avalon (*Sir* John Woodroffe) intitulado *The Serpent Power*.*

Esta é uma das posturas básicas e é frequentemente usada nas variações de *śīrṣāsana* e *sarvāṅgāsana*.

Técnica

1. Sente-se no chão com as pernas estendidas (foto 77).
2. Flexione o joelho direito, segure o pé direito com as mãos e coloque-o na raiz da coxa esquerda, de modo que o calcanhar direito fique perto do umbigo.

---

* Este livro, não traduzido para o português, foi escrito em 1974 por *Sir* John Woodroffe, usando o codinome Arthur de Avalon e é o primeiro de muitos livros do mesmo autor sobre a aplicação da Kuṇḍalinī *Yoga*, tencionando provar a natureza filosófica e mitológica da Kuṇḍalinī, a anatomia esotérica associada a ela, o estudo dos *mantras*, dos *chakras*, e muito mais. (N.T.)

3. Agora, flexione a perna esquerda e, segurando o pé esquerdo com as mãos, coloque-o sobre a raiz da coxa direita, com o calcanhar próximo do umbigo. As plantas dos pés devem estar voltadas para cima. Esta é a postura básica de *padmāsana* (foto 104).

104

105

4. As pessoas que não têm o costume de se sentar no chão raramente têm joelhos flexíveis. No começo, sentirão dores fortes em torno dos joelhos. Com perseverança e com uma prática regular, a dor diminuirá aos poucos, e elas poderão permanecer na postura confortavelmente por um longo tempo.
5. A coluna deve permanecer ereta, desde a base até o pescoço. Os braços podem ser estendidos, com a mão direita apoiada no joelho direito e a mão esquerda no joelho esquerdo. Os dedos indicadores e polegares se dobram e se tocam. Outro modo de colocar as mãos é no centro, onde os pés se cruzam, com uma palma sobre a outra (foto 105).
6. Troque a posição das pernas, colocando o pé esquerdo sobre a coxa direita e o pé direito sobre a coxa esquerda. Isso fará com que as pernas se desenvolvam uniformemente.

Efeitos

Depois de superada a dor inicial nos joelhos, *padmāsana* é uma das posturas mais relaxantes. O corpo fica na postura sentada, descansando sem estar caindo. A posição das pernas cruzadas e das costas eretas mantém a mente atenta e alerta. Por isso este é um dos *āsanas* recomendados para a prática de *prāṇāyāma* (controle da respiração).

No aspecto puramente físico, a postura é boa para curar rigidez dos joelhos e tornozelos. Ao promover a circulação sanguínea na região lombar e abdominal, a coluna e os órgãos abdominais são tonificados.

46. *Ṣaṇmukhī Mudrā* Quatro* *(foto 106)*

Ṣaṇ significa seis e *mukha* significa boca. Ṣaṇmukha é o nome do deus da guerra, de seis cabeças, também conhecido como Kārtikeya. *Mudrā* significa selo ou fechamento.

A postura também é chamada de *parāṅgmukhī mudrā* (virado para dentro), *śāmbhavī mudrā* (Śambhu é o nome de Śiva, pai de Kārtikeya, então *śāmbhava* é a progênie de Śiva) e também como *yoni mudrā*. *Yoni* significa o útero, a fonte. O *mudrā* é assim denominado porque o aspirante olha para seu interior para encontrar a verdadeira fonte de seu ser.

Técnica

1. Sente-se em *padmāsana* (foto 104). Mantenha a coluna ereta e a cabeça reta.
2. Traga as mãos para o rosto. Eleve os cotovelos até a altura dos ombros, coloque os polegares nos orifícios dos ouvidos, de modo a cortar os sons externos. Se os polegares nos orifícios dos ouvidos causarem dor, empurre o trago (a pequena saliência na entrada do orelha externa) sobre os orifícios dos ouvidos e pressione-o com os polegares.
3. Feche as pálpebras, mas gire os olhos para cima. Coloque os dedos indicador e médio sobre as pálpebras fechadas, de modo que somente as duas primeiras falanges pressionem o globo ocular inteiramente. Não pressione, entretanto, as córneas. Puxe a pálpebra para baixo com o dedo médio. Com o dedo indicador, dirija para cima a parte superior da pálpebra, que fica abaixo da sobrancelha. Pressione suavemente os cantos dos olhos.
4. A pressão sobre os ouvidos e os olhos deve ser uniforme.
5. Com as pontas dos dedos anulares, pressione ambas as narinas igualmente. Desse modo, as fossas nasais são estreitadas para tornar a respiração mais lenta, profunda, constante, rítmica e sutil.

6. Os dedos mindinhos são apoiados no lábio superior, onde eles podem conferir o fluxo rítmico da respiração.
7. Permaneça nesta posição tanto quanto puder, dirigindo a visão para dentro (foto 106).

106

Efeitos

Os sentidos se voltam para dentro, e a respiração ritmada acalma as oscilações da mente. Isso traz um sentimento de paz interior e permite que a pessoa ouça a voz divina de seu eu interior: "Olhe aqui! Olhe para dentro! Não para fora, pois a fonte de toda a paz está dentro de você mesmo". Dessa forma, a postura prepara o praticante para o quinto estágio do *yoga*, *pratyāhāra*, quando procura libertar-se da escravidão dos sentidos, impedindo que corram atrás de seus desejos.

47. *Parvatāsana* Quatro* *(foto 107)*

Parvata significa montanha. Nesta variação de *padmāsana*, os braços são estendidos acima da cabeça com os dedos das mãos entrelaçados.

Técnica

1. Sente-se em *padmāsana* (foto 104).

2. Entrelace os dedos e estenda as mãos verticalmente para cima da cabeça. Mantenha a cabeça inclinada para a frente, com o queixo no esterno.
3. Alongue os braços para cima a partir dos grandes dorsais (perto das costelas flutuantes nas costas) e das escápulas. As palmas das mãos devem estar voltadas para cima (foto 107).

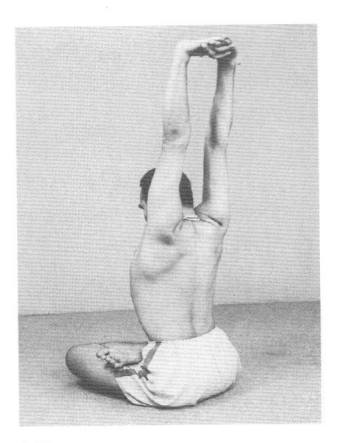

107

4. Sustente a postura por 1 minuto ou 2, respirando profunda e uniformemente. Troque o cruzamento das pernas e o entrelaçamento dos dedos e repita a postura, mantendo as costas eretas.

Efeitos

Este *āsana* alivia as dores reumáticas e a rigidez dos ombros. Favorece o livre movimento e o desenvolvimento do tórax. Os órgãos abdominais são contraídos e o peito se expande completamente.

48. Tolāsana Quatro* *(foto 108)*

Tola significa balança. Esta postura se assemelha a um prato de balança, daí o nome.

Técnica

1. Sente-se em *padmāsana* (foto 104).
2. Apoie as palmas das mãos no chão, ao lado dos quadris. Expire, eleve o tronco e equilibre-se somente sobre as mãos, esticando os braços (foto 108).
3. Descanse no chão, descruze as pernas, cruze-as novamente do outro lado e volte a equilibrar-se sobre as mãos.
4. Mantenha o equilíbrio pelo tempo que for possível.

Efeitos

Este *āsana* fortalece os pulsos, as mãos e as paredes abdominais.

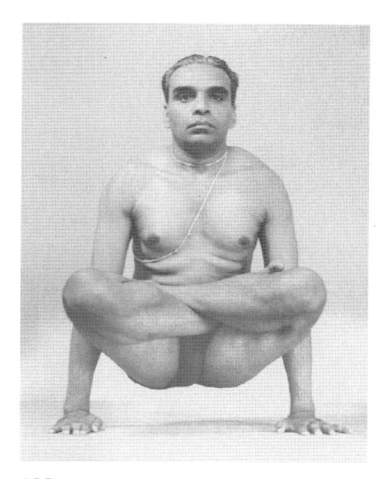

108   109

49. Siṃhāsana I Um* *(foto 109)*

Siṃha significa leão. Este *āsana* é dedicado a Narasiṃha (*nara* = homem; *siṃha* = leão), a encarnação de Viṣṇu como Homem-Leão. Segundo a história, o rei demônio Hiraṇya Kaśipu obteve como favor de Brahmā a promessa de que não seria morto de dia ou à noite, dentro ou fora de casa, na terra ou na água, por deus, homem ou animal. O rei demônio então perseguiu tanto deuses quanto homens, incluindo seu piedoso filho Prahlāda, que era devoto ardente de Viṣṇu. Prahlāda foi submetido a uma variedade de crueldades e provações, mas pela graça de Viṣṇu permaneceu ileso e passou a pregar com mais fé e fervor ainda a onipresença, a onisciência e a onipotência do Senhor Viṣṇu. Num acesso de exasperação, Hiraṇya Kaśipu perguntou ao filho porque, se Viṣṇu era onipresente, não o via no pilar da sala de seu palácio. O desdenhoso rei demônio chutou o pilar para convencer o filho do absurdo de sua fé. Quando Prahlāda rogou pela ajuda de Viṣṇu, o Senhor eclodiu do pilar com uma forma assustadora: a metade superior de um leão e a metade inferior de um homem. Isso foi na hora do crepúsculo, nem de dia, nem à noite. O Senhor levantou Hiraṇya Kaśipu no ar e, sentando-se no umbral da porta, colocou o rei demônio sobre sua coxa e rasgou-o em pedaços. O *avatār* Narasiṃha é frequentemente representado nas esculturas indianas; um conjunto impressionante dessas esculturas se encontra nas cavernas de Ellora.

Existem duas variações deste *āsana*. A primeira variação está descrita abaixo e é extraída dos textos, enquanto a segunda, que é mais extenuante, porém tem maiores efeitos benéficos, aparece descrita mais tarde como *siṃhāsana II* (foto 110).

Técnica

1. Sente-se no chão, com as pernas estendidas à frente (foto 77).
2. Eleve as nádegas, flexione o joelho direito e coloque o pé direito debaixo da nádega esquerda. A seguir, flexione o joelho esquerdo e coloque o pé esquerdo debaixo da nádega direita. O tornozelo esquerdo deve estar abaixo do direito.
3. Sente-se sobre os calcanhares com os dedos dos pés apontando para trás.
4. Leve o peso do corpo para as coxas e joelhos.
5. Alongue o tronco para a frente e mantenha as costas eretas.
6. Coloque a palma da mão direita sobre o joelho direito e a palma da mão esquerda sobre o joelho esquerdo. Estique os braços e mantenha-os firmes. Abra os dedos e pressione-os contra os joelhos.
7. Abra bem os maxilares e estenda a língua para fora em direção ao queixo, o máximo que puder (foto 109).
8. Fite o ponto entre as sobrancelhas ou a ponta do nariz. Permaneça na postura por cerca de 30 segundos, respirando pela boca.
9. Recolha a língua, tire as mãos dos joelhos e estique as pernas. Agora repita a postura colocando primeiro o pé esquerdo debaixo da nádega direita e depois o pé direito debaixo da nádega esquerda.
10. Permaneça pelo mesmo tempo dos dois lados.

Efeitos

A postura cura mau hálito e limpa a língua. Com a prática continuada, a fala se torna mais clara e, portanto, este *āsana* é recomendado para gagos. Ele também ajuda a dominar os três *bandhas* (ver Parte III).

50. Siṃhāsana II Seis *(foto 110)*

Técnica

1. Sente-se em *padmāsana* (foto 104).
2. Estenda os braços à frente e coloque as palmas das mãos no chão com os dedos apontando para a frente.
3. Apoie-se sobre os joelhos e então empurre a região pélvica para o chão.
4. Alongue as costas pela contração das nádegas, mantendo os braços completamente estendidos. O peso do corpo repousa somente sobre as palmas das mãos e os joelhos. Abra a boca e estenda a língua para fora em direção ao queixo, tanto quanto puder (visão frontal: foto 110; visão lateral: foto 111).

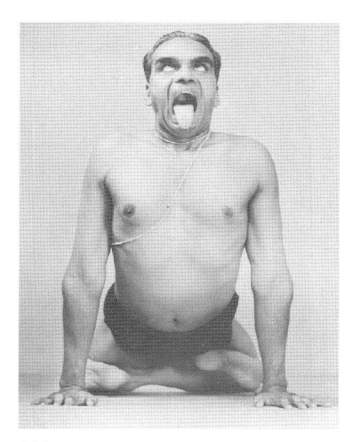

110

111

5. Fite o ponto entre as sobrancelhas ou a ponta do nariz e mantenha a postura por cerca de 30 segundos. Respire pela boca.
6. Sente-se em *padmāsana* (foto 104) e erga as mãos do chão. A seguir, inverta a posição das pernas, faça *padmāsana* de novo e repita a postura pela mesma duração de tempo.

Efeitos

A postura exercita o fígado e controla o fluxo de bile. Ela cura mau hálito, a língua se torna mais limpa, e as palavras são enunciadas mais claramente. Por isso é recomendada para pessoas que gaguejam.

Este *āsana* alivia dores no cóccix e ajuda a reposicioná-lo quando está deslocado.

51. *Matsyāsana* Cinco* *(foto 113)*

Matsya significa peixe. Esta postura é dedicada a Matsya, a encarnação de Viṣṇu, que é a fonte e a sustentação do universo e de todas as coisas, como peixe. Segundo contam, houve um tempo em que toda a Terra tinha sido corrompida e seria inundada por um dilúvio universal. Viṣṇu assumiu a forma de um peixe e alertou Manu (o Adão hindu) do desastre iminente. O peixe então carregou Manu, sua família e os sete grandes sábios em um barco amarrado em um chifre em sua cabeça, o que também salvou os Vedas da enchente.

Técnica

1. Sente-se em *padmāsana* (foto 104).
2. Deite-se de costas, com as pernas no chão.
3. Expire, arqueie as costas elevando o pescoço e o peito, leve a cabeça para trás e apoie o topo da cabeça no chão. Leve a cabeça ainda mais para trás, segurando as pernas cruzadas com as mãos e aumentando o arco das costas (foto 112).
4. Agora tire as mãos das pernas, flexione os braços, segure os cotovelos com as mãos e apoie os antebraços no chão, atrás da cabeça (foto 113).
5. Permaneça nesta posição por 30 a 60 segundos, respirando profundamente.

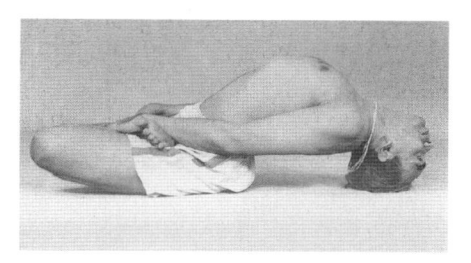

112

6. Apoie a parte posterior da cabeça no chão, deite-se sobre as costas, inspire e em seguida volte para *padmāsana*, solte as pernas e relaxe.

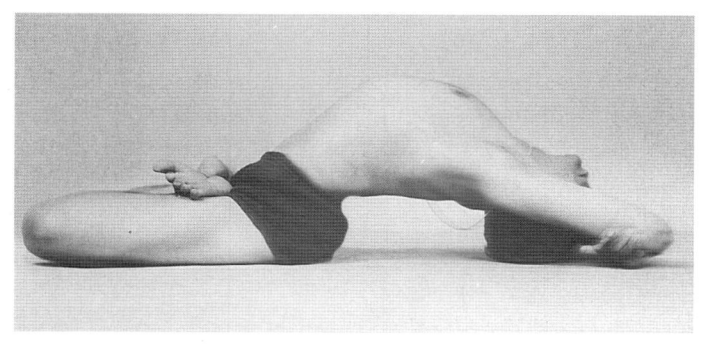

113

7. Cruze as pernas do outro lado e repita a postura pelo mesmo tempo.
8. Se as posturas dos itens 3 e 4 forem muito difíceis, deite-se com as costas planas e os braços estendidos sobre a cabeça (foto 114).

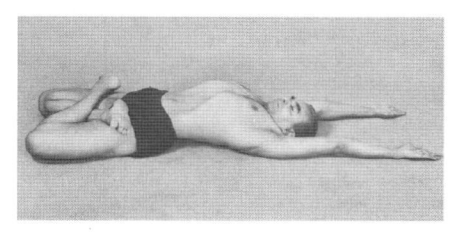

114

Efeitos

A região dorsal é completamente estendida nesta postura, e o tórax é bem expandido. A respiração torna-se mais completa. A tireoide se beneficia do exercício, devido ao alongamento do pescoço. O *āsana* confere flexibilidade às articulações pélvicas e alivia hemorroidas inflamadas ou com sangramento.

52. *Kukkuṭāsana* Seis* *(foto 115)*

Kukkuṭa significa galo, ao qual esta postura se assemelha.

Técnica

1. Sente-se em *padmāsana* (foto 104).
2. Insira as mãos no espaço entre as coxas e as panturrilhas, perto dos joelhos. Comece com os dedos e, gradativamente, empurre as mãos para baixo até chegar aos cotovelos.
3. Expire, eleve o corpo do chão e equilibre-se sobre as palmas das mãos, mantendo os polegares juntos. Sustente o equilíbrio tanto quanto puder, respirando normalmente (foto 115).

115

4. Descanse no chão, solte as mãos, mude o cruzamento das pernas e repita a postura.

Efeitos

Esta postura fortalece os pulsos e as paredes abdominais.

53. Garbha Piṇḍāsana Sete* *(foto 116)*

Garbha piṇḍa significa um embrião no útero (*garbha* = útero; *piṇḍa* = embrião). Nesta variação de *padmāsana*, as mãos e os braços são inseridos no espaço entre as panturrilhas e as coxas até que os cotovelos possam ser flexionados. Os braços então são flexionados para cima e as mãos se aproximam das orelhas. A postura se assemelha a um feto humano no ventre, com a diferença que o embrião fica de cabeça para baixo, com as pernas para cima, e não cruzadas em *padmāsana*. O nome da postura indica que os sábios antigos estavam cientes do desenvolvimento do feto humano no interior do útero materno, embora os instrumentos médicos disponíveis fossem limitados.

Técnica

1. Sente-se em *padmāsana* (foto 104).
2. Insira as mãos no espaço entre as respectivas coxas e as panturrilhas, uma de cada lado.

116

3. Empurre os braços até que os cotovelos possam ser dobrados facilmente.
   4. Então, com uma expiração, erga as coxas do chão, equilibre o corpo sobre o cóccix e agarre as orelhas com os dedos (foto 116).
   5. Permaneça na postura por 15 a 30 segundos, respirando normalmente. Abaixe as pernas, libere os braços um a um, alongue as pernas e relaxe.
   6. Troque o cruzamento das pernas e repita a postura.

Efeitos

Nesta postura, os órgãos abdominais são completamente contraídos, e o sangue circula por eles corretamente, o que os mantém em bom estado.

54. Gorakṣāsana – Dez (foto 117)*

Gorakṣa significa vaqueiro. É uma postura difícil de equilíbrio, que dá uma sensação de alegria, mesmo que a pessoa só consiga se equilibrar por alguns segundos.

Técnica

   1. Faça *padmāsana* (foto 104), estenda os braços à frente e coloque as mãos no chão.
   2. Apoiando-se nas mãos, eleve os quadris do chão.

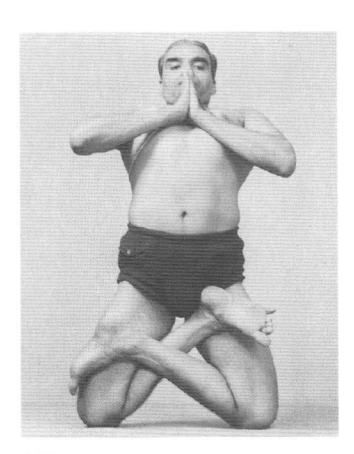

117

3. Alongue o tronco verticalmente para cima e erga-se, com a parte superior dos joelhos no chão.
4. Alongue as coxas e equilibre-se aos poucos tirando as mãos do chão, uma a uma.
5. Quando o equilíbrio estiver assegurado, una as mãos em frente ao peito e mantenha a postura pelo tempo que puder (foto 117).
6. Coloque as mãos no chão, sente-se e libere as pernas.
7. Mude a posição das pernas e repita a postura pelo mesmo tempo.

Efeitos

Com esta postura, além dos benefícios de *padmāsana* (foto 104), adquire-se um maior sentido de equilíbrio. O cóccix ganha elasticidade com a prática desta postura.

55. Baddha Padmāsana Seis* *(foto 118)*

Baddha significa preso, contido. Nesta postura, as mãos se cruzam nas costas e seguram os dedões dos pés por trás. O corpo fica preso entre as pernas cruzadas à frente e as mãos cruzadas atrás, daí o nome.

Técnica

1. Sente-se em *padmāsana* (foto 104).
2. Expire, lance o braço esquerdo para trás a partir do ombro e leve a mão para perto do quadril direito. Agarre o dedão do pé esquerdo, mantenha a posição e inspire.
3. Do mesmo modo, com uma expiração, lance o braço direito para trás a partir do ombro, leve a mão para perto do quadril esquerdo e agarre o dedão do pé direito (visão frontal: foto 118; visão das costas: foto 119).
4. Se for difícil agarrar os dedões dos pés, alongue os ombros para trás, de modo que as escápulas se aproximem uma da outra. Um pouco de prática em lançar os braços para trás junto com a expiração facilita alcançar os dedos.

118 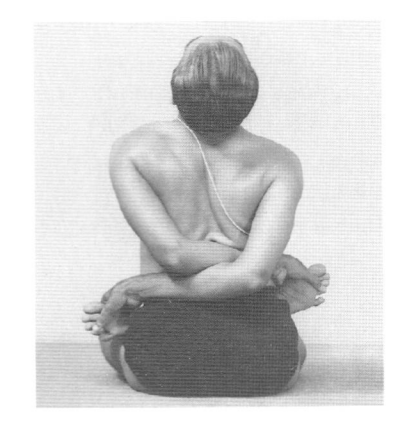 119

5. Se o pé direito for posicionado primeiro sobre a coxa esquerda e depois o pé esquerdo sobre a coxa direita, agarre primeiro o dedão do pé esquerdo e depois o dedão do pé direito. Se, ao contrário, o pé esquerdo for posicionado primeiro sobre a coxa direita e então o pé direito sobre a coxa esquerda, pegue primeiro o dedão do pé direito e depois o esquerdo. Segure primeiro o dedão do pé que está mais acima.
6. Leve a cabeça o máximo que puder para trás e faça algumas respirações profundas.
7. Inspire profundamente e, então, com uma expiração, flexione o tronco para a frente a partir dos quadris e apoie a cabeça no chão, sem soltar os dedões dos pés. Quando se inclina a cabeça à frente em *baddha padmāsana* (foto 118) até tocar no chão, a postura chama-se:

56. *Yoga Mudrāsana* Seis* *(foto 120)*

Este *āsana* é especialmente útil para despertar a Kuṇḍalinī.

8. Leve a cabeça para o joelho direito e esquerdo, alternadamente, junto com a expiração (fotos 121 e 122).

Efeitos

Cruzar as mãos atrás das costas expande o peito e aumenta a amplitude dos movimentos dos ombros. *Yoga mudrāsana* (foto 120) intensifica a atividade peristáltica e empurra para baixo os excrementos acumulados no cólon e, por conseguinte, alivia a constipação e aumenta o poder digestivo.

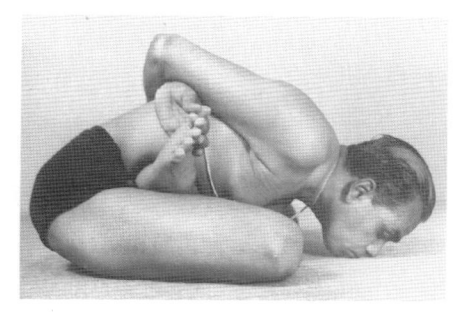

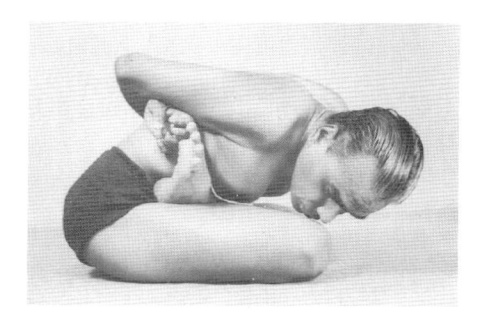

120

121

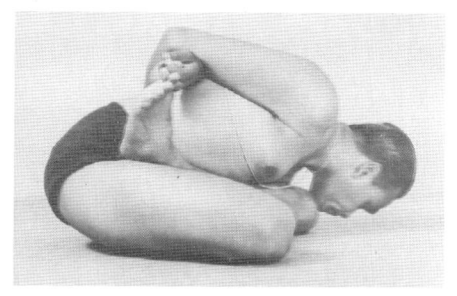

122

57. *Supta Vajrāsana* Doze* *(foto 124)*

Supta significa deitado. *Vajra* significa relâmpago, a arma de Indra, rei dos deuses. Este é um *āsana* difícil que requer muita prática.

Técnica

1. Sente-se em *padmāsana* (foto 104) e faça *baddha padmāsana* (foto 118).
2. Expire, eleve os joelhos e as coxas do chão e recline-se para trás (foto 123). Respire 2 vezes.
3. Alongue o pescoço para trás para apoiar o topo da cabeça no chão, e arqueie o peito e o tronco para cima.
4. Sem jamais soltar os dedões do pé, expire e abaixe os joelhos e as coxas de volta até o chão (foto 124). Assim, as únicas partes do corpo tocando o chão serão o topo da cabeça, os cotovelos e os braços cruzados atrás das costas e as nádegas.
5. Permaneça na postura por alguns segundos. Expire, solte os dedões dos pés, descruze as mãos de trás das costas e sente-se novamente em *padmāsana* (foto 104). Estenda as pernas e relaxe.
6. Mude a posição das pernas e repita a postura.

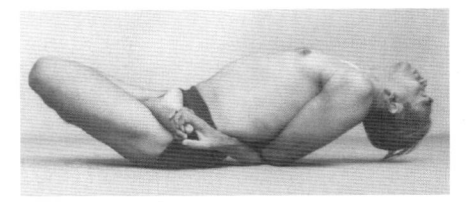

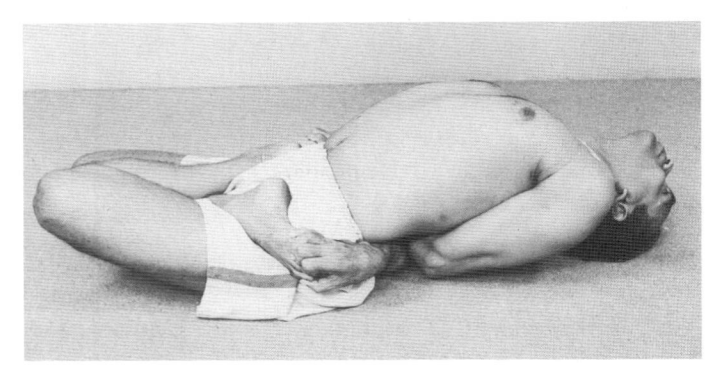

123

124

Efeitos

Nesta postura, a região dorsal é totalmente estendida e, assim, o peito se expande completamente. Devido ao alongamento do pescoço, a tireoide se beneficia deste exercício. As articulações pélvicas ganham elasticidade. Quando se domina esta postura, *matsyāsana* (foto 113) parece brincadeira de criança.

58. Mahā Mudrā Cinco* *(foto 125)*

Mahā significa grande ou nobre. *Mudrā* significa tampar, fechar ou selar. Nesta postura sentada, as aberturas no topo e na base do tronco são contidas e seladas.

Técnica

1. Sente-se no chão com as pernas estendidas e alinhadas à frente (foto 77).
2. Flexione o joelho esquerdo e leve-o para a esquerda, mantendo a parte externa da coxa e da panturrilha esquerda no chão.
3. Coloque o calcanhar esquerdo contra a parte interna da coxa esquerda perto do períneo. O dedão do pé esquerdo deve tocar a parte interna da coxa direita. O ângulo entre a perna direita estendida e a perna esquerda flexionada deve ser um ângulo reto de 90 graus.
4. Estenda os braços à frente em direção ao pé direito e agarre o dedão do pé direito com os dedos polegar e indicador de ambas as mãos.
5. Abaixe a cabeça em direção ao tronco até que o queixo se apoie na concavidade entre as clavículas, logo acima do esterno.
6. Mantenha a coluna totalmente alongada e não permita que a perna direita se incline para a direita.
7. Inspire completamente. Contraia todo o abdômen, desde o ânus até o diafragma. Puxe o abdômen para trás na direção da coluna e também para cima, na direção do diafragma.
8. Relaxe a tensão abdominal, então expire e, novamente, inspire e retenha a respiração, mantendo a contração abdominal. Mantenha a postura descrita antes por 1 a 3 minutos (foto 125).

125

9. Relaxe a tensão abdominal, expire, erga a cabeça, solte as mãos e estenda a perna flexionada.
10. Repita do outro lado pelo mesmo tempo, mantendo a perna esquerda estendida, e a direita, flexionada.

Efeitos

Este *āsana* tonifica os órgãos abdominais, os rins e as glândulas suprarrenais. Mulheres com prolapso do útero encontram alívio à medida que o órgão é puxado para cima, para sua posição original. Pessoas afetadas por doenças do baço e de hipertrofia da próstata terão benefícios com uma permanência longa nesta postura. Cura a indigestão.

"Este *mahā mudrā* combate a morte e muitas outras dores." "Não há nada que a pessoa não possa comer ou tenha que evitar comer (se o tiver praticado). Todos os alimentos, independentemente do sabor, podem ser digeridos, até mesmo venenos mortais." "Aquele que pratica *mahā mudrā* supera a tuberculose, a lepra, hemorroidas, a hipertrofia do baço, a indigestão e outras complicações crônicas." (*Haṭha Yoga Pradīpikā*, capítulo 3, versículos 14, 16 e 17).

59. Jānu Śīrṣāsana Cinco* *(foto 127)*

Jānu significa joelho. *Śīrṣa* é cabeça. Nesta postura, a pessoa se senta com uma perna estendida no chão e a outra flexionada. Então, segura o pé da perna estendida com ambas as mãos e apoia a cabeça no joelho.

Técnica   Yogāsanas

1. Sente-se no chão, com as pernas estendidas à frente (foto 77).
2. Flexione o joelho esquerdo e leve-o para a esquerda, mantendo a parte externa da coxa esquerda e da panturrilha esquerda no chão.
3. Coloque o calcanhar esquerdo contra a parte interna da coxa esquerda, perto do períneo. O dedão do pé esquerdo deve tocar a parte interna da coxa direita. O ângulo entre a perna direita estendida e a perna esquerda flexionada deve ser obtuso. Não deixe o joelho esquerdo alinhado com a coxa esquerda em um ângulo reto com a perna estendida. Empurre o joelho esquerdo o máximo que puder para trás, de modo que o corpo se alongue a partir da perna flexionada.
4. Estenda os braços à frente em direção ao pé direito e segure-o com as mãos. Primeiro segure os dedos do pé direito, então, gradativamente, segure a planta, depois o calcanhar e, por fim, estenda os braços e segure o pulso de uma mão com a outra, por trás do pé estendido (foto 126).

126   127

5. Mantenha a perna direita estendida o tempo todo, firmando o joelho. Observe que a parte posterior do joelho direito está apoiada no chão.
6. Expire, mova o tronco para a frente, flexionando e afastando os cotovelos, e apoie primeiro a testa, depois o nariz, então os lábios e por último o queixo à frente do joelho direito (foto 127). Em seguida, apoie-o dos dois lados do joelho direito (fotos 128 e 129). No começo, o pé direito vai inclinar-se para a direita. Não permita que a perna se incline.
7. Alongue as costas completamente, puxe o tronco para a frente e mantenha o peito contra a coxa direita.

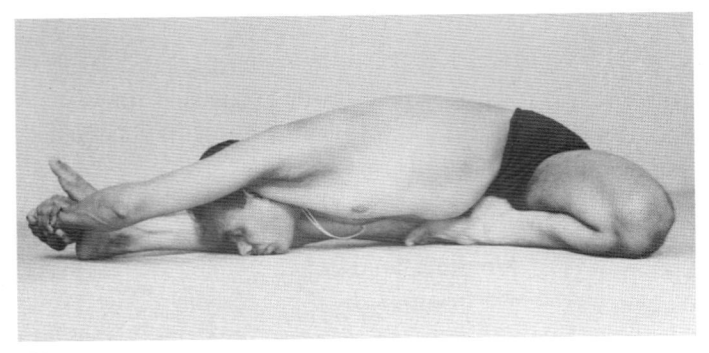

128

129

8. Permaneça nesta posição respirando profundamente por 30 a 60 segundos. Pode-se também fazer a postura retendo a respiração depois de cada expiração.
9. Inspire, eleve a cabeça e o tronco, estenda os braços e olhe para cima por alguns segundos, estendendo a coluna e tentando deixá-la côncava (foto 126).
10. Solte o pé direito, estenda a perna esquerda e volte para a posição do item 1.
11. Repita a postura mantendo a perna esquerda estendida e flexionando o joelho direito. Permaneça na postura pelo mesmo tempo dos dois lados.

Efeitos

Este *āsana* tonifica o fígado e o baço ajudando, desse modo, a digestão. Ele também tonifica e ativa os rins, o que é possível notar enquanto se faz a postura da maneira explicada anteriormente.

Pessoas com hipertrofia da próstata serão beneficiadas por uma longa permanência nesta postura. Elas devem praticar este *āsana* junto com *sarvāṅgāsana* (foto 223).

A postura também é recomendada para pessoas padecendo de febre baixa por muito tempo.

60. *Parivṛtta Jānu Śīrṣāsana* Nove* *(foto 132)*

Parivṛtta significa girado, revolvido; *jānu* significa joelho, e *śīrṣa*, cabeça. Nesta variação de *jānu śīrṣāsana*, uma perna está estendida no chão, a outra está flexionada no joelho, o tronco é girado, o pé estendido é agarrado com ambas as mãos e, curvando-se a coluna para trás, a parte posterior da cabeça é apoiada no joelho da perna estendida.

Técnica

1. Sente-se no chão com as pernas estendidas à frente (foto 77).
2. Flexione o joelho esquerdo e leve-o para a esquerda, mantendo o lado externo da coxa esquerda e da panturrilha esquerda no chão.
3. Coloque o calcanhar esquerdo contra a parte interna da coxa esquerda perto do períneo. O dedão do pé esquerdo deve tocar o lado interno da coxa direita. O ângulo entre as duas pernas deve ser obtuso. Leve o joelho esquerdo o máximo que puder para trás.
4. Gire o tronco para a esquerda.
5. Estenda o braço direito em direção à perna direita estendida. Gire o antebraço e o pulso direito de modo que o polegar aponte para o chão e o dedo mínimo aponte para cima. Então, com a mão direita, segure a parte interna do pé direito (foto 130).

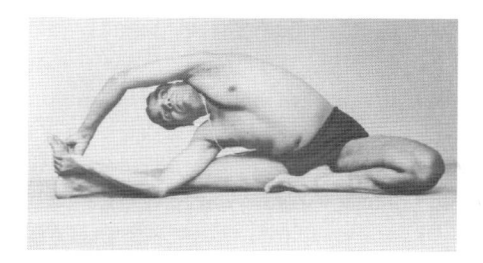

130

131

6. Leve o tronco para trás, estenda o braço esquerdo por cima da cabeça, mantendo o pulso para cima e, com a mão esquerda, segure o lado externo do pé direito estendido. Aqui também o polegar da mão esquerda aponta para o chão e o dedo mínimo aponta para cima (foto 131).
7. Flexione os cotovelos e afaste um do outro. Expire, gire o tronco para cima, leve a cabeça entre os braços e apoie a parte posterior da cabeça sobre o joelho direito. Tente tocar na parte interna da articulação do joelho direito com a parte posterior do ombro direito, de modo que as costelas posteriores do lado direito se apoiem no joelho direito. Afaste ainda mais o joelho esquerdo flexionado e alongue o lado esquerdo das costelas (foto 132).
8. Mantenha a postura por cerca de 20 segundos. A respiração será curta e rápida, devido à contração do abdômen.

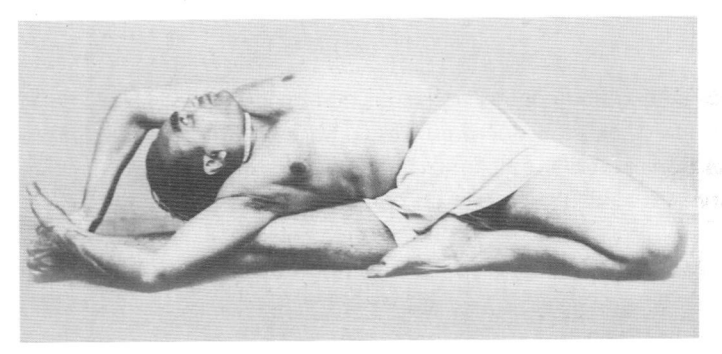

132

9. Inspire, solte as mãos, leve o tronco de volta para sua posição original de frente para a perna direita estendida, eleve a cabeça e estique a perna esquerda para voltar à posição do item 1.
10. Repita a postura do outro lado. Flexione o joelho direito e mantenha a perna esquerda estendida. Gire o tronco para a direita até que você esteja de frente para o joelho direito flexionado e estenda o braço esquerdo em direção ao pé esquerdo. Em seguida, gire o antebraço e o pulso esquerdo de modo que o polegar esquerdo aponte para o chão. Com a mão esquerda, pegue a parte interna

do pé esquerdo, traga o braço direito por cima da cabeça e pegue a parte externa do pé esquerdo perto do calcanhar. Então apoie a parte posterior da cabeça no joelho esquerdo e tente tocar na parte interna do joelho esquerdo com a parte posterior do ombro esquerdo, de modo que a parte posterior das costelas do lado esquerdo se apoie no joelho esquerdo; alongue o lado direito das costelas. Permaneça pelo mesmo tempo deste lado.

Efeitos

Somando-se aos efeitos descritos para *jānu śīrṣāsana* (foto 127), esta postura estimula a circulação sanguínea na coluna e alivia dores nas costas. Em *jānu śīrṣāsana*, os órgãos abdominais são contraídos; aqui, são alongados em ambos os lados. Trata-se de uma postura muito revigorante.

61. Ardha Baddha Padma Paśchimōttānāsana Oito* (foto 135)

Ardha significa metade; *baddha* significa atado, contido; e *padma*, lótus. *Paśchimōttānāsana* (foto 160) é a postura em que a parte posterior de todo o corpo é intensamente alongada.

Técnica

1. Sente-se no chão, com as pernas estendidas à frente (foto 77).
2. Flexione o joelho esquerdo e coloque o pé esquerdo sobre a coxa direita. O calcanhar esquerdo deve pressionar o umbigo e os dedos devem estar esticados e em ponta. Esta é a metade da postura de lótus.
3. Traga o braço esquerdo por trás das costas e, com uma expiração, segure o dedão do pé esquerdo. Se não for possível fazer isso com facilidade, lance o ombro esquerdo para trás.
4. Depois de segurar o dedão do pé esquerdo, aproxime o joelho esquerdo flexionado da perna direita estendida. Estenda o braço direito para a frente e segure o pé direito com a mão direita, com a palma tocando a planta do pé (fotos 133 e 134).

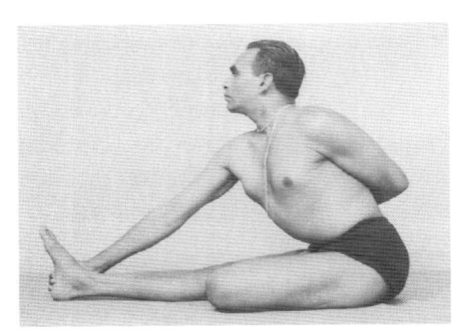

133

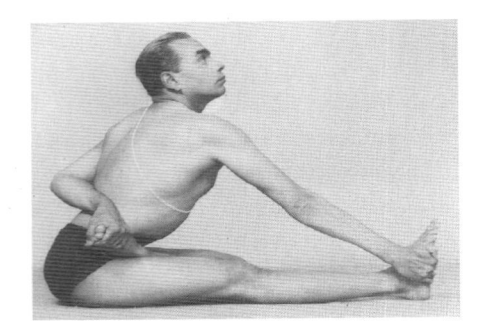

134

5. Inspire, alongue as costas e olhe para cima por alguns segundos, sem soltar o dedão do pé esquerdo.
6. Expire e leve o tronco para a frente flexionando o cotovelo direito para fora. Apoie a testa, em seguida o nariz, depois os lábios e, por último, o queixo no joelho direito (foto 135).

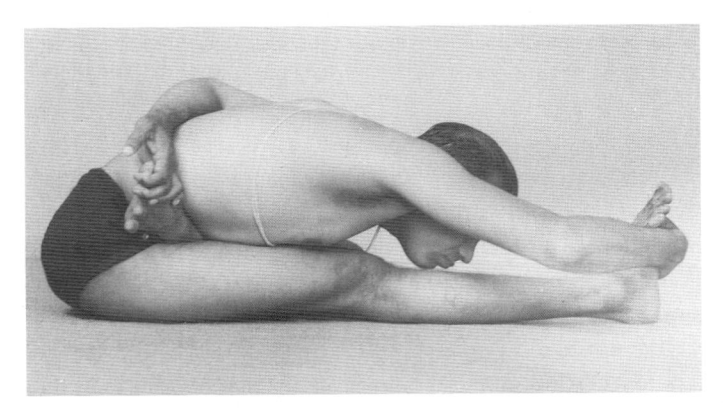

135

7. Nos estágios iniciais, o joelho da perna estendida se levantará do chão. Firme os músculos da coxa e apoie no chão toda a parte posterior da perna direita estendida.
8. Permaneça nesta posição por 30 a 60 segundos, respirando regularmente.

9. Inspire, eleve a cabeça e o tronco, solte as mãos, estenda a perna esquerda e volte à posição do item 1.
10. Repita a postura do outro lado, mantendo a perna esquerda estendida no chão, flexionando o joelho direito e colocando o pé direito na coxa esquerda. Permaneça pelo mesmo tempo dos dois lados.
11. Se não for possível segurar o dedão do pé com a mão passando por trás, segure a perna estendida com ambas as mãos e siga a técnica indicada acima (fotos 136 e 137).

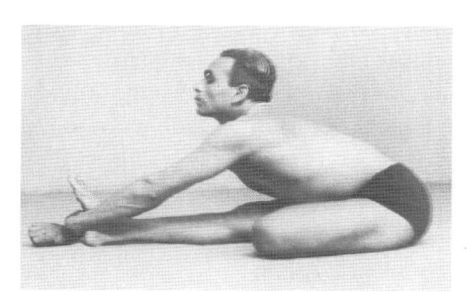

136

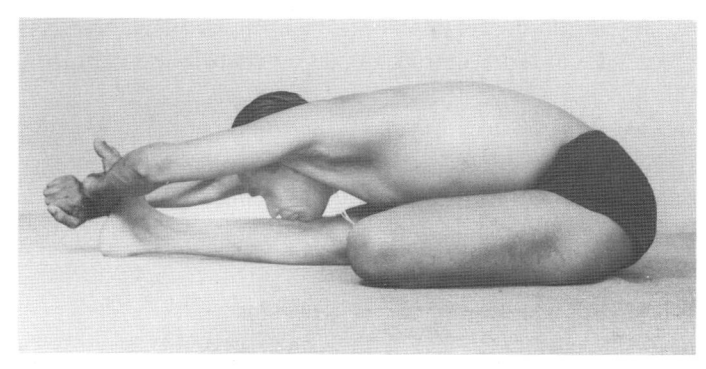

137

Efeitos

Devido à meia posição de lótus, os joelhos se tornam suficientemente flexíveis para a postura de lótus completa. Quando se apoia o queixo no joelho da perna estendida, o joelho dobrado se aproxima da perna estendida, o que exerce uma saudável pressão sobre o umbigo e os órgãos abdominais. O sangue circula no umbigo e nos órgãos genitais. O umbigo é considerado um centro nervoso, onde se situa o *svādhiṣṭhāna chakra*, um dos centros reguladores purificadores do sistema nervoso humano. Este *chakra* corresponde ao plexo hipogástrico. A postura é recomendada para pessoas com ombros arredondados e caídos.

62. *Triaṅga Mukhaika Pāda Paśchimōttānāsana* Cinco* *(foto 139)*

Triaṅga significa três membros ou partes. Nesta postura, as três partes são: pés, joelhos e nádegas. *Mukhaika pāda* (um composto de três palavras, *mukha* = face; *eka* = um e *pāda* = perna ou pé) corresponde à face (ou boca) tocando uma perna (estendida). Em *paśchimōttānāsana* (foto 160) a parte posterior de todo o corpo é intensamente alongada.

Técnica

1. Sente-se no chão, com as pernas estendidas à frente (foto 77).
2. Flexione o joelho direito e leve o pé direito para trás. Coloque o pé direito ao lado da articulação do quadril direito, com os dedos apoiados no chão e apontando para trás. O lado interno da panturrilha direita tocará o lado externo da coxa direita.
3. Equilibre-se nesta postura, jogando o peso do corpo sobre o joelho flexionado. No começo, o corpo inclina-se para o lado da perna estendida, e o pé da perna estendida também se inclina para fora. Aprenda a equilibrar-se nesta posição, mantendo o pé e os dedos estendidos e apontando para a frente.

138

Yogāsanas

4. Agora, segure o pé esquerdo com ambas as mãos, agarrando os lados da planta. Se puder, estenda o tronco para a frente e agarre os pulsos em torno do pé esquerdo estendido (foto 138). Faça duas respirações profundas. Geralmente são necessários vários meses para se conseguir agarrar os pulsos deste modo, então não se desespere após as primeiras tentativas.
5. Junte os joelhos, expire e incline-se para a frente. Apoie primeiro a testa sobre o joelho esquerdo, depois o nariz, os lábios e, por fim, o queixo (foto 139). Para alcançar esta posição, afaste os cotovelos e empurre o tronco para a frente com uma expiração.

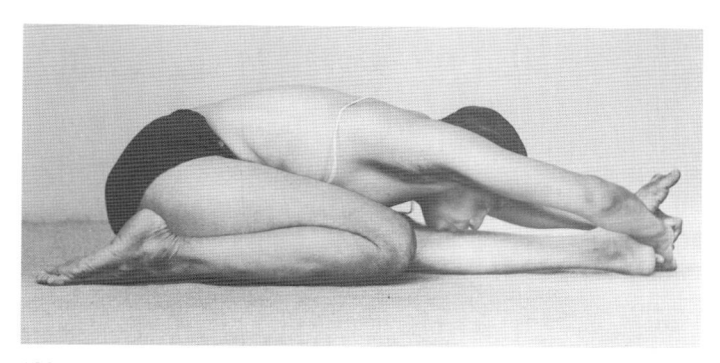

139

6. Não apoie o cotovelo esquerdo no chão. No começo, perde-se o equilíbrio, e o corpo tomba para o lado da perna estendida. Portanto, o tronco deve ser ligeiramente inclinado na direção da perna flexionada, e o peso do corpo deve ser sustentado pelo joelho flexionado.
7. Permaneça nesta postura por 30 a 60 segundos, respirando regularmente.
8. Inspire, levante a cabeça e o tronco, solte as mãos, estenda a perna direita e volte para a posição do item 1.
9. Repita a postura do outro lado, mantendo a perna direita estendida no chão, flexionando o joelho esquerdo e colocando o pé esquerdo ao lado da articulação do quadril esquerdo. Permaneça pelo mesmo tempo dos dois lados.

Efeitos

Este *āsana* é recomendado para pessoas que têm os arcos dos pés caídos e pés chatos. Cura entorses dos tornozelos e joelhos e reduz o inchaço nas pernas.

Junto com *jānu śīrṣāsana* (foto 127) e *ardha baddha padma paśchimōttānāsana* (foto 135), este *āsana* tonifica e combate a preguiça nos órgãos abdominais. Nós abusamos de nossos órgãos abdominais pela gula ou pela conformação com a etiqueta social. Os órgãos abdominais causam a maioria das doenças, e os sábios antigos enfatizavam que sua saúde era essencial para a longevidade, a felicidade e a paz mental. Estes *āsanas* de flexão para a frente mantêm os órgãos abdominais saudáveis e em boa condição. Além de manter os músculos em forma, eles também agem sobre os órgãos.

63. Krounchāsana Dez* (fotos 141 e 142)

Krouncha significa garça. É também o nome de uma montanha considerada neta do Himalaia, que teria sido perfurada por Kārtikeya, o deus da guerra, e por Paraśurāma, a sexta encarnação de Viṣṇu. Nesta postura sentada, uma perna está dobrada para trás, com o pé contra a lateral da articulação do quadril, enquanto a outra perna é elevada verticalmente, e o pé é agarrado pelas mãos. O queixo toca no joelho da perna que está na vertical. A perna elevada se assemelha à cabeça e ao pescoço esticado da garça – e também a um precipício. Daí o nome.

Técnica

1. Sente-se no chão, com as pernas estendidas à frente (foto 77).
2. Flexione o joelho direito e leve o pé direito para trás. Coloque o pé direito junto à articulação do quadril direito, mantenha os dedos apontados para trás e apoiados no chão. O lado interno da panturrilha direita deverá estar em contato com o lado externo da coxa direita. Junte os joelhos.
3. Expire, flexione o joelho esquerdo, segure o pé esquerdo com ambas as mãos, e eleve a perna esquerda verticalmente (foto 140).

Yogāsanas

140

4. Estenda a perna esquerda completamente e mantenha as costas eretas. Após algumas respirações nesta posição, expire, mova a cabeça e o tronco para a frente e, ao mesmo tempo, tente aproximar mais a perna, até apoiar o queixo sobre o joelho esquerdo (fotos 141 e 142).
5. Permaneça nesta postura por 20 a 30 segundos, com respirações profundas. Quando encostar o queixo no joelho da perna elevada, não erga o joelho flexionado do chão.
6. Inspire, traga a cabeça e o tronco de volta (foto 140), abaixe a perna esquerda, solte as mãos, leve a perna direita para a frente e retorne para a posição do item 1.
7. Repita a postura do outro lado, flexionando o joelho esquerdo, colocando o pé esquerdo ao lado da articulação do quadril esquerdo e elevando a perna direita. Permaneça pelo mesmo tempo deste lado.

Efeitos

Esta postura pode ser feita como uma continuação de *triaṅga mukhaika pāda paśchimōttānāsana* (foto 139). É mais difícil do que *paśchimōttānāsana* (foto 160) e por isso seus efeitos são maiores. Ela alonga completamente as pernas e exercita seus músculos. Os órgãos abdominais também são rejuvenescidos.

141 142

64. Marīchyāsana I Cinco* *(foto 144)*

Este *āsana* é dedicado ao sábio Marīchi, filho do Criador Brahmā. Marīchi era o avô de Sūrya, o deus do Sol.

Técnica

1. Sente-se no chão com as pernas estendidas à frente (foto 77).
2. Flexione o joelho esquerdo e coloque a planta do pé esquerdo no chão. A canela da perna esquerda deve estar perpendicular ao chão, e a panturrilha deve tocar a coxa. Coloque o calcanhar esquerdo próximo ao períneo. A parte interna do pé esquerdo deve tocar na parte interna da coxa direita estendida.
3. Estenda o ombro esquerdo para a frente até que a axila esquerda esteja em contato com a canela esquerda, que estará perpendicular ao chão. Gire o braço esquerdo em volta da canela e da coxa esquerda, flexione o cotovelo esquerdo e lance o antebraço esquerdo por trás das costas, na altura da cintura. Em seguida, leve a mão direita por trás das costas e agarre o pulso esquerdo com a mão direita ou vice-versa. Se isso não for possível, segure as palmas das mãos ou os dedos (foto 143).

4. Agora, gire a coluna para a esquerda, mantendo a perna direita estendida. Permaneça nesta posição com o olhar voltado para o dedão do pé direito estendido e respire profundamente algumas vezes.
5. Expire e incline-se para a frente. Repouse a testa, então o nariz, em seguida os lábios e, por último, o queixo sobre o joelho direito (foto 144). Enquanto estiver nesta posição, mantenha os ombros paralelos ao chão e respire normalmente. Permaneça nesta postura por cerca de 30 segundos, observando que toda a parte posterior da perna estendida esteja em contato com o chão.
6. Inspire, levante a cabeça do joelho direito (foto 143), solte as mãos, estenda a perna esquerda e volte para a posição do item 1.
7. Repita a postura do outro lado, pelo mesmo tempo.

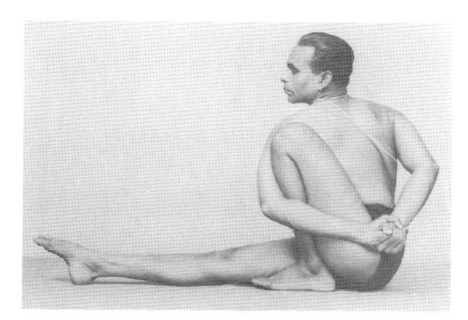

143

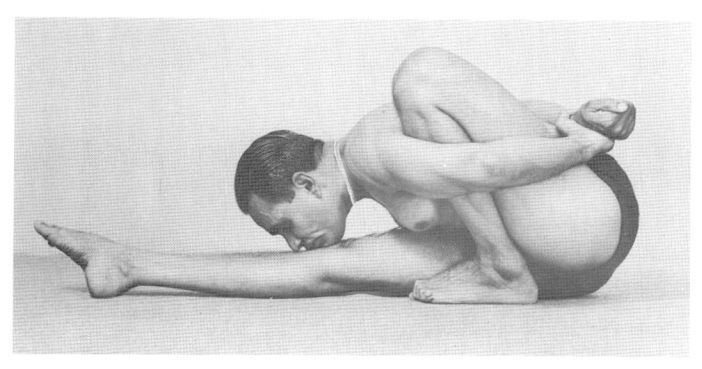

144

Efeitos

Com a prática deste *āsana*, os dedos das mãos se fortalecem. Nos *āsanas* precedentes, sejam eles, *jānu śīrṣāsana* (foto 127), *ardha baddha padma paśchimōttānāsana* (foto 135) e *triaṅga mukhaika pāda paśchimōttānāsana* (foto 139), os órgãos abdominais são levados a se contrair quando as mãos seguram a perna. Nesta postura, as mãos não agarram a perna. Para que a pessoa possa estender-se para a frente e apoiar o queixo no joelho da perna estendida, os órgãos abdominais têm que se contrair vigorosamente. Isso cria uma melhor circulação sanguínea em torno dos órgãos abdominais e os mantêm saudáveis. No começo é muito difícil estender o corpo para a frente com ambas as mãos atrás das costas, mas isso se obtém com a prática. A região dorsal da coluna também é exercitada nesta postura.

Nota. As quatro posturas, *jānu śīrṣāsana, ardha baddha padma paśchimōttānāsana, triaṅga mukhaika pāda paśchimōttānāsana* e *marīchyāsana* I, são posturas preparatórias para *paśchimōttānāsana* (foto 161). Para muitos, é difícil segurar bem os pés em *paśchimōttānāsana* (foto 160) mesmo depois de diversas tentativas. Esses quatro *āsanas* conferem elasticidade suficiente às costas e às pernas para que se possa conquistar aos poucos a postura correta de *paśchimōttānāsana* (foto 161) como descrito mais à frente. Quando esta for alcançada com facilidade, esses quatro *āsanas* podem ser praticados 1 ou 2 vezes por semana em vez de diariamente.

65. *Marīchyāsana II* Seis* *(fotos 146 e 147)*

Técnica

1. Sente-se no chão com as pernas estendidas à frente (foto 77).
2. Flexione o joelho esquerdo e coloque o pé esquerdo na raiz da coxa direita. O calcanhar esquerdo deve pressionar o umbigo, e os dedos do pé devem estar alongados e em ponta. A perna esquerda agora está em meia postura de *padmāsana*.
3. Flexione o joelho direito e apoie a planta do pé direito no chão. Mantenha a canela da perna direita perpendicular, de modo que a coxa direita e a panturrilha direita estejam em contato, e o calcanhar direito toque no períneo.
4. Incline-se ligeiramente para a frente, alongue o ombro direito para a frente até que a axila direita toque na canela direita, que se mantém perpendicular ao chão. Com

uma expiração, envolva a canela e a coxa direita com o braço direito, flexione o cotovelo e gire o antebraço direito por trás das costas, na altura da cintura. Então leve a mão esquerda por trás das costas e agarre o pulso direito (foto 145).

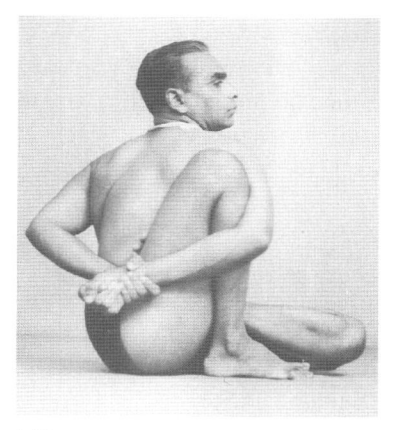

145

5. Alongue a coluna para cima e mantenha esta posição por alguns segundos, respirando profundamente.
6. Expire, leve o tronco e a cabeça para a frente e apoie a cabeça sobre o joelho esquerdo flexionado. A seguir, alongue o pescoço e apoie o queixo sobre o joelho esquerdo (fotos 146 e 147). Repita este movimento 3 ou 4 vezes, inspirando ao subir e expirando ao descer.

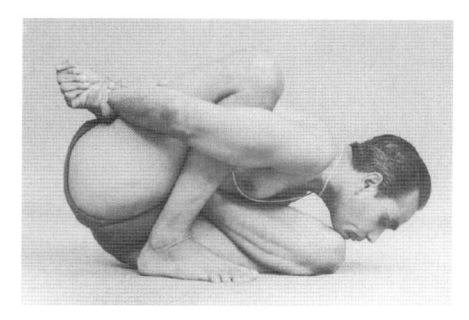

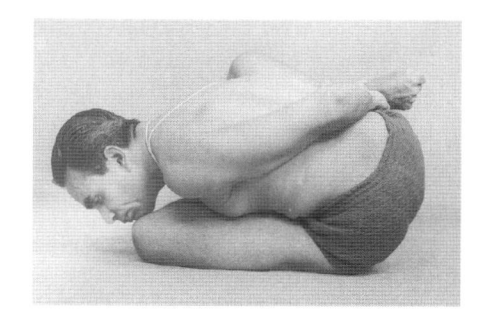

146

147

7. Inspire, eleve a cabeça e o tronco, solte as mãos, estenda as pernas e repita a postura do outro lado, pelo mesmo tempo.

Efeitos

Esta postura é uma variação mais intensa de *marīchyāsana I* (foto 144), e seus efeitos são maiores. O calcanhar que toca no umbigo coloca pressão extra sobre o abdômen, de modo que os órgãos abdominais são tonificados e se tornam mais fortes, fazendo com que o poder digestivo aumente.

66. *Upaviṣṭha Koṇāsana* Nove* *(foto 151)*

Upaviṣṭha significa sentado. *Koṇa* significa ângulo.

Técnica

1. Sente-se no chão com as pernas estendidas diretamente à frente (foto 77).
2. Afaste as pernas para os lados, uma de cada vez, e aumente ao máximo a distância entre elas. Mantenha as pernas completamente estendidas e assegure-se que toda a parte posterior das pernas esteja em contato com o chão.
3. Segure os dedões dos pés com os respectivos polegares, indicadores e dedos médios.
4. Mantenha a coluna ereta e estenda as costelas. Puxe o diafragma para cima e sustente a postura por alguns segundos, respirando profundamente (foto 148).
5. Expire, incline o corpo para a frente e apoie a cabeça no chão (foto 149). Então, alongue o pescoço e coloque o queixo no chão (foto 150).
6. Depois, segure os pés com as mãos e tente apoiar o peito no chão (foto 151). Permaneça nesta posição por 30 a 60 segundos, respirando normalmente.
7. Inspire, eleve o tronco do chão (foto 148), solte os pés, aproxime-os e relaxe.

Yogāsanas

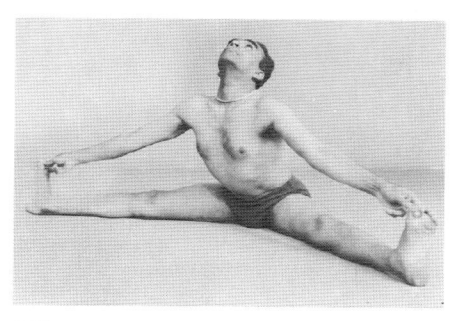

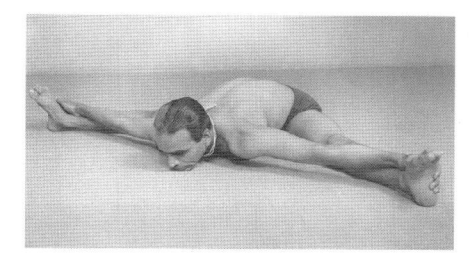

148

149

150

151

8. Segure o pé esquerdo com ambas as mãos. Inspire e apoie o queixo sobre o joelho esquerdo (foto 152). Inspire e eleve a cabeça e o tronco. Agora pegue o pé direito e, com uma expiração, apoie o queixo sobre o joelho direito. Inspire, eleve a cabeça e o tronco, solte as mãos, una os pés e relaxe.

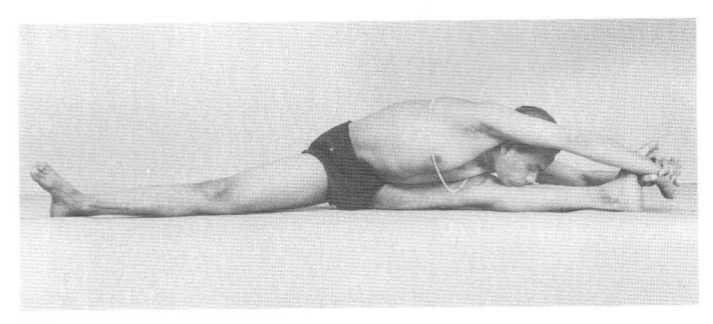

152

Efeitos

Este *āsana* alonga os músculos isquiotibiais e auxilia a circulação correta de sangue na região pélvica, mantendo-a saudável. Ele previne o desenvolvimento de hérnias,** que podem ser curadas em casos brandos, e alivia dores ciáticas. Controla e regulariza o fluxo menstrual e também estimula os ovários. Assim, é uma bênção para as mulheres.

67. *Paśchimōttānāsana* Seis* *(foto 161)*

(Também chamado de *ugrāsana* ou *brahmacharyāsana*)

Paśchima literalmente significa o oeste. Isso implica toda a parte posterior do corpo, da cabeça aos calcanhares. O aspecto anterior, do rosto até os dedos dos pés, é o leste. O topo da cabeça, a parte mais elevada, é o norte, enquanto as plantas dos pés constituem a parte baixa, ou sul, do corpo. Neste *āsana* toda a parte posterior do corpo é intensamente alongada, daí o nome.

Ugra significa formidável, poderoso e nobre. *Brahmacharya* significa estudo religioso, autocontrole e celibato.

Técnica

1. Sente-se no chão com as pernas estendidas à frente. Coloque as palmas das mãos no chão ao lado dos quadris. Respire profundamente algumas vezes (foto 77).

** Ao longo do texto, o autor utiliza o termo "hérnia" para se referir a hérnias abdominais em geral e não a hérnias de disco. Para este caso, ele se utiliza da expressão "deslocamento de discos". (N.R.T.)

2. Expire, estenda as mãos e pegue os dedos dos pés. Segure o dedão do pé direito entre o polegar, o indicador e o dedo médio da mão direita e o dedão do pé esquerdo com os mesmos dedos da mão esquerda (foto 153).
3. Estenda a coluna procurando deixar as costas côncavas. No início, as costas formarão uma corcunda. Isso se deve ao fato de a coluna estar se alongando apenas a partir da região dos ombros. Aprenda a estender-se desde a região pélvica das costas e também a estender os braços a partir dos ombros. Desse modo, a corcunda vai desaparecer e as costas vão se tornar planas como na foto 153. Respire profundamente algumas vezes.

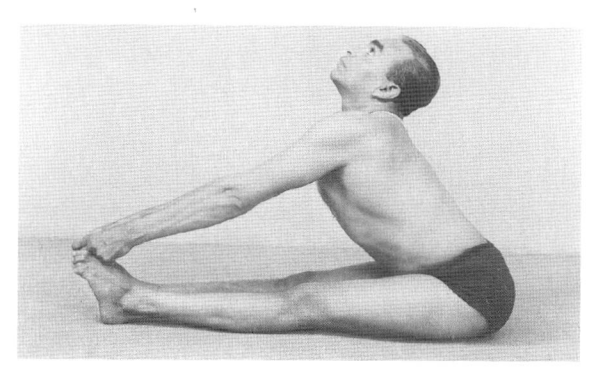

153

4. Agora expire, flexione e separe os cotovelos; usando-os como alavancas, puxe o tronco para a frente, apoiando a testa nos joelhos (foto 154). Gradualmente, apoie os cotovelos no chão, alongue o pescoço e o tronco, toque nos joelhos primeiro com o nariz e depois com os lábios (foto 155).

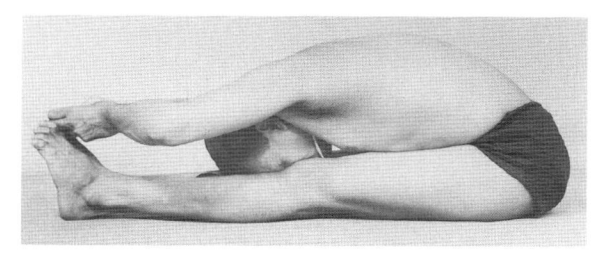

154

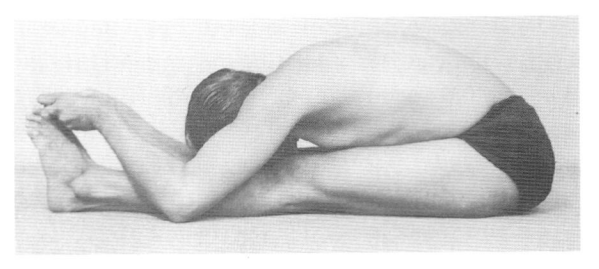

155

5. Quando estes movimentos se tornarem fáceis, faça um esforço a mais para segurar as plantas dos pés e apoiar o queixo nos joelhos (foto 156).

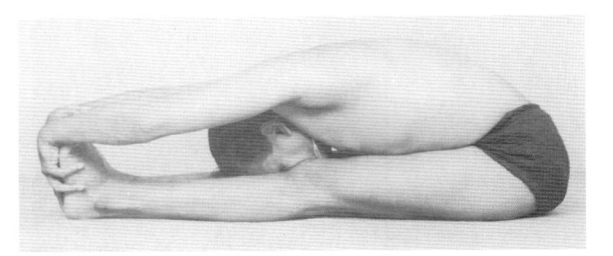

156

6. Quando isso também puder ser feito com facilidade, entrelace os dedos das mãos e apoie o queixo mais à frente dos joelhos (foto 157).

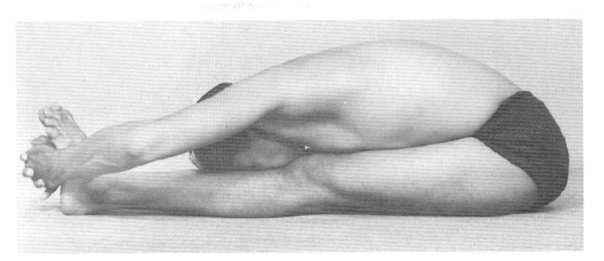

157

7. Quando a posição do item 6 for alcançada com facilidade, agarre a palma da mão direita com a mão esquerda ou a palma da mão esquerda com a mão direita à frente dos pés estendidos e mantenha as costas côncavas (foto 158). Respire profundamente algumas vezes.

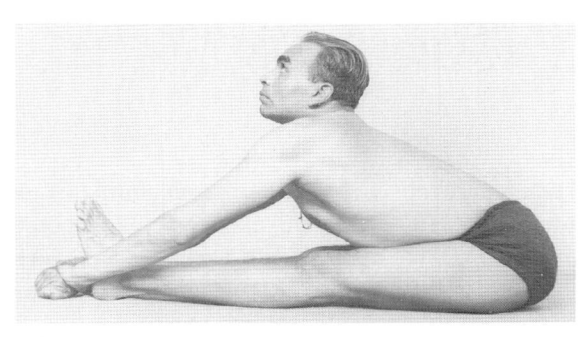

158

8. Expire e apoie o queixo nas canelas, à frente dos joelhos (foto 159).

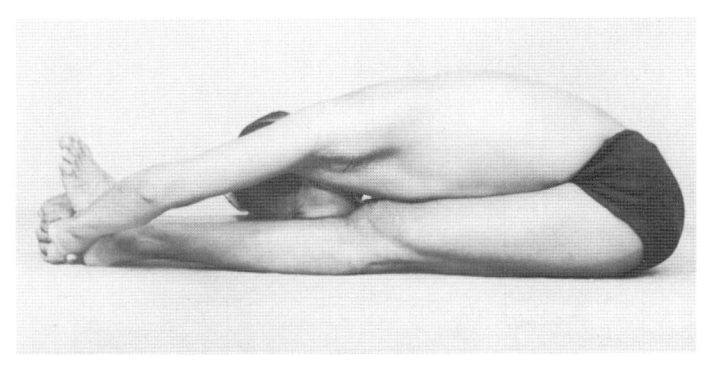

159

9. Se a posição do item 8 também for alcançada com facilidade, segure o pulso direito com a mão esquerda ou o pulso esquerdo com a mão direita e apoie o queixo nas canelas à frente dos joelhos (foto 160).

160

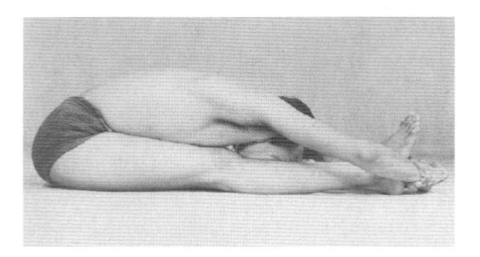

10. Cuide para que a parte posterior das pernas na altura dos joelhos repouse firmemente contra o chão. Nos estágios iniciais, os joelhos perderão o contato com o chão. Contraia os músculos posteriores das coxas e puxe o tronco para a frente. Deste modo, a parte posterior das articulações dos joelhos se apoiará no chão.
11. Tente permanecer por 1 a 5 minutos em qualquer das variações acima que puder alcançar, respirando regularmente.
12. Os alunos avançados podem estender as mãos para a frente, apoiar as palmas das mãos no chão com os polegares unidos na frente dos pés alongados e apoiar o queixo sobre as canelas à frente dos joelhos (foto 161). Permaneça por 1 ou 2 minutos na postura, respirando normalmente.
13. Inspire, eleve a cabeça e relaxe.
14. Em um *paśchimōttānāsana* correto, não se deve sentir peso algum sobre as costas (foto 162).

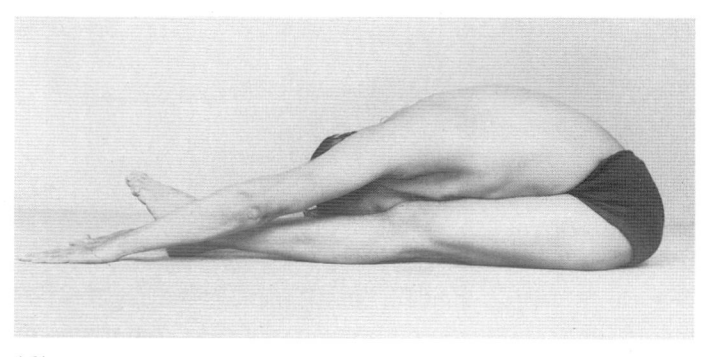

161

162

Efeitos

Este *āsana* tonifica os órgãos abdominais e evita que fiquem preguiçosos. Tonifica também os rins, rejuvenesce toda a coluna e melhora a digestão.

Nos animais, a coluna vertebral fica na horizontal e o coração fica abaixo da coluna. Isso os mantém saudáveis e lhes dá grande resistência. Nos seres humanos, a coluna fica na vertical e o coração não fica debaixo dela, de modo que logo sentem os efeitos do esforço e são mais suscetíveis a doenças cardíacas. Em *paśchimōttānāsana*, a coluna permanece reta e na horizontal, e o coração fica em um nível mais baixo do que a coluna. Uma boa permanência nesta postura massageia o coração, a coluna vertebral e os órgãos abdominais, que se sentem renovados, e a mente descansa. Devido ao alongamento extra da região pélvica, o suprimento de sangue oxigenado à região é maior, e as gônadas recebem os nutrientes do sangue. Isso aumenta a vitalidade, ajuda a curar a impotência e conduz ao controle sexual. Por isso este *āsana* era chamado de *brahmacharyāsana*. *Brahmacharya* significa celibato e *brahmachārī* é o nome dado a quem controlou seu apetite sexual.

68. Parivṛtta Paśchimōttānāsana Nove* *(foto 165)*

Parivṛtta significa revolvido, girado. *Paśchima* literalmente significa o oeste e refere-se à parte posterior do corpo, desde a cabeça até os calcanhares. *Uttāna* significa alongamento intenso. Nesta variação de *paśchimōttānāsana*, o tronco é girado para o lado.

Técnica

1. Sente-se no chão com as pernas estendidas à frente. Mantenha os joelhos firmes, e as pernas se tocando na altura dos joelhos, tornozelos, calcanhares e dedões dos pés (foto 77).
2. Expire, estenda o braço direito em direção ao pé esquerdo. Gire o antebraço e o pulso direito de modo que o polegar direito aponte para o chão e o dedo mindinho direito aponte para cima. Então, com a mão direita, segure a borda externa do pé esquerdo. Respire 1 vez.
3. Agora, expire, estenda o braço esquerdo por cima do antebraço direito, mantendo o pulso esquerdo para cima. Gire o antebraço esquerdo e o pulso esquerdo de modo que o polegar esquerdo aponte para o chão e o dedo mínimo esquerdo aponte para cima. Segure a borda externa do pé direito (foto 163) e respire 1 vez.

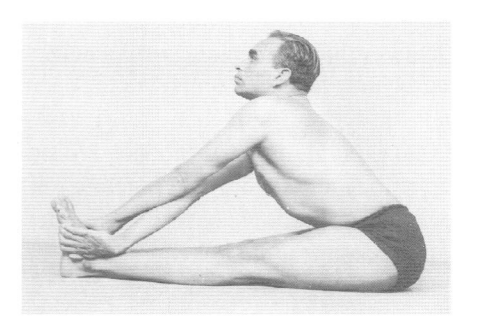

163

4. Expire, gire o tronco cerca de 90 graus para a esquerda, flexionando e separando os cotovelos (foto 164). Respire 1 vez. Expire novamente, leve a cabeça entre os braços e olhe para cima. A parte posterior do braço direito perto da axila se apoia sobre o joelho esquerdo. Tente apoiar as costelas da direita sobre a coxa esquerda (visão frontal: foto 165; visão das costas: foto 166). Devido à torção lateral do tronco, a respiração será acelerada. Mantenha a postura por cerca de 20 segundos.
5. Inspire, solte as mãos e leve o tronco de volta à sua posição original (foto 163).
6. Em seguida, gire o tronco para a direita e repita a postura pelo mesmo tempo, seguindo a técnica acima, porém substituindo a palavra "esquerda" por "direita" e a palavra "direita" por "esquerda".

Yogāsanas

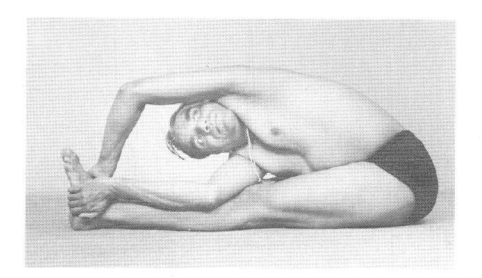

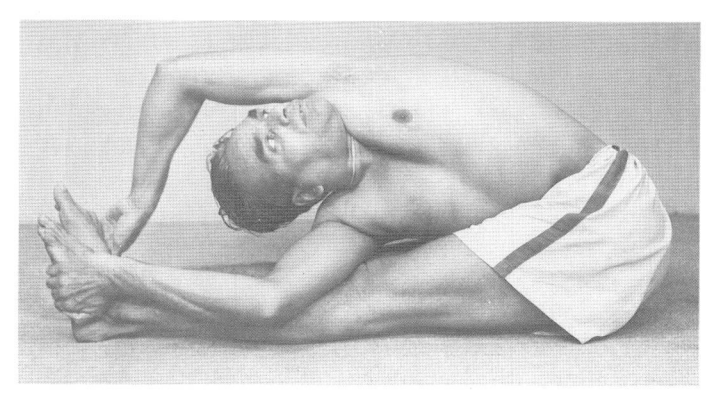

164

165

166

Efeitos

Esta postura revigorante tonifica os órgãos abdominais e os mantêm livres de preguiça. Ela também tonifica os rins e rejuvenesce toda a coluna, além de melhorar a digestão. A torção lateral estimula a circulação sanguínea na coluna e alivia as dores nas costas. Devido ao alongamento da região pélvica, esta recebe mais sangue oxigenado, e assim as gônadas absorvem os nutrientes que requerem. Isso aumenta a vitalidade, ajuda a curar a impotência e promove o controle sexual.

69. Ūrdhva Mukha Paśchimōttānāsana I Dez* *(foto 167)*

Ūrdhva (para cima) e *mukha* (face, boca), quando usadas juntas, significam "com a face para cima". *Paśchimōttānāsana* é o alongamento posterior intenso.

Técnica

1. Sente-se no chão com as pernas estendidas à frente (foto 77).
2. Flexione os joelhos e aproxime os pés das nádegas.
3. Agarre os dedões dos pés com as mãos, expire e estique as pernas para cima. Firme os joelhos, puxe as patelas em direção às coxas, e equilibre-se nas nádegas, mantendo a coluna o mais côncava que puder. Esta postura é chamada de:

70. Ubhaya Pādāṅguṣṭhāsana Três* *(foto 167)*

(*ubhaya* = ambos, *pādāṅguṣṭha* = dedão)
No início, acontece de a pessoa cair rolando para trás. É preciso algum tempo de prática para se aprender a manter o equilíbrio apenas sobre as nádegas. Permaneça na postura por 30 a 60 segundos, respirando normalmente.

4. Após garantir o equilíbrio, solte os dedões dos pés e segure os calcanhares.

5. Quando isso se tornar fácil, entrelace os dedos atrás dos pés alongados e mantenha o equilíbrio. A seguir, aproxime a cabeça e o tronco das pernas, sem perturbar a posição destas, alongue o pescoço para cima e, com uma expiração, apoie a testa nos joelhos (foto 168). Estique ao máximo as pernas e a coluna para cima. Mantenha a postura por cerca de 30 segundos respirando normalmente.
6. Inspire, solte as mãos, flexione as pernas, apoie-as no chão e relaxe.

167   168

71. Ūrdhva Mukha Paśchimōttānāsana II Dez* *(foto 170)*

Técnica

1. Deite-se no chão ou no tapete e leve os braços para cima da cabeça (foto 276).
2. Estenda bem as pernas, firme os joelhos e respire profundamente algumas vezes.
3. Expire e, lentamente, eleve as pernas unidas para cima da cabeça.
4. Entrelace os dedos das mãos, segure as plantas dos pés e estenda as pernas para cima, mantendo os joelhos firmes. Apoie toda a extensão das costas no chão (foto 169). Respire profundamente 3 vezes.

169

5. Expire e abaixe as pernas em direção ao chão atrás da cabeça, separando os cotovelos. Tente manter a pélvis o mais perto que puder do chão. Mantenha os joelhos firmes o tempo todo. Apoie o queixo nos joelhos (foto 170).

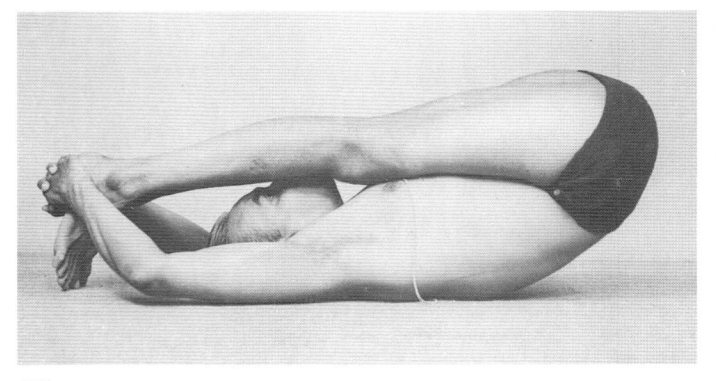

170

6. Permaneça nesta posição por 30 a 60 segundos, respirando regularmente.
7. Expire e retorne as pernas para a posição original (foto 169).
8. Inspire, solte as mãos, leve as pernas estendidas até o chão (foto 276) e relaxe.

Efeitos

A postura auxilia no equilíbrio e na estabilidade. As pernas se estendem completamente, o que torneia as coxas e as panturrilhas. Os benefícios são os mesmos de *paśchimōttānāsana* (foto 160). Além disso, previne o aparecimento de hérnias** e alivia dores severas nas costas.

72. Pūrvottānāsana Um* *(foto 171)*

Pūrva literalmente significa o leste e representa toda a parte anterior do corpo, desde a testa até os dedos dos pés. *Uttāna* significa alongamento intenso. Nesta postura, toda a parte anterior do corpo é intensamente alongada.

Técnica

1. Sente-se no chão com as pernas estendidas à frente. Coloque as palmas das mãos no chão ao lado dos quadris, com os dedos apontando na direção dos pés (foto 77).
2. Flexione os joelhos e apoie as plantas dos pés no chão.
3. Sustente o peso do corpo nas mãos e pés, expire e tire o corpo do chão. Estenda os braços e as pernas e mantenha os joelhos e cotovelos tensionados (foto 171).
4. Os braços devem ficar perpendiculares ao chão, dos punhos aos ombros. Dos ombros até a pélvis, o tronco deve permanecer paralelo ao chão.

171

** Segundo o autor, aqui ele se refere a hérnias umbilicais e hiatais. (N.R.T.)

5. Alongue o pescoço e leve a cabeça ao máximo que puder para trás.
6. Fique na postura por 1 minuto, respirando normalmente.
7. Expire, flexione os cotovelos e joelhos, abaixe o corpo até se sentar e relaxe.

Efeitos

Esta postura fortalece os pulsos e tornozelos, melhora o movimento das articulações dos ombros e expande o peito completamente. Ela alivia a fadiga causada por outras posturas árduas de flexão para a frente.

73. Ākarṇa Dhanurāsana Onze* (fotos 173 e 175)

Karṇa significa orelha. O prefixo *ā* expressa o sentido de proximidade, de direção. *Dhanu* significa arco. Nesta postura, o pé esquerdo é puxado para cima até que o calcanhar toque na orelha, da mesma forma que um arqueiro puxa a corda de um arco. A outra mão segura o dedão do pé direito, com a perna direita estendida no chão. No segundo movimento, a perna elevada é alongada até que fique quase perpendicular ao chão, com a mão segurando o tempo todo o dedão do pé, como um arco tensionado.

O *āsana* é descrito abaixo em dois movimentos.

Técnica

1. Sente-se no chão com as pernas estendidas à frente (foto 77).
2. Segure o dedão do pé direito entre o polegar, o dedo indicador e o médio da mão direita. Segure o dedão do pé esquerdo da mesma forma (foto 153).
3. Expire, flexione o cotovelo esquerdo e eleve o pé esquerdo, flexionando o joelho (foto 172). Respire 1 vez. Agora expire e puxe o pé esquerdo até que o calcanhar fique perto da orelha esquerda. Ao mesmo tempo, recue o braço esquerdo para trás a partir do ombro (foto 173). Não deixe o dedão do pé direito escapar. Mantenha a perna direita estendida o tempo todo e observe que toda a parte posterior da perna permaneça no chão. O joelho da perna direita estendida não deve se flexionar.

Yogāsanas

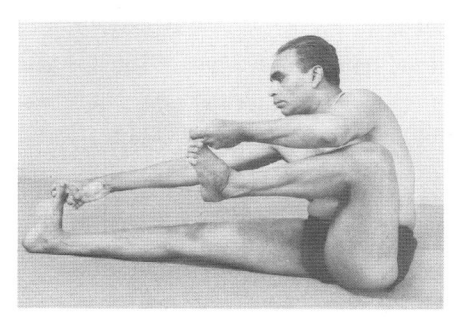

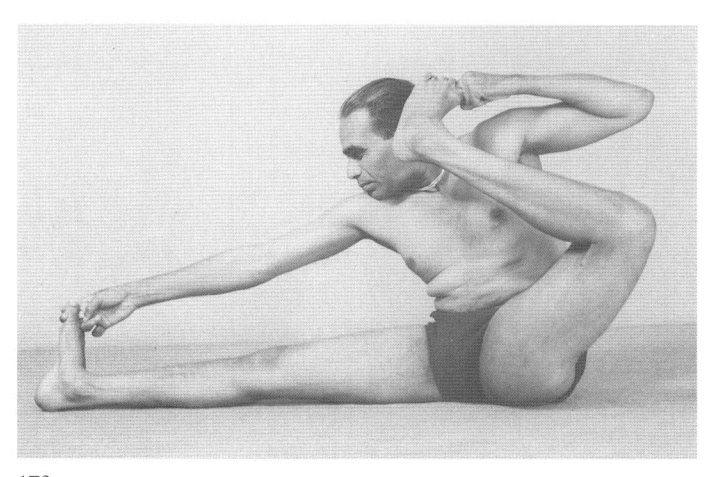

172

173

4. Mantenha a posição por 15 a 20 segundos, respirando normalmente. Este é o primeiro movimento.
5. Em seguida, expire e alongue a perna esquerda verticalmente para cima (foto 174). Respire 1 vez. Expire, puxe a perna mais para trás até que ela toque na orelha esquerda (foto 175). Continue segurando os dedões de ambos os pés e estique completamente as pernas. Não flexione os joelhos. É preciso algum tempo para aprender a se equilibrar neste segundo movimento. Permaneça nesta posição por 10 a 15 segundos, respirando normalmente.
6. Expire, flexione o joelho esquerdo e traga o calcanhar esquerdo até a orelha esquerda como na posição do item 3 acima (foto 173). Então abaixe a perna esquerda no chão e deixe as duas pernas estendidas no chão (foto 153).

7. Repita a postura do lado direito, puxando o pé direito em direção à orelha direita e elevando-o verticalmente para perto da orelha direita, enquanto a perna esquerda permanece estendida no chão. Não solte os dedões dos pés. Mantenha a postura pelo mesmo tempo em ambos os lados. Então libere as mãos e relaxe.

174

175

Efeitos

A prática desta postura torna os músculos das pernas muito flexíveis. Os músculos abdominais são contraídos, e isso ajuda a mover os intestinos. Deformidades menores nas articulações dos quadris são ajustadas, e a parte inferior da coluna é exercitada. A postura é cheia de elegância. Ela deve ser praticada até que não exija esforço e dê a aparência de um exímio arqueiro disparando setas de seu arco.

74. *Sālamba Śīrṣāsana I* Quatro* *(fotos 184, 185 e 190)*

Sālamba significa com suporte. *Śīrṣa* significa cabeça. Esta é a postura do apoio sobre a cabeça, um dos mais importantes *āsanas* do *yoga*. Esta é a postura básica. Existem diversas variações que serão descritas posteriormente no ciclo de *śīrṣāsana*. Seu domínio confere equilíbrio e serenidade, tanto físico quanto mental. A técnica é explicada longamente em duas partes; a primeira é para iniciantes; a segunda é para aqueles que conseguem se manter em equilíbrio na postura. Deve-se prestar especial atenção às recomendações de *śīrṣāsana* listadas após as duas técnicas.

Técnica para iniciantes

1. Coloque um cobertor dobrado em quatro no chão e ajoelhe-se perto dele.
2. Apoie os antebraços no centro do cobertor, tomando cuidado para que a distância entre os cotovelos no chão não seja maior do que a distância entre os ombros.
3. Entrelace os dedos das mãos até a base (foto 176), de modo que as palmas das mãos formem uma taça. Apoie as laterais das mãos do lado dos dedos mínimos sobre o cobertor. Ao subir na postura ou uma vez em equilíbrio, os dedos devem se manter firmemente entrelaçados. Se eles se afrouxam, o peso do corpo recai sobre eles e os braços doem. Lembre-se, portanto, de mantê-los bem cruzados.
4. Coloque somente o topo da cabeça sobre o cobertor, de modo que a parte posterior da cabeça toque as palmas das mãos em formato de taça (foto 177). Não coloque a testa nem a parte posterior da cabeça sobre o cobertor, mas apenas o topo da cabeça. Para tanto, aproxime os joelhos da cabeça.
5. Depois de assegurar-se da posição da cabeça, eleve os joelhos do chão, aproximando os dedos dos pés da cabeça (foto 178).

176

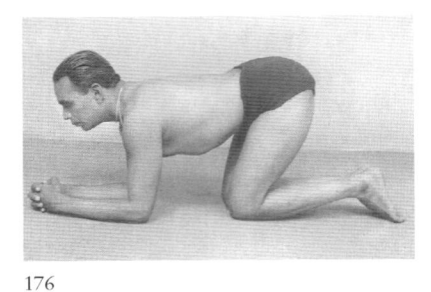

177

6. Expire e, com um pequeno impulso a partir do chão, erga as pernas do chão com os joelhos dobrados (foto 179). Tome o impulso de modo que ambos os pés saiam do chão simultaneamente. Quando esta posição estiver assegurada, siga passo a passo os vários estágios dos movimentos das pernas como nas fotos 180, 181, 182 e 183.

178

179

180

181

7. Estenda as pernas e mantenha-se sobre a cabeça, com o corpo todo perpendicular ao chão (visão frontal: foto 184; visão das costas: foto 185; visão lateral: foto 190).
8. Depois de permanecer nesta posição final pelo tempo que for capaz, de 1 a 5 minutos, flexione os joelhos e abaixe de volta até o chão na ordem inversa, como nas fotos 183, 182, 181, 180, 179, 178 e 177.
9. O iniciante deve contar com a ajuda de alguém ou praticar o *āsana* contra uma parede. Quando utilizar uma parede, a distância da cabeça para a parede não deve ser maior do que 5 a 8 centímetros. Se a distância for maior do que isso, a coluna vai se curvar e o abdômen vai se projetar. O peso do corpo vai ser sentido nos cotovelos, e a posição da cabeça poderá mudar. A face vai parecer ruborizada e os olhos ficarão contraídos ou saltados. Por isso é aconselhável o iniciante fazer a postura do apoio sobre a cabeça em um canto onde duas paredes se encontram, colocando a cabeça de 5 a 8 centímetros de cada parede.
10. Ao usar a parede ou o canto para fazer a postura de *śīrṣāsana*, o iniciante deve expirar, lançar as pernas para cima, apoiar os quadris contra a parede e elevar os pés. No canto, ele pode tocar nas paredes com os calcanhares. Ele deve estender as costas verticalmente para cima e aos poucos abandonar o apoio da parede para aprender a se equilibrar. Para descer, ele pode apoiar os pés e os quadris contra a parede, escorregar para baixo e ajoelhar-se, apoiando os joelhos no chão. Os movimentos para descer e subir devem ser feitos junto com a expiração.
11. A vantagem para o iniciante de equilibrar-se em um canto é que a cabeça e as pernas ficam no ângulo reto formado pelas paredes e ele poderá se certificar de que sua posição está correta. Este não será o caso se ele se equilibrar contra uma única parede. Enquanto seu equilíbrio for precário, ele talvez oscile para fora da parede, ou seu corpo poderá inclinar-se ou pender para o lado mais forte, com as pernas desalinhadas na parede por uma flexão na cintura ou nos quadris. O iniciante não perceberá que está inclinado para o lado, muito menos saberá corrigir-se. Com o tempo, ele aprenderá a equilibrar-se sobre a cabeça, mas, por hábito, seu corpo talvez ainda se incline ou sua cabeça não fique reta. É tão difícil corrigir a postura de *śīrṣāsana* errada quanto quebrar um mau hábito. Ademais, esta postura incorreta pode causar dores na cabeça, no pescoço, nos ombros e nas costas. Por outro lado, as duas paredes do canto irão ajudar o iniciante a manter a postura simétrica.
12. Quando o equilíbrio estiver assegurado, é aconselhável descer com as pernas estendidas (isto é, sem flexionar os joelhos de modo algum) e com um movimento dos quadris para trás. A princípio, não será possível subir ou descer sem

Luz sobre o *Yoga*

182

183

184

185

flexionar as pernas, mas o método correto deve ser aprendido. Quando o iniciante tiver adquirido confiança na postura, será mais benéfico subir e descer com as pernas unidas e estendidas, sem qualquer solavanco.

13. Leva algum tempo para o iniciante se orientar em relação ao seu entorno quando executa o equilíbrio sobre a cabeça. A princípio, tudo parecerá completamente estranho. As orientações e instruções vão parecer confusas e ele vai precisar fazer um esforço para pensar claramente e agir logicamente. Isso se deve ao medo de cair. A melhor maneira de superar o medo é enfrentar com equanimidade a situação amedrontadora. Então se adquire uma perspectiva correta e não se tem mais medo. Cair de cambalhota ao aprender a postura não é tão terrível quanto imaginamos. Se isso acontecer, é preciso lembrar-se de afrouxar os dedos entrelaçados, relaxar, amolecer e dobrar os joelhos. Então, a pessoa simplesmente rola e sorri. Se os dedos não se soltarem, vão receber o tranco da queda, o que será doloroso. Se não relaxarmos e amolecermos o corpo durante a queda, cairemos no chão com um baque forte. Se flexionarmos os joelhos, dificilmente vamos arranhá-los na queda. Depois de se aprender a se equilibrar contra uma parede ou em um canto, deve-se tentar o apoio sobre a cabeça no meio da sala. Haverá algumas quedas e por isso deve-se aprender a arte de cair como indicado antes. Aprender a fazer *śīrṣāsana* no meio da sala dá ao iniciante grande confiança.

Técnica para aqueles que conseguem se equilibrar Oito*

1. Siga a técnica indicada para os principiantes, do item 1 ao 4.
2. Depois de assegurar a posição da cabeça, estique bem as pernas, tirando os joelhos do chão. Aproxime os dedos dos pés da cabeça e tente pressionar os calcanhares no chão, mantendo as costas eretas (foto 186).
3. Alongue a região dorsal ou média da coluna e fique nesta posição por cerca de 30 segundos, respirando regularmente.
4. Expire, eleve os calcanhares e tire os dedos dos pés do chão com um movimento dos quadris para trás. Eleve ambas as pernas simultaneamente, mantendo-as absolutamente rígidas (foto 187). Respire 1 vez.
5. Com uma nova expiração, eleve as pernas até que estejam paralelas ao chão. Esta posição é chamada:

Luz sobre o Yoga

186

187

75. Ūrdhva Daṇḍāsana Oito* *(foto 188)*

(*ūrdhva* = para cima, *daṇḍa* = bastão)
Permaneça nesta posição por 10 segundos, respirando normalmente.

188

6. Expire, siga elevando as pernas como na foto 189 até a posição vertical (visão lateral: foto 190). Fique nesta posição por 1 a 5 minutos, respirando regularmente.
7. Abaixe-se gradativamente, observando a técnica acima na ordem inversa (fotos 189, 188, 187 e 186). Coloque os pés no chão, flexione os joelhos e levante a cabeça do chão ou do cobertor.

Efeitos de śīrṣāsana

Os livros antigos se referiam ao *śīrṣāsana* como o rei de todos os *āsanas* e não é difícil encontrar as razões para isso. Quando nascemos, normalmente a cabeça sai primeiro e depois os membros. O crânio encerra o cérebro, que controla o sistema nervoso e os órgãos dos sentidos. O cérebro é a sede da inteligência, do conhecimento, da capacidade de discernimento, da sabedoria e do poder. É a morada de Brahman, a alma. Um país não pode prosperar se carece de um bom rei ou líder constitucional para guiá-lo; do mesmo modo, o corpo humano tampouco pode prosperar sem um cérebro saudável.

O *Bhagavad Gītā* diz: "Harmonia (*sattva*), mobilidade (*rajas*) e inércia (*tamas*), tais são as qualidades nascidas da matéria; elas atam fortemente o morador indestrutível do corpo, ó tu de poderosos braços (Arjuna)." (Capítulo XIV, versículo 5.) Todas essas qualidades originam-se do cérebro e, algumas vezes, uma qualidade prevalece sobre as outras. A cabeça é o centro das qualidades de *sattva*, que controlam o discernimento; o tronco, das qualidades de *rajas*, que controlam a paixão, as emoções e as ações; e a região abaixo do diafragma é o centro das qualidades de *tamas*, que controlam os prazeres sensuais, como o desfrute da comida e da bebida e a excitação e os prazeres do sexo.

A prática regular de *śīrṣāsana* faz circular o sangue saudável e puro pelas células do cérebro. Isso as rejuvenesce de modo que o poder de raciocínio é aumentado e o pensamento se torna mais claro. O *āsana* é um tônico para pessoas cujo cérebro se cansa rapidamente. Ele assegura o suprimento adequado de sangue para as glândulas pituitária e pineal. Nosso crescimento, saúde e vitalidade dependem do funcionamento apropriado dessas duas glândulas.

Pessoas que sofriam de insônia, perda de memória e de vitalidade se recuperaram por meio da prática correta e regular deste *āsana* e se tornaram fontes de energia. Os pulmões ganham o poder de resistir a qualquer clima e de enfrentar qualquer trabalho, o que livra a pessoa de males como resfriado, tosse, tonsilite, halitose e palpitação. Ele mantém o corpo aquecido. Conjugado aos movimentos de *sarvāṅgāsana* (fotos 234 a 271), é uma bênção para as pessoas que sofrem de constipação. A prática regular de *śīrṣāsana* promove um aumento notável na quantidade de hemoglobina no sangue.

Não é aconselhável começar com *śīrṣāsana* e *sarvāṅgāsana* quando se sofre de pressão sanguínea alta ou baixa.

A prática regular e precisa de *śīrṣāsana* desenvolve o corpo, disciplina a mente e amplia os horizontes do espírito. A pessoa se torna equilibrada e ganha confiança em si mesma na dor e no prazer, na perda e no ganho, na vergonha e na fama, na derrota e na vitória.

Ciclo de śīrṣāsana

Existe uma série de movimentos que partem de *śīrṣāsana* e podem ser praticados em sequência, depois de uma permanência em *sālamba śīrṣāsana I* (foto 184) por pelo menos 5 minutos, de acordo com a capacidade de cada um. Pode-se praticar *sālamba śīrṣāsana I* por 5 a 15 minutos e depois realizar esses vários movimentos por 20 a 30 segundos de cada lado.

76. Sālamba Śīrṣāsana II Cinco* *(foto 192)*

Técnica

1. Estenda no chão um cobertor dobrado em quatro e ajoelhe-se próximo a ele.
2. Coloque a palma da mão direita no chão bem ao lado do joelho externo direito e a palma da mão esquerda do lado do joelho externo esquerdo. As palmas das mãos devem estar paralelas uma à outra, com os dedos apontando diretamente para a cabeça. A distância entre as mãos no chão não deve ser maior do que a largura dos ombros.
3. Aproxime os joelhos da cabeça e coloque o topo da cabeça no centro do cobertor.
4. Após assegurar a posição da cabeça, estenda as pernas tirando os joelhos do chão. Aproxime ainda mais os dedos dos pés da cabeça e pressione os calcanhares do chão, mantendo as costas eretas.
5. Alongue a região dorsal da coluna empurrando o peito para a frente e mantenha esta posição por alguns segundos. Respire 3 ou 4 vezes.
6. Expire, impulsione-se suavemente a partir do chão e eleve as pernas dobrando os joelhos. Ambos os pés devem deixar o chão ao mesmo tempo. Quando a posição estiver segura, estenda as pernas para cima, expire, mantenha os dedos dos pés apontando para cima, firme os joelhos e equilibre-se (foto 192).
7. Na posição de equilíbrio, somente o topo da cabeça e as duas mãos se apoiam no chão. Os antebraços, dos pulsos até os cotovelos, devem ficar perpendiculares ao chão e paralelos um ao outro.
8. Siga o restante da técnica e das recomendações dadas para aqueles que conseguem se equilibrar em *sālamba śīrṣāsana I*.
9. O domínio desta variação sobre a cabeça é essencial para o aprendizado de outros *āsanas* avançados como *bakāsana* (foto 410), *ūrdhva kukkuṭāsana* (foto 419), *gālavāsana* (fotos 427 e 428), *kouṇḍinyāsana* (foto 438), etc.

192    193

77. Sālamba Śīrṣāsana III Oito* *(fotos 194 e 195)*

Técnica

1. Ajoelhe-se no chão próximo ao cobertor. Separe os joelhos por cerca de 30 centímetros.
2. Apoie as palmas das mãos invertidas sobre o cobertor entre os joelhos, de modo que os dedos apontem para os pés. Os antebraços, desde os pulsos até os cotovelos, devem ser mantidos perpendiculares ao chão e paralelos entre si. A distância entre as mãos não deve ser maior do que a distância entre os ombros.
3. Apoie o topo da cabeça no cobertor logo atrás dos pulsos. A testa deve estar de frente para o lado interno dos pulsos. A cabeça deve ser apoiada centralmente entre as duas mãos, de modo que o topo da cabeça fique equidistante das palmas das mãos no chão.
4. Pressione os pulsos e as palmas das mãos para baixo firmemente, expire, tire os pés do chão, erga as pernas até a posição vertical e equilibre-se. Não afaste os cotovelos, tente trazê-los o mais perto possível um do outro (foto 193).
5. Equilibre-se nesta posição por 1 minuto, respirando normalmente. Em seguida expire e abaixe suavemente as pernas até o chão.
6. Depois de aprender a se equilibrar nesta variação de *śīrṣāsana*, tente aproximar as mãos ao máximo, até que as laterais das palmas das mãos e os dedos mínimos

se toquem (visão frontal: foto 194; visão lateral: foto 195). Também aprenda a subir e a descer mantendo as pernas estendidas, sem dobrar os joelhos (fotos 196 e 197). Esta variação de *śīrṣāsana* dará firmeza e confiança no equilíbrio.

194

195

196

197

78. Baddha Hasta Śīrṣāsana Quatro* (foto 198)

Baddha significa atado, preso, contido. *Hasta* significa mão. Esta é uma variação do apoio sobre a cabeça.

Técnica

1. Estenda no chão um cobertor dobrado em quatro e ajoelhe-se perto dele.
2. Flexione os braços em frente ao peito e, com a mão esquerda, agarre o braço direito perto da articulação do cotovelo. De modo similar, agarre o braço esquerdo com a mão direita.
3. Apoie os cotovelos e os braços cruzados sobre o cobertor. Incline-se para a frente e coloque o topo da cabeça no cobertor pouco atrás dos braços cruzados. A testa ficará logo atrás dos braços cruzados.

4. Tire os joelhos do chão e estenda as pernas.
5. Depois de assegurar-se de que o peso está sobre a cabeça e os cotovelos, pressione os antebraços para baixo, expire e, com suavidade, empurre o tronco ligeiramente para trás, sem soltar as mãos, e puxe as pernas para cima, para longe do chão (foto 198).
6. Enquanto as pernas sobem para a posição vertical, o pescoço suporta o peso do corpo e sente a tensão. Eleve as pernas até sentir leveza na parte posterior do pescoço e nos antebraços e alongue a região dorsal do tronco para a frente. Quando sentir a leveza, certifique-se de que o corpo está reto. Siga a técnica e as recomendações dadas para aqueles que conseguem se equilibrar em *sālamba śīrṣāsana I*.
7. Permaneça ereto equilibrando-se por 1 minuto. Então expire, traga os quadris ligeiramente para trás sem elevar os cotovelos e gentilmente abaixe as pernas até o chão. Tente manter as pernas estendidas e não flexione os joelhos ao baixá-las.

79. Mukta Hasta Śīrṣāsana Seis* *(fotos 200 e 201)*

Mukta significa livre. *Hasta* significa mão. Esta é a variação de *śīrṣāsana* mais difícil de dominar. Aquele que a faz com conforto se tornou um mestre perfeito no apoio sobre a cabeça. É comparativamente fácil equilibrar-se neste *āsana*, mas é extremamente difícil subir e descer mantendo as pernas estendidas, sem flexionar os joelhos.

Técnica

1. Estenda no chão um cobertor dobrado em quatro e ajoelhe-se perto dele.
2. Incline o corpo para a frente e apoie o topo da cabeça no cobertor.
3. Estenda os braços em frente ao peito, na direção dos pés, e apoie a parte posterior dos pulsos no chão. Mantenha os braços estendidos, com as palmas das mãos para cima. A distância entre os pulsos deve ser a mesma que a distância entre os ombros.
4. Eleve o tronco até que esteja perpendicular ao chão. Pressione os pulsos suavemente contra o chão, expire e eleve os pés (foto 199). Firme as pernas e, lentamente, eleve-as até que estejam perpendiculares ao chão (visão lateral: foto 200).
5. Permaneça na postura por 1 minuto, respirando normalmente. Mantenha os braços retos, estique os cotovelos e erga os ombros o mais alto que puder do chão, sem perturbar a posição dos pulsos (visão frontal: foto 201).

Yogāsanas

199

200

201

205

6. Expire, leve os quadris ligeiramente para trás e abaixe as pernas aos poucos até o chão, com o peso do corpo ligeiramente na direção dos pulsos.
7. Então levante a cabeça, sente-se e relaxe.

Nota: Uma vez dominadas as variações de *śīrṣāsana*, é possível trocar a posição das mãos mantendo o equilíbrio sobre a cabeça. Neste caso, não será necessário sair da postura para mudar a posição das mãos. Isso deve ser aprendido gradualmente; do contrário, a pessoa poderá gerar tensão no pescoço e nos ombros.

80. *Pārśva Śīrṣāsana* Oito* *(fotos 202 e 203)*

Pārśva significa lado ou flanco. Nesta variação de *śīrṣāsana*, o tronco e as pernas são girados lateralmente para ambos os lados enquanto se mantém o equilíbrio, sem perturbar a posição da cabeça ou das mãos.

Técnica

1. A partir de *sālamba śīrṣāsana I* (foto 184), expire e gire a coluna para a direita; sem mexer a cabeça e as mãos, gire o corpo para o lado (visão frontal: foto 202; visão das costas: foto 203).

202   203

2. As pernas e o umbigo devem girar 90 graus em relação à posição original, como nas fotos. Deve-se sentir o alongamento perto da região das costelas flutuantes.
3. Mantenha a postura por 20 a 30 segundos, respirando normalmente.
4. Expire, retorne para *sālamba śīrṣāsana I*. Respire 1 vez, expire e repita a postura do lado esquerdo, pelo mesmo tempo. Expire e volte para a posição ereta de *sālamba śīrṣāsana I*.

Efeitos

Este *āsana* torna a coluna forte e flexível.

81. Parivṛttaika Pāda Śīrṣāsana Dez* (fotos 205, 206 e 207)

Parivṛtta significa revolvido, girado. *Eka* significa um, e *pāda,* perna. Nesta variação de *śīrṣāsana*, as pernas são separadas e giram com o tronco para os lados, enquanto o equilíbrio é mantido sem perturbação da posição da cabeça e das mãos.

Técnica

1. Depois de completar *pārśva śīrṣāsana* (foto 202), separe as pernas, leve a perna direita para a frente e a esquerda para trás na mesma proporção (foto 204).

204

205

Então expire e gire a coluna para a esquerda de modo que as pernas se movam 90 graus lateralmente no sentido horário (visão lateral: foto 205).

2. Depois de girar para o lado, mantenha as pernas firmes como um bastão, tensionando os músculos isquiotibiais, os joelhos e as panturrilhas.

206

207

3. Separe as pernas ainda mais e permaneça nesta posição por 20 a 30 segundos, procurando respirar normalmente.
4. Expire, volte para *sālamba śīrṣāsana I*. A seguir, leve a perna esquerda para a frente e a direita para trás, gire a coluna para a direita de modo que as pernas se movam 90 graus no sentido anti-horário (visão frontal: foto 206; da visão das costas: foto 207). Permaneça nesta posição pelo mesmo tempo. Expire e retorne para *sālamba śīrṣāsana I*.

Efeitos

Este *āsana* desenvolve os músculos das pernas e tonifica os rins, a bexiga, a próstata e os intestinos.

82. Eka Pāda Śīrṣāsana Onze* (fotos 208 e 209)

Eka significa um. *Pāda* é perna. Esta variação de *śīrṣāsana* é feita descendo uma perna em direção ao chão em frente à cabeça e mantendo a outra perna verticalmente para cima.

Técnica

1. Depois de permanecer de acordo com a sua capacidade em *sālamba śīrṣāsana I*, expire e abaixe a perna direita até o chão em frente à cabeça (visão lateral: foto 208).
2. Enquanto a perna direita estiver descendo e quando estiver apoiada no chão, a perna esquerda deve permanecer verticalmente para cima como em *śīrṣāsana*.
3. No começo, sente-se uma tremenda tensão no pescoço. A perna esquerda também é puxada para a frente e para baixo. Para vencer isso, mantenha as pernas rígidas nos joelhos e alongue a musculatura da parte posterior das coxas de ambas as pernas. Firme também os músculos da parte inferior mediana do abdômen.
4. Os joelhos e os dedos dos pés de ambas as pernas devem estar alinhados e não inclinados para os lados.
5. Permaneça na postura por 10 a 20 segundos, respirando profundamente. Expire e erga a perna direita de volta para *śīrṣāsana*.

6. Após permanecer em *śīrṣāsana* por um tempo, abaixe a perna esquerda até o chão (visão frontal: foto 209). Depois de mantê-la no chão pelo mesmo tempo, expire e volte para *śīrṣāsana*.

208

209

7. Ao descer ou subir as pernas, mantenha-as estendidas e não flexione os joelhos. Se os joelhos se dobram, perde-se o equilíbrio sobre a cabeça.

Efeitos

Esta é uma postura difícil, então talvez não seja possível chegar até o chão no começo. Aos poucos, à medida que as pernas se tornarem mais flexíveis e as costas mais fortes, a perna vai alcançar o chão e se apoiar sem que se perca o equilíbrio sobre a cabeça. Este *āsana* fortalece o pescoço bem como as paredes abdominais. Os órgãos abdominais são contraídos e isso faz com que funcionem bem.

83. *Pārśvaika Pāda Śīrṣāsana* Doze* *(foto 210)*

Pārśva significa ao lado. *Eka* é um e *pāda* é perna. Nesta postura, uma perna desce ao lado até o chão, alinhada com a cabeça, enquanto a outra permanece verticalmente para cima.

Técnica

1. Faça esta postura depois de completar *eka pāda śīrṣāsana* (fotos 208 e 209) como descrito anteriormente.
2. Expire e abaixe a perna direita para o lado direito, colocando-a no chão alinhada com a cabeça (foto 210). Mantenha a perna esquerda ereta como em *śīrṣāsana*.

210

3. É mais difícil manter o equilíbrio nesta postura do que em *eka pāda śīrṣāsana*. Para se equilibrar sobre a cabeça nesta postura, alongue os músculos posteriores das coxas de ambas as pernas, firme os joelhos e os músculos das virilhas na região ilíaca do abdômen do lado da perna que desce.
4. Fique nesta postura por 10 a 20 segundos, respirando profundamente. Alongue a parte anterior e posterior das coxas e, com uma expiração, traga a perna direita de volta para a posição de *śīrṣāsana*.

5. Permaneça em *śīrṣāsana* por algum tempo e em seguida expire e abaixe a perna esquerda ao lado até o chão de modo que fique alinhada com a cabeça. Mantenha a posição pelo mesmo tempo deste lado. Então expire e volte para *śīrṣāsana*.
6. Não flexione os joelhos ao abaixar ou elevar as pernas ou você perderá o equilíbrio.

Efeitos

Este *āsana* confere vigor ao pescoço, às paredes abdominais e às coxas. Ele tonifica e fortalece os intestinos e a coluna.

84. *Ūrdhva Padmāsana em Śīrṣāsana* Seis* *(foto 211)*

Ūrdhva significa acima ou no alto. *Padmāsana* (foto 104) é a postura de lótus descrita anteriormente. Nesta variação, faz-se *padmāsana* na posição do apoio sobre a cabeça.

Técnica

1. Esta postura deve ser feita depois de *eka pāda śīrṣāsana* (fotos 208 e 209) e *pārśvaika pāda śīrṣāsana* (foto 210). Depois de completar essas duas posturas,

211   212

cruze as pernas como em *padmāsana*. Coloque primeiro o pé direito sobre a coxa esquerda e depois o pé esquerdo sobre a coxa direita.
2. Pressione os joelhos para perto um do outro e alongue as coxas verticalmente para cima (foto 211).
3. Mantenha esta posição por 30 segundos com respiração uniforme e profunda. Então expire e leve as coxas o máximo que puder para trás (foto 212).

213

214

215

216

4. Descruze as pernas e retorne para *śīrṣāsana*. Agora cruze as pernas do outro jeito, primeiro colocando o pé esquerdo sobre a coxa direita e depois o pé direito sobre a coxa esquerda. Permaneça assim também por 30 a 60 segundos e em seguida estenda as coxas para trás.
5. Ao alongar as coxas para cima, não mude a posição da cabeça ou do pescoço.

Efeitos

Esta postura dá uma tração extra na região dorsal, nas costelas e na região pélvica. Consequentemente, o peito se expande completamente e o sangue circula corretamente pela região pélvica. Para dar um alongamento ainda maior, pode-se realizar a postura girando o tronco lateralmente mantendo o equilíbrio sobre a cabeça. Esta postura chama-se:

85. Pārśva Ūrdhva Padmāsana em Śīrṣāsana Sete* (fotos 213 a 216)

(*Pārśva* significa flanco.)

86. Piṇḍāsana em Śīrṣāsana Seis* (foto 218)

Piṇḍa significa embrião. A partir de *padmāsana* na postura do apoio sobre a cabeça (foto 211), os quadris são flexionados e as pernas descem na direção das axilas.

Técnica

1. Faça *padmāsana* em *śīrṣāsana* como descrito anteriormente (foto 211). Expire, flexione os quadris (foto 217) e respire 2 vezes. Novamente com uma expiração, abaixe as pernas até que elas toquem os braços perto das axilas (foto 218).
2. Permaneça nesta postura por 20 a 30 segundos respirando normalmente.
3. Inspire, retorne para *ūrdhva padmāsana*, descruze as pernas e permaneça em *śīrṣāsana* por algum tempo. Então cruze as pernas do modo inverso e repita a postura.
4. Descruze uma perna de cada vez, estenda-as de novo em *śīrṣāsana* e, mantendo-as estendidas, abaixe-as aos poucos até o chão com uma expiração.

217   218

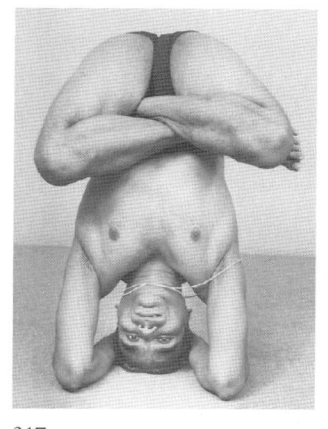

Efeitos

Esta postura tem os mesmos efeitos da anterior. Além disso, os órgãos abdominais são tonificados pela contração e por um suprimento adicional de sangue.

87. Sālamba Sarvāṅgāsana I Dois* *(fotos 223, 224 e 234)*

Ālamba significa apoio ou suporte, e *sa* significa junto com ou acompanhado de. *Sālamba*, portanto, significa suportado ou sustentado. *Sarvāṅga* (*sarva* = tudo, inteiro, completo; *aṅga* = membro ou corpo) significa o corpo inteiro ou todos os membros. Nesta postura, o corpo todo se beneficia do exercício, daí o nome.

Técnica para iniciantes

1. Deite-se de costas no tapete mantendo as pernas estendidas, com os joelhos firmes. Coloque as mãos ao lado das pernas, palmas das mãos voltadas para baixo (foto 219). Respire profundamente algumas vezes.
2. Expire, flexione os joelhos e leve as pernas em direção ao ventre até que as coxas o pressionem (foto 220). Respire 2 vezes.

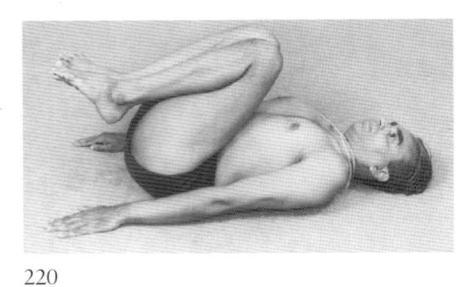

219

220

3. Com uma expiração, erga os quadris do chão e apoie as mãos neles, flexionando os cotovelos (foto 221). Respire 2 vezes.
4. Expire, eleve o tronco perpendicularmente para cima, sustentado pelas mãos, até que o peito toque o queixo (foto 222).

221

222

5. Só a parte posterior da cabeça e do pescoço, os ombros e a parte posterior dos braços até os cotovelos devem tocar o chão. Coloque as mãos na parte média da coluna como na foto 222. Respire 2 vezes.
6. Expire e estique as pernas, com os dedos dos pés apontando para cima (visão frontal: foto 223; visão das costas: foto 224).

223

224

7. Permaneça nesta posição por 5 minutos com respiração uniforme.
8. Expire e abaixe-se gradativamente, solte as mãos, deite-se e relaxe.
9. Se você não consegue fazer este *āsana* sem apoio, use um banco e siga a técnica. Veja a foto 225.

Técnica para alunos avançados

1. Deite-se de costas no tapete.
2. Mantenha as pernas estendidas, com os joelhos firmes. Coloque as mãos ao lado das pernas, palmas das mãos voltadas para baixo (foto 219).
3. Respire profundamente algumas vezes. Expire lentamente e ao mesmo tempo levante as duas pernas juntas, até estarem em um ângulo reto com o corpo, como nas fotos 226, 227 e 228. Permaneça nesta posição e inspire, mantendo as pernas firmes.

225

226

227

228

4. Expire, eleve ainda mais as pernas, erguendo os quadris e as costas do chão, pressionando as palmas das mãos levemente contra o chão, como nas fotos 229, 230 e 231.

229

230

231

232

5. Quando o tronco inteiro tiver saído do chão, flexione os cotovelos e coloque as palmas das mãos nas costelas posteriores, apoiando bem os ombros no chão (foto 232).
6. Utilize a pressão das palmas das mãos e eleve o tronco e as pernas verticalmente para cima, como na foto 233, de modo que o esterno pressione o queixo bloqueando-o firmemente. A contração da garganta e a pressão do queixo contra o esterno fazendo um bloqueio do queixo é conhecida como *jālandhara bandha*. Lembre-se de trazer o peito para a frente para tocar o queixo e não de levar o queixo em direção ao peito. Neste último caso, a coluna não será completamente estendida e o efeito total do *āsana* não será sentido.

7. Só devem estar em contato com o chão a parte posterior da cabeça e do pescoço, os ombros e a parte superior dos braços até os cotovelos. O restante do corpo deve estar em uma linha reta, perpendicular ao chão. Esta é a posição final (visão lateral: foto 234).
8. No começo, há uma tendência das pernas saírem da posição vertical. Para corrigir isto, contraia os músculos posteriores das coxas e estenda-se verticalmente para cima.

233

234

9. Os cotovelos não devem estar mais separados que os ombros. Tente estender os ombros para longe do pescoço e aproximar os cotovelos um do outro. Se os cotovelos ficarem afastados, o tronco não poderá ser puxado para cima apropriadamente, e a postura estará incorreta. Certifique-se também de que o pes-

coço esteja alinhado com o centro do queixo em contato com o esterno. No começo, o pescoço se desvia para o lado e, se essa tendência não for corrigida, causará dor e danos ao pescoço.
10. Permaneça nesta posição por pelo menos 5 minutos. Aos poucos, aumente o tempo para 15 minutos, o que não terá efeitos prejudiciais.
11. Solte as mãos, escorregue até o chão, deite-se e relaxe.

Uma vez que o peso de todo o corpo recai sobre o pescoço e os ombros e as mãos são usadas como apoio, este *āsana* é chamado de *sālamba sarvāṅgāsana*. Em *sarvāṅgāsana* há vários movimentos que podem ser feitos além da postura básica descrita antes.

Efeitos

É impossível superestimar a importância de *sarvāṅgāsana*. Ela é uma das maiores bênçãos conferidas à humanidade por nossos antigos sábios. *Sarvāṅgāsana* é a mãe dos *āsanas*. Assim como uma mãe se esforça pela harmonia e felicidade do lar, este *āsana* trabalha pela harmonia e felicidade do sistema humano; é excelente para a maioria das afecções comuns. No organismo humano, existem vários órgãos endócrinos ou glândulas de secreção interna que são banhadas pelo sangue e absorvem seus nutrientes, secretando hormônios para o funcionamento apropriado de um corpo e de um cérebro equilibrado e bem desenvolvido. Se as glândulas deixam de funcionar apropriadamente, os hormônios não são produzidos como deveriam, e o corpo começa a se deteriorar. É surpreendente como muitos *āsanas* têm um efeito direto sobre as glândulas e ajudam-nas a funcionar corretamente. *Sarvāṅgāsana* faz isso com as glândulas tireoide e paratireoides, que estão localizadas na região do pescoço. Em virtude do bloqueio firme do queixo, o suprimento de sangue para estas glândulas é aumentado. Ademais, como o corpo está invertido, o sangue venoso flui para o coração sem nenhum esforço, pela força da gravidade. Há uma circulação de sangue arterial no pescoço e no peito. Como resultado, pessoas que sofrem de falta de ar, palpitação, asma, bronquite e afecções da garganta encontram alívio. Como a cabeça permanece firme nesta postura invertida, e o suprimento de sangue para ela é regulado pelo bloqueio do queixo, os nervos são acalmados e as dores de cabeça – mesmo as crônicas – desaparecem. A prática regular deste *āsana* erradica resfriados comuns e outros distúrbios nasais. Devido ao efeito calmante da postura sobre os nervos, aqueles que sofrem de hipertensão, irritação, irascibilidade, neurastenia e insônia sentem alívio. A mudança da gravidade do corpo também afeta os órgãos abdominais, de modo que os intestinos se movimentam livremente e a prisão de ventre desaparece. Como resultado, o sistema se livra das toxinas e a pessoa se sente cheia de energia. Este *āsana* é recomendado para distúrbios urinários e deslocamento do útero, problemas menstruais, hemorroidas e hérnias. Ele também auxilia no alívio à epilepsia, baixa vitalidade e anemia. Não é exagero dizer que, se uma pessoa praticar regularmente *sarvāṅgāsana*, sentirá um novo vigor e força, alegria e confiança. Vida nova vai fluir dentro dela, sua mente estará em paz, e ela sentirá alegria de viver. Após uma doença longa, a prática regular deste *āsana* 2 vezes ao dia traz de volta a vitalidade perdida. O ciclo de *sarvāṅgāsana* ativa os órgãos abdominais e traz alívio a quem padece de úlceras gástricas ou intestinais, dores abdominais severas e colite.

Pessoas que sofrem de pressão alta não devem realizar *sālamba sarvāṅgāsana I*, a não ser que façam *halāsana* (foto 244) primeiro e possam permanecer nesta postura por pelo menos 3 minutos.

Halāsana está descrito na página 228 (foto 244).

O ciclo de sarvāṅgāsana

Esses diferentes movimentos podem ser praticados em sequência depois de manter *sarvāṅgāsana I* (foto 223) por 5 a 10 minutos ou mais, de acordo com a capacidade de cada um. Faça-os por 20 a 30 segundos de cada lado, exceto *halāsana*, que deve durar de 3 a 5 minutos sem interrupção.

88. Sālamba Sarvāṅgāsana II Três* (foto 235)

Esta postura é um pouco mais difícil que a primeira.

Técnica

1. Faça *sālamba sarvāṅgāsana I* (foto 223).
2. Solte as mãos das costas, entrelace os dedos, gire os pulsos e estenda os braços. Os polegares então vão tocar no chão e as palmas das mãos estarão voltadas para fora (foto 235). A cabeça vai estar de um lado do corpo estendido verticalmente para cima, e os braços estarão do outro.
3. Mantenha as pernas e as costas tão estáveis quanto possível.
4. Esta postura pode ser feita por 1 minuto, depois de *sarvāṅgāsana I*.

235

Efeitos

Como o equilíbrio é mantido por meio da extensão dos músculos das costas e como o peso do corpo recai sobre a parte posterior do pescoço, as costas e o pescoço ganham força. Os músculos dos braços também são tonificados.

89. Nirālamba Sarvāṅgāsana I Três* (foto 236)

Ālamba significa apoio, suporte, enquanto *nir* dá o sentido de distante, sem, livre de. *Nirālamba*, portanto, significa sem suporte. Essa variação de *sarvāṅgāsana* é mais difícil que as duas anteriores, pois aqui o corpo não tem o suporte dos braços e tanto o peso do corpo quanto o equilíbrio são mantidos pelos músculos do pescoço, das costas e do abdômen, que deste modo são fortalecidos.

Técnica

1. Faça *sālamba sarvāṅgāsana I* (foto 223).
2. Solte as mãos, leve-as acima da cabeça, apoie os braços estendidos no chão ao lado da cabeça e equilibre-se (foto 236).

236

3. Esta postura também pode ser mantida por 1 minuto.

90. Nirālamba Sarvāṅgāsana II Quatro* *(foto 237)*

Esta é a mais difícil das posturas de *sarvāṅgāsana*. Ela permite que se alongue a coluna vertebral mais do que nas outras e, desse modo, ajuda a aperfeiçoar *sālamba sarvāṅgāsana* (foto 223).

Técnica

1. A partir da postura anterior, eleve as mãos e coloque as palmas nos joelhos ou ao lado deles (foto 237). Não descanse as pernas sobre as palmas das mãos.

237

2. Permaneça na postura por 1 minuto. Então volte para *sālamba sarvāṅgāsana I* por algum tempo, entre em *halāsana* (foto 244) e continue com os outros movimentos de *sarvāṅgāsana* um após o outro.

Efeitos

Com a prática dos diversos movimentos de *sarvāṅgāsana*, o corpo inteiro é tonificado em virtude do aumento do fluxo sanguíneo e da eliminação dos resíduos alimentares formadores de toxinas. Estes *āsanas* têm o efeito estimulante dos tônicos. Após a convalescença, pode-se praticá-los para uma recuperação mais rápida da debilitação.

91. *Halāsana* Quatro* *(foto 244)*

Hala significa arado. O formato desta postura se assemelha ao de um arado, daí o nome. Ela é parte e continuação de *sarvāṅgāsana I*.

Técnica

1. Faça *sālamba sarvāṅgāsana I* (foto 223) com um firme bloqueio do queixo.
2. Libere o bloqueio do queixo, abaixe o tronco ligeiramente, levando os braços e as pernas por sobre a cabeça e apoiando os dedos dos pés no chão (foto 238).
3. Firme os joelhos puxando os músculos isquiotibiais na parte posterior das coxas e eleve o tronco (foto 239).

238

239

4. Coloque as mãos no meio das costas e pressione-as para manter o tronco perpendicular ao chão (foto 240).
5. Estenda os braços no chão na direção oposta à das pernas (foto 241).
6. Entrelace os polegares e alongue os braços e as pernas (foto 242).
7. Entrelace os dedos das mãos (foto 243) e gire os punhos de modo que os polegares toquem no chão (foto 244). Alongue as palmas das mãos juntamente com os dedos, firme os cotovelos e puxe os braços a partir dos ombros.

Yogāsanas

240

241

8. As pernas e as mãos são estendidas em direções opostas, e isso estende a coluna completamente.

242

243

244

227

9. Ao entrelaçar os dedos, é aconselhável trocar de cruzamento. Suponha que o polegar direito toque no chão primeiro, mantenha a posição por 1 minuto. Então solte o cruzamento e leve primeiro o polegar esquerdo até o chão, siga entrelaçando dedo a dedo e estenda os braços pelo mesmo tempo. Isto proporcionará flexibilidade e um desenvolvimento harmônico de ambos os ombros, cotovelos e punhos.
10. No começo, o entrelaçamento dos dedos será difícil, mas ficará fácil com a prática gradual das posições acima mencionadas.
11. No início também é difícil manter os dedos dos pés firmemente no chão atrás da cabeça. Se você aumentar a permanência e o alongamento em *sarvāṅgāsana I* (foto 223) antes de entrar em *halāsana*, os dedos dos pés conseguirão ficar mais tempo no chão.
12. Permaneça na postura ao seu alcance por 1 a 5 minutos, respirando normalmente.
13. Solte as mãos. Eleve as pernas para *sarvāṅgāsana I* e, gradativamente, deslize até o chão. Deite-se de costas e relaxe.

Efeitos

Os efeitos de *halāsana* são os mesmos de *sarvāṅgāsana I* (foto 223). Além disso, os órgãos abdominais são rejuvenescidos devido à contração. A coluna recebe um suprimento extra de sangue devido à flexão para a frente, o que ajuda a aliviar dores nas costas. Com o entrelaçamento e o estiramento das palmas das mãos e dedos se curam cãibras nas mãos. Pessoas que sofrem de rigidez nos ombros e cotovelos, lumbago e artrite nas costas encontram alívio neste *āsana*. Cólicas abdominais devido a gases também são aliviadas e a sensação de leveza é imediata.

A postura é boa para pessoas com tendência à pressão alta. Se elas fizerem *halāsana* primeiro e depois *sarvāṅgāsana I*, não terão a sensação de rubor ou de congestão na cabeça.

Halāsana é uma postura preparatória para *paśchimōttānāsana* (foto 160). Com o progresso em *halāsana*, a mobilidade resultante das costas permitirá que a pessoa faça *paśchimōttānāsana* bem.

Nota: Para pessoas que sofrem de hipertensão arterial, recomenda-se realizar *halāsana* antes de se tentar *sālamba sarvāṅgāsana I*, de acordo com a técnica a seguir.

Técnica

1. Deite-se de costas no chão.
2. Expire, erga lentamente as pernas para a posição perpendicular e permaneça assim por cerca de 10 segundos, respirando normalmente.
3. Expire, leve as pernas para além da cabeça e toque o chão com os dedos dos pés. Mantenha os dedos no chão e os joelhos firmemente estendidos.
4. Se você tiver dificuldade para manter os dados dos pés no chão, coloque uma cadeira ou banquinho atrás da cabeça para apoiar os dedos.
5. Se a respiração ficar pesada ou rápida, não apoie os dedos dos pés no chão, e sim em uma cadeira ou banquinho. Desta forma, não se sente pressão ou congestão na cabeça.
6. Estenda os braços acima da cabeça, mantenha-os no chão e permaneça nesta posição com respiração normal por 3 minutos.
7. Ao longo deste *āsana*, volte o olhar para a ponta do nariz com os olhos fechados.

92. *Karṇapīḍāsana* Um* *(foto 246)*

Karṇa significa orelha. *Pīḍa* significa dor, desconforto ou pressão. *Karṇapīḍāsana* é uma variação de *halāsana* e pode ser feita junto com ela.

Técnica

1. Faça *halāsana* (foto 244) e, quando completar o limite de tempo na postura, flexione os joelhos e apoie o joelho direito ao lado da orelha direita e o joelho esquerdo ao lado da orelha esquerda.
2. Ambos os joelhos devem estar apoiados no chão, pressionando as orelhas.
3. Mantenha os dedos dos pés estendidos e una os calcanhares e os dedos. Apoie as mãos na parte posterior das costelas (foto 245) ou entrelace os dedos das mãos e estenda os braços (foto 246) como em *halāsana*.
4. Permaneça nesta posição por 30 a 60 segundos, respirando normalmente.

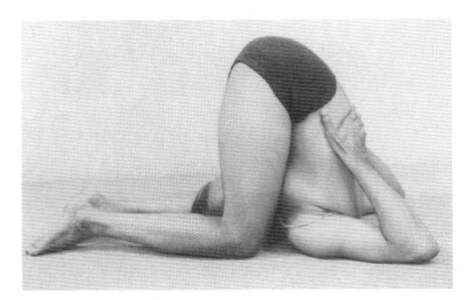

245

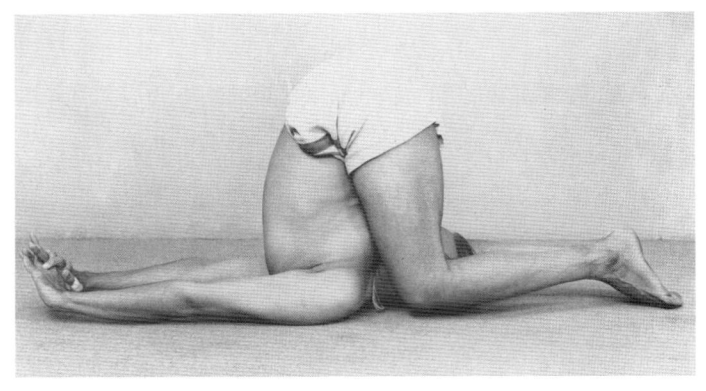

246

Efeitos

Este *āsana* repousa o tronco, o coração e as pernas. A coluna é mais estendida quando os joelhos são flexionados, e isto promove a circulação sanguínea em torno da cintura.

93. Supta Koṇāsana Dois *(foto 247)*

Supta significa deitado, e *koṇa*, ângulo. É uma variação de *halāsana* na qual as pernas são afastadas.

Técnica

1. A partir de *karṇapīdāsana* (foto 246), estenda as pernas e afaste-as o máximo que puder.
2. Puxe o tronco para cima e firme os joelhos.
3. Segure o dedão do pé direito com a mão direita e o dedão do pé esquerdo com a mão esquerda. Mantenha os calcanhares para cima. Depois de agarrar os dedões, eleve ainda mais a região da coluna dorsal e estenda os músculos isquiotibiais (fotos 247 e 248).
4. Fique na postura por 20 a 30 segundos, respirando normalmente.

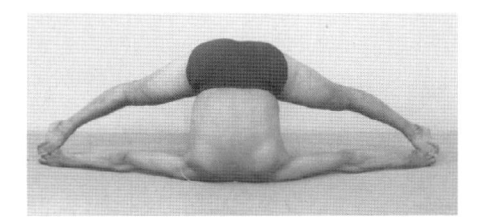

247

248

Efeitos

Esta postura tonifica as pernas e ajuda a contrair os órgãos abdominais.

94. *Pārśva Halāsana* Quatro* *(foto 249)*

Em *halāsana* (foto 244), as duas pernas são apoiadas atrás da cabeça. Nesta postura, elas se apoiam ao lado, alinhadas com a cabeça. Esta é a postura lateral do arado.

Técnica

1. Faça *supta koṇāsana* (foto 247) e retorne para *halāsana*.
2. Apoie as palmas das mãos na parte posterior das costelas (foto 240).

3. Mova ambas as pernas o máximo que puder para a esquerda.

249

4. Firme os dois joelhos, eleve o tronco com a ajuda das mãos e alongue as pernas (foto 249).
5. Permaneça nesta posição por 30 segundos, respirando normalmente.
6. Expire, mova as pernas para o lado direito até que estejam alinhadas com a cabeça e mantenha a postura por 30 segundos. Não altere a posição do peito e do tronco ao mover as pernas. O peito e o tronco devem permanecer como em *sarvāṅgāsana* ou *halāsana*.

Efeitos

Neste *āsana*, a coluna se move lateralmente e se torna mais flexível. O cólon, que fica invertido durante o movimento, é devidamente estimulado, e a eliminação será completa. Pessoas que sofrem de prisão de ventre crônica ou aguda – mãe de diversas doenças – se beneficiam muito deste *āsana*. Quando há lixo na porta de casa, nos sentimos mal. Não será muito pior se permitirmos que o excremento gerador de toxinas se acumule em nosso próprio sistema? Quando esses resíduos não são eliminados, as doenças invadem nosso corpo como ladrões e roubam nossa saúde. Se os intestinos não se movem livremente, a mente fica entorpecida, e a pessoa se sente pesada e irritadiça. Este *āsana* ajuda a manter os intestinos livres e a conquistar o prêmio da saúde.

95. Eka Pāda Sarvāṅgāsana Cinco* (foto 250)

Eka significa um, único. *Pāda* significa pé. Nesta variação de *sarvāṅgāsana*, uma perna está no chão em *halāsana* enquanto a outra está na posição vertical alinhada com o tronco.

Técnica

1. Faça *sālamba sarvāṅgāsana I* (foto 223).
2. Mantenha a perna esquerda para cima em *sarvāṅgāsana*. Expire e abaixe a perna direita até o chão em *halāsana* (foto 250). A perna deve permanecer firme e estendida, sem flexão do joelho.

250

3. Com a perna direita apoiada no chão, o joelho esquerdo deve ser mantido estendido e sem inclinação para os lados. A perna esquerda deve permanecer reta, de frente para a cabeça.
4. Permaneça na postura por 20 segundos, respirando normalmente.
5. Expire, eleve a perna direita de volta para *sarvāṅgāsana* e então abaixe a perna esquerda até o chão em *halāsana*, mantendo a perna direita firme e na vertical. Erguer a perna do chão de volta para *sarvāṅgāsana* exercita mais os órgãos abdominais do que quando as duas pernas descem para *halāsana*.
6. Permaneça pelo mesmo tempo de cada lado.

Efeitos

Este *āsana* tonifica os rins e os músculos das pernas.

96. Pārśvaika Pāda Sarvāṅgāsana Seis* (foto 251)

Pārśva significa lado. Em *eka pāda sarvāṅgāsana* (foto 250), uma perna é abaixada atrás da cabeça, ao passo que aqui ela fica na lateral, alinhada com o tronco.

Técnica

1. Faça *eka pāda sarvāṅgāsana* dos dois lados como descrito antes e retorne para *sarvāṅgāsana*.
2. Expire, abaixe a perna direita ao lado em direção ao chão até que esteja alinhada com o tronco (foto 251). Mantenha a perna direita estendida e rija e não flexione o joelho.
3. A perna esquerda que está verticalmente para cima deve permanecer reta sem inclinar-se para a direita. As costelas devem ser elevadas com as palmas das mãos a fim de expandir totalmente o tórax.
4. Permaneça na postura por 20 segundos respirando normalmente, expire e volte para *sarvāṅgāsana*. Repita com a outra perna pelo mesmo tempo e retorne para *sarvāṅgāsana*.

251

Efeitos

Esta postura alivia a constipação e também tonifica os rins.

97. Pārśva Sarvāṅgāsana Nove* (foto 254)

Pārśva significa lado ou flanco. Esta variação de *sarvāṅgāsana* é realizada com uma torção lateral do tronco.

Técnica

1. A partir de *sālamba sarvāṅgāsana I* (foto 223), gire o tronco e as pernas para a direita.

2. Coloque a palma da mão esquerda no quadril esquerdo, de modo que o cóccix se apoie no pulso (foto 252). Abaixe o corpo sobre a mão esquerda e suporte o peso do corpo sobre o cotovelo e o pulso esquerdos (foto 253).

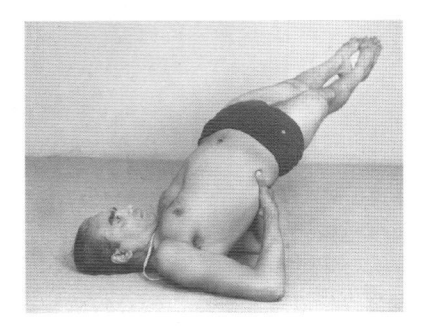

252   253

3. A palma da mão direita permanece como em *sarvāṅgāsana*, na região dorsal das costas.
4. Mova as pernas por cima da palma da mão esquerda criando um ângulo (foto 254) e permaneça nesta posição por 20 segundos, respirando normalmente.
5. Expire, retorne para *sālamba sarvāṅgāsana I* e repita do outro lado, pelo mesmo tempo (foto 255).

Efeitos

Este *āsana* fortalece os pulsos. Ele também exercita o fígado, o pâncreas e o baço e assegura a eles um suprimento generoso de sangue. Esses órgãos, portanto, se mantêm em condições saudáveis.

254

255

98. Setu Bandha Sarvāṅgāsana – também chamado uttāna mayūrāsana – Dez* (foto 259)

Setu significa ponte, e *setu bandha* significa a formação ou construção de uma ponte. Nesta posição, o corpo é arqueado e se apoia nos ombros e nas plantas dos pés. O arco formado tem o suporte das mãos na cintura.

Ut significa intenso e *tān* significa alongar. Este *āsana* assemelha-se a um pavão (*mayūra*) estendido, daí o nome.

Técnica

1. Faça *sālamba sarvāṅgāsana* (foto 223).
2. Apoie bem as palmas das mãos nas costas, eleve a coluna, eleve as pernas, estendidas (foto 256) ou flexionadas (foto 257), passando por cima dos pulsos até o chão (foto 258). Estenda as pernas, mantendo-as unidas (foto 259).
3. O corpo todo forma uma ponte, cujo peso é sustentado pelos cotovelos e pulsos. As únicas partes do corpo em contato com o chão são a parte posterior da cabeça e do pescoço, os ombros, os cotovelos e os pés. Permaneça nesta postura de 30 segundos a 1 minuto, respirando normalmente.
4. É possível aliviar a pressão sobre os cotovelos e pulsos mediante o alongamento da coluna em direção ao pescoço, mantendo os calcanhares firmes no chão.

256

257

258

259

99. Eka Pāda Setu Bandha Sarvāṅgāsana – também chamado eka pāda uttāna mayūrāsana Onze* (foto 260)

Eka significa um e *pāda* significa pé. Esta é uma variação do *āsana* anterior com uma perna para cima.

260

Técnica

1. Depois de permanecer em *setu bandha sarvāṅgāsana* (foto 259), expire e eleve a perna direita à posição vertical (foto 260). Estenda ambas as pernas completamente e sustente esta postura por 10 segundos.
2. Inspire, abaixe a perna direita até o chão, expire, eleve a perna esquerda na vertical e estenda ambas as pernas totalmente. Permaneça pelo mesmo tempo deste lado. Inspire e leve a perna até o chão.
3. Expire, impulsione as pernas de volta para *sarvāṅgāsana* (foto 223), deslize-as gradualmente até o chão, soltando as mãos das costas, e repouse no chão.

Efeitos de setu bandha sarvāṅgāsana e eka pāda setu bandha sarvāṅgāsana

Estes dois *āsanas* dão à coluna um movimento para trás e removem a tensão do pescoço causada pelos outros movimentos de *sarvāṅgāsana*.

Uma coluna saudável e flexível indica um sistema nervoso saudável. Se os nervos estão saudáveis, o corpo e a mente estão saudáveis.

100. Ūrdhva Padmāsana em Sarvāṅgāsana Quatro* *(foto 261)*

Ūrdhva significa acima, alto. *Padma* significa lótus. Nesta variação de *sarvāṅgāsana*, em vez de se manter as pernas estendidas para cima, elas são flexionadas e cruzadas, de modo que o pé direito se apoia sobre a coxa esquerda e o pé esquerdo sobre a coxa direita, como na postura de lótus (foto 104).

Técnica

1. A partir de *sālamba sarvāṅgāsana*, flexione as pernas e cruze-as. Primeiro coloque o pé direito sobre a coxa esquerda, e então o pé esquerdo sobre a coxa direita.
2. Alongue as pernas cruzadas verticalmente para cima, aproxime mais os joelhos um do outro e leve as pernas o máximo que puder para trás da região pélvica (foto 261).

261

3. Permaneça nesta postura por 20 a 30 segundos, com a respiração profunda e uniforme.
4. Para aumentar o alongamento, faça a postura dando ao tronco uma torção lateral, seguindo a técnica de *pārśva sarvāṅgāsana* (foto 254). Esta postura se chama:

101. Pārśva Ūrdhva Padmāsana em Sarvāṅgāsana Sete* *(fotos 262 a 265)*

(*Pārśva* significa flanco)

5. Permaneça em cada lado por 10 a 15 segundos, respirando normalmente.
6. Expire, retorne para *ūrdhva padmāsana* e descanse por alguns instantes.
7. Agora, com uma expiração arqueie o tronco para trás (foto 266), seguindo a técnica de *setu bandha sarvāṅgāsana* (foto 259). Gradualmente alongue as coxas para trás até que os joelhos se apoiem no chão, formando uma ponte sobre as mãos, o que recebe o nome de:

102. Uttāna Padma Mayūrāsana Vinte e cinco* *(foto 267)*

Uttāna significa alongamento intenso, *padma* é lótus e *mayūra* é pavão.

8. Permaneça nesta posição por 10 a 15 segundos, respirando normalmente.
9. Expire, volte para *ūrdhva padmāsana*.
10. Descruze as pernas, retorne para *sālamba sarvāṅgāsana* e repita a postura, dessa vez colocando primeiro o pé esquerdo sobre a coxa direita e depois o pé direito sobre a coxa esquerda. Permaneça pelo mesmo tempo em todas essas posturas que nas anteriores.

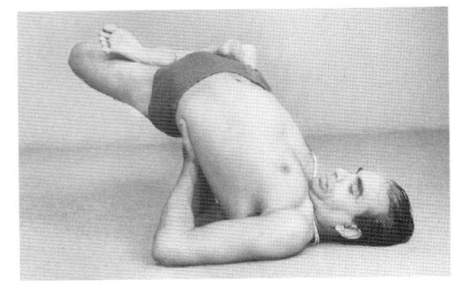

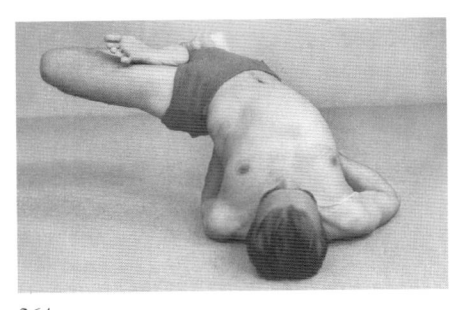

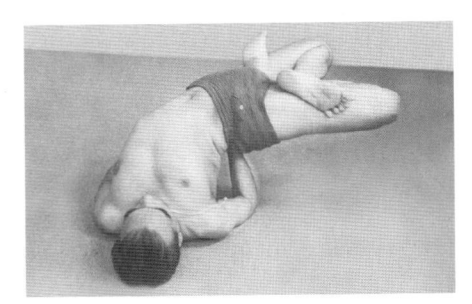

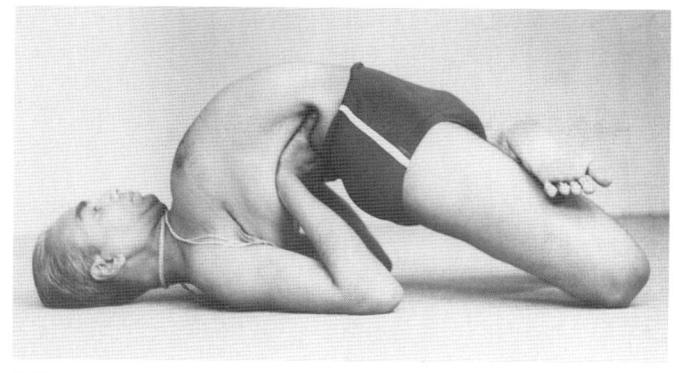

267

103. Piṇḍāsana em Sarvāṅgāsana Cinco* *(foto 269)*

Piṇḍa significa embrião ou feto. Nesta variação de *sarvāṅgāsana*, que é uma continuação da postura anterior, as pernas cruzadas são abaixadas até se apoiarem sobre a cabeça. A postura se assemelha à de um feto dentro do útero, daí o nome.

Técnica

1. A partir de *ūrdhva padmāsana* em *sarvāṅgāsana* (foto 261), expire, flexione e abaixe as pernas cruzadas desde o quadril em direção à cabeça.
2. Apoie as pernas por cima da cabeça (foto 268).

268

3. Solte as mãos das costas e abrace as pernas (foto 269). Ao abraçar as pernas, aproxime o tronco do pescoço, a fim de apoiar bem as pernas.
4. Permaneça nesta posição por 20 a 30 segundos, respirando normalmente, e retorne a *ūrdhva padmāsana* em *sarvāṅgāsana*.

269

104. Pārśva Piṇḍāsana em Sarvāṅgāsana Oito* (fotos 270 e 271)

Pārśva significa lado ou flanco. Nesta variação de *piṇḍāsana*, os dois joelhos cruzados são levados ao lado e apoiados no chão junto ao tronco. Esta é a postura lateral do feto em *sarvāṅgāsana*.

Técnica

1. Após soltar as mãos de *piṇḍāsana* (foto 269), leve-as para as costas e apoie as palmas das mãos na parte posterior das costelas (foto 268).

2. Gire os quadris para a direita, expire e baixe ambos os joelhos até o chão. O joelho esquerdo deve estar ao lado da orelha direita (foto 270).
3. No início, o ombro esquerdo se elevará do chão. Empurre-o contra o chão e pressione a mão esquerda firmemente nas costas. Caso contrário, você perderá o equilíbrio e rolará para o lado.
4. Devido à torção lateral, a respiração ficará acelerada e difícil, pois o diafragma é comprimido nesta posição.
5. O joelho que está próximo da orelha não chegará ao chão no começo; isso só ocorrerá após um longo tempo de prática.
6. Permaneça nesta posição por 20 a 30 segundos, respirando normalmente.
7. Expire, volte da postura para o lado direito e leve as pernas cruzadas para o lado esquerdo, de modo que o pé esquerdo fique perto da orelha esquerda (foto 271). Permaneça nesta posição pela mesma duração de tempo.

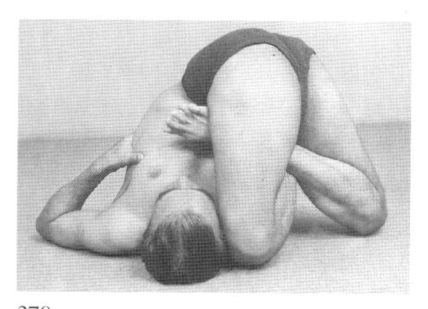

270

271

8. Retorne para *ūrdhva padmāsana* (foto 261). Saia da postura de lótus descruzando as pernas e volte para *sālamba sarvāṅgāsana*.
9. Agora troque o cruzamento das pernas. Cruze as pernas novamente, colocando o pé esquerdo sobre a coxa direita e depois o pé direito sobre a coxa esquerda, ao contrário do que foi feito antes.
10. Repita os movimentos novamente em ambos os lados como descrito.

Efeitos dos movimentos de ūrdhva padmāsana e de pārśva piṇḍāsana em sarvāṅgāsana

A troca do cruzamento das pernas traz igual pressão a ambos os lados do abdômen e do cólon e alivia a prisão de ventre. Para aqueles que sofrem de constipação crônica, recomenda-se uma permanência mais longa em *pārśva piṇḍāsana*; 1 minuto de cada lado será mais eficaz. Estas posturas aliviam dores abdominais intensas.

Pessoas com joelhos extremamente flexíveis conseguem realizar facilmente essas posturas. Entretanto, para muitos é difícil cruzar as pernas em *padmāsana*. Neste caso, recomenda-se uma permanência mais longa em *pārśva halāsana* (foto 249) – (na qual a coluna e o tronco também recebem uma torção lateral, mas as pernas permanecem estendidas).

Em todas essas posturas, a respiração inicialmente será rápida e trabalhosa. Tente manter a respiração normal.

Nota: Nestas variações de *sarvāṅgāsana*, a coluna faz movimentos para a frente, para os lados e para trás. Em *halāsana, eka pāda sarvāṅgāsana, karṇapīḍāsana* e *piṇḍāsana* a coluna se move para a frente. Em *pārśva eka pāda sarvāṅgāsana, pārśva halāsana* e *pārśva piṇḍāsana*, a coluna se move lateralmente, assim como em *pārśva sarvāṅgāsana* e *pārśva ūrdhva padmāsana*. Em *setu bandha* e *uttāna padma mayūra* faz-se um movimento para trás. Esses movimentos tonificam a coluna em todos os lados e a mantém saudável.

Diz-se que, na Era *Kṛta* (a primeira Era do Universo), um exército de Dānavās (gigantes e demônios) se tornou invencível nas batalhas, sob a liderança de Vṛtra, e dispersou os Devas (ou Deuses) em todas as direções. Percebendo que não poderiam reaver seu poder até que Vṛtra fosse destruído, os deuses apareceram diante de seu Grande Senhor, Brahmā, o criador. Brahmā os instruiu a consultar Viṣṇu, que pediu a eles que obtivessem os ossos de um sábio chamado Dadhīcha, para fabricar com eles uma arma de matar demônios. Os deuses surgiram diante do sábio e suplicaram tal dádiva, seguindo o conselho de Viṣṇu. O sábio renunciou ao seu corpo em benefício dos deuses. Com a coluna de Dadhīcha, criou-se Vajra, o relâmpago, com o qual Indra, o rei dos deuses, fulminou e matou Vṛtra.

Essa história é simbólica. Os Dānavās representam as doenças e os aspectos tamásicos* nos homens. Os Devas representam a saúde, a harmonia e a paz. Para destruir os aspectos tamásicos e as doenças decorrentes deles e desfrutar de saúde e paz, temos que tornar nossas colunas fortes como raios, como a coluna de Dadhīcha. Então gozaremos de saúde, harmonia e felicidade em abundância.

---

* Referente a tāmas. (N.T.)

105. Jaṭhara Parivartanāsana Cinco* (fotos 274 e 275)

Jaṭhara significa estômago, barriga. *Parivartana* significa girando, rolando, dando voltas.

Técnica

1. Deite-se de costas no chão (foto 219).
2. Estenda os braços para os lados alinhados com os ombros, de modo que o corpo pareça uma cruz.
3. Expire, erga as duas pernas juntas até que fiquem perpendiculares ao chão. Elas devem permanecer firmes como um bastão, então não flexione os joelhos (foto 272).
4. Permaneça nesta posição por algumas respirações. Então expire e leve as duas pernas para o lado esquerdo (foto 273) em direção ao chão, até que os dedos do pé esquerdo quase toquem as pontas dos dedos da mão esquerda estendida (foto 274). Tente manter as costas bem rentes ao chão. Nos estágios iniciais, o ombro direito sairá do chão. Para impedir isso, peça a um amigo para pressioná-lo para baixo ou segure um móvel pesado com a mão direita quando as pernas forem levadas para a esquerda.

272

273

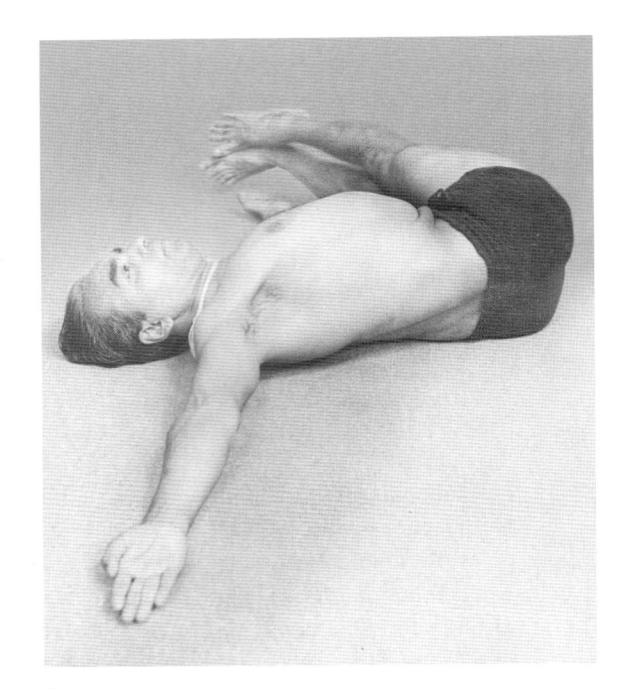

274

5. As duas pernas devem descer juntas, os joelhos devem permanecer firmes o tempo todo. Tanto quanto puder, mantenha a porção lombar das costas no chão e gire as pernas somente a partir dos quadris. Quando as pernas estiverem perto da mão esquerda estendida, mova o abdômen para a direita.
6. Permaneça nesta postura por cerca de 20 segundos, mantendo as pernas sempre estendidas. Então, com uma expiração, traga as pernas ainda firmes lentamente de volta para a vertical (foto 272).
7. Permaneça com as pernas na vertical por algumas respirações e então repita o movimento levando as pernas para a direita e girando o abdômen para a esquerda (foto 275). Permaneça pelo mesmo tempo e, depois, com uma expiração, retorne as pernas para a posição vertical (foto 272) e, suavemente, abaixe as pernas até o chão (foto 219) e relaxe.

Yogāsanas

275

Efeitos

Este *āsana* é bom para reduzir o excesso de gordura. Ele tonifica e elimina a lentidão do fígado, do baço e do pâncreas. Ele também cura gastrite e fortalece os intestinos. Sua prática regular mantém todos os órgãos abdominais em bom estado. Ele também alivia distensões e pinçamentos na parte baixa da coluna e na região dos quadris.

106. *Ūrdhva Prasārita Pādāsana* Um* *(fotos 276 a 279)*

Ūrdhva significa vertical, acima, alto. *Prasārita* significa estendido, alongado. *Pāda* significa pé.

Técnica

1. Deite-se de costas, mantendo as pernas estendidas e os joelhos firmes. Coloque as mãos ao lado das pernas (foto 219).

2. Expire, mova os braços acima da cabeça e estenda-os retos (foto 276). Respire 2 vezes.
3. Expire, eleve as pernas para 30 graus (foto 277) e mantenha a posição por 15 a 20 segundos, respirando normalmente.

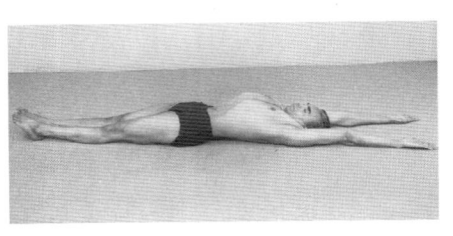

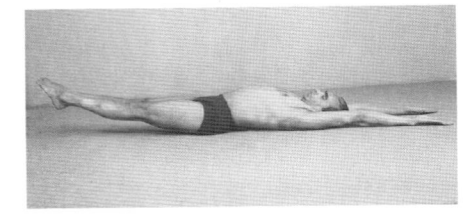

276

277

4. Expire, eleve as pernas para 60 graus (foto 278) e permaneça por 15 a 20 segundos, respirando normalmente.
5. Novamente, expire, erga ainda mais as pernas, para a vertical (foto 279) e mantenha a posição por 30 a 60 segundos, respirando normalmente.

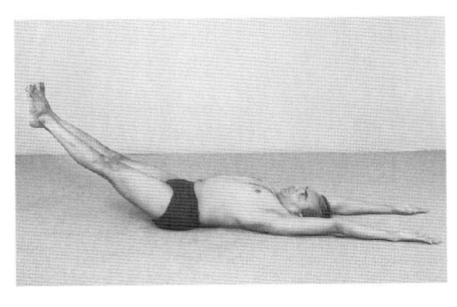

278

279

6. Agora, expire, abaixe as pernas lentamente até o chão e relaxe.
7. Repita 3 ou 4 vezes as posições do item 2 ao 6.

Nota. Se você não consegue fazer todas as três posições de uma só vez, faça-as em três etapas, descansando entre cada uma.

Efeitos

Este *āsana* é um exercício maravilhoso para reduzir a gordura em torno do abdômen. Ele fortalece a região lombar, tonifica os órgãos abdominais e traz alívio para quem sofre de problemas gástricos e flatulência.

107. Chakrāsana Quatro* *(fotos 280 a 283)*

Chakra significa roda. Para esta postura, deite-se no chão, erga ambas as pernas unidas e estendidas e leve-as por cima da cabeça em *halāsana* (foto 239). Apoie as mãos próximas às orelhas e role por cima da cabeça. Esse rolamento se assemelha ao movimento de uma roda, daí o nome.

Técnica

1. Deite-se de costas no chão (foto 219).
2. Expire, erga as pernas unidas, leve-as por cima da cabeça e apoie os dedos dos pés no chão como em *halāsana* (foto 239). Respire 2 ou 3 vezes.
3. Leve as mãos por cima da cabeça, flexione os cotovelos e apoie as palmas das mãos no chão ao lado dos ombros, os dedos apontando na direção oposta aos pés (foto 280).

280

281

282 283

4. Expire, pressione as palmas das mãos no chão e alongue as pernas ainda mais para elevar a parte posterior do pescoço e assim rolar sobre a cabeça, como nas fotos 281, 282 e 283.
5. Agora estenda os braços alinhados e entre em *adho mukha śvānāsana* (foto 75).
6. Flexione os cotovelos, abaixe o tronco até o chão, vire de costas e relaxe.

Efeitos

Este *āsana* tonifica os órgãos abdominais e a coluna. Devido ao movimento de rolamento, o sangue circula em torno da coluna vertebral e a rejuvenesce. Ele também é bom para pessoas que têm problemas gástricos e fígado lento.

108. Supta Pādāṅguṣṭhāsana Treze* (foto 285)

Supta significa deitado. *Pāda* é perna ou pé. *Aṅguṣṭha* significa dedão do pé. Este *āsana* é feito em três movimentos.

Técnica

1. Deite-se de costas, estique as duas pernas e mantenha os joelhos firmes (foto 219).
2. Inspire, eleve a perna esquerda até que esteja perpendicular ao chão. Mantenha a perna direita completamente estendida no chão e apoie a mão direita na coxa direita.

Yogāsanas

3. Eleve o braço esquerdo e segure o dedão do pé esquerdo entre o polegar, o indicador e o dedo médio (foto 284). Respire 3 ou 4 vezes profundamente.
4. Expire, eleve a cabeça e o tronco do chão, flexione o cotovelo esquerdo e puxe a perna esquerda em direção à cabeça, sem dobrá-la. Puxe a perna para baixo, erga a cabeça e o tronco juntos para cima e coloque o queixo sobre o joelho esquerdo (foto 285). Permaneça nesta posição por cerca de 20 segundos, mantendo a perna direita completamente estendida e reta no chão, respirando normalmente.
5. Inspire, abaixe a cabeça e o tronco de volta até o chão e a perna esquerda de volta para a vertical (foto 284). Isto completa o primeiro movimento.

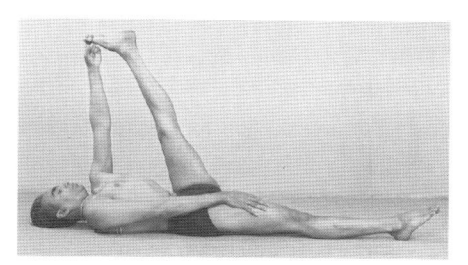

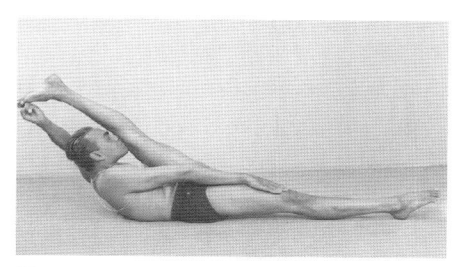

284

285

6. Expire, segure o dedão do pé esquerdo, flexione o joelho esquerdo e leve o pé agarrado em direção ao ombro direito. Flexione o cotovelo esquerdo, passe o braço esquerdo por trás da cabeça e leve a cabeça para cima, no espaço entre o antebraço esquerdo e a canela esquerda (foto 286). Respire profundamente algumas vezes.
7. Inspire, leve a cabeça de volta até o chão, traga o braço esquerdo para a frente da cabeça e estenda o braço e a perna esquerda. Leve a perna esquerda de volta para a vertical, mantendo o dedão agarrado o tempo todo (foto 284). Durante este movimento a perna direita também deve permanecer totalmente estendida no chão e a mão direita apoiada na coxa direita. Isto completa o segundo movimento.
8. Expire e, sem alterar a posição da cabeça ou o tronco nem levantar a perna direita do chão, mova o braço e a perna esquerdos para a esquerda em direção ao chão (foto 287). Não solte o dedão do pé e deixe o braço esquerdo alinhado com os ombros no chão. Permaneça nesta posição por cerca de 20 segundos, sem dobrar a perna esquerda. Respire normalmente.

286   287

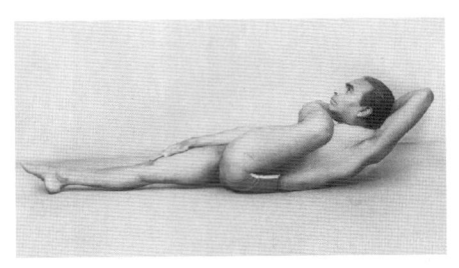

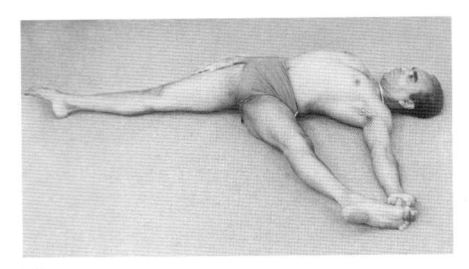

9. Agora inspire e, sem flexionar o joelho esquerdo, traga a perna de volta para a vertical, sem soltar o dedão do pé esquerdo ou perturbar a perna direita estendida no chão (foto 284).
10. Expire, libere o dedão do pé, coloque a perna esquerda no chão ao lado da perna direita e apoie a mão esquerda na coxa esquerda. Assim se completa o terceiro movimento. No começo, é difícil manter a perna que está no chão estendida e reta durante esses três movimentos. Portanto, peça a um colega para manter a perna para baixo, pressionando a coxa logo acima do joelho, ou pressione o pé contra uma parede.
11. Após completar os três movimentos do lado esquerdo, faça algumas inspirações profundas e repita-os do lado direito, substituindo a palavra "esquerda" por "direita".

Efeitos

Com a prática deste *āsana*, as pernas se desenvolvem corretamente. As pessoas que sofrem de ciática ou de paralisia das pernas tirarão grandes benefícios deste *āsana*. O sangue é levado a circular nas pernas e nos quadris, e os nervos dessas áreas são rejuvenescidos. A postura remove a rigidez nas articulações do quadril e previne hérnias.* Ela pode ser praticada tanto por homens quanto por mulheres.

---

* Ao longo do texto, o autor utiliza o termo "hérnia" para se referir a hérnias abdominais em geral e não a hérnias de disco. Para este caso, ele se utiliza da expressão "deslocamento de discos". (N.R.T)

109. Anantāsana Nove* *(foto 290)*

Ananta é o nome de Viṣṇu e também do leito de Viṣṇu, a serpente Śeṣa. De acordo com a mitologia hindu, no oceano primitivo, Viṣṇu dorme em seu leito, que é a serpente de mil cabeças, Śeṣa. Em seu sono, um lótus cresce em seu umbigo. Neste lótus nasce Brahmā, o Criador, que forma o mundo. Após a criação, Viṣṇu desperta para reinar no mais alto dos céus, Vaikuṇṭha. A postura é encontrada em um templo dedicado ao Senhor Ananta Padmanābha (*padma* = lótus; *nābha* = umbigo) em Trivandrum, no Sul da Índia.

Técnica

1. Deite-se de costas (foto 219). Expire, gire para a esquerda e apoie o corpo mantendo a lateral em contato com o chão.
2. Eleve a cabeça, estenda o braço esquerdo para além da cabeça alinhada com o corpo, flexione o cotovelo esquerdo, eleve o antebraço e apoie a cabeça na palma da mão esquerda, que deve ser colocada acima da orelha (foto 288). Permaneça nesta posição por alguns segundos respirando normal ou profundamente.
3. Flexione o joelho direito e segure o dedão do pé direito com o polegar, indicador e dedo médio da mão direita (foto 289).

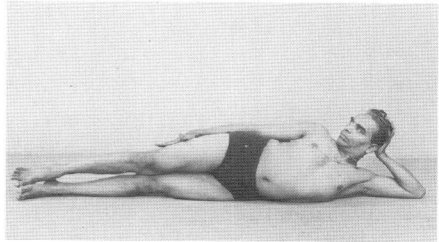

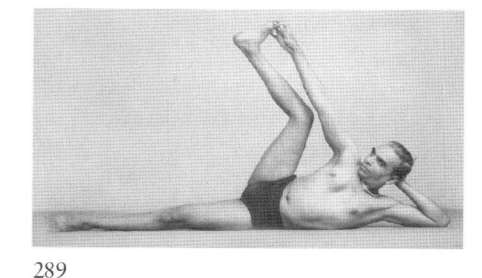

288

289

4. Expire, alongue o braço e a perna direita juntos verticalmente para cima (foto 290). Mantenha a postura por 15 a 20 segundos, respirando normalmente.
5. Expire, flexione o joelho direito e retorne para a postura descrita no item 2.
6. Solte a cabeça, liberando a palma da mão, e role sobre as costas (foto 219).
7. Repita a postura do outro lado, pela mesma duração de tempo, e depois relaxe.

Efeitos

A região pélvica se beneficia deste exercício, e os músculos isquiotibiais são devidamente tonificados. Este *āsana* também alivia dores nas costas e previne o desenvolvimento de hérnias.

290

110. Uttāna Pādāsana Nove* *(foto 292)*

Uttāna significa estendido ou deitado de costas com o rosto para cima. *Pāda* significa perna.

Técnica

1. Deite-se de costas, mantendo os pés unidos e os joelhos firmes (foto 219). Respire profundamente 3 ou 4 vezes.
2. Expire, tire as costas do chão arqueando-as para cima, estendendo o pescoço e movendo a cabeça para trás até que o topo da cabeça apoie-se no chão (foto 291). Caso seja difícil apoiar o topo da cabeça no chão, coloque as mãos ao lado da cabeça, erga o pescoço e role a cabeça o máximo que puder para trás,

levantando do chão as regiões dorsal e lombar das costas. Então apoie os braços ao lado. Respire 2 ou 3 vezes.

291

3. Alongue as costas e, com uma expiração, eleve as pernas até que estejam cerca de 45 graus a 50 graus do chão. Eleve os braços, una as palmas das mãos e mantenha-as paralelas às pernas (foto 292). Os braços e as pernas devem permanecer esticados, sem qualquer flexão nos cotovelos ou joelhos. Mantenha as pernas unidas nas coxas, joelhos, tornozelos e pés.

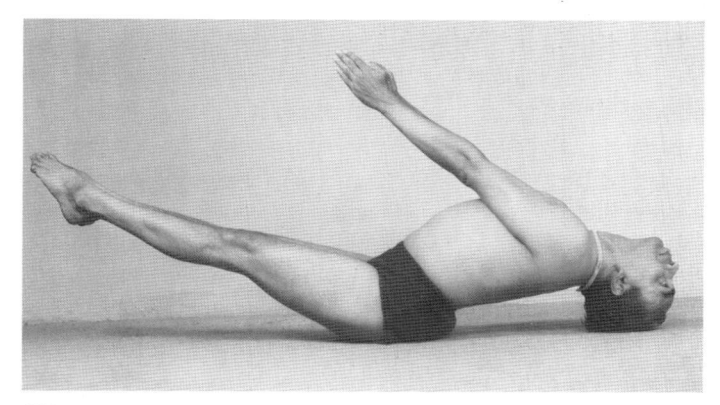

292

4. Estenda completamente as costelas e permaneça nesta postura por meio minuto, respirando normalmente. O corpo deve estar equilibrado apenas sobre o topo da cabeça e as nádegas.
5. Expire, abaixe as pernas e os braços até o chão, estique o pescoço, solte a cabeça, abaixe o tronco e relaxe, deitando-se de costas no chão.

Efeitos

Este *āsana* expande completamente as paredes do peito e mantém a porção dorsal da coluna flexível e saudável. Ele tonifica o pescoço e as costas e regula a atividade da tireoide, assegurando-lhe um suprimento de sangue saudável. Os músculos abdominais também são alongados e fortalecidos.

111. Setu Bandhāsana Catorze* *(foto 296)*

Setu significa ponte. *Setu bandha* significa a construção de uma ponte. Nesta postura, o corpo todo forma um arco, suportado em um extremo pelo topo da cabeça e, no outro, pelos pés, daí o nome.

Técnica

1. Deite-se de costas no chão (foto 219). Respire profundamente algumas vezes.
2. Flexione os joelhos, separe-os e traga os calcanhares para perto das nádegas.
3. Mantenha os calcanhares unidos e apoie suas bordas externas firmemente no chão.
4. Coloque as mãos ao lado da cabeça e, com uma expiração, eleve o tronco, arqueie o corpo para cima e apoie o topo da cabeça no chão (foto 293). Puxe a cabeça o máximo que puder para trás, alongando o pescoço e levantando as regiões dorsal e lombar das costas do chão.
5. Cruze os braços na frente do peito e apoie o cotovelo esquerdo com a mão direita e o cotovelo direito com a mão esquerda (foto 294). Respire 2 ou 3 vezes.

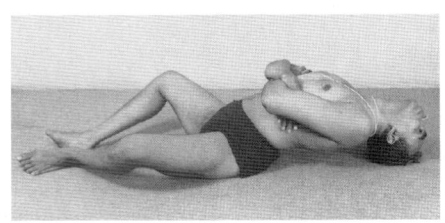

293

294

6. Expire, erga os quadris (foto 295) e estique as pernas até que estejam retas (foto 296). Una os pés e pressione-os firmemente contra o chão. O corpo inteiro agora forma uma ponte ou um arco. Um dos extremos se apoia no topo da cabeça, e o outro, nos pés.

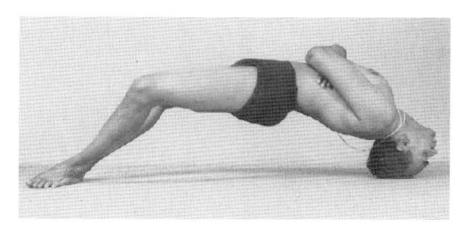

295

296

7. Mantenha esta posição por alguns segundos, respirando normalmente.
8. Expire, descruze os braços e coloque as mãos no chão, flexione os joelhos, abaixe as pernas e o tronco no chão, solte a cabeça, estique o pescoço, deite-se de costas e relaxe.

Efeitos

Este *āsana* fortalece o pescoço e tonifica as regiões cervical, torácica, lombar e sacral da coluna. Os músculos extensores das costas se tornam potentes e os quadris se contraem e enrijecem. As glândulas suprarrenais, pineal, pituitária e tireoide são banhadas em sangue e funcionam apropriadamente.

112. Bharadvājāsana I Um* (fotos 297 e 298)

Bharadvāja era o pai de Droṇa, o preceptor militar dos Kauravas e Pāṇḍavas, que travaram a grande guerra descrita no *Mahābhārata*. Este *āsana* é dedicado a Bharadvāja.

Técnica

1. Sente-se no chão com as pernas estendidas à frente (foto 77).
2. Flexione os joelhos e mova as pernas para trás, colocando os pés ao lado do quadril direito.
3. Apoie as nádegas no chão, gire o tronco cerca de 45 graus para a esquerda, estenda o braço direito e coloque a mão direita no lado externo da coxa esquerda, próxima ao joelho esquerdo. Insira a mão direita por baixo do joelho esquerdo, a palma em contato com o chão.
4. Expire, gire o braço esquerdo a partir do ombro por trás das costas, flexione o cotovelo esquerdo e, com a mão esquerda, segure o braço direito acima do cotovelo.
5. Gire o pescoço para a direita e olhe fixamente por cima do ombro direito (fotos 297 e 298).
6. Sustente a postura por meio minuto, respirando profundamente.
7. Solte as mãos, estenda as pernas e repita a postura do outro lado. Desta vez, traga os pés para o lado esquerdo do quadril, gire o tronco para a direita, estenda o braço esquerdo, coloque a palma da mão esquerda por baixo do joelho direito e segure o braço esquerdo próximo ao cotovelo com a mão direita por trás das costas. Permaneça pelo mesmo tempo deste lado.

Efeitos

Este simples *āsana* trabalha sobre as regiões dorsal e lombar da coluna. Pessoas com as costas muito rígidas acham as outras posturas de torção lateral extremamente difíceis. Esta postura ajuda a tornar as costas flexíveis. Pessoas com artrite encontrarão muitos benefícios nesta postura.

297 298

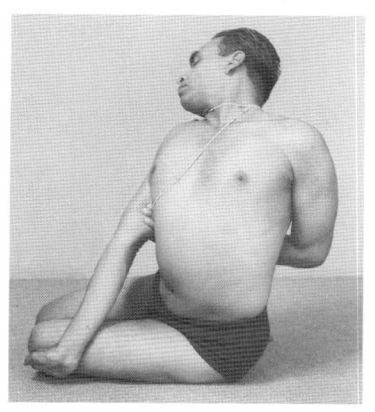

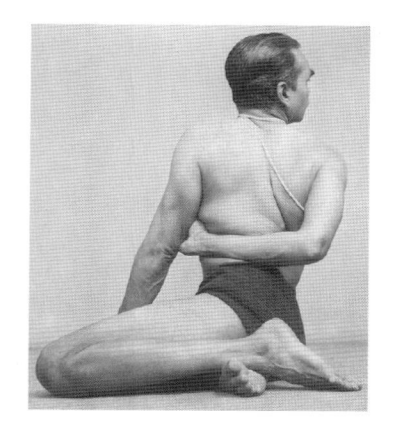

113. Bharadvājāsana II Dois* *(fotos 299 e 300)*

Técnica

1. Sente-se no chão com as pernas estendidas à frente (foto 77).
2. Flexione o joelho esquerdo, segure o pé esquerdo com as duas mãos e coloque-o na raiz da coxa direita, perto da pélvis, de modo que o calcanhar esquerdo fique próximo ao umbigo. A perna esquerda estará então em meia postura de lótus.
3. Flexione o joelho direito, traga o pé direito para trás e coloque o calcanhar direito ao lado do quadril direito. A parte interna da panturrilha direita tocará na parte externa da coxa direita. Mantenha os dois joelhos no chão, próximos um do outro.
4. Expire, gire o braço esquerdo a partir do ombro por trás das costas, flexione o cotovelo esquerdo, traga a mão esquerda próxima ao quadril direito e segure o pé esquerdo.
5. Estenda o braço direito, coloque a mão direita na parte externa da coxa esquerda, perto do joelho esquerdo. Insira a mão direita por baixo do joelho esquerdo, com a palma da mão tocando o chão e os dedos apontando para a direita (fotos 299 e 300).

6. Segure firmemente o pé esquerdo e gire o tronco o máximo que puder para a esquerda. Gire o pescoço para qualquer uma das duas direções e olhe por cima do ombro.
7. Permaneça nesta postura por 30 segundos a 1 minuto, respirando normal ou profundamente.
8. Então, saia da postura e repita-a do outro lado pelo mesmo tempo. Desta vez, coloque o pé direito na raiz da coxa esquerda e segure-o com a mão direita passando por trás das costas. Flexione o joelho esquerdo e apoie o calcanhar esquerdo no chão ao lado do quadril esquerdo. Coloque a mão esquerda por baixo do joelho direito e gire o tronco o máximo que puder para a direita.
9. Depois de completar o *āsana* dos dois lados, estenda as pernas, libere os braços e descanse.

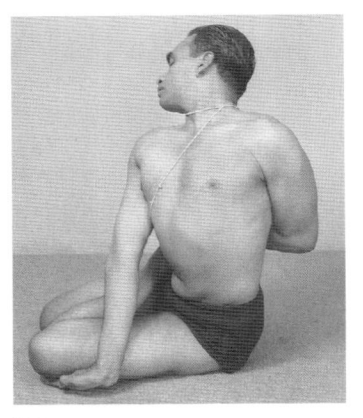

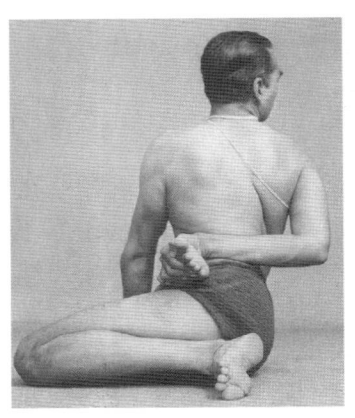

299

300

Efeitos

Com a prática desta postura, joelhos e ombros se tornam flexíveis. Ela não é muito eficaz para quem tem elasticidade na coluna, mas será uma bênção para quem sofre de artrite.

114. Marīchyāsana III Dez* (fotos 303 e 304)

Esta é uma das posturas sentadas de torção lateral.

Técnica

1. Sente-se no chão com as pernas estendidas à frente (foto 77).
2. Flexione o joelho esquerdo e apoie a planta do pé esquerdo no chão. A canela esquerda deve estar perpendicular ao chão e a panturrilha deve tocar a coxa. Coloque o calcanhar esquerdo próximo ao períneo. A borda interna do pé esquerdo deve tocar na parte interna da coxa direita estendida.
3. Com uma expiração, gire a coluna cerca de 90 graus para a esquerda, de modo que o peito vá além da coxa esquerda, e passe o braço direito por cima da coxa esquerda (foto 301).
4. Coloque o ombro direito além do joelho esquerdo e estique o braço direito para a frente, girando a coluna ainda mais para a esquerda e estendendo a região posterior das costelas flutuantes da direita (foto 302). Respire 2 vezes.
5. Com uma expiração, gire o braço direito em torno do joelho esquerdo, flexione o cotovelo direito e coloque o pulso direito atrás da cintura. Inspire e mantenha a postura.

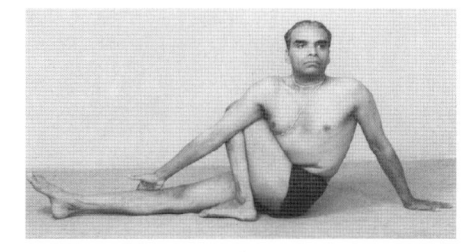

301

302

6. Expire profundamente e gire o braço esquerdo a partir do ombro por trás das costas. Segure a mão esquerda atrás das costas com a mão direita ou vice-versa (fotos 303 e 304). No começo, será difícil girar o tronco, mas com a prática, a axila ficará em contato com o joelho flexionado. Também pode parecer difícil

agarrar as mãos depois de girar o braço em torno do joelho. Gradativamente, aprende-se a agarrar os dedos, depois as palmas das mãos e, por fim, a segurar o pulso por trás das costas.

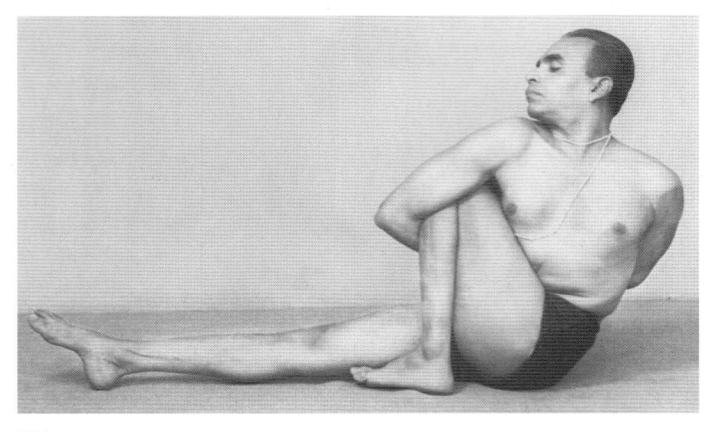

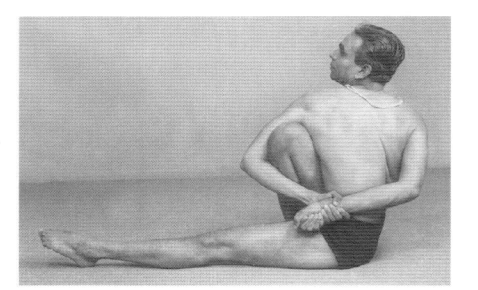

303

304

7. O braço direito deve bloquear firmemente o joelho esquerdo flexionado. Não deve haver espaço entre a axila direita e o joelho esquerdo flexionado.
8. Depois de segurar as mãos nas costas, gire a coluna ainda mais para a esquerda, tracionando as mãos agarradas.
9. Toda a perna direita estendida deve permanecer reta e firme no chão, mas isso não será possível no início. Tensione os músculos da coxa estendida, de modo que a patela seja puxada para cima em direção à coxa, e acione também os

músculos da panturrilha da perna estendida. Então a perna permanecerá firme e estendida no chão.

10. Permaneça nesta postura por 30 a 60 segundos, respirando normalmente. O pescoço pode ser girado tanto para fitar os dedos do pé da perna estendida no chão quanto para olhar por cima do ombro.
11. Solte as mãos nas costas e gire o tronco de volta para sua posição original. Abaixe a perna flexionada e estenda-a completamente no chão.
12. Então repita a postura do outro lado. Desta vez, flexione o joelho direito e coloque o pé direito firmemente no chão, de modo que o calcanhar direito toque no períneo e a parte interna do pé direito toque na coxa da perna esquerda estendida. Gire o tronco cerca de 90 graus para a direita, de modo que a axila esquerda esteja em contato com o joelho direito flexionado. Com uma expiração, gire o braço esquerdo em torno do joelho direito e traga a mão esquerda para trás da cintura. Então lance o braço direito por trás das costas a partir do ombro e, flexionando o cotovelo direito, aproxime a mão direita da mão esquerda e enganche uma na outra. Gire ainda mais para a direita e olhe para os dedos do pé da perna esquerda estendida ou por cima do ombro direito. Fique deste lado pela mesma duração de tempo. Solte as mãos, gire o tronco de volta para posição normal, estique a perna direita no chão e relaxe.

Efeitos

Com a prática regular deste *āsana*, dores lancinantes nas costas, lumbago e dores nos quadris desaparecem rapidamente. O fígado e o baço são contraídos e assim são tonificados e deixam de ser preguiçosos. Os músculos do pescoço adquirem força. Há alívio em casos de distensões nos ombros ou deslocamento das articulações dos ombros, e seus movimentos se tornam livres. Os intestinos também têm benefícios com a prática deste *āsana*. Seus efeitos serão menores em pessoas magras, para as quais existem posturas melhores, descritas mais tarde. Também ajuda a reduzir o tamanho do abdômen.

115. Marīchyāsana IV Onze* *(foto 305)*

Esta variação combina os movimentos de *marīchyāsana II* (foto 146) e *marīchyāsana III* (foto 303).

Técnica

1. Sente-se no chão com as pernas estendidas à frente (foto 77).
2. Flexione o joelho direito e coloque o pé direito na raiz da coxa esquerda. O calcanhar direito deve pressionar o umbigo, e os dedos do pé devem estar estendidos, em ponta. A perna direita encontra-se agora em meio *padmāsana*.
3. Flexione o joelho esquerdo e apoie a planta do pé esquerdo no chão. Mantenha a canela perpendicular ao chão, de modo que a coxa esquerda e a panturrilha estejam em contato e que o calcanhar esquerdo toque no períneo.
4. Com uma expiração, gire a coluna cerca de 90 graus para a esquerda, de modo que a axila direita toque na parte externa da coxa esquerda.
5. Coloque o ombro direito além do joelho esquerdo e alongue o antebraço direito para a frente, girando a coluna ainda mais para a esquerda, valendo-se do alongamento da região posterior das costelas flutuantes. Respire 1 vez.
6. Expire, gire o braço direito em torno do joelho esquerdo, flexione o cotovelo direito e coloque a mão direita atrás da cintura. O joelho esquerdo fica firmemente bloqueado pela axila direita. Respire 1 vez.
7. Agora, com uma expiração profunda, gire o braço esquerdo a partir do ombro por trás das costas e segure a mão direita com a mão esquerda atrás das costas. Alongue o peito e puxe a coluna para cima (fotos 305 e 306).

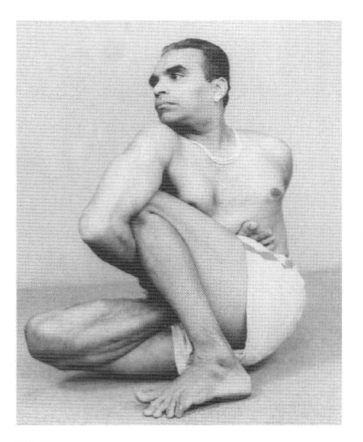

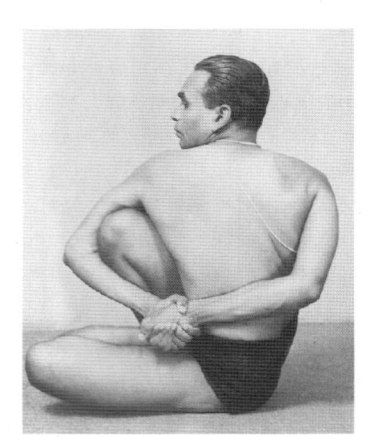

305

306

8. Permaneça nesta posição por 30 segundos. A respiração será acelerada.
9. Solte as mãos e estenda as pernas.
10. Então repita a postura do outro lado, substituindo "direita" por "esquerda" e vice-versa. Permaneça em ambos os lados pelo mesmo tempo. Solte as mãos, estenda as pernas e relaxe.

Efeitos

A pressão do calcanhar contra o umbigo e a tração das mãos agarradas por trás das costas rejuvenescem os nervos em torno do umbigo. A postura tonifica o fígado, o baço e o pâncreas. Depósitos de cálcio nas articulações dos ombros são eliminados, e a postura favorece a livre mobilidade dos ombros.

116. Ardha Matsyendrāsana I Oito* (fotos 311 e 312)

Ardha significa metade. No *Haṭha Yoga Pradīpikā*, Matsyendra é mencionado como um dos fundadores da *Haṭha Vidyā*. Diz-se que, certa vez, o Senhor Śiva foi para uma ilha deserta e revelou à sua consorte, Pārvati, os mistérios do *yoga*. Um peixe que estava perto da margem ouviu tudo com muita atenção, permanecendo imóvel enquanto escutava. Śiva, percebendo que o peixe havia aprendido *yoga*, borrifou água sobre ele e imediatamente o peixe ganhou uma forma divina e se tornou Matsyendra (Senhor dos Peixes), que a partir de então difundiu o conhecimento do *yoga*. *Paripūrṇa matsyendrāsana* (fotos 336 e 339), postura na qual a coluna é levada até sua máxima torção lateral, é dedicada a Matsyendra. *Ardha matsyendrāsana* é uma versão mais branda de *paripūrṇa matsyendrāsana*.

Técnica

1. Sente-se no chão com as pernas estendidas à frente (foto 77).
2. Flexione o joelho esquerdo e una a coxa à panturrilha, eleve as nádegas do chão, coloque o pé esquerdo debaixo das nádegas e sente-se sobre o pé esquerdo de modo que o calcanhar esquerdo fique debaixo da nádega esquerda. O pé é usado como assento e deve ficar apoiado horizontalmente no chão, com a borda externa do tornozelo e o dedo mínimo em contato com o chão. Se o pé não for colocado desta maneira, será impossível sentar-se sobre ele. Equilibre-se bem nesta posição.

3. Em seguida, flexione o joelho direito e, levantando a perna direita do chão, coloque-a no lado externo da coxa esquerda, de modo que o lado externo do tornozelo direito toque na parte externa da coxa esquerda no chão. Equilibre-se nesta posição, mantendo a canela direita perpendicular ao chão (foto 307).
4. Gire o tronco 90 graus para a direita, até que a axila esquerda toque na parte externa da coxa direita. Leve a axila por cima do joelho direito (foto 308). Expire, alongue o braço esquerdo a partir do ombro e gire-o em torno do joelho direito. Flexione o cotovelo esquerdo e leve o pulso esquerdo para trás da cintura.

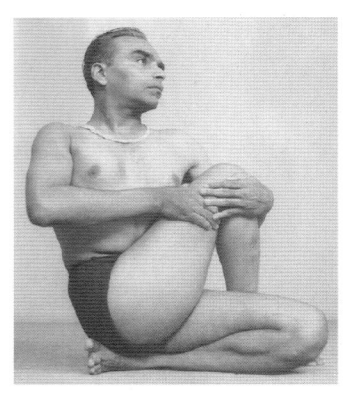

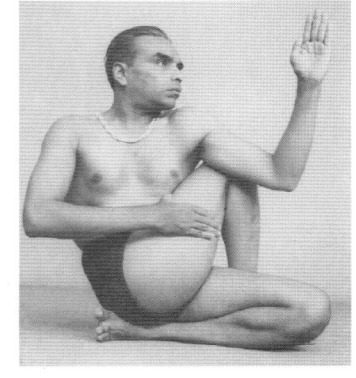

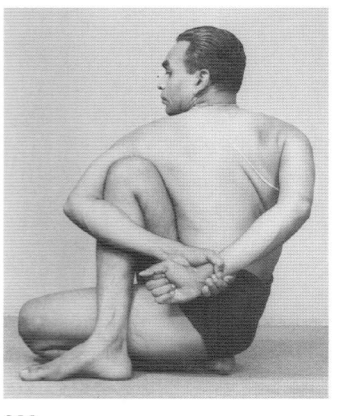

307

308

309

310

Yogāsanas

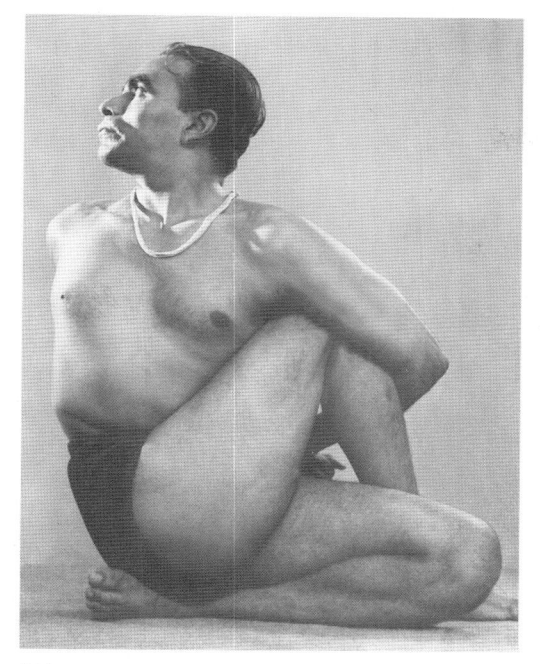

311

5. O braço esquerdo deve bloquear firmemente o joelho direito flexionado e não deve haver espaço entre a axila esquerda e o joelho direito flexionado. Para alcançar esta posição, expire e mova o tronco para a frente. Permaneça nesta posição e respire 2 vezes.
6. Agora expire profundamente e lance o braço direito para trás a partir do ombro, flexione o cotovelo direito, leve a mão direita por trás das costas e segure-a com a mão esquerda ou vice-versa. A princípio, você só será capaz de segurar um dedo ou dois. Com a prática, é possível segurar as palmas das mãos e, depois, os pulsos por trás das costas (foto 309).
7. O pescoço pode ser girado para a esquerda, com a olhar voltado diretamente por cima do ombro esquerdo (foto 310), ou para a direita, com o olhar fixo no centro das sobrancelhas (fotos 311 e 312). A torção da coluna será maior se o pescoço estiver girado para a esquerda do que para a direita.

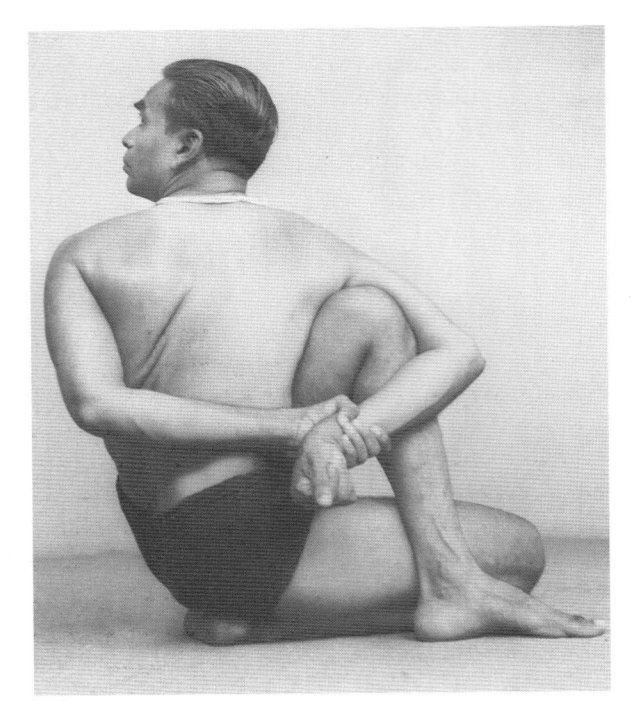

312

8. Inicialmente, a respiração, será curta e rápida, pois o diafragma é espremido pela torção da coluna. Não fique nervoso. Com um pouco de prática pode-se manter a postura por 30 a 60 segundos respirando normalmente.
9. Solte as mãos, tire o pé direito do chão e estenda primeiro a perna direita e depois a esquerda.
10. Repita a postura pelo mesmo tempo do outro lado. Desta vez, flexione a perna direita e sente-se sobre o pé direito de modo que o calcanhar fique debaixo da nádega direita. Passe a perna esquerda sobre a perna direita e apoie o pé esquerdo no chão, de modo que lado externo do tornozelo esquerdo toque na parte externa da coxa direita que está no chão. Gire o tronco 90 graus para a esquerda, coloque a axila direita sobre o joelho esquerdo e gire o braço direito em torno do joelho esquerdo. Flexione o cotovelo direito e leve a mão direita por trás da cintura. Mantenha a postura e respire 2 vezes. Novamente expire com-

pletamente e gire o braço esquerdo para trás a partir do ombro, flexione o cotovelo esquerdo e agarre o pulso por trás das costas. Então solte e relaxe.

11. No começo, talvez não seja possível girar o braço em torno do joelho oposto. Neste caso, tente segurar o pé oposto, mantendo o braço estendido sem dobrar o cotovelo (fotos 313 e 314). Também leva algum tempo para agarrar as mãos atrás das costas. Aos poucos o alongamento dos braços para trás irá aumentar, e a pessoa conseguirá primeiro segurar os dedos, depois as palmas das mãos, então os pulsos e, à medida que a postura é dominada, até mesmo os antebraços acima dos pulsos. Se o iniciante achar difícil sentar-se sobre o pé, pode sentar-se no chão (fotos 315 e 316).

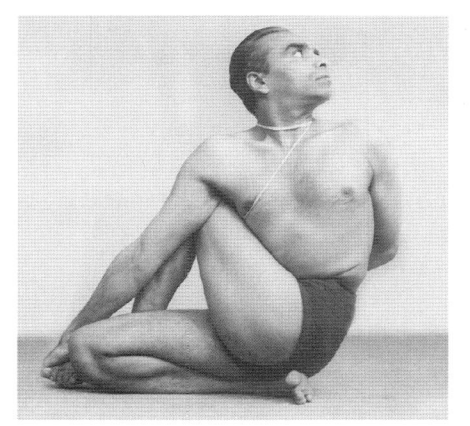

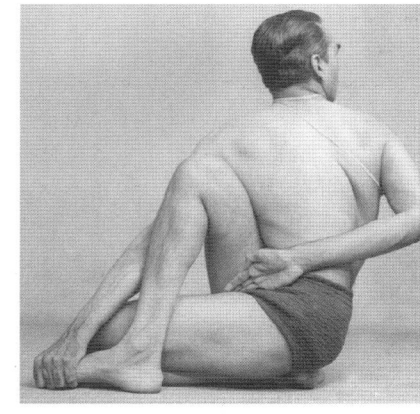

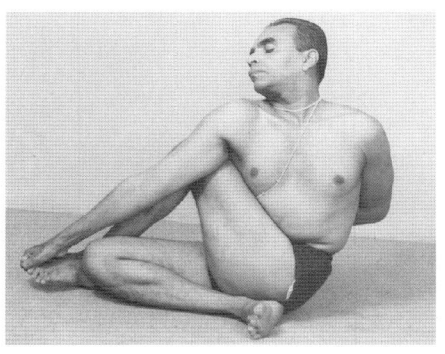

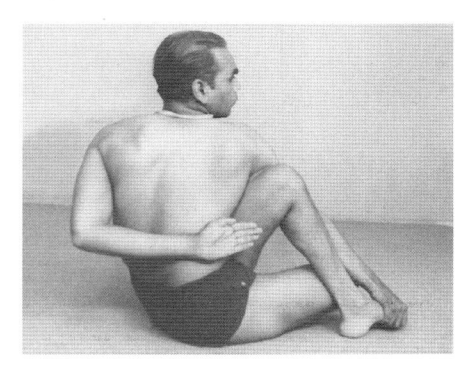

313

314

315

316

Efeitos

Os benefícios mencionados em *marīchyāsana III* (postura 114 e foto 303) são obtidos pela prática deste *āsana*, mas aqui, como o alcance do movimento é mais intenso, os efeitos também são maiores. Em *marīchyāsana III*, a parte superior do abdômen é comprimida, enquanto aqui a parte inferior do abdômen se beneficia do exercício. Praticando regularmente esta postura, se evita a dilatação da próstata e da bexiga.

117. Mālāsana I Oito* (foto 321)

Mālā significa guirlanda.
  Há duas técnicas diferentes de executar este *āsana*, descritas abaixo.

Técnica

1. Agache-se com os pés juntos. As plantas dos pés devem se apoiar completamente no chão. Eleve as nádegas do chão e equilibre-se (foto 317).
2. Agora separe os joelhos e leve o tronco à frente.
3. Expire, envolva as pernas flexionadas com os braços e apoie as palmas das mãos no chão (foto 318).

317

318

4. Leve as mãos uma a uma para trás das costas e agarre os dedos (fotos 319 e 320).
5. Então estenda as costas e o pescoço para cima.
6. Permaneça nesta posição por 30 a 60 segundos respirando normalmente.
7. Então expire, incline-se para a frente e apoie a cabeça no chão (foto 321). Permaneça nesta posição também por 30 a 60 segundos, respirando normalmente.

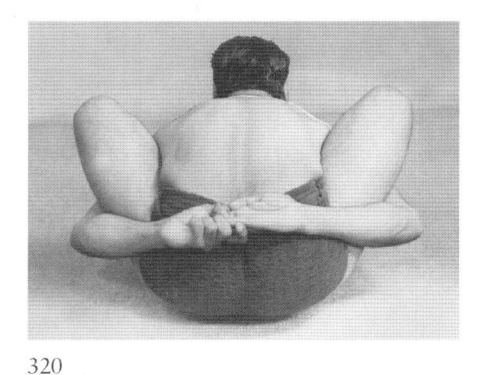

319

320

321

8. Inspire, eleve a cabeça do chão e retorne à posição do item 5.
9. Solte as mãos e repouse no chão.

Efeitos

Este *āsana* tonifica os órgãos abdominais e alivia dores nas costas.

118. Mālāsana II Dois* (foto 322)

1. Agache-se com os pés juntos. As plantas dos pés devem estar completamente no chão. Eleve as nádegas do chão e equilibre-se (foto 317).
2. Separe as coxas e os joelhos e leve o tronco para a frente até que as axilas se estendam para além dos joelhos.
3. Incline-se para a frente e segure a parte posterior dos tornozelos.
4. Depois de segurar os tornozelos, expire e abaixe a cabeça em direção aos dedos dos pés e apoie a testa sobre eles (foto 322).

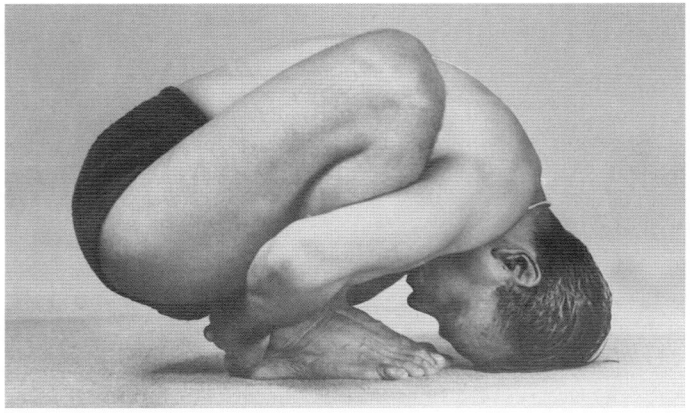

322

5. Mantenha a postura por cerca de 1 minuto, respirando normalmente.
6. Inspire, eleve a cabeça, solte os tornozelos e relaxe no chão.

Efeitos

Com a prática desta postura, os órgãos abdominais são exercitados e ganham vigor. As mulheres que sofrem de dores fortes nas costas durante o período menstrual obterão alívio nesta postura, e suas costas serão suavizadas.

Nestas duas posturas, os braços ficam pendurados a partir do pescoço como uma guirlanda, daí o nome.

119. Pāśāsana Quinze* (fotos 328 e 329)

Pāśā significa um laço ou cordão. A partir da postura agachada, gire o tronco cerca de 90 graus para um lado, passe um braço em torno de ambas as coxas e, girando o outro braço a partir do ombro, prenda as mãos atrás das costas. Os braços agem como um laço para atar o tronco às pernas, daí o nome.

Técnica

1. Agache-se com as plantas dos pés completamente apoiadas no chão.
2. Mantenha os joelhos e os pés unidos, eleve as nádegas do chão e equilibre-se (foto 317).
3. Após garantir o equilíbrio, gire o tronco cerca de 90 graus para a direita, até que a axila esquerda esteja além da parte externa da coxa direita, próxima ao joelho direito (foto 323). Para conquistar a torção máxima, avance o joelho esquerdo cerca de 3 centímetros para a frente.

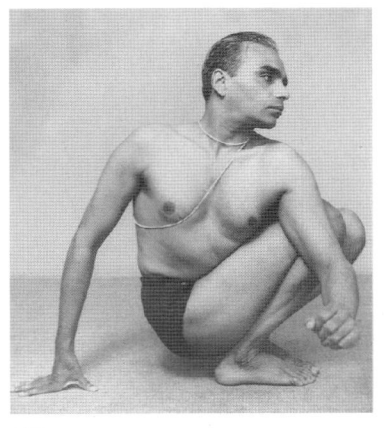

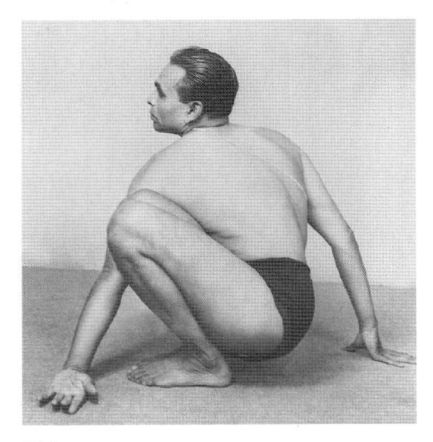

323

324

4. Expire, estenda o braço esquerdo a partir do ombro (foto 324), não deixe nenhum espaço entre a axila esquerda e a coxa direita, gire o braço esquerdo em torno da coxa direita e, flexionando o cotovelo esquerdo em direção à perna esquerda, coloque a mão esquerda próxima ao quadril esquerdo. Respire 1 vez.
5. Expire, gire o braço direito a partir do ombro por trás das costas, flexione o cotovelo direito e enganche os dedos atrás das costas, perto do quadril esquerdo (foto 325).

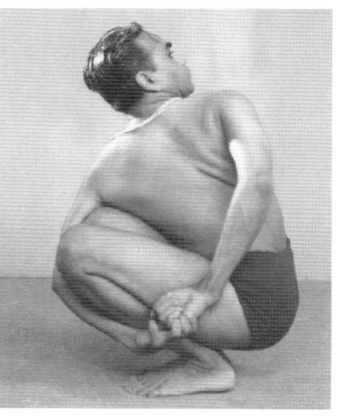

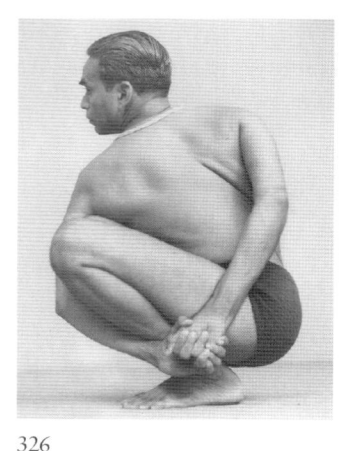

325

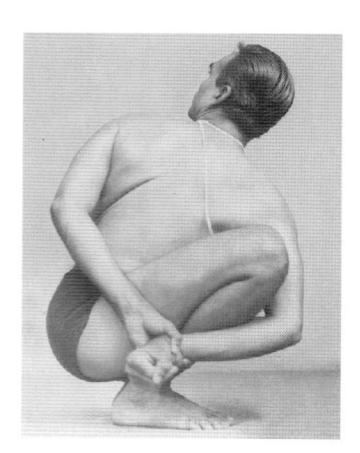

326

6. Progressivamente, segure as palmas das mãos (foto 326) e, quando isso ficar fácil, agarre os pulsos (fotos 327, 328 e 329).

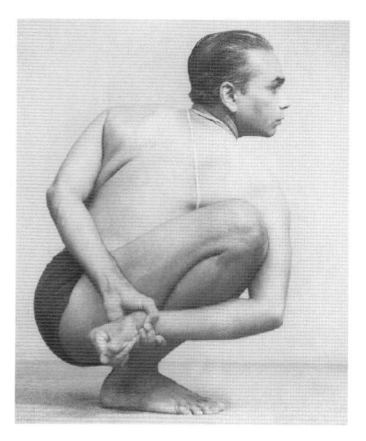

327

328

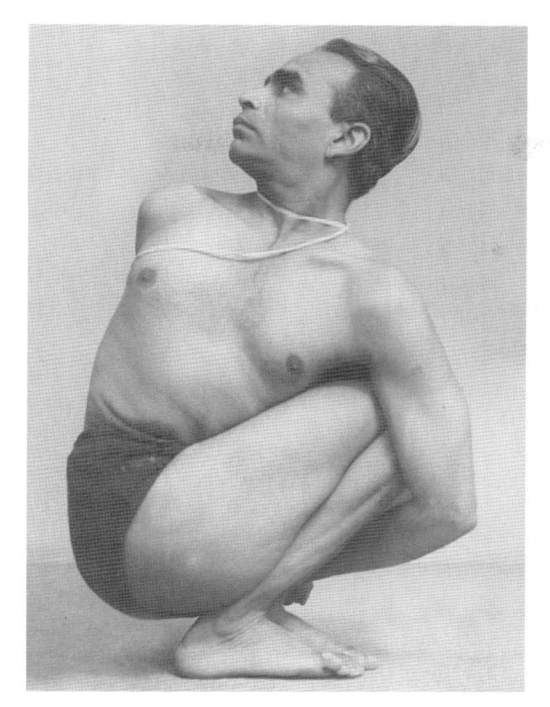

329

7. Contraia os músculos das panturrilhas a fim de manter o equilíbrio, gire a coluna o máximo que puder para a direita e permaneça na postura por 30 a 60 segundos, respirando normalmente. Gire o pescoço e dirija o olhar por cima de um dos ombros.
8. Solte as mãos e repita a postura do outro lado. Desta vez, gire o tronco para a esquerda, traga o braço direito em torno da coxa esquerda, flexione o cotovelo direito e coloque a mão direita perto do quadril direito. A seguir, com uma expiração, gire o braço esquerdo para trás a partir do ombro, flexione o cotovelo esquerdo e agarre a mão direita com a esquerda atrás das costas, perto do quadril direito.

Efeitos

A postura confere força e elasticidade aos tornozelos. Quem trabalha de pé por muitas horas descansará os pés nesta posição. Ela tonifica a coluna e torna a pessoa ágil. Os ombros se movem livremente e se fortalecem. A postura reduz a gordura em torno do abdômen, massageia os órgãos abdominais e, ao mesmo tempo, expande o peito totalmente. É mais intensa do que *ardha matsyendrāsana I* e *II* (fotos 311 e 330) e, desse modo, traz maiores benefícios. É boa para curar lentidão do fígado, do baço e do pâncreas e é recomendada para pessoas que sofrem de diabete. Também melhora a digestão.

120. Ardha Matsyendrāsana II Dezenove* *(fotos 330 e 331)*

Este *āsana* é uma variação de *ardha matsyendrāsana I* (foto 311) e proporciona uma torção maior à coluna.

Técnica

1. Sente-se no chão com as pernas estendidas à frente (foto 77).
2. Flexione o joelho direito e coloque o pé direito na raiz da coxa esquerda, pressionando o calcanhar contra o umbigo.
3. Expire, gire o tronco 90 graus para a esquerda, lance o braço esquerdo a partir do ombro por trás das costas, flexione o cotovelo esquerdo e, com a mão esquerda, agarre o tornozelo ou a canela direita.
4. A perna esquerda deve permanecer estendida no chão o tempo todo. A mão direita deve segurar a planta ou o dedão do pé esquerdo, e o braço direito deve permanecer esticado. No início, é comum encontrar dificuldades para manter a perna esquerda estendida do início ao fim. Neste caso, flexione o joelho esquerdo, agarre o dedão esquerdo com a mão direita e então estenda tanto o braço direito quanto a perna esquerda. Gire o pescoço para a direita e dirija o olhar por cima do ombro direito (fotos 330 e 331).
5. Mantenha os joelhos próximos um do outro e fique nesta posição por 30 a 60 segundos, tentando manter a respiração normal, mesmo que inicialmente ela seja rápida devido à torção.

Yogāsanas

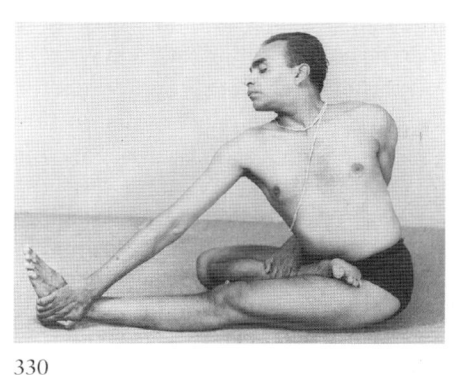

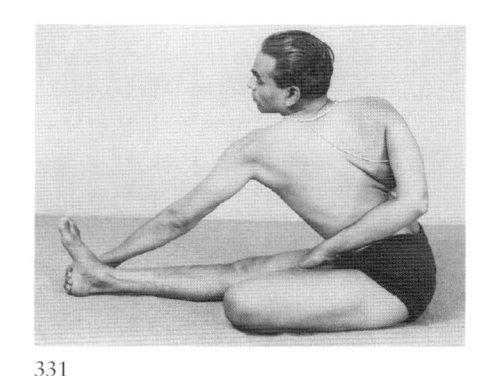

330   331

6. Solte as pernas, estenda-as e repita a postura do outro lado, trocando a palavra "esquerda" por "direita" e vice-versa.
7. Permaneça dos dois lados pelo mesmo tempo e, então, relaxe.

Efeitos

Os órgãos abdominais são tonificados ao serem contraídos de um lado e alongados do outro. Dores nas costas, lumbago e dores nas articulações do quadril desaparecem rapidamente devido à torção da coluna. Os músculos do pescoço são fortalecidos e os movimentos dos ombros se tornam mais fáceis. Com a prática regular deste *āsana*, evita-se a hipertrofia da próstata e da bexiga. *Ardha matsyendrāsana II* prepara o praticante para *paripūrṇa matsyendrāsana* (fotos 336 e 339), quando a coluna recebe uma torção máxima.

121. Ardha Matsyendrāsana III Vinte e dois* (fotos 332 e 333)

Técnica

1. Sente-se no chão com as pernas estendidas à frente (foto 77).
2. Flexione o joelho esquerdo e coloque o pé esquerdo na raiz da coxa direita, pressionando o calcanhar contra o umbigo.

3. Flexione o joelho direito, tire a perna direita do chão e coloque-a no lado externo da coxa esquerda. Assim, a parte externa do tornozelo direito vai ficar em contato com a parte externa da coxa esquerda sobre o chão. Respire 2 ou 3 vezes.
4. Expire, gire o tronco 90 graus para a direita e traga o ombro esquerdo sobre o joelho direito. Não deixe qualquer espaço entre a axila esquerda e a coxa direita e segure o pé direito com a mão esquerda.
5. Lance o braço direito por trás das costas e, flexionando o cotovelo, apoie a mão nas costas.
6. Gire o pescoço para a direita, eleve o queixo e dirija o olhar entre as sobrancelhas ou para a ponta do nariz (fotos 332 e 333).

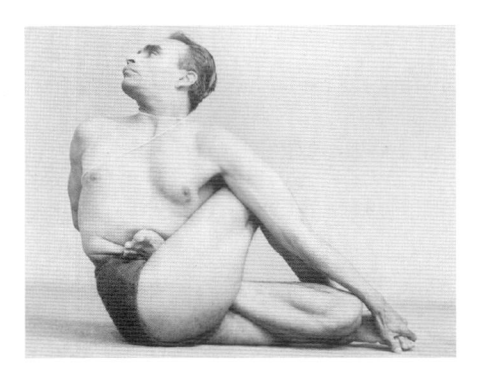

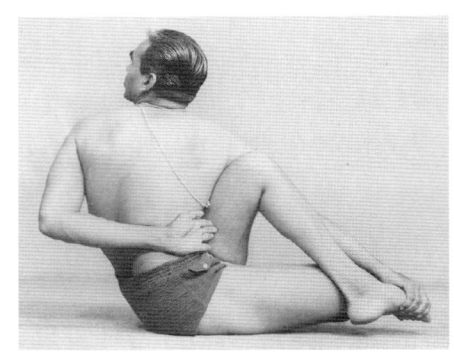

332

333

7. Fique nesta posição por 30 a 60 segundos, de acordo com a sua capacidade. A respiração vai se acelerar, mas tente normalizá-la.
8. Solte o pé direito, passe-o por cima da coxa esquerda e estique a perna direita. Então solte a perna esquerda e estenda-a.
9. Repita a postura do outro lado pelo mesmo tempo e relaxe.

Efeitos

Exercita e massageia os órgãos abdominais e os mantêm saudáveis; tonifica a coluna e a mantém flexível. É uma postura preparatória para *paripūrṇa matsyendrāsana* (fotos 336 e 339).

122. Paripūrṇa Matsyendrāsana Trinta e oito* (fotos 336 e 339)

Paripūrṇa significa inteiro ou completo. Matsyendra foi um dos fundadores do *Haṭha Vidyā*.

O versículo 27 do *Haṭha Yoga Pradīpikā* afirma que *"Matsyendrāsana* aumenta o apetite, atiçando o fogo gástrico, e combate doenças terríveis do corpo; quando praticada, desperta a Kuṇḍalinī e estabiliza a Lua".

Diz-se que a respiração pela narina direita é quente e pela esquerda é fria. Portanto, a respiração pela narina direita é chamada de respiração do Sol e a *nāḍī* direita é chamada de *piṅgalā* (da cor do fogo); a respiração pela narina esquerda é chamada de respiração da Lua e a *nāḍī* esquerda é chamada de *iḍā*. A Lua viajando por *iḍā* esparrama seu néctar por todo o sistema, e o Sol, viajando por *piṅgalā*, seca todo o sistema, pois o corpo humano é visto como um universo em miniatura. Diz-se que a Lua está localizada na raiz do palato e verte continuamente o néctar fresco da ambrosia que é dissipado alimentando o fogo gástrico. *Matsyendrāsana* previne isso. Este *āsana* é dedicado ao fundador do *Haṭha Vidyā*, Matsyendra.

Técnica

1. Sente-se no chão com as pernas estendidas à frente (foto 77).
2. Flexione o joelho direito e coloque o pé direito na raiz da coxa esquerda, com o calcanhar esquerdo pressionando o umbigo. Flexione o joelho direito e aproxime-o do peito.
3. Expire, gire o tronco para a esquerda e, lançando o braço esquerdo a partir do ombro, segure o tornozelo direito com a mão esquerda por trás das costas (foto 334). Agarre o tornozelo firmemente. Este é o primeiro estágio.
4. Passe o pé esquerdo por cima da coxa direita e coloque-o no chão no lado externo do joelho direito (foto 335). Respire algumas vezes. Este é segundo estágio.
5. Novamente expire, gire o tronco para a esquerda para trazer o ombro direito sobre o joelho esquerdo e segure o pé esquerdo com a mão direita. Gire o pescoço para a esquerda, eleve o queixo e olhe para cima (foto 336). Este é o estágio final do *āsana*. Permaneça nesta posição por 30 a 60 segundos, de acordo com a sua capacidade. A respiração será mais rápida devido à pressão sobre o diafragma.
6. Primeiro libere o pé esquerdo, passe-o por cima da coxa direita e estenda a perna esquerda. Em seguida, solte o tornozelo direito, estenda a perna direita e relaxe.

334 335

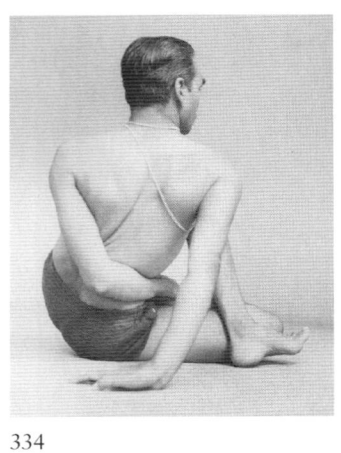

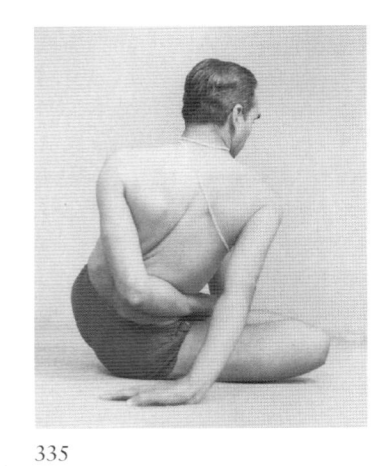

7. Nesta postura, a coluna é torcida no seu limite máximo; por isso, é mais fácil realizar todos os movimentos junto com a expiração.

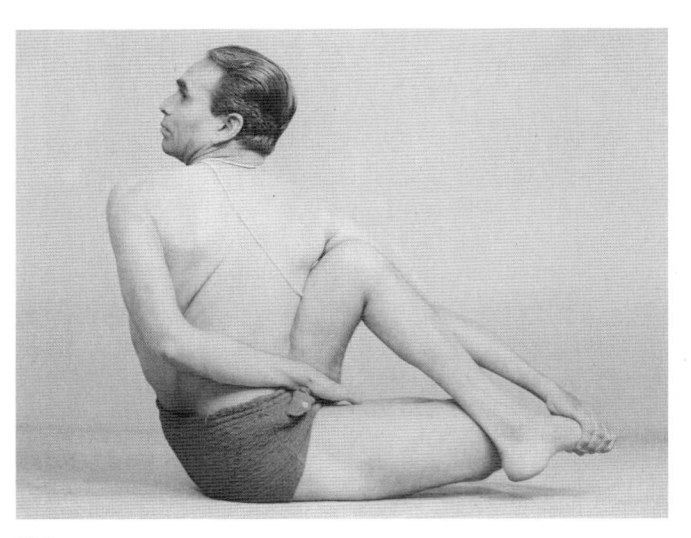

336

Para fazer a postura do outro lado, siga a seguinte técnica:

1. Sente-se no chão com as pernas estendidas à frente. Flexione o joelho esquerdo e coloque o pé esquerdo na raiz da coxa direita, com o calcanhar esquerdo pressionando o umbigo.
2. Expire, gire o tronco para a direita, lance o braço direito a partir do ombro, agarre o tornozelo esquerdo firmemente com a mão direita por trás das costas. Flexione e eleve a perna direita (foto 337). Este é o primeiro estágio.
3. Passe o pé direito sobre a coxa esquerda e apoie-o no chão na parte externa do joelho esquerdo (foto 338). Respire algumas vezes. Este é o segundo estágio.

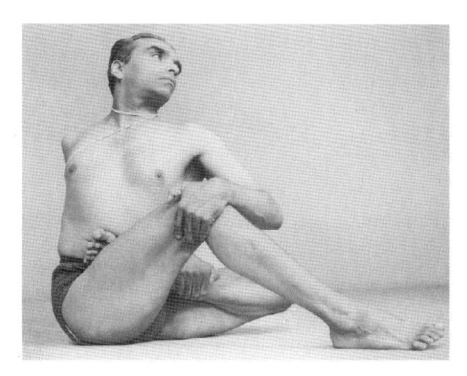

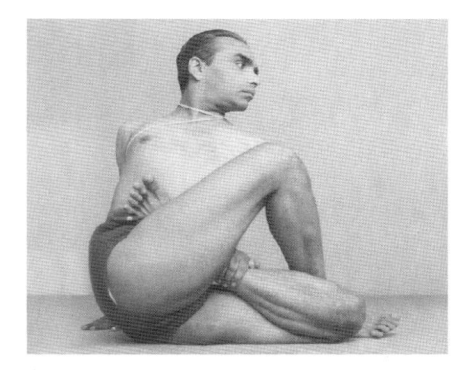

337

338

4. Expire novamente, gire o tronco para a direita para trazer o ombro esquerdo sobre o joelho direito e segure o pé direito com a mão esquerda. Gire o pescoço para a direita, eleve o queixo e olhe para cima (foto 339). Este é o estágio final. Mantenha a postura pelo mesmo tempo que no outro lado.
5. Solte o pé direito, passe-o por cima da coxa esquerda e estenda a perna direita. Em seguida, largue o tornozelo esquerdo, estenda a perna esquerda e relaxe.

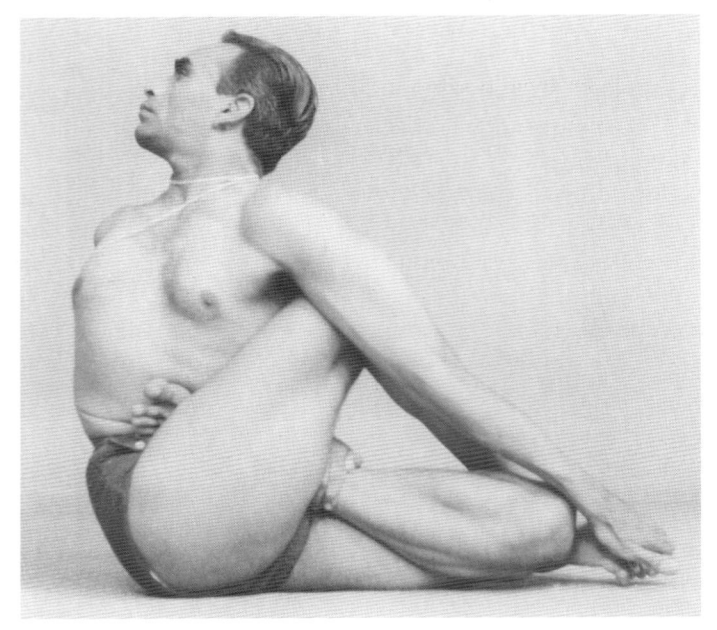

339

Efeitos

Este movimento lateral difícil tonifica a coluna graças ao rico suprimento de sangue que proporciona aos nervos da coluna. Ele aumenta a atividade gástrica, auxilia na digestão dos alimentos e na eliminação de toxinas. Quando a coluna e o abdômen são mantidos saudáveis, a tranquilidade do corpo e da mente é assegurada. A coluna recebe uma torção máxima nesta postura.

123. Aṣṭāvakrāsana Treze* (fotos 342 e 343)

Este āsana é dedicado ao sábio Aṣṭāvakra, o mentor espiritual do Rei Janaka de Mithilā, que era pai de Sītā. Conta-se que, quando este sábio estava no útero da mãe, seu pai, Kagola (ou Kahola), cometeu vários erros enquanto recitava os Vedas (as escrituras sagradas). Ouvindo aquilo, o sábio não nascido riu. O pai ficou enfurecido e amaldiçoou o filho para que nascesse como aṣṭāvakra. Assim, ele nasceu deformado em oito lugares.

Essas deformidades lhe renderam o nome de Aṣṭāvakra ou Oito-Deformidades. O pai do sábio havia sido derrotado em um debate filosófico por Vaṇḍi, o grande estudioso da corte de Mithilā. Ainda criança, o sábio tornou-se um grande acadêmico e vingou-se da derrota do pai vencendo Vaṇḍi em um debate e tornando-se o mentor de Janaka. Então seu pai o abençoou, suas deformidades desapareceram, e ele ficou ereto.

O *āsana* será descrito em dois estágios.

Técnica

1. Fique de pé com os pés afastados cerca de 45 centímetros.
2. Flexione os joelhos, coloque a palma da mão direita no chão entre os pés e a palma da mão esquerda no chão do lado de fora do pé esquerdo.
3. Passe a perna direita por cima do braço direito e apoie a parte posterior da coxa direita na parte posterior do braço direito, logo acima do cotovelo. Traga a perna esquerda para a frente, entre os braços, porém perto da direita (foto 340).
4. Expire e tire ambas as pernas do chão. Cruze os tornozelos passando o pé esquerdo por cima do direito (foto 341) e estique as pernas para o lado direito (foto 342). O braço direito ficará preso entre as coxas e ligeiramente flexionado. O braço esquerdo deve estar estendido. Equilibre-se sobre as mãos por algum tempo nesta posição, respirando normalmente. Este é o primeiro estágio.

340

341

342

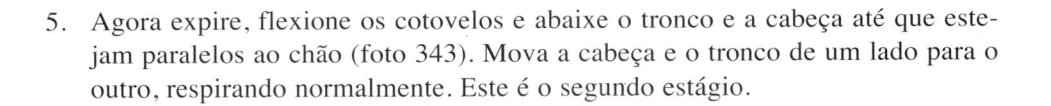

5. Agora expire, flexione os cotovelos e abaixe o tronco e a cabeça até que estejam paralelos ao chão (foto 343). Mova a cabeça e o tronco de um lado para o outro, respirando normalmente. Este é o segundo estágio.

343

6. Inspire, estique os braços, eleve o tronco (foto 342), descruze e libere as pernas, descendo-as até o chão.
7. Repita a postura do outro lado, trocando a palavra "esquerda" por "direita" e vice-versa nas posições dos itens 2 a 5 acima.

Efeitos

Este *āsana* fortalece os pulsos e braços e também desenvolve os músculos do abdômen.

124. Eka Hasta Bhujāsana Cinco* *(foto 344)*

Eka significa um. *Hasta* significa mão, e *bhuja,* braço.

Técnica

1. Sente-se no chão com as pernas estendidas à frente (foto 77).
2. Expire, flexione o joelho direito, segure o tornozelo com a mão direita e apoie a perna na parte posterior do braço direito. A parte posterior da coxa direita estará em contato com a parte posterior do braço direito. Coloque-a o mais alto que puder.
3. Apoie as palmas das mãos no chão e, com uma expiração, tire o corpo todo do chão e equilibre-se (foto 344).

344

4. Permaneça nesta posição por 20 a 30 segundos, respirando normalmente.
5. Mantenha a perna esquerda estendida e paralela ao chão enquanto estiver no equilíbrio.
6. Expire, abaixe o tronco até o chão, solte a perna direita, estenda-a para a frente e repita do outro lado pela mesma duração de tempo.

Efeitos

Este *āsana* fortalece os braços e exercita os órgãos abdominais.

125. Dwi Hasta Bhujāsana Quatro* (foto 345)

Dwi significa dois ou ambos, *hasta* significa mão, e *bhuja,* braço. Esta é uma variação de *eka hasta bhujāsana* (foto 344).

Técnica

1. Fique em pé, com os pés separados cerca de 45 centímetros.
2. Flexione os joelhos e apoie as palmas das mãos entre os pés.
3. Traga a perna direita sobre o braço direito e coloque a parte posterior da coxa direita sobre a parte posterior do braço direito. Do mesmo modo, coloque a coxa esquerda sobre o braço esquerdo.
4. Expire, tire os pés do chão e equilibre-se sobre as mãos. Estique os braços e mantenha os pés unidos e elevados (foto 345).

345

5. Permaneça nesta posição por 20 a 30 segundos, respirando normalmente.
6. Expire, flexione os cotovelos, abaixe o corpo até o chão, solte as pernas, estenda-as para a frente e relaxe.

Efeitos

Os efeitos são os mesmos de *eka hasta bhujāsana*.

126. Bhujapīdāsana Oito* (foto 348)

Bhuja significa braço ou ombro. *Pīda* significa dor ou pressão. Neste *āsana*, o corpo se equilibra sobre as mãos, com a parte posterior dos joelhos apoiada sobre os ombros, daí o nome.

Técnica

1. Fique de pé em *tādāsana* (foto 1). Separe as pernas até que os pés fiquem afastados cerca de 60 centímetros um do outro.
2. Incline-se para a frente e flexione os joelhos.
3. Apoie as palmas das mãos no chão entre as pernas, separadas cerca de 45 centímetros (foto 346).

346

4. Apoie a parte posterior das coxas sobre a parte posterior dos braços, de modo que fiquem no centro dos braços superiores, entre os ombros e os cotovelos.
5. No princípio, para colocar as coxas nesta posição, eleve os calcanhares do chão.
6. Expire, lentamente tire os dedos dos pés do chão, um pé de cada vez, equilibre-se sobre as mãos (foto 347) e então cruze os tornozelos (foto 348). No começo, as pernas vão escorregar para baixo e o equilíbrio será difícil. A fim de garantir o equilíbrio, tente colocar a parte posterior das coxas o mais alto que puder sobre os braços. Os cotovelos ficarão ligeiramente flexionados. Tente estender os braços o máximo que puder e erga a cabeça.
7. Permaneça na posição de equilíbrio respirando normalmente pelo tempo que os pulsos suportarem o peso do corpo. Então, solte os pés e leve as pernas para trás, uma de cada vez (foto 349 e 350). Apoie os pés no chão, tire as mãos do chão e fique de pé em *tāḍāsana* (foto 1).

347

348

349 350

8. Repita a postura trocando o cruzamento dos tornozelos. Se, da primeira vez, o pé direito for colocado sobre o tornozelo esquerdo, então, quando repetir a postura, cruze o pé esquerdo sobre o tornozelo direito.

Efeitos

Com a prática deste *āsana*, as mãos e os pulsos se fortalecem, assim como os músculos abdominais, em virtude da contração do abdômen. O corpo se sentirá leve. Praticando esta postura, os músculos menores do braço se desenvolvem e se tonificam, sem a necessidade de aparelhos de ginástica especiais ou ir à academia; as várias partes do corpo constituem os pesos e contrapesos. Requer apenas força de vontade.

127. Mayūrāsana Nove* *(foto 354)*

Mayūra significa pavão.

Técnica

1. Ajoelhe-se no chão com os joelhos ligeiramente afastados.

2. Incline-se para a frente, gire as palmas das mãos e apoie-as no chão. Os dedos mínimos devem se tocar, e os dedos devem apontar na direção dos pés (foto 351).

351

3. Flexione os cotovelos e mantenha os antebraços unidos. Apoie o diafragma sobre os cotovelos e o peito na parte posterior dos braços (foto 352).
4. Estique as pernas uma de cada vez e mantenha-as unidas e firmes (foto 353).

352

353

5. Expire, sustente o peso do corpo nos pulsos e nas mãos, tire as pernas do chão (uma a uma ou juntas) e, ao mesmo tempo, alongue o tronco e a cabeça para a frente. Mantenha todo o corpo paralelo ao chão com as pernas estendidas e os pés juntos (foto 354).

354

6. Sustente a postura o máximo que puder, aumentando gradativamente o tempo entre 30 a 60 segundos. Não coloque pressão sobre as costelas. Com a pressão sobre o diafragma, a respiração será trabalhosa.
7. Abaixe a cabeça até o chão e depois as pernas. Apoie os joelhos no chão ao lado das mãos, levante as mãos e relaxe.
8. Uma vez dominada esta posição, aprenda a fazer a postura cruzando as pernas em *padmāsana* (foto 104) em vez de manter as pernas estendidas. Esta variação é conhecida como:

128. Padma Mayūrāsana Dez* *(foto 355)*

355

Efeitos

Este *āsana* tonifica maravilhosamente bem a porção abdominal do corpo. Devido à pressão dos cotovelos contra a aorta abdominal, o sangue circula apropriadamente nos órgãos abdominais. Isto incrementa o poder digestivo, cura males do estômago e baço e previne a acumulação de toxinas em virtude de hábitos alimentares nocivos. Pessoas que sofrem de diabetes vão achar esta postura benéfica. Da mesma forma que um pavão mata serpentes, este *āsana* combate as toxinas do corpo. Ele também fortalece os antebraços, pulsos e cotovelos.

129. Haṃsāsana Dez* (foto 356)

Haṃsa significa cisne. Esta postura é muito parecida com *mayūrāsana* (foto 354), exceto pela posição das mãos: em *mayūrāsana*, os dedos apontam para os pés e os dedos mínimos se tocam, enquanto em *haṃsāsana* os dedos apontam para a cabeça e os polegares se tocam. A postura se assemelha à postura de prancha da ginástica moderna.

Técnica

1. Ajoelhe-se no chão com os joelhos ligeiramente afastados.
2. Incline-se para a frente e coloque as palmas das mãos no chão. Os dedos devem apontar para a frente e os polegares devem se tocar.
3. Flexione os cotovelos e mantenha os antebraços unidos. Apoie o diafragma sobre os cotovelos e o peito na parte posterior dos braços.
4. Estenda as pernas uma a uma e junte-as.
5. Expire, leve o tronco para a frente, sustente o peso do corpo sobre os pulsos e mãos, erga as pernas do chão e deixe-as estendidas com os pés juntos e paralelos ao chão (foto 356).

356

6. Equilibre-se nesta posição, sem prender a respiração o máximo que puder. Os antebraços não vão permanecer perpendiculares ao chão, devido à maior pressão sobre os pulsos resultante da posição das mãos. É mais difícil equilibrar-se em *haṃsāsana* do que em *mayūrāsana*. Como o diafragma é pressionado, a respiração torna-se difícil e trabalhosa. Os antebraços não sustentam o peso do corpo como em *mayūrāsana*.
7. Expire e apoie a cabeça e os dedos dos pés no chão. Coloque os joelhos no chão ao lado das mãos, tire o peso do corpo dos cotovelos, levante as mãos e a cabeça do chão e relaxe.

Efeitos

Este *āsana* tonifica a região abdominal do corpo porque, em virtude da pressão dos cotovelos contra a aorta abdominal, o sangue circula apropriadamente nos órgãos abdominais. Isso aumenta o poder digestivo e previne o acúmulo de toxinas no sistema. Também desenvolve e fortalece os cotovelos, os antebraços e os pulsos.

130. Pīnchā Mayūrāsana Doze* (foto 357)

Pīnchā significa queixo ou pena. *Mayūra* significa pavão. Os pavões dançam com a chegada da estação das chuvas. No início, eles levantam a cauda de penas que se arrasta pelo chão e abrem-na, formando um leque. Nesta postura, o tronco e as pernas são tirados do chão e o corpo se equilibra sobre os antebraços e as palmas das mãos, e o resultado se assemelha a um pavão iniciando sua dança.

A postura é descrita abaixo em dois estágios: no segundo, as mãos saem do chão e as palmas das mãos são colocadas em forma de copo debaixo do queixo, de modo que o equilíbrio é mantido apenas sobre os cotovelos. Esta etapa é conhecida como *śayanāsana* (foto 358).

Técnica

1. Ajoelhe-se no chão. Incline-se para a frente e apoie os cotovelos, os antebraços e as palmas das mãos no chão. A distância entre os cotovelos não deve ser maior do que a distância entre os ombros. Mantenha as mãos e os antebraços paralelos entre si.

2. Alongue o pescoço e eleve a cabeça o mais alto que puder.
3. Expire, lance as pernas para cima e tente equilibrar-se sem deixar as pernas caírem atrás da cabeça (foto 357).

357

358

4. Alongue a região do peito verticalmente para cima. Mantenha as pernas estendidas verticalmente, com os joelhos e tornozelos unidos. Os dedos dos pés devem apontar para cima.
5. Contraia os músculos das pernas nos quadris e joelhos. Ao se equilibrar, alongue os ombros para cima e mantenha as coxas tensionadas. Equilibre-se por 1 minuto. Este é o primeiro estágio. No começo, tente obter o equilíbrio fazendo a postura contra uma parede, para não cair. Aos poucos, aprenda a estender a coluna e ombros e a manter a cabeça elevada. Depois de dominar o equilíbrio, faça a postura no centro da sala.
6. Depois de aperfeiçoar o primeiro estágio, quando o equilíbrio estiver assegurado, tire as mãos do chão, uma de cada vez, una os pulsos e, formando um copo com as mãos, coloque-as debaixo do queixo. Assim, no segundo estágio da postura, o corpo se equilibra apenas sobre os cotovelos. Isto é difícil de alcançar, mas é possível por meio de uma prática regular e determinada. Este segundo estágio é conhecido como a postura do repouso:

131. Śayanāsana Quinze* *(foto 358)*

Efeitos

A postura desenvolve os músculos dos ombros e das costas. Ela tonifica a coluna e alonga os músculos abdominais.

132. Adho Mukha Vṛkṣāsana Dez* *(foto 359)*

Adho Mukha significa ter a face voltada para baixo. *Vṛkṣa* significa árvore. A postura é a parada de mão da ginástica moderna.

Técnica

1. Fique de pé em *tāḍāsana* (foto 1). Incline-se para a frente e apoie as palmas das mãos no chão a cerca de 30 centímetros da parede. A distância entre as palmas das mãos deve ser igual à distância entre os ombros. Mantenha os braços totalmente estendidos.
2. Leve as pernas para trás e flexione os joelhos. Expire, lance as pernas para cima contra a parede e equilibre-se. Se as mãos estiverem distantes da parede, a curvatura resultante da coluna será grande quando os pés estiverem apoiados na parede, e isso causará muita tensão. O equilíbrio também fica difícil com as mãos distantes demais da parede. Permaneça na postura por 1 minuto respirando normalmente.
3. Depois de aprender a equilibrar-se sobre as mãos com a ajuda da parede, tire os pés da parede. Posteriormente, tente fazer a postura no centro da sala. Mantenha as pernas completamente estendidas e os dedos dos pés apontando para cima. Eleve a cabeça o máximo que puder (foto 359).

Efeitos

A postura desenvolve o corpo harmoniosamente. Ela fortalece os ombros, os braços e os pulsos e expande o peito completamente.

359

133. Kūrmāsana Catorze* (fotos 363 e 364)

Kūrma significa tartaruga. Este *āsana* é dedicado a Kūrma, a encarnação de Viṣṇu, o mantenedor do universo, como tartaruga. Muitos tesouros divinos foram perdidos em uma inundação universal, incluindo o *amṛta* (néctar) com o qual os deuses preservavam sua juventude. Para recuperar os tesouros perdidos, os deuses formaram uma aliança com os demônios e, juntos, encarregaram-se de agitar o oceano cósmico. Viṣṇu se tornou uma grande tartaruga e mergulhou até o fundo do oceano. Em suas costas, estava o Monte Mandara, que era a vara de bater, e em torno da montanha estava enroscada a serpente Vāsuki, que servia de corda. O oceano foi agitado pela união de esforços de deuses e demônios, que puxavam a serpente e rodopiavam a montanha. Do oceano agitado emergiu *amṛta* e vários outro tesouros, incluindo Lakṣmī, consorte de Viṣṇu e deusa da saúde e da beleza.

A postura é descrita em três etapas. A final se assemelha a uma tartaruga com a cabeça e os membros recolhidos para dentro do casco e é chamada *supta kūrmāsana* (foto 368), a postura da tartaruga adormecida.

Técnica

1. Sente-se no chão com as pernas estendidas à frente (foto 77). Afaste as pernas até que a distância entre os joelhos seja de aproximadamente 45 centímetros.

2. Flexione os joelhos e eleve-os, aproximando os pés do tronco.
3. Expire, incline o tronco para a frente e insira as mãos sob os joelhos, uma de cada vez (fotos 360 e 361). Empurre os braços por baixo dos joelhos e estenda-os para os lados. Apoie os ombros no chão, assim como as palmas das mãos (foto 362). Respire.

360

361

362

4. Expire, estenda o tronco ainda mais, alongue o pescoço e leve a testa, depois o queixo e, por último, o peito até o chão. Então estenda as pernas novamente (fotos 363 e 364). Os joelhos estarão perto das axilas e a parte posterior dos joelhos estará em contato com a parte posterior dos braços, próxima às axilas.
5. Intensifique aos poucos o alongamento até que o queixo e o peito se apoiem no chão. Estenda as pernas completamente e pressione os calcanhares no chão. Este é o primeiro estágio. Mantenha a posição por 30 a 60 segundos.

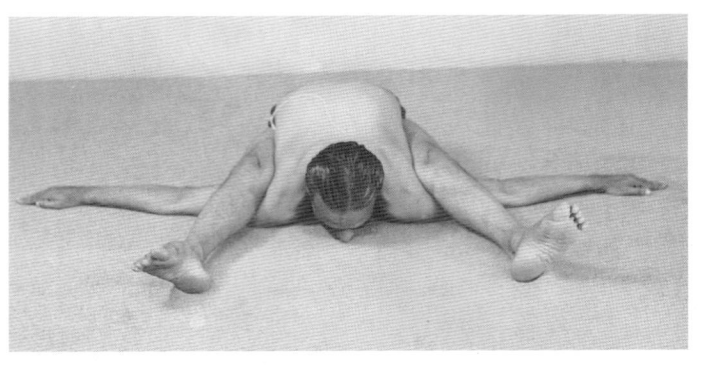

363

6. Agora gire os pulsos de modo que as palmas das mãos virem para cima. Mantendo as pernas, o tronco e a cabeça na mesma posição, leve os braços para trás a partir dos ombros e estique-os de forma que os antebraços fiquem próximos do quadril (foto 365). Permaneça nesta posição sem flexionar os cotovelos por 30 a 60 segundos. Este é o segundo estágio.

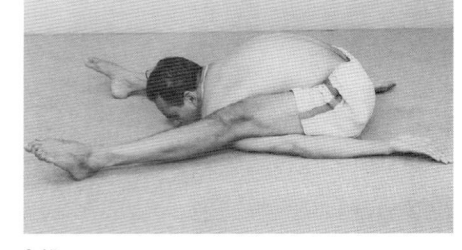

364   365

7. Flexione e eleve os joelhos. Em seguida, erga o peito ligeiramente do chão, leve as mãos atrás das costas e agarre uma na outra, flexionando os cotovelos (foto 366).
8. Agora leve os pés em direção à cabeça e cruze os tornozelos, colocando o pé direito sobre o esquerdo ou vice-versa (foto 367).

366

367

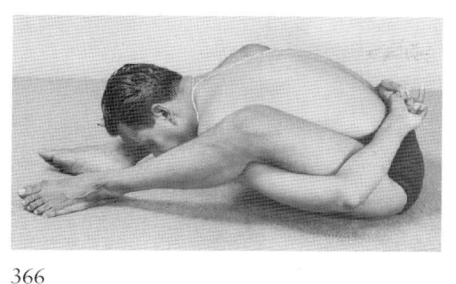

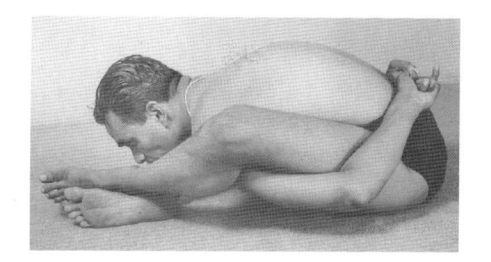

9. Expire, coloque a cabeça entre os pés e mantenha a testa no chão. A parte posterior da cabeça estará em contato com os pés cruzados, perto dos tornozelos. Este é o estágio final, conhecido como:

134. Supta Kūrmāsana Catorze* *(foto 368)*

Permaneça nesta postura por 1 a 2 minutos. É aconselhável trocar o cruzamento dos pés de modo que, caso o pé direito tenha sido colocado primeiro sobre o esquerdo, depois coloque o pé esquerdo sobre o direito. Isto fará com que as pernas se desenvolvam de maneira uniforme.

368

10. Inspire, eleve a cabeça e libere as mãos e os pés; estique as pernas, deite-se no chão e relaxe.
11. Respire normalmente durante os três estágios descritos antes.

Efeitos

Esta postura é sagrada para um *yogī*. O Senhor Bem-aventurado, ao descrever para Arjuna as qualidades de um *sthita prajñā* (aquele que tem a mente estável), diz: "Como uma tartaruga recolhe seus membros de todos os lados para dentro, aquele que recolhe seus sentidos dos objetos da percepção se estabelece no conhecimento perfeito". (*Bhagavad Gītā*, capítulo II, versículo 58). Nesta postura, os membros são retraídos e o corpo se assemelha ao de uma tartaruga. A mente se torna calma e composta e desenvolve-se um sentido de equanimidade tanto na tristeza quanto na alegria. Gradativamente, a mente se vê livre da ansiedade em meio às dores e indiferente em meio aos prazeres, enquanto as emoções de paixão, medo e raiva vão soltando suas amarras sobre a mente.

No nível puramente físico, os efeitos também são enormes. A postura tonifica a coluna, ativa os órgãos abdominais e mantém a pessoa com energia e saúde. Ela acalma os nervos do cérebro e, ao terminar, a pessoa se sente revigorada como se tivesse acordado de um longo sono tranquilo.

Este *āsana* prepara o aspirante para o quinto estágio das práticas de *yoga*, ou seja, *pratyāhāra* (no qual os sentidos se retiram dos objetos externos).

135. Eka Pāda Śīrṣāsana Quinze* *(foto 371)*

Eka significa um. *Pāda* significa perna ou pé. *Śīrṣa* significa cabeça.

Técnica

1. Sente-se no chão com as pernas estendidas à frente (foto 77).
2. Flexione o joelho esquerdo, eleve o pé e aproxime-o do tronco, segurando o tornozelo esquerdo com ambas as mãos (foto 369).
3. Expire, puxe a coxa esquerda para cima e para trás, incline o tronco ligeiramente para a frente e coloque a perna esquerda atrás do pescoço (foto 370). A parte externa inferior da perna esquerda, logo acima do tornozelo, estará em contato com a parte posterior do pescoço.

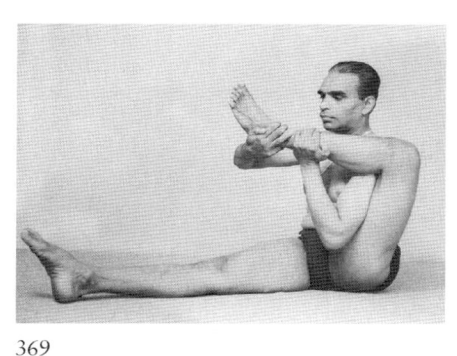

Yogāsanas

369

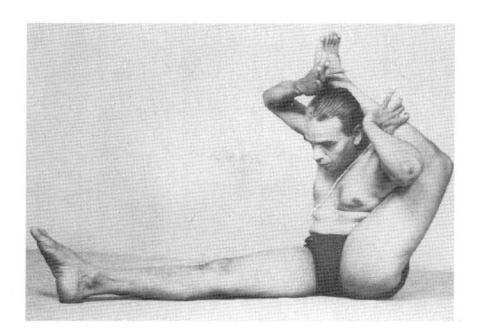

370

4. Erga o pescoço e a cabeça, mantenha as costas eretas, solte o tornozelo esquerdo e una as palmas das mãos na frente do peito (foto 371). A parte posterior da coxa esquerda então estará em contato com a parte posterior do ombro esquerdo. Se a cabeça não estiver suficientemente alta, a perna escorregará do pescoço. A perna direita deve ficar estendida no chão. Toda a parte posterior da perna deve estar em contato com o chão, e os dedos dos pés devem apontar para a frente.

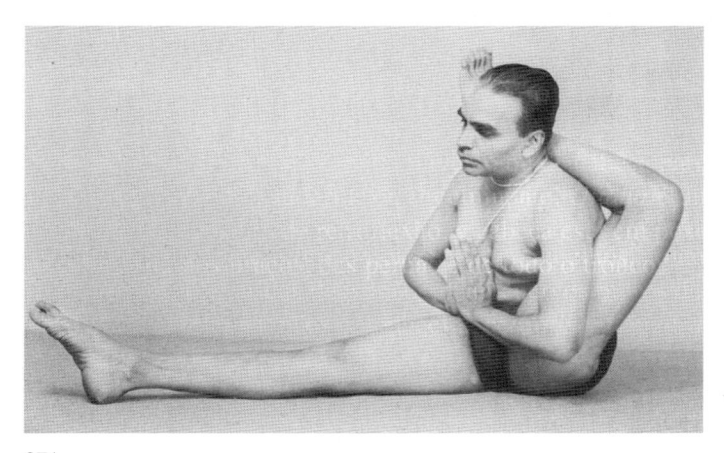

371

5. Permaneça nesta posição por 15 a 60 segundos, respirando profundamente.
6. Desfazendo a posição das mãos, segure o tornozelo esquerdo com as duas mãos, abaixe a perna esquerda até o chão e estenda-a.

7. Repita a postura do lado direito, colocando a perna direita atrás do pescoço. A perna esquerda deve permanecer estendida no chão. Mantenha a postura pelo mesmo tempo dos dois lados.

Efeitos

Com a prática desta postura, o pescoço e as costas se fortalecem, enquanto as coxas e os músculos isquiotibiais são inteiramente alongados. Os músculos abdominais são contraídos e o poder digestivo é aumentado. Antes de praticar esta postura, a pessoa não tem ideia do peso e da pressão exercidos pela perna quando é apoiada no pescoço.

Ciclo de eka pāda śīrṣāsana

Os *āsanas* descritos a seguir podem ser feitos um atrás do outro, como continuação de *eka pāda śīrṣāsana* (foto 371). Não há necessidade de realizá-los separadamente.

Primeiro, realize o ciclo completo de *eka pāda śīrṣāsana* com uma perna atrás do pescoço. Então descanse por 1 minuto ou 2 minutos e repita o ciclo com a outra perna atrás do pescoço. Estas posturas são extenuantes e requerem longa prática para serem dominadas.

136. Skandāsana Dezesseis* *(foto 372)*

Skanda é o nome de Kārtikeya, o deus da guerra, cujo nascimento é o tema do poema épico escrito por Kālidāsa, *Kumāra Saṁbhava*. Certa vez, os deuses estavam preocupados com o demônio Tāraka que, segundo a profecia, só poderia ser destruído pelo filho de Śiva e Pārvati, a bela filha da montanha Himalaia. Mas a perspectiva de Śiva ter um filho parecia muito remota para os outros deuses, pois Śiva estava imerso em meditação desde a morte de sua esposa, Satī. Pārvati, que era a reencarnação de Satī, foi enviada pelos deuses para cuidar de Śiva, mas embora tenha feito várias tentativas para despertar sua atenção, ele não a notou. Vasanta, o deus da primavera, e Kāma, o deus do amor, fizeram seu melhor para ajudar Pārvati a conquistar Śiva. Kāma atirou-lhe a flecha do desejo e o perturbou em sua meditação. Śiva abriu seu terceiro olho e, com as chamas emitidas por ele, queimou Kāma até as cinzas. De modo a conquistar seu marido da vida anterior, Pārvati decidiu acompanhar Śiva em seu ascetismo. Ela deixou de lado seus ornamentos e se converteu em ermitã em um pico próximo. Assim, Śiva, que já havia sido atingido pela flecha de Kāma, notou-a e apaixonou-se por ela. Śiva e Pārvati se casaram em uma grande cerimônia, à qual todos os deuses compareceram. Pārvati deu à luz ao deus da guerra Skanda que, quando cresceu e se tornou adulto, matou o demônio Tāraka.

Técnica

1. Faça *eka pāda śīrṣāsana* (foto 371).
2. Com uma expiração, incline o tronco para a frente e segure a perna direita estendida com ambas as mãos, como em *paśchimōttānāsana* (foto 160); apoie o queixo no joelho direito.
3. Estenda o queixo para evitar que a perna escorregue.
4. Permaneça na postura por cerca de 20 segundos, respirando profundamente.

137. Buddhāsana Vinte e dois* *(foto 373)*

Buddha significa iluminado. Este *āsana* é uma continuação de *skandāsana* (foto 372).

Técnica

1. A partir de *skandāsana* (foto 372), com a perna esquerda atrás do pescoço, inspire e erga a cabeça e o tronco.
2. Segure o tornozelo esquerdo com a mão esquerda e abaixe a perna ainda mais.

372

373

3. Levante o braço direito a partir do ombro, leve-o ao lado e gire o antebraço para trás passando por cima do pé esquerdo para que fique sobre o tornozelo esquerdo (foto 373).
4. Permaneça nesta postura por cerca de 15 segundos, respirando profundamente. Inspire, levante a cabeça e o tronco.

138. Kapilāsana Vinte e dois* (foto 374)

Kapila é o nome de um grande sábio que dizem ter sido o fundador do sistema de filosofia *sāṁkhya*. Este *āsana* é uma continuação de *buddhāsana* (foto 373).

Técnica

1. Mantenha as mãos agarradas como em *buddhāsana*, com a perna esquerda atrás do pescoço, expire, flexione o tronco para a frente e apoie o queixo sobre o joelho direito estendido como em *paśchimōttānāsana* (foto 160).
2. Permaneça nesta postura por 10 a 15 segundos, respirando profundamente. Inspire, erga a cabeça e o tronco e solte as mãos.

139. Bhairavāsana Dezesseis* (foto 375)

Bhairava significa terrível, assustador. Este é um dos oito aspectos de Śiva.

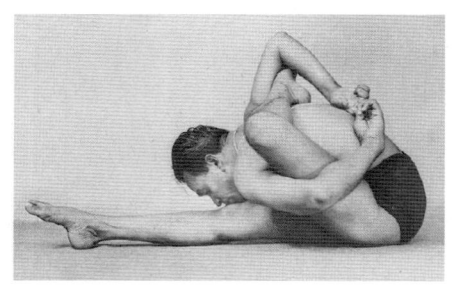

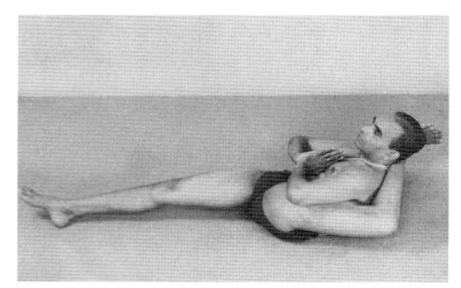

374

375

Técnica

1. Após soltar as mãos de *kapilāsana* (foto 374), expire e recline-se para trás.
2. Junte as mãos na frente do peito. Mantenha a perna direita estendida no chão (foto 375).
3. Permaneça nesta postura por cerca de 20 segundos, respirando profundamente.

140. Kāla Bhairavāsana Dezenove* *(foto 378)*

Kāla Bhairava é Śiva em seu aspecto terrível de destruidor do universo, uma personificação do princípio destrutivo.

Técnica

1. Após completar *bhairavāsana* (foto 375), libere as mãos do peito, pressione as palmas das mãos no chão e retorne para *eka pāda śirṣāsana*. As palmas das mãos devem ficar ao lado dos quadris.
2. Leve a perna direita para o lado direito.
3. Expire, tire o tronco do chão (foto 376) e respire 2 vezes.
4. Expire, tire o braço direito do chão, gire o tronco para a direita e posicione o braço direito ao longo da coxa direita (foto 377). Respire 2 vezes.

376

377

5. Agora estenda o braço direito verticalmente para cima (foto 378).
6. O corpo todo fica equilibrado lateralmente, sobre a palma da mão esquerda e a borda externa do pé direito, a perna direita formando um ângulo de 30 graus com o chão.
7. Permaneça na postura por cerca de 20 segundos, respirando profundamente.

378

141. Chakorāsana Vinte* (fotos 379 e 380)

Chakora é um pássaro parecido com a perdiz, que dizem alimentar-se dos raios da Lua.

Técnica

1. A partir de *kāla bhairavāsana* (foto 375), apoie a palma da mão direita no chão e, flexionando o joelho direito, sente-se no chão com a perna esquerda atrás do pescoço, voltando para *eka pāda śirṣāsana* (foto 371).
2. Pressione as palmas das mãos no chão ao lado dos quadris.
3. Tire os quadris do chão e equilibre o corpo sobre as palmas das mãos. Eleve a perna direita estendida até que forme um ângulo de 60 a 75 graus com o chão (fotos 379 e 380). Permaneça nesta postura de acordo com a sua capacidade, respirando normalmente.

379

380

142. Dūrvāsāsana Vinte e um* *(foto 383)*

Dūrvāsa era o nome de um sábio muito irascível, cuja ira tornou-se proverbial.

Técnica

1. A partir de *chakorāsana* (foto 379), descanse a perna direita estendida no chão. Flexione o joelho direito e fique de cócoras, apoiando as palmas das mãos no chão (foto 381).
2. Em seguida, coloque as palmas das mãos na coxa direita. Expire, pressione as palmas das mãos na coxa direita, puxe o tronco para cima e, gradativamente, ponha-se de pé sobre a perna direita, mantendo-a ereta por meio da tensão dos músculos (foto 382).

Yogāsanas

381

382

383

311

3. Puxe a cintura e o peito para cima, una as mãos em frente ao peito e equilibre o corpo sobre a perna direita (foto 383). A perna esquerda estará apoiada transversalmente atrás do pescoço. Tente respirar normalmente.
4. Mantenha a postura pelo tempo que puder. Como o equilíbrio é difícil, use o apoio de uma parede ou de um colega, para começar.

143. Ṛichikāsana Dezoito* (fotos 384 e 385)

Ṛichika é o nome de um sábio, avô de Bhagavān Paraśurāma, a sexta encarnação de Viṣṇu.

Técnica

1. Após completar *dūrvāsāsana* (foto 383), expire, flexione o tronco para a frente e apoie as palmas das mãos no chão, uma de cada lado do pé direito (fotos 384 e 385).

384

385

2. Coloque a cabeça sobre o joelho direito sem permitir que a perna esquerda escorregue de trás do pescoço. Então, gradativamente, estenda o pescoço até que o queixo toque o joelho direito, como em *uttānāsana* (foto 48).

3. Permaneça nesta postura por cerca de 15 segundos, respirando normalmente.
4. Flexione o joelho direito, sente-se no chão, solte a perna esquerda de trás do pescoço e relaxe.
5. A seguir, coloque a perna direita por trás do pescoço e repita o ciclo de *āsanas* acima, trocando a palavra "esquerda" por "direita" e vice-versa.

Efeitos dos āsanas do ciclo de eka pāda śīrṣāsana

Os vários movimentos deste ciclo de *āsanas* tonificam os sistemas muscular, nervoso e circulatório do corpo todo. A coluna recebe um rico suprimento de sangue, que aumenta a energia nervosa nos *chakras* (os vários plexos nervosos situados na coluna), os centros reguladores da máquina do corpo humano. Estas posturas desenvolvem o tórax, tornam a respiração mais completa e o corpo mais firme; elas cessam os tremores nervosos do corpo e previnem o desenvolvimento das doenças que os causam; também auxiliam na eliminação de toxinas por meio do suprimento de sangue puro para todas as partes do corpo e da condução do sangue viciado de volta ao coração e ao pulmão para sua purificação. Com a prática destes *āsanas,* o conteúdo de hemoglobina do sangue melhora, o corpo e a mente ganham vigor e a capacidade de trabalho aumenta.

144. Viranchyāsana I Dezenove* *(fotos 386 e 387)*

Virancha ou Viranchi é um dos nomes de Brahmā, o Ser Supremo, a primeira divindade da trindade hindu, a quem foi confiada a tarefa de criação do mundo.

Técnica

1. Sente-se no chão com as pernas estendidas à frente (foto 77).
2. Flexione o joelho direito e coloque o pé direito na raiz da coxa esquerda, em meio *padmāsana*.
3. Flexione o joelho esquerdo, traga o pé para perto do tronco e agarre o tornozelo esquerdo com as duas mãos. Expire, puxe a coxa esquerda para cima e para trás, incline o tronco ligeiramente para a frente e coloque a perna esquerda atrás do pescoço. A parte externa da perna esquerda, logo acima do tornozelo, estará em contato com a parte posterior do pescoço.

4. Erga a cabeça e o pescoço, mantenha as costas eretas e solte o tornozelo esquerdo.
5. Agora leve o braço esquerdo verticalmente para cima, flexione o cotovelo esquerdo e leve-o para trás do pescoço e por cima da perna esquerda cruzada no pescoço. Abaixe o braço direito, flexione o cotovelo direito e levante o antebraço direito para cima por trás das costas até que a mão direita esteja entre as escápulas. Agarre as mãos atrás das costas, entre os ombros (fotos 386 e 387).
6. Permaneça nesta postura por 10 a 20 segundos, respirando normalmente. Solte as mãos, abaixe a perna esquerda, estenda a perna direita e retorne à posição do item 1.

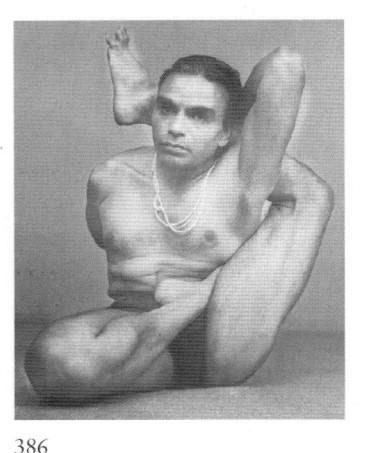

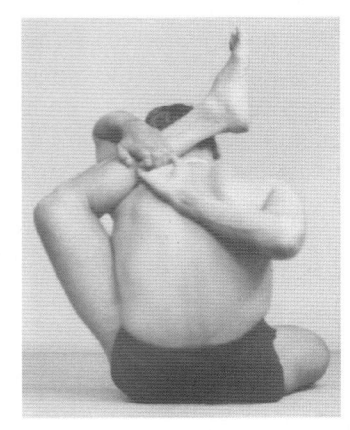

386   387

7. Repita a postura do outro lado, pelo mesmo tempo, substituindo a palavra "esquerda" por "direita" e vice-versa.

145. Viranchyāsana II Dez* *(foto 388)*

Técnica

1. Sente-se no chão com as pernas estendidas à frente (foto 77).

2. Flexione a perna esquerda e leve-a para trás. Coloque o pé esquerdo ao lado da articulação do quadril, mantendo os dedos dos pés apontados para trás e apoiados no chão. A perna esquerda agora está em *vīrāsana* (foto 89).
3. Depois disso, siga a técnica dada antes para *viranchyāsana I* (foto 386).

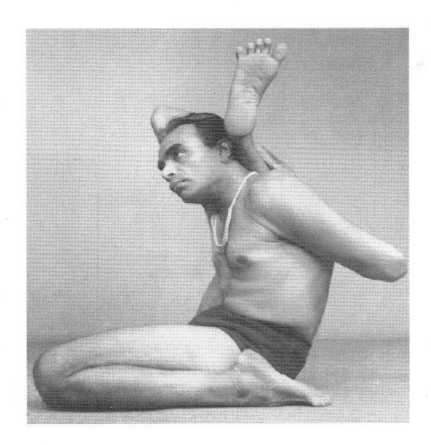

388

Efeitos

Estas duas posturas fortalecem as costas e o pescoço, e os movimentos dos ombros se tornam mais livres. Os músculos das coxas e os isquiotibiais são totalmente estendidos, os músculos abdominais se contraem e o poder digestivo aumenta.

146. *Yoganidrāsana* Dezoito* *(foto 391)*

Nidrā significa sono. *Yoganidrā* é um estado entre a vigília e o sono. É também o nome dado ao sono de Viṣṇu ao final de um *yuga*, uma era do mundo.

Nesta postura, as pernas ficam entrelaçadas atrás da parte posterior do pescoço e as mãos se enlaçam atrás das costas, que ficam rentes ao chão. As pernas formam o travesseiro do *yogī*, e as costas, seu sofá. A prática desta postura aquece o corpo muito rapidamente. Por isso é usada pelos *yogīs* que moram em grandes altitudes para se manterem aquecidos.

Técnica

1. Deite-se de costas no chão (foto 219).
2. Flexione os joelhos e leve as pernas por cima da cabeça.
3. Expire, leve a perna direita para trás do ombro direito segurando o pé direito com ambas as mãos e colocando-o bem atrás do pescoço, como em *eka pāda śīrṣāsana* (foto 389).
4. Mantenha a posição da perna direita, respirando várias vezes.
5. Expire e, com o auxílio da mão esquerda, leve a perna esquerda para trás do ombro esquerdo e coloque-a debaixo da perna direita (foto 390). Enganche os tornozelos.
6. Eleve bem os ombros, leve os braços por trás das costas e agarre os dedos (foto 391). A parte posterior dos braços superiores estará em contato com a parte posterior das coxas. Respire algumas vezes.

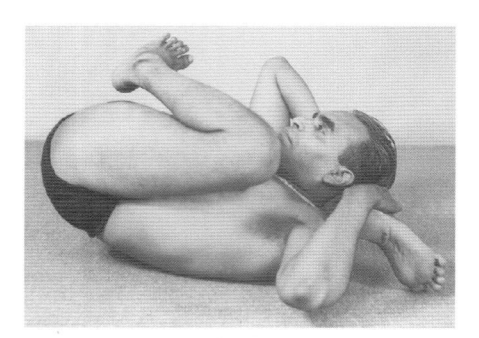

389

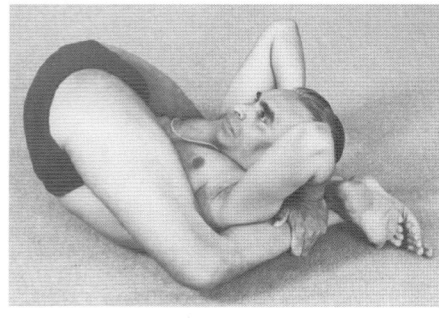

390

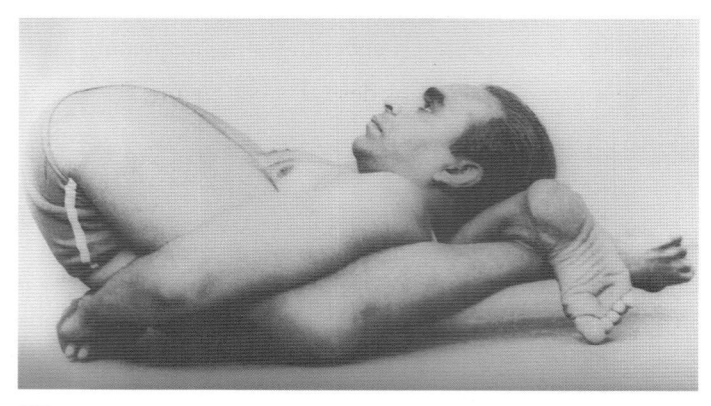

391

7. Expire, eleve o peito bem alto e alongue o pescoço para trás. Esta é a postura final (que é o reverso da posição de *supta kūrmāsana*, foto 368). Fique nesta postura por 30 a 60 segundos, procurando respirar normalmente.
8. Expire e solte as mãos de trás das costas e os tornozelos de trás do pescoço.
9. Relaxe no chão, mantendo as pernas estendidas por algum tempo.
10. Em seguida, repita a postura pelo mesmo tempo, primeiro colocando a perna esquerda atrás do pescoço e depois a perna direita embaixo da esquerda.
11. Libere as mãos e os pés e relaxe no chão.
12. Não cruze as pernas primeiro para depois levá-las para trás do pescoço, pois desta forma você não obterá a sensação correta do *āsana*. Lembre-se de colocar primeiro uma perna atrás do pescoço e depois a outra por baixo da primeira. Antes de colocar as pernas por trás do pescoço, erga o pescoço e a região dorsal e também estenda os ombros, de modo que os ombros não fiquem imprensados entre o peito e as pernas. Isto assegurará uma postura correta.

Efeitos

Nesta postura, a coluna é completamente alongada à frente, e há uma sensação prazerosa nas costas. Esta é uma das melhores posturas de flexão para a frente. Nem mesmo o máximo alongamento em *paśchimōttānāsana* (foto 160) dá a mesma sensação de exercício adequado, conforto e repouso oferecidos pela prática correta de *yoganidrāsana*.

Nas posturas de retroflexão, tem-se uma expansão máxima dos pulmões e dos músculos abdominais. Neste *āsana*, os pulmões e os músculos abdominais são contraídos ao máximo. Em pouco tempo, a prática desta postura tonifica os rins, o fígado, o baço, os intestinos, a vesícula biliar, a próstata e a bexiga. Os órgãos abdominais ficarão livres de doenças com a prática regular desta postura. Ela também exercita as gônadas e libera energia e vitalidade no sistema. Os nervos descansam, e há um armazenamento de energia no corpo para pensar e trabalhar melhor.

147. Dwi Pāda Śīrṣāsana Vinte e quatro* *(foto 393)*

Dwi pāda (*dwi* = dois ou ambos; *pāda* = perna ou pé) significa com os dois pés. Em *eka pāda śīrṣāsana* (foto 371), uma perna é colocada atrás do pescoço. Neste *āsana*, as duas pernas são assim posicionadas, as mãos são unidas na frente do peito, e o corpo se equilibra em uma pequena seção das nádegas, perto do cóccix. Isto é difícil e a pessoa tende a cair para trás. A postura se parece muito com *yoganidrāsana* (foto 391), mas aqui o corpo fica na vertical, enquanto que em *yoganidrāsana* as costas repousam no chão.

Técnica

1. Sente-se no chão com as pernas estendidas à frente (foto 77).
2. Flexione os joelhos e aproxime os pés do tronco.
3. Expire, pegue o tornozelo direito com as duas mãos, puxe a coxa direita para cima e para trás, incline o tronco ligeiramente para a frente e coloque a perna direita atrás do pescoço, como em *eka pāda śīrṣāsana*. A parte posterior da coxa direita estará em contato com a parte de trás do ombro direito. Tire as mãos do tornozelo e respire algumas vezes.
4. Expire, pegue o tornozelo esquerdo com a mão esquerda, puxe a coxa esquerda para cima e para trás e coloque a perna esquerda sobre a direita, da maneira descrita acima. Solte as mãos do tornozelo esquerdo, mas mantenha os pés enganchados pelos tornozelos. Apoie as mãos no chão ao lado dos quadris e mantenha-se erguido, em equilíbrio sobre a porção das nádegas próxima ao cóccix (foto 392). Isso requer prática. Tente manter a respiração normal.
5. Tire as mãos do chão, una-as em frente ao peito e equilibre-se na posição vertical por alguns segundos ou tanto quanto puder, entre 10 e 30 segundos (foto 393). Esta é a postura final.
6. Depois de permanecer nesta posição, apoie as palmas das mãos no chão ao lado dos quadris, expire, estenda os braços e puxe o corpo para cima, suportando o peso nas mãos. Não afrouxe o cruzamento dos tornozelos (foto 394). Sustente a postura por 10 a 20 segundos, de acordo com sua capacidade.
7. Libere os tornozelos, estenda as pernas verticalmente para cima e equilibre-se sobre as mãos. Esta postura chama-se:

148. *Ṭiṭṭibhāsana* Vinte e dois* *(foto 395)*

Ṭiṭṭibha é um inseto como um vagalume.

Depois de permanecer nesta posição por alguns segundos, flexione os joelhos, abaixe o corpo até o chão, solte as pernas, estenda-as para a frente e repouse por alguns segundos.

Yogāsanas

392

393

394

395

8. Repita os movimentos pelo mesmo tempo, desta vez colocando a perna esquerda na parte posterior do pescoço e depois a perna direita sobre a esquerda. Ao final, relaxe no chão.

Efeitos

Neste *āsana*, os pulmões e os músculos abdominais são contraídos ao máximo. A coluna é completamente estirada à frente, e os órgãos abdominais se beneficiam prontamente deste exercício. O efeito é o mesmo de *yoganidrāsana* (foto 391), mas nesta postura as coxas são mais alongadas e há maior sensação de esforço no pescoço, na região sacro-lombar da coluna e no abdômen.

149. Vasiṣṭhāsana Dezoito* *(foto 398)*

Vasiṣṭha foi um célebre sábio ou vidente, sacerdote da linhagem solar de reis e autor de vários hinos védicos, particularmente do sétimo *maṇḍala* do Ṛg Veda. Ele foi um arquétipo da dignidade e do poder bramânicos e um dos sete sábios que aparecem representados nas estrelas da Ursa Maior. A rivalidade entre ele e o sábio real Viśvāmitra, um *kṣatriya* (da casta dos guerreiros) que, graças à sua devoção e ascetismo, elevou-se ao *status* de brâmane, é tema de muitas lendas. Este *āsana* é dedicado ao sábio Vasiṣṭha.

Técnica

1. Fique de pé em *tāḍāsana* (foto 1). Incline-se para a frente, apoie as palmas das mãos no chão e leve as pernas em torno de 1,20 metro a 1,50 metro para trás, como se estivesse fazendo *adho mukha śvānāsana* (foto 75).
2. Gire todo o corpo para a lateral e equilibre-se apenas sobre a mão e o pé direito. A borda externa do pé direito deve permanecer firme no chão. Apoie o pé esquerdo sobre o direito, coloque a palma da mão esquerda no quadril esquerdo e equilibre-se, mantendo o corpo reto (foto 396). Para aprender a arte de equilibrar-se nesta posição, fique próximo a uma parede e apoie a borda interna do pé direito contra ela.
3. Expire, flexione o joelho esquerdo, leve o corpo ligeiramente para a frente e pegue o dedão do pé esquerdo entre o polegar, o indicador e o dedo médio da mão esquerda (foto 397). Puxe o braço e a perna esquerda verticalmente para cima (foto 398). A forma de agarrar o dedão do pé é a mesma descrita em *supta pādāṅguṣṭhāsana* (foto 284). Equilibre-se nesta posição, mantendo os braços e as pernas rígidos, respirando profundamente, por cerca de 20 a 30 segundos.

396

397

4. Solte o dedão do pé, traga a perna esquerda novamente sobre o pé direito e abaixe a mão esquerda até o quadril mais uma vez.
5. Expire, gire o corpo de modo que ele se equilibre somente sobre a mão e o pé esquerdos. Repita a postura deste lado, pela mesma duração de tempo, seguindo a técnica descrita antes, substituindo "direita" por "esquerda" e "esquerda" por "direita".

398

Efeitos

Esta postura fortalece os pulsos, exercita as pernas e tonifica as regiões lombar e coccígea da coluna.

150. Kaśyapāsana Dezenove* *(fotos 399 e 400)*

Este *āsana* é dedicado ao sábio Kaśyapa, filho do sábio Marīchi, que por sua vez é filho de Brahmā. Ele teve um importante papel na obra da criação. Diz-se que Kaśyapa se casou com as treze filhas de Dakṣa. Com Aditi, ele gerou os doze *adityas* (deuses) e, com Diti, os *daityas* (demônios). Com suas outras esposas, ele teve uma progênie numerosa e diversificada: serpentes, répteis, pássaros e ninfas das constelações lunares. Ele foi, assim, o pai de Sūrya (deus do Sol) e de todos os seres vivos e é frequentemente chamado de Prajāpati (o progenitor).

Técnica

1. Fique de pé em *tāḍāsana* (foto 1). Incline-se para a frente, coloque as palmas das mãos no chão como em *uttānāsana* (foto 47) e leve as pernas para trás cerca de 1,20 metro a 1,50 metro, em *adho mukha śvānāsana* (foto 75).
2. Gire todo o corpo para o lado direito e equilibre-se sobre a mão e o pé direitos. A borda externa do pé direito deve estar firmemente apoiada no chão. Apoie o pé esquerdo sobre o pé direito, a palma da mão esquerda sobre o quadril e equilibre-se, mantendo o corpo reto (foto 396).
3. Expire, flexione o joelho esquerdo e coloque o pé esquerdo na raiz da coxa direita, como em meio *padmāsana*. Lance o braço esquerdo, a partir do ombro, por trás das costas e segure o dedão do pé esquerdo com a mão esquerda. Esta é a posição final (fotos 399 e 400). Equilibre-se nela por algum tempo, respirando profundamente. Todo o peito e o braço direito estendido devem estar em um mesmo plano.
4. Expire, solte o pé esquerdo, apoie-o novamente sobre o direito e a mão esquerda sobre a coxa esquerda (foto 396). Respire profundamente algumas vezes.

399   400

5. Expire, gire o corpo para o lado esquerdo, de modo a se equilibrar somente sobre a mão e o pé esquerdos. Coloque o pé direito na raiz da coxa esquerda como em meio *padmāsana* e segure o dedão do pé direito por trás das costas com a mão direita. Mantenha o equilíbrio pelo mesmo tempo nos dois lados.
6. Expire, solte o pé direito e coloque-o sobre o pé esquerdo e a mão direita sobre a coxa direita.
7. Apoie a palma da mão direita no chão e volte para *uttānāsana* (foto 47), respire algumas vezes e, com uma expiração, retorne para *tāḍāsana* (foto 1).

Efeitos

Este *āsana* fortalece as mãos e alivia as dores e a rigidez na região sacral da coluna.

151. *Viśvāmitrāsana* Vinte* *(foto 403)*

Viśvāmitra foi um sábio célebre. Originalmente, era um *kṣatriya* (membro da casta de guerreiros), rei de Kanyākubja. Um dia, enquanto caçava, ele foi ao eremitério do sábio Vasiṣṭha e, lá encontrando Kāmadhenu (a Vaca da Abundância), ofereceu ao sábio incontáveis tesouros em troca dela. Diante da recusa, o rei tentou tomá-la à força. Uma longa disputa se seguiu, na qual o rei foi derrotado. Apesar da grande irritação, ele ficou muito impressionado com o poder inerente ao bramanismo. O rei dedicou-se às mais rigorosas austeridades até alcançar sucessivamente os títulos de *rājarṣi* (sábio real, príncipe santo), *ṛṣi* (sábio ou vidente), *maharṣi* (grande sábio ou patriarca da humanidade) e, finalmente, *brahmarṣi* (sábio bramânico), mas ele não ficou satisfeito até o próprio Vasiṣṭha chamá-lo de *brahmarṣi*. Durante sua árdua penitência, a ninfa celeste Menakā o seduziu e concebeu Śakuntalā, heroína do famoso drama de Kālidāsa.

Este *āsana* é dedicado a Viśvāmitra.

Técnica

1. Fique de pé em *tāḍāsana* (foto 1). Incline-se para a frente, apoie as palmas das mãos no chão e leve as pernas para trás cerca de 1,20 metro a 1,50 metro, como em *adho mukha śvānāsana* (foto 75).
2. Expire, lance a perna direita por cima da mão direita e apoie a parte posterior da coxa direita na parte posterior do braço superior direito (foto 401).
3. Imediatamente gire o corpo para a esquerda, coloque o braço esquerdo ao longo da coxa esquerda e equilibre-se (foto 402).

401

402

4. Gire o pé esquerdo para o lado e pressione a planta do pé contra o chão.
5. Estique a perna direita para cima e respire 2 vezes.
6. Expire, estenda o braço esquerdo verticalmente para cima a partir do ombro e olhe para a mão esquerda estendida (foto 403).
7. Permaneça na postura por 20 a 30 segundos, respirando profundamente.
8. Expire, solte a perna direita e retorne à posição do item 1.
9. Repita a postura pelo mesmo tempo do outro lado, seguindo a técnica acima, substituindo direita por esquerda e esquerda por direita.

Luz sobre o *Yoga*

403

Efeitos

Esta postura fortalece as mãos e os órgãos abdominais e exercita os músculos das coxas.

152. Bakāsana Nove* (fotos 406 e 410)

Baka significa garça.

 O corpo nesta postura se parece com uma garça caminhando por uma lagoa, daí o nome.

 As técnicas serão dadas de duas maneiras diferentes, uma para alunos iniciantes e outra para avançados.

Técnica para iniciantes

1. Fique de cócoras, com os pés unidos. As plantas dos pés devem estar completamente apoiadas no chão. Eleve as nádegas do chão e mantenha o equilíbrio (foto 317).
2. Separe os joelhos e leve o tronco à frente.
3. Expire, envolva as pernas flexionadas com os braços e apoie as palmas das mãos no chão (foto 318).

Yogāsanas

4. Flexione os cotovelos, tire os calcanhares do chão, leve o tronco mais adiante e apoie as canelas na parte posterior dos braços, perto das axilas (foto 404). Respire 2 ou 3 vezes.

404

405

406

5. Expire, impulsione o corpo para a frente e tire os dedos dos pés do chão (foto 405).
6. Estique os braços e equilibre o corpo todo sobre as mãos (foto 406).
7. Permaneça nesta posição por 20 a 30 segundos, respirando normalmente.
8. Expire, flexione os cotovelos, abaixe o tronco, libere as pernas das axilas, agache-se no chão e relaxe.

Técnica para alunos avançados

1. Faça *sālamba śīrṣāsana II* (foto 192).
2. Expire, flexione os joelhos e abaixe as pernas de modo que as coxas toquem o ventre e o peito.
3. Apoie o joelho direito na parte posterior do braço direito, o mais próximo possível da axila, e o joelho esquerdo sobre o braço esquerdo de modo semelhante. Os pés devem permanecer unidos (foto 407). Assegure-se desta posição e equilibre-se, respirando regularmente.
4. Expire, puxe o tronco para cima e levante a cabeça do chão (foto 408). Alongue e estique os braços e eleve as nádegas (foto 409). Alongue o pescoço e mantenha a cabeça tão alta quanto possível (foto 410).
5. Mantenha o equilíbrio nesta posição sobre as mãos por alguns segundos. Para isso, contraia os músculos da região do diafragma. Procure respirar normalmente.

407

408

409    410

6. Expire, apoie a cabeça no chão e retorne para *sālamba śīrṣāsana II*. Em seguida, abaixe as pernas e descanse. Alunos avançados podem fazer *ūrdhva dhanurāsana* (foto 486), deixando cair as pernas por trás da cabeça depois de *śīrṣāsana II* e, em seguida, ficarem de pé em *tāḍāsana* (foto 1). Uma vez dominado, *viparīta chakrāsana* (fotos 488 a 499) torna-se um exercício calmante depois de *ūrdhva dhanurāsana*.

Efeitos

Este *āsana* fortalece os braços e os órgãos abdominais devido à sua contração.

153. Pārśva Bakāsana Dezesseis (foto 412)

Pārśva significa lado, flanco ou oblíquo, *baka* significa garça ou uma ave pernalta. Nesta postura, as pernas ficam em uma posição lateral.

Técnica

1. Faça *sālamba śīrṣāsana II* (foto 192).
2. Expire e flexione os joelhos de modo que as coxas toquem o ventre e o peito.
3. Mantenha as coxas e os pés unidos. Gire as pernas flexionadas e o tronco obliquamente para a direita. Apoie a coxa esquerda na parte posterior do braço superior direito, o mais próximo possível da axila (foto 411). Respire profundamente algumas vezes e mantenha o equilíbrio.
4. Então, com uma expiração, tire a cabeça do chão, contraia os músculos próximos ao diafragma, estenda os braços e equilibre-se sobre as mãos (foto 412). Permaneça nesta posição por alguns segundos respirando regularmente. O esforço maior é sentido no braço aparentemente livre.
5. Flexione os cotovelos, apoie a cabeça no chão (foto 411) e volte para *sālamba śīrṣāsana II*.
6. Em seguida, flexione os joelhos e gire as pernas flexionadas obliquamente para a esquerda. Apoie a coxa direita na parte posterior do braço esquerdo, o mais próximo possível da axila. Expire, tire a cabeça do chão e equilibre-se como na posição do item 4.
7. Depois de voltar a apoiar a cabeça no chão, retorne para *sālamba śīrṣāsana II*. Então, abaixe as pernas até o chão e relaxe ou faça *ūrdhva dhanurāsana* (foto 486) e ponha-se de pé em *tāḍāsana* (foto 1). Uma vez dominado, *viparīta chakrāsana* (fotos 488 a 499) torna-se um exercício calmante depois de *ūrdhva dhanurāsana*.

Efeitos

Esta postura fortalece os braços. Sua prática regular desenvolve os músculos laterais do abdômen e fortalece os intestinos.

Yogāsanas

411

412

154. Ūrdhva Kukkuṭāsana Dezoito* *(fotos 417, 418 e 419)*

Ūrdhva significa para cima. *Kukkuṭa* significa galo. Nesta postura, o corpo se assemelha a um galo empertigado, daí o nome.

Técnica

1. Faça *sālamba śīrṣāsana II* (foto 192).
2. Após garantir a estabilidade, entre em *padmāsana* colocando o pé direito na raiz da coxa esquerda e o pé esquerdo na raiz da coxa direita (foto 413). Em seguida, com uma expiração, flexione as pernas e apoie-as na parte posterior dos braços, o mais próximo possível das axilas (foto 414). Garanta esta posição e equilibre-se, respirando de maneira regular.

413

414

3. Expire, pressione as palmas das mãos firmemente no chão, puxe o tronco para cima e erga a cabeça do chão, seguindo os estágios do movimento como nas fotos 415 e 416. Estenda e estique os braços e eleve as nádegas. Alongue o pescoço e mantenha a cabeça o mais alto possível (fotos 417, 418 e 419).
4. Equilibre-se sobre as mãos nesta posição por alguns segundos. Para isso, contraia os músculos na região do diafragma. Procure respirar normalmente.
5. Expire, flexione os cotovelos, abaixe a cabeça até o chão seguindo as fotos 414 e 413 e retorne para *sālamba śīrṣāsana II*, soltando o cruzamento das pernas de *padmāsana*.

Yogāsanas

415

416

417

418

6. Faça *padmāsana* novamente, desta vez colocando primeiro o pé esquerdo na raiz da coxa direita e depois o pé direito na raiz da coxa esquerda. Então repita o *āsana* como descrito anteriormente.

419

7. Depois de realizar a postura pelo mesmo tempo dos dois lados, retorne para *sālamba śīrṣāsana II*, abaixe as pernas até o chão e relaxe. Alunos avançados podem passar daí para *ūrdhva dhanurāsana* (foto 486) deixando as pernas caírem por trás das costas, estendendo os braços e voltando a ficar de pé em *tāḍāsana* (foto 1). Uma vez dominado, *viparīta chakrāsana* (fotos 488 a 499) torna-se um exercício calmante depois de *ūrdhva dhanurāsana*.

Efeitos

Nesta postura, a coluna é totalmente estendida e alcança-se o efeito de *paśchimōttānāsana* (foto 160) em um tempo muito curto. Os braços e os órgãos abdominais são fortalecidos.

Todas essas posições complexas e difíceis trazem resultados mais rapidamente do que as simples. Quando o corpo se torna mais flexível, as posturas mais simples terão pouco ou nenhum efeito. Por isso, os sábios descartam as posturas simples e praticam as complexas, da mesma forma que uma pessoa erudita não repete o alfabeto diariamente.

Porém, assim como as bailarinas praticam alguns passos básicos todos os dias e não os descartam, do mesmo modo os estudantes de *yoga* devem continuar a prática diária de *śīrṣāsana* (fotos 184 a 218) e *sarvāṅgāsana* com seus respectivos ciclos (fotos 234 a 271).

155. *Pārśva Kukkuṭāsana* Vinte e quatro* *(fotos 424 e 424a; 425 e 425a)*

Pārśva significa lado, flanco ou oblíquo. *Kukkuṭa* significa galo.

Técnica

1. Faça *sālamba śīrṣāsana II* (foto 192).
2. Entre em *padmāsana*, colocando primeiro o pé direito na raiz da coxa esquerda e depois o pé esquerdo na raiz da coxa direita (foto 413). Depois de garantir a estabilidade, expire, gire o tronco para a direita (foto 420) e abaixe as pernas de modo que a coxa esquerda apoie-se na parte posterior do braço superior direito (foto 421). Garanta esta posição e equilibre-se por algum tempo, com respiração uniforme, porém rápida, devido à torção lateral do tronco.
3. Esta é uma postura difícil. Sua maior dificuldade é a colocação da coxa no braço oposto. No começo, é difícil manter o equilíbrio ao procurar apoiar a coxa no lugar certo e muitas vezes caímos no chão com um baque.

420   421

4. Expire, pressione as mãos firmemente no chão, tire a cabeça do chão (foto 422) e puxe o tronco para cima (foto 423). Estenda e estique os braços e eleve as nádegas. Estenda o pescoço para a frente e sustente a cabeça o mais alto possível (foto 424).
5. Esta é a posição final. Equilibre o corpo sobre as mãos por alguns segundos, pelo tempo que for possível. Maior esforço será sentido no braço esquerdo, que aparentemente está livre.

422   423

6. Expire, flexione os cotovelos, abaixe a cabeça até o chão e volte para *śīrṣāsana II*. Então solte o cruzamento das pernas de *padmāsana*.
7. Permaneça por um tempo em *śīrṣāsana*. Entre novamente em *padmāsana*, desta vez colocando primeiro o pé esquerdo na raiz da coxa direita e então o pé direito na raiz da coxa esquerda. Então repita a postura do lado esquerdo (foto 425). A coxa direita será apoiada na parte posterior do braço superior esquerdo. Para manter o equilíbrio sobre o lado esquerdo, é necessário mudar a posição das pernas em *padmāsana*. Se não for trocada, será extremamente difícil colocar a coxa na parte posterior do braço oposto.
8. Permaneça pelo mesmo tempo dos dois lados.

424

9. Depois de aperfeiçoar as posições descritas nos itens 4 a 7, pode-se tentar o seguinte: sem soltar o cruzamento dos pés do item 6, gire o corpo para a esquerda, apoie a coxa direita na parte posterior do braço esquerdo, levante a cabeça do chão e equilibre-se (foto 424a).
10. Retorne para *śīrṣāsana II*. Então, depois de completar a postura do item 7, sem trocar o cruzamento das pernas, girando o corpo para a direita, tente colocar a coxa esquerda no braço superior direito, eleve a cabeça do chão e equilibre-se (foto 425a).
11. Sustente a postura pelo mesmo tempo em todas as variações. Então, volte para *śīrṣāsana II*, abaixe as pernas até o chão e relaxe. Ou faça *ūrdhva dhanurāsana* (foto 486) e em seguida fique de pé em *tāḍāsana* (foto 1). Uma vez dominado, *viparīta chakrāsana* (fotos 488 a 499) torna-se um exercício revigorante depois de *ūrdhva dhanurāsana*.

Luz sobre o *Yoga*

425

424a
425a 

338

Efeitos

Nesta variação, além dos benefícios obtidos em *ūrdhva kukkuṭāsana* (foto 419), a coluna recebe uma torção lateral e é tonificada. O peito, os braços, os músculos e órgãos abdominais se fortalecem e a energia vital aumenta.

156. Gālavāsana Dezesseis* *(fotos 427 e 428)*

Gālava foi um sábio, um dos discípulos de Viśvāmitra. Este *āsana* é dedicado a ele.

Técnica

1. Faça *sālamba śīrṣāsana II* (foto 192).
2. Então entre em *padmāsana* (colocando o pé direito na raiz da coxa esquerda e o pé esquerdo na raiz da coxa direita – foto 413), expire e flexione o tronco de modo que as coxas toquem o ventre e o peito.
3. Respire algumas vezes, gire o tronco para a direita e, com uma expiração, abaixe as pernas cruzadas até que o cruzamento das canelas se apoie sobre a parte posterior do braço superior direito, o mais próximo possível da axila (foto 426). Assegure-se da postura, respire profundamente algumas vezes e equilibre-se.

426

4. Expire, puxe o corpo para cima tirando a cabeça do chão, contraia os músculos próximos ao diafragma, estique os braços, equilibre-se sobre as mãos (foto 427) e permaneça nesta posição por alguns segundos, de acordo com a sua capacidade. Nesta postura, sente-se mais esforço sobre o ombro e o braço esquerdos, que aparentemente estão livres.
5. Flexione os cotovelos, apoie a cabeça no chão e volte para *sālamba śīrṣāsana II* sem soltar os pés de *padmāsana*.
6. Expire, flexione o tronco, apoie as pernas na parte posterior do braço esquerdo e equilibre-se da mesma forma que no lado direito (foto 428).
7. Flexione os cotovelos, apoie a cabeça no chão, suba novamente para *sālamba śīrṣāsana II* e solte o cruzamento das pernas. Faça *padmāsana* novamente, desta vez colocando primeiro o pé esquerdo na raiz da coxa direita e depois o pé direito na raiz da coxa esquerda e repita o *āsana* como descrito antes.

427

428

8. Apoie a cabeça no chão e volte para *sālamba śīrṣāsana II*. Em seguida, abaixe as pernas até o chão e relaxe ou faça *ūrdhva dhanurāsana* (foto 486) e fique de pé em *tāḍāsana* (foto 1). Quando se domina *viparīta chakrāsana* (fotos 488 a 499), ele se torna um exercício relaxante após *ūrdhva dhanurāsana*.

Efeitos

Pela prática regular desta postura, os pulsos e os órgãos abdominais se fortalecem e os músculos laterais do abdômen também se desenvolvem. A coluna se torna mais flexível e o pescoço e os ombros se tornam mais potentes. Esta postura tem os efeitos combinados de *śīrṣāsana* (foto 184), *padmāsana* (foto 104) e *paśchimōttānāsana* (foto 160).

157. Eka Pāda Gālavāsana Vinte e um* *(fotos 431 e 433)*

Eka significa um. *Pāda* significa perna. Gālava é o nome de um sábio.

Técnica

1. Faça *sālamba śīrṣāsana II* (foto 192).
2. Expire, coloque o pé direito na raiz da coxa esquerda em meio *padmāsana* e incline o tronco até que as pernas estejam paralelas ao chão.
3. A seguir, flexione o joelho esquerdo. Respire profundamente algumas vezes. Expire e apoie o pé direito na parte posterior do braço superior esquerdo. Ao encaixar o pé, gire-o de modo que os dedos apontem na mesma direção que os dedos das mãos. Apoie o joelho direito na parte posterior do braço superior direito (foto 429).
4. Garanta a posição da perna direita e respire algumas vezes. Estenda a perna esquerda, mantendo-a paralela ao chão (foto 430).

429

430

5. Expire e eleve o corpo, tirando a cabeça do chão. A perna esquerda permanece estendida e paralela ao chão. Os cotovelos se mantêm flexionados, os braços ficam paralelos ao chão e os antebraços perpendiculares, desde os pulsos até os cotovelos (foto 431).
6. Estenda o pescoço e mantenha a cabeça tão alta quanto possível. Fique nesta posição por alguns segundos. Como o diafragma está sendo pressionado, a respiração será rápida e trabalhosa.
7. Flexione o joelho esquerdo, apoie a cabeça no chão e suba novamente para *sālamba śīrṣāsana II*.
8. Respire profundamente algumas vezes e repita o *āsana*, desta vez dobrando a perna esquerda em meio *padmāsana*, colocando o pé esquerdo na parte posterior do braço direito e o joelho esquerdo na parte posterior do braço esquerdo e tirando a cabeça do chão (fotos 432 e 433). Permaneça pelo mesmo tempo dos dois lados. Retorne para *śīrṣāsana*.

433

9. Pode-se terminar esta postura descendo as pernas até o chão ou entrando em *ūrdhva dhanurāsana* (foto 486) e daí pondo-se de pé em *tāḍāsana* (foto 1). Uma vez dominado, *viparīta chakrāsana* (fotos 488 a 499) torna-se um exercício revigorante depois de *ūrdhva dhanurāsana*.

Efeitos

Esta postura fortalece os pulsos. Os órgãos abdominais são massageados pela pressão do pé contra o abdômen.

158. Dwi Pāda Kouṇḍinyāsana Vinte e dois* *(foto 438)*

Dwi pāda (*dwi* = dois ou ambos; *pāda* = perna ou pé) significa ambos os pés.
    Kouṇḍinya foi um sábio pertencente à família de Vasiṣṭha e fundador da Kouṇḍinya Gotra (seita). Este *āsana* é dedicado a ele.

Técnica

1. Faça *sālamba śīrṣāsana II* (foto 192).
2. Expire e abaixe as pernas estendidas e unidas até que estejam paralelas ao chão (foto 434). Faça uma pausa e respire algumas vezes.

3. Expire, gire o tronco ligeiramente para a direita e mova ambas as pernas lateralmente para a direita (foto 435). Abaixe as pernas unidas sobre o braço direito, de modo que a parte externa da coxa esquerda, acima do joelho, se apoie na parte posterior do braço direito, o mais próximo possível da axila (foto 436).
4. Equilibre-se e respire algumas vezes. Então expire e, pressionando firmemente o chão com ambas as mãos, tire a cabeça do chão (foto 437). Em seguida, eleve o tronco e estenda o pescoço (foto 438). Esta é a posição final, na qual as pernas estão no ar, quase paralelas ao chão. Devido à torção de tronco, a respiração será acelerada. Mantenha o equilíbrio pelo tempo que puder, de 10 a 20 segundos. Maior pressão será sentida sobre o ombro e braço esquerdos, apesar de parecerem livres.
5. Flexione os joelhos, apoie a cabeça no chão e suba novamente para *sālamba śīrṣāsana II*. Descanse aqui por um instante e repita o *āsana* do lado esquerdo, como descrito anteriormente, substituindo "esquerda" por "direita" e vice-versa. Desta vez, a coxa direita vai se apoiar na parte posterior do braço esquerdo. Permaneça pelo mesmo tempo dos dois lados. Suba novamente para *śīrṣāsana*.

434

435

436

437

438

6. Para terminar a postura, abaixe as pernas até o chão e relaxe ou faça *ūrdhva dhanurāsana* (foto 486) e fique de pé em *tāḍāsana* (foto 1). Uma vez dominado, *viparīta chakrāsana* (fotos 488 a 499) torna-se um exercício revigorante após *ūrdhva dhanurāsana*.

Efeitos

A postura tonifica os órgãos abdominais. O cólon se movimenta da maneira apropriada e as toxinas ali contidas são eliminadas. É preciso ter experiência para alcançar o equilíbrio com as pernas bem estendidas. A coluna torna-se mais flexível devido ao movimento lateral, e o pescoço e os braços ficam mais potentes.

159. Eka Pāda Kouṇḍinyāsana I Vinte e três* *(foto 441)*

Eka significa um. *Pāda* significa perna ou pé. Kouṇḍinya é o nome de um sábio.

Técnica

1. Faça *sālamba śīrṣāsana II* (foto 192).
2. Expire e abaixe as pernas estendidas e juntas até que estejam paralelas ao chão (foto 434). Faça uma pausa e respire algumas vezes.
3. Expire, flexione as pernas e leve a perna esquerda para o lado direito. Coloque a perna esquerda sobre a parte posterior do braço direito, de modo que a parte externa da coxa esquerda, acima do joelho, se apoie o mais perto possível da axila direita (foto 439). Respire algumas vezes e mantenha o equilíbrio.
4. Estenda a perna esquerda diretamente ao lado e a perna direita diretamente para trás (foto 440). Respire 2 vezes.

439

440

5. Expire, tire a cabeça do chão, estenda os braços e equilibre-se sobre as mãos. Mantenha as pernas estendidas, e os joelhos firmes (foto 441). Esta é a posição final. Permaneça tanto quanto puder, até 30 segundos, com respiração normal.
6. Flexione os joelhos, expire, apoie a cabeça no chão e volte a subir em *śīrṣāsana*. Descanse aqui por algum tempo, respirando normalmente.
7. Repita o *āsana* do outro lado pelo mesmo tempo, substituindo "esquerda" por "direita" e vice-versa. Desta vez, a coxa direita deve se apoiar sobre a parte posterior do braço esquerdo e a perna esquerda deve ser estendida para trás. Então volte para *śīrṣāsana* como exposto no item 6.

Yogāsanas

441

8. Para completar a postura, abaixe as pernas até o chão e relaxe ou faça *ūrdhva dhanurāsana* (foto 486) e fique de pé em *tāḍāsana* (foto 1). Uma vez dominado, *viparīta chakrāsana* (fotos 488 a 499) torna-se um exercício revigorante após *ūrdhva dhanurāsana*.

Efeitos

A pressão das pernas sobre o abdômen nesta postura massageia os órgãos abdominais. A torção rejuvenesce e fortalece a coluna. Os braços e o pescoço tornam-se potentes.

160. Eka Pāda Kouṇḍinyāsana II Vinte e quatro* *(fotos 442 e 443)*

Técnica

1. *Faça viśvāmitrāsana* (foto 403) com a perna direita por cima do braço superior direito.
2. Expire, apoie a palma da mão esquerda no chão. Leve a cabeça e o tronco em direção ao chão. Flexione os cotovelos, mantenha o corpo paralelo ao chão, estenda as pernas e mantenha os dedos do pé afastados do chão. Equilibre o corpo sobre as mãos pelo tempo que puder. A perna esquerda deve estar estendida diretamente para trás, enquanto a perna direita deve estar estendida para o

lado direito. A parte interna da coxa direita se apoia na parte posterior do braço superior direito (fotos 442 e 443).

442

443

3. A postura é muito vigorosa e requer um esforço persistente para ser dominada. A respiração será rápida e difícil. Estenda o pescoço e mantenha a cabeça para cima.
4. Abaixe a perna esquerda até o chão, retire a perna direita do braço direito e relaxe por algum tempo.
5. Repita a postura do outro lado, desta vez mantendo a perna esquerda sobre a parte posterior do braço superior esquerdo e a perna direita estendida para trás. Permaneça pelo mesmo tempo dos dois lados.
6. Alunos avançados podem fazer a postura a partir de *sālamba śīrṣāsana II* (foto 192), seguindo a técnica de *eka pāda kouṇḍinyāsana I* (foto 441), mas colocando uma perna na parte posterior do braço superior do mesmo lado, como na foto 444, e depois erguendo a cabeça do chão, mantendo ambas as pernas estendidas e paralelas ao chão.

444

7. Repita a postura do outro lado e então volte para *śīrṣāsana II* (foto 192), faça *ūrdhva dhanurāsana* (foto 486) e fique de pé em *tāḍāsana* (foto 1) ou faça *viparīta chakrāsana* (fotos 488 a 499).

Efeitos

A postura fortalece os braços, os órgãos abdominais e os músculos das coxas.

161. Eka Pāda Bakāsana I Vinte e seis* *(fotos 446 e 447)*

Eka significa um. *Pāda* significa perna ou pé. *Baka* significa garça.

Técnica

1. Faça *sālamba śīrṣāsana II* (foto 192).
2. Expire e abaixe as pernas até que estejam paralelas ao chão (foto 434). Flexione o joelho direito e coloque a canela direita na parte posterior do braço superior direito, o mais perto possível da axila. Mantenha a perna esquerda no ar, paralela ao solo (foto 445). Garanta esta posição e equilibre-se, mantendo a respiração uniforme.

445

3. Expire, puxe o tronco para cima, tire a cabeça do chão e estenda o pescoço para a frente. Tente manter o corpo paralelo ao chão sem apoiar parte alguma no cotovelo esquerdo (fotos 446 e 447).

446

447

4. Permaneça nesta posição por 10 a 20 segundos, estendendo completamente a coluna vertebral e a perna esquerda. Tente respirar normalmente. Esta é uma difícil postura de equilíbrio.
5. Flexione a perna esquerda e apoie a cabeça no chão. Expire e retorne para *sālamba śīrṣāsana II*.
6. Repita o *āsana* do lado esquerdo pelo mesmo tempo, mantendo a perna direita estendida no ar, paralela ao chão.
7. Volte para *sālamba śīrṣāsana II*, abaixe as pernas até o chão e descanse. Alunos avançados podem fazer *ūrdhva dhanurāsana* (foto 486) e em seguida ficarem de pé em *tāḍāsana* (foto 1). Uma vez dominado, *viparīta chakrāsana* (fotos 488 a 499) torna-se um exercício revigorante após *ūrdhva dhanurāsana*.

Efeitos

Nesta postura, os órgãos do abdômen são contraídos de um lado e estirados do outro. O equilíbrio nesta postura exercita mais os músculos e os órgãos abdominais do que os braços.

162. Eka Pāda Bakāsana II Vinte e cinco* *(fotos 451 e 452)*

Técnica

1. Faça *sālamba śīrṣāsana II* (foto 192).
2. Expire, abaixe as pernas até que estejam paralelas ao chão (foto 434). Flexione o joelho esquerdo e apoie a canela esquerda na parte posterior do braço superior esquerdo, o mais próximo possível da axila, como em *bakāsana* (foto 410). Mova a perna direita para a direita até que se estenda além do braço direito, de modo que a parte interna da coxa direita toque na parte posterior do braço superior direito (foto 448).
3. Expire, puxe o tronco para cima, tire a cabeça do chão e estenda o pescoço à frente (fotos 449 e 450). Agora traga a perna direita para a frente e estenda-a sem tocar no chão. Estique os braços e mantenha o equilíbrio (foto 451).

448

449   450

451

4. Permaneça nesta posição por 10 a 20 segundos, estendendo completamente a coluna vertebral e a perna direita. Tente respirar normalmente.
5. Flexione o joelho direito, coloque a cabeça no chão e entre em *sālamba śīrṣāsana II* (foto 192).
6. Repita o *āsana* do outro lado pelo mesmo tempo, mantendo a perna esquerda estendida para a frente e a perna direita flexionada e apoiada na parte posterior do braço superior direito (foto 452).

452

7. Há duas maneiras de terminar a postura. Pode-se flexionar a perna estendida à frente, voltar para *śīrṣāsana* e, por fim, descer as duas pernas. Ou, uma vez dominado este método, pode-se tentar o outro: mantendo a perna estendida à frente, flexione os cotovelos e estenda a perna flexionada para trás, mantendo-a estendida e paralela ao chão, sem tocá-lo. Mantenha todo o corpo e a cabeça fora do chão. Você estará em *eka pāda kouṇḍinyāsana II* (fotos 442 e 443). Então expire, apoie a cabeça no chão, flexione ambas as pernas e suba para *śīrṣāsana II*. A partir daí, entre em *ūrdhva dhanurāsana* (foto 486) seguida de *viparīta chakrāsana* (fotos 488 a 499).

Efeitos

Os músculos e os órgãos abdominais, assim como as mãos, peito e costas tornam-se mais fortes. Aqui nosso próprio corpo serve como um aparelho de levantamento de peso. As diferentes direções em que se move fazem com que as várias partes do corpo suportem o peso e, deste modo, ganhem força.

163. *Yogadaṇḍāsana* Dezenove* *(foto 456)*

Yogadaṇḍa é o bastão do *yogī*. Nesta postura, o *yogī* se senta usando a perna como uma muleta debaixo da axila, daí o nome.

Técnica

1. Sente-se no chão com as pernas estendidas à frente (foto 77).
2. Flexione a perna direita e traga o pé direito ao lado do quadril direito. Deste modo, a perna direita estará em *vīrāsana* (foto 86).
3. Leve a perna esquerda para a esquerda para aumentar a distância entre as coxas e flexione o joelho de modo que o pé esquerdo fique perto do joelho direito (foto 453).
4. Com a mão direita, segure o pé esquerdo. Gire o tronco para a direita e, com uma expiração, eleve o pé esquerdo em direção ao peito, mantendo o joelho esquerdo no chão. Respire algumas vezes e, com uma expiração, puxe o pé esquerdo para cima, para baixo da axila esquerda. Assim, o pé esquerdo parece uma muleta debaixo da axila esquerda, que mantém contato com a planta do pé (foto 454).

453   454

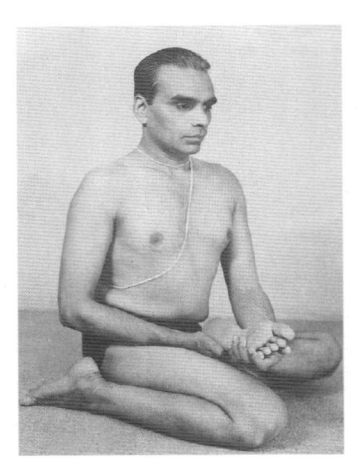

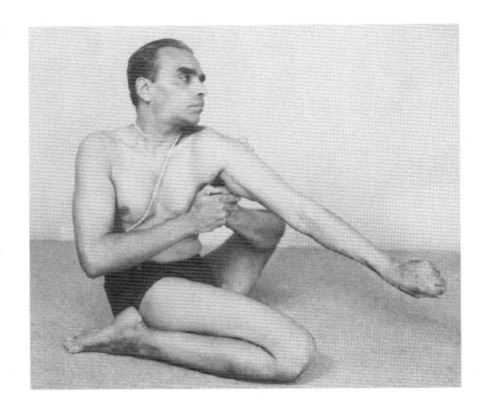

5. Após algumas respirações, expire, mova o braço esquerdo a partir do ombro em torno do pé esquerdo por trás das costas (foto 455). Também a partir do ombro, leve o braço direito para trás das costas e agarre o antebraço esquerdo, vire a cabeça para a esquerda, eleve o queixo e olhe para cima (foto 456).
6. Permaneça na postura por cerca de 30 segundos respirando profundamente.
7. Solte as mãos, estenda as pernas e relaxe.
8. Repita a postura do outro lado pelo mesmo tempo. Desta vez, flexione a perna esquerda de modo que o pé esquerdo fique ao lado do quadril esquerdo e o pé direito embaixo da axila direita como uma muleta e agarre o antebraço direito com a mão esquerda.
9. É preciso tempo e prática para se sentir confortável nesta postura, mas, quando isso acontece, ela se torna repousante.

Efeitos

Nesta postura, a coluna descansa e o corpo relaxa. Os movimentos dos joelhos e dos tornozelos tornam-se mais flexíveis.

455   456

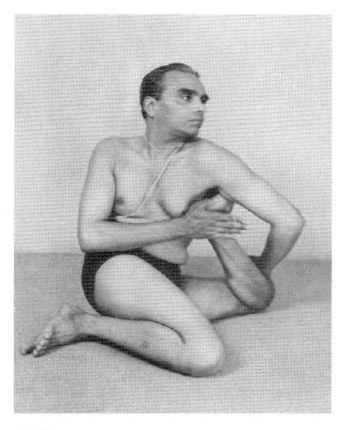

164. Supta Bhekāsana Vinte e dois* *(foto 458)*

Supta significa reclinado. *Bheka* significa rã. Esta postura é o inverso de *bhekāsana* (foto 100).

Técnica

1. Sente-se em *vīrāsana* (foto 86).
2. Vire as palmas das mãos para cima e insira cada uma debaixo do respectivo pé. Empurre os pés para cima, para longe do chão, e recline-se. Respire algumas vezes.
3. Expire, tire os quadris do chão (foto 457), eleve as coxas e arqueie o tronco, apoiando o topo da cabeça no chão (foto 458).

457

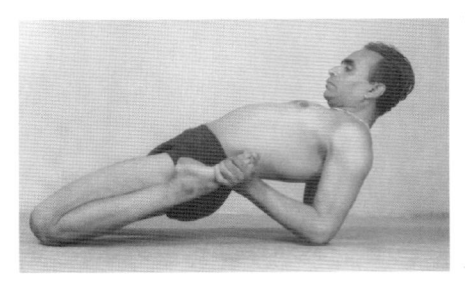

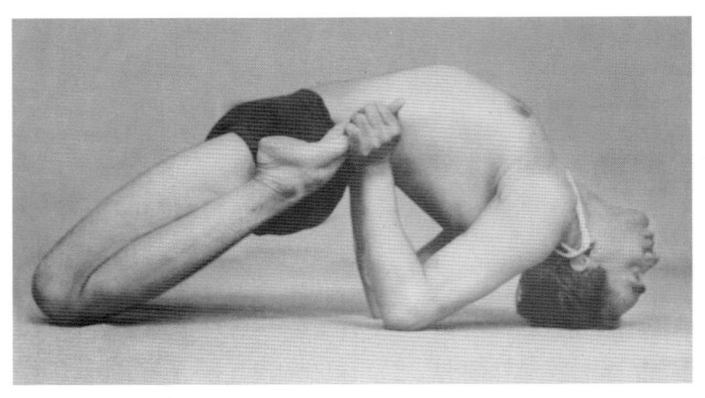

458

4. O corpo se apoia no topo da cabeça, nos cotovelos e nos joelhos. Os antebraços ficam perpendiculares ao chão e as mãos seguram a borda externa dos pés, perto dos dedos mindinhos. Tente elevar os dedos dos pés até a altura dos quadris.
5. Permaneça na postura por 20 a 30 segundos, respirando normalmente.
6. Levante a cabeça do chão e solte os pés, de modo que as pernas abaixem para *supta vīrāsana* (foto 96).
7. Sente-se em *vīrāsana*, estenda as pernas e relaxe.

Efeitos

Este *āsana* tonifica a coluna; o sangue circula bem em torno dos joelhos, tornozelos, quadris e pescoço. A postura traz alívio para dores nas costas e para qualquer desajuste interno das articulações dos joelhos. A pressão das mãos nos pés fortalece os arcos e cura pés chatos. Sua prática continuada cura atrofias e outras deficiências dos músculos das pernas. Os pulmões são plenamente expandidos, e os órgãos abdominais são beneficiados.

165. *Mūla Bandhāsana* Trinta e dois* *(fotos 462 e 463)*

Mūla significa raiz, base, começo ou fundação. *Bandha* significa grilhão, elo ou postura.

Técnica

1. Sente-se em *baddha koṇāsana* (foto 101).
2. Insira as mãos entre as coxas e as panturrilhas e segure cada pé com sua respectiva mão.
3. Una as plantas dos pés. Eleve os calcanhares, mantendo os dedos dos pés no chão e arraste os pés para perto do períneo (foto 459).

459

4. Mantenha a posição e apoie as mãos atrás dos quadris (foto 460).
5. Com a ajuda das mãos, tire o corpo do chão e leve os quadris para a frente (foto 461), virando simultaneamente os pés e joelhos para empurrar os calcanhares para a frente sem mover as pernas (fotos 462 e 463).

Luz sobre o *Yoga*

460

461

6. Apoie o corpo sobre os dedos dos pés e joelhos e mantenha a postura por 30 a 60 segundos, respirando profundamente.

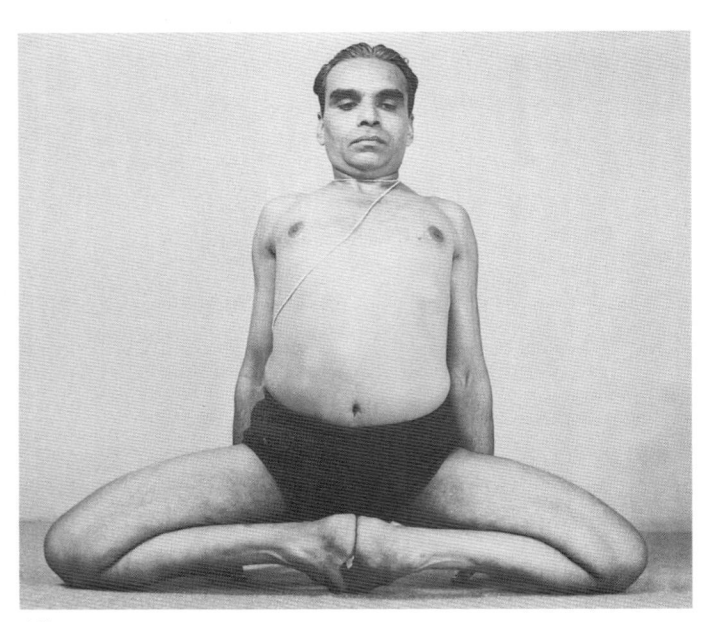

462

463

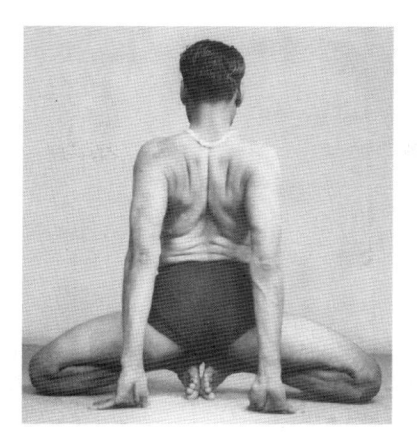

7. Para voltar, apoie as mãos à frente e sustente o peso sobre elas. Eleve o tronco, gire os calcanhares e então estenda as pernas. Ao sair da postura, não coloque nenhum peso sobre as pernas.

Efeitos

Este *āsana* exercita o *mūlādhāra chakra*, a próstata e as gônadas. Ele também tem o maravilhoso efeito de controlar o desejo sexual excessivo e de ajudar a poupar energia. Portanto, controla e acalma a mente.

"A mente é o mestre dos *indriyas* (órgãos dos sentidos); o *prāṇa* é o mestre da mente; *laya*, ou absorção, é o mestre de *prāṇa*; e este *laya* depende de *nāda* (o som interno). Quando a mente é absorvida, chama-se *mokṣa* (emancipação), se bem que outros não a chamam assim. De qualquer maneira, quando *prāṇa* e *manas* (a mente) são absorvidos, segue-se uma inefável alegria." (*Haṭha Yoga Pradīpikā*, capítulo IV, versículos 29 e 30.)

Baddha koṇāsana (foto 101) e *mūla bandhāsana* são de grande ajuda para pessoas com excessivo desejo sexual. Quando este desejo é controlado, a energia é sublimada e a verdadeira alegria da vida torna-se ilimitada.

166. Vāmadevāsana I Quinze* (foto 465)

Vāmadeva é o nome de um sábio e também de Śiva, o terceiro deus da trindade hindu, encarregado da tarefa de destruição.

Técnica

1. Sente-se em *baddha koṇāsana* (foto 101).
2. Insira a mão direita entre a coxa e a panturrilha direita. Mantenha os dedos do pé direito no chão, eleve o calcanhar e arraste o pé para perto do períneo. Retire a mão e empurre o calcanhar para a frente, em direção ao chão. Levante o corpo do chão, mova o quadril direito para a frente e coloque o joelho direito no chão. O pé direito agora está em *mūla bandhāsana* (foto 464).
3. Então, coloque o pé esquerdo na raiz da coxa direita, ou seja, em *padmāsana* (foto 104).
4. A partir do ombro, lance o braço esquerdo por trás das costas e, com uma expiração, agarre o dedão do pé esquerdo. Com a mão direita, agarre a parte da frente do pé esquerdo.

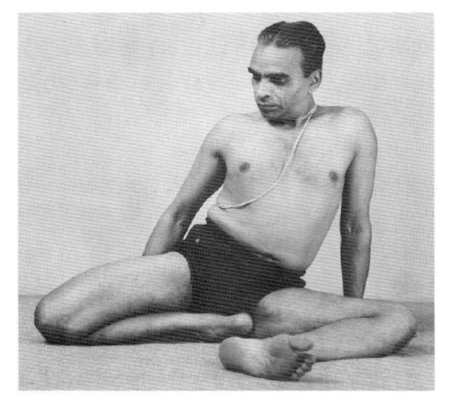

464

Yogāsanas

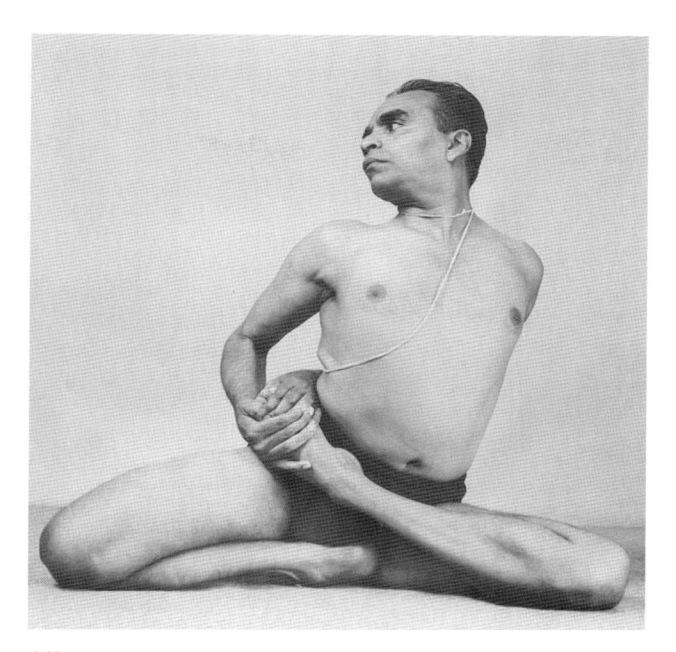

465

5. Vire o pescoço para a direita (foto 465) e mantenha o equilíbrio por 30 segundos, respirando profundamente.
6. Libere a postura, volte para *baddha koṇāsana* e repita o *āsana* do outro lado, pelo mesmo tempo, seguindo a técnica descrita antes, substituindo "esquerda" por "direita" e vice-versa.

Efeitos

Esta postura cura a rigidez e alivia dores nas pernas. Ela mantém os órgãos genitais saudáveis. Também tonifica a coluna vertebral e auxilia a digestão.

167. Vāmadevāsana II Quinze* (foto 466)

Técnica

1. Sente-se no chão e separe as coxas.
2. Flexione o joelho esquerdo para trás de modo que a panturrilha esquerda fique em contato com a parte posterior da coxa esquerda.
3. Com a mão esquerda, eleve o pé esquerdo até que o calcanhar esquerdo toque na articulação do quadril esquerdo. Segure o pé esquerdo com a mão esquerda como em *bhekāsana* (foto 100).
4. Com a mão direita, coloque o pé direito na raiz da coxa esquerda como em *padmāsana* (foto 104).
5. Usando ambas as mãos, aproxime as plantas dos pés até que se toquem (foto 466).

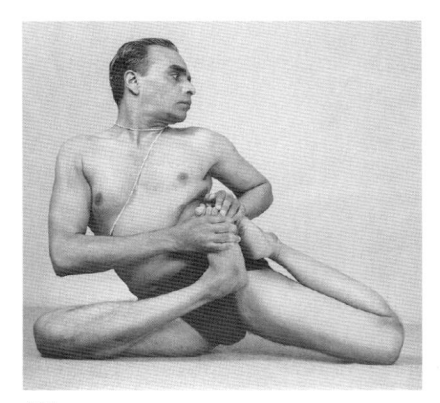

466

6. O tronco irá inclinar-se na direção da perna em *padmāsana*. Equilibre-se agarrando as mãos e mantenha a postura por 30 segundos, respirando profundamente.
7. Solte as mãos e as pernas e repita a postura do outro lado, mantendo o pé direito em *bhekāsana* e o esquerdo em *padmāsana*. Permaneça pelo mesmo tempo nos dois lados.

Efeitos

O *āsana* alivia dores, cura rigidez nas pernas e mantém os órgãos genitais saudáveis. Ele também tonifica a coluna e melhora a digestão.

168. Kaṅdāsana Trinta e nove* *(fotos 470, 471, 471a e 471b)*

Kaṅda significa raiz bulbosa, nó. Os versículos 107 e 113 do capítulo três do *Haṭha Yoga Pradīpikā* falam de *kaṅda* nos seguintes termos:

107. A Kuṇḍalinī dorme acima de *kaṅda* (o lugar próximo ao umbigo onde as *nāḍīs* se unem e se separam). Ela confere *mukti* (emancipação) aos *yogīs* e escraviza os tolos. Aquele que a conhece, conhece o *yoga*.

113. O *kaṅda* fica uns 30 centímetros acima do ânus e se estende por 10 centímetros em ambas as direções; foi descrito como redondo e coberto por um suave tecido branco (a palavra empregada no texto é *vitasti*, que é uma medida de comprimento igual a 12 *aṅgulas* – um dedo de largura – a distância entre o polegar estendido e o dedo mínimo).

Técnica

1. Sente-se no chão com as pernas estendidas à frente (foto 77). Flexione os joelhos, separe as coxas, traga os pés em direção ao tronco até que os calcanhares estejam próximos ao períneo e mantenha os joelhos no chão. Esta posição é similar a *baddha koṇāsana* (foto 101).
2. Segure o pé direito com a palma da mão direita e o pé esquerdo com a palma da mão esquerda.
3. Com o auxílio das mãos, traga os pés para cima em direção ao tronco, gire os tornozelos (foto 467), puxe os joelhos e as coxas (foto 468) e coloque os calcanhares e as bordas externas dos pés contra o umbigo e o peito (foto 469). No princípio, os pés provavelmente escorregarão para baixo. Pratique a postura por algumas semanas, segurando os pés firmemente contra o peito.

467

468

469

470

4. Libere as mãos, estenda os braços e apoie o dorso das mãos nos joelhos (foto 470) ou una as palmas das mãos na frente do peito (foto 471). Mantenha as costas eretas e permaneça na postura por cerca de 30 segundos, respirando profundamente.
5. Os alunos avançados podem elevar as mãos acima da cabeça, com as palmas unidas (foto 471a) e depois tentar unir as palmas das mãos atrás das costas mantendo o equilíbrio (foto 471b): esta é a parte mais difícil do *āsana*.

471

6. Segure os pés com as mãos, abaixe-os até o chão e descanse.
7. É preciso um longo tempo para se dominar esta postura, devido à rotação da articulação pélvica e das outras articulações das pernas.

Efeitos

Todos os músculos abaixo do umbigo são exercitados. A postura cura rigidez nas articulações do quadril, joelho e tornozelo. Ela restaura a energia sexual e controla o desejo sexual.

471a   471b

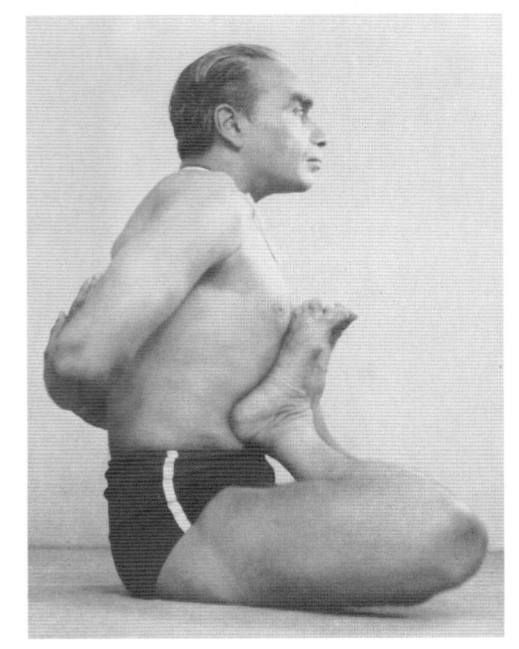

    Este *āsana* também exercita os *chakras svādhiṣṭhāna* (plexo hipogástrico) e *maṇipūraka* (plexo solar), auxiliando assim a digestão correta.

169. *Hanumānāsana* Trinta e seis* *(fotos 475, 476 e 476a)*

Hanumān é o nome de um poderoso chefe macaco, de extraordinária força e de especial bravura em batalhas. Filho de Anjāna e de Vāyu, deus do vento, ele era amigo e devoto de Rāma, a sétima encarnação de Viṣṇu. Quando Rāma, sua esposa, Sītā, e seu irmão, Lakṣmaṇa, foram exilados como eremitas na floresta de Daṇḍaka, Rāvaṇa, o rei demônio de Laṅkā (Sri Lanka), foi ao seu eremitério disfarçado de asceta, sequestrou Sītā e levou-a para Laṅkā, enquanto Rāma e Lakṣmaṇa estavam caçando. Os irmãos procuraram Sītā em toda parte e recrutaram a ajuda de Sugrīva, rei dos macacos, e de seu general Hanumān. Hanumān saiu à procura de Sītā, cruzou o mar saltando por cima do estreito, encontrou-a no palácio de Rāvaṇa e levou a notícia para Rāma. Com a ajuda de um grande exército de macacos e ursos, Rāma construiu um passadiço de pedras cruzando o mar até Laṅkā e, após uma batalha feroz, matou Rāvaṇa e suas hostes e resgatou Sītā. Durante a batalha, Lakṣmaṇa foi atingido por uma flecha. Enquanto jazia inconsciente, disseram que a única cura seria o sumo de uma erva que crescia nos Himālayās. Hanumān então deu um salto prodigioso, cruzou o mar e alcançou os Himālayās para trazer de volta o topo da montanha onde crescia a planta medicinal, deste modo salvando a vida de Lakṣmaṇa. Este *āsana* é dedicado a Hanumān e celebra seus fabulosos saltos. Ele é praticado no chão com as pernas afastadas e as mãos unidas na frente do peito; é parecido com o "espacate" do balé ocidental.

Técnica

1. Ajoelhe-se no chão (foto 40).
2. Apoie as palmas das mãos no chão de cada lado do corpo.
3. Eleve os joelhos. Leve a perna direita para a frente e a perna esquerda para trás (foto 472). Tente estender ambas as pernas com uma expiração e mantenha os quadris elevados (foto 473). Então pressione as pernas e quadris até o chão, sustentando o peso sobre as mãos (foto 474).

4. Leva muito tempo para se dominar esta postura e, para tanto, é necessário fazer uma série de tentativas diárias até ser possível apoiar as pernas estendidas, com as nádegas tocando o chão. A parte posterior da perna da frente e a parte frontal da perna de trás devem estar em contato com o chão.
5. Uma vez obtida a postura com as pernas estendidas, sente-se no chão, eleve as mãos, una-as em frente ao peito e equilibre-se (foto 475). Permaneça na postura por 10 a 30 segundos, respirando normalmente.

475

6. Então, com o auxílio das mãos, eleve os quadris e repita a postura pelo mesmo tempo com a perna esquerda na frente e a perna direita atrás (foto 476).

476

7. Lembre-se que a parte posterior da articulação do joelho da perna dianteira e o joelho da perna traseira devem tocar o chão.
8. Os alunos avançados podem elevar as mãos acima da cabeça e, estendendo-se para cima, unir as palmas das mãos, mantendo o equilíbrio (foto 476a). Isso dá um estiramento extra às pernas e alivia a tensão nas costas.

476a

Efeitos

Esta bela postura ajuda a curar ciática e outros defeitos das pernas. Ela tonifica os músculos das pernas e as mantêm condicionadas. Se praticada regularmente, é recomendada para corredores e velocistas. Ela relaxa e fortalece os músculos abdutores das coxas.

170. Sama Koṇāsana Trinta e oito* (foto 477)

Sama significa mesmo, semelhante, uniforme ou reto. *Koṇa* significa ângulo e um ponteiro da bússola. Neste *āsana*, as pernas se abrem para o lado, e as mãos são unidas em frente ao peito. É mais difícil do que *hanumānāsana* (foto 475). As pernas e a região pélvica do corpo ficam em uma linha reta.

Técnica

1. Fique de pé em *tāḍāsana* (foto 1), apoie as mãos nos quadris e afaste as pernas ao lado, de acordo com a sua capacidade (foto 29).
2. Coloque as mãos no chão (foto 30) e, com uma expiração, estenda as pernas cada vez mais até estar sentado no chão com as pernas separadas lateralmente em uma linha reta. Toda a parte posterior das pernas, especialmente a parte posterior dos joelhos, deve estar apoiada no chão.
3. Una as palmas das mãos em frente ao peito (foto 477) e fique na postura por alguns segundos.
4. Apoie as palmas no chão, eleve os quadris e aproxime as pernas cada vez mais até estar novamente de pé em *uttānāsana* (foto 47). Então, fique em pé em *tāḍāsana* (foto 1) e relaxe.

477

Efeitos

Nesta postura, as articulações dos quadris são exercitadas, e as pernas se movem livremente em todas as direções. A coluna é estirada, e qualquer defeito na parte baixa da coluna é curado. Assim como *hanumānāsana* (foto 475), a postura tonifica e modela as pernas. Ela previne o desenvolvimento de hérnias* e alivia dores ciáticas; faz com que o sangue circule corretamente pela região pélvica e pelos órgãos abdominais, mantendo-os saudáveis.

---

* Ao longo do texto, o autor utiliza o termo "hérnia" para se referir a hérnias abdominais em geral e não a hérnias de disco. Para este caso, ele se utiliza da expressão "deslocamento de discos". (N.R.T.)

171. Supta Trivikramāsana Trinta e nove* *(foto 478)*

Supta significa reclinado. *Trivikrama* (*tri* = três; *vikrama* = passo, passada larga ou marcha) é um dos nomes de Viṣṇu. Diz-se que Bali, neto do rei dos demônios Prahlāda, obteve o controle do mundo. Praticando o ascetismo, Bali aumentou seu poder de tal forma que chegou a ameaçar os deuses, que rezaram para Viṣṇu em busca de ajuda. O deus desceu à Terra e nasceu como filho anão do sábio brâmane Kaśyapa e sua esposa Aditi. Em um dos sacrifícios executados por Bali, Viṣṇu surgiu diante dele na forma de um anão (Vāmana) e pediu-lhe a terra necessária para cobrir três passos largos. Bali, que era conhecido por sua liberalidade, concedeu-lhe o obséquio sem hesitação. Imediatamente, o anão assumiu uma forma imensa e deu três passadas. A primeira cobriu a Terra, e a segunda, o céu. Como não havia mais lugar para a terceira passada, Bali ofereceu sua própria cabeça, na qual o Senhor plantou seu pé. Então, Viṣṇu enviou Bali acompanhado de todas as suas legiões para Pātāla, as regiões inferiores, e permitiu que ele fosse seu governante. Assim, o universo uma vez mais foi devolvido aos deuses.

Este *āsana* é mais difícil do que *hanumānāsana* (foto 475). A abertura das pernas é feita com a pessoa deitada de costas no chão, segurando um calcanhar próximo à cabeça enquanto o outro fica apoiado no chão.

Técnica

1. Deite-se de costas no chão, mantendo as pernas estendidas (foto 219).
2. Levante a perna direita. Entrelace os dedos, estenda os braços e segure o calcanhar direito no copo formado pelas mãos.
3. Expire, puxe a perna direita diretamente para trás da cabeça e apoie o dedão do pé direito no chão, sem soltar o calcanhar (foto 478). A parte interna da panturrilha direita deve tocar a orelha direita e os cotovelos devem se afastar ligeiramente. A perna esquerda deve permanecer estendida no chão o tempo todo.

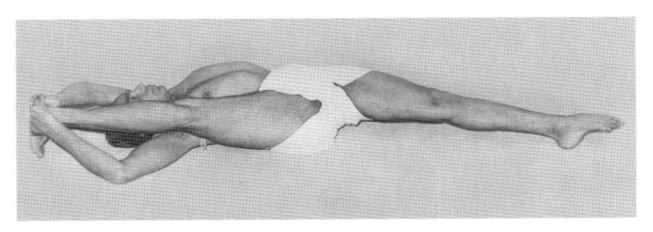

478

4. Permaneça na postura tanto quanto for convenientemente possível, respirando normalmente.
5. Solte o calcanhar direito e abaixe a perna direita ao lado da esquerda.
6. Repita a postura pelo mesmo tempo para o outro lado, segurando o calcanhar esquerdo e mantendo a perna direita no chão.
7. Depois de terminar esta árdua postura, descanse uns instantes e relaxe.

Efeitos

Nesta postura, as pernas são completamente estendidas. Ela previne e cura hérnias.** Também diminui o desejo sexual e, assim, tranquiliza a mente.

172. Ūrdhva Dhanurāsana I Sete* (foto 482)

Ūrdhva significa voltado para cima. *Dhanu* significa arco. Nesta postura, o corpo é arqueado para trás e apoiado nas palmas das mãos e nas plantas dos pés.

Técnica para iniciantes

1. Deite-se de costas no chão (foto 219).
2. Flexione e eleve os cotovelos acima da cabeça, apoiando as palmas das mãos debaixo dos ombros. A distância entre as palmas das mãos não deve ser superior à dos ombros, e os dedos devem apontar na direção dos pés.
3. Flexione e eleve os joelhos, aproximando os pés até que toquem nos quadris (foto 479).
4. Expire, eleve o tronco e apoie o topo da cabeça no chão (foto 480). Respire 2 vezes.
5. Agora expire, eleve o tronco e a cabeça e arqueie as costas de modo que o peso recaia sobre as palmas das mãos e as plantas dos pés (foto 481).
6. Estenda os braços a partir dos ombros até que os cotovelos estejam estendidos e, ao mesmo tempo, puxe os músculos das coxas para cima (foto 482).

** Ao longo do texto, o autor utiliza o termo "hérnia" para se referir a hérnias abdominais em geral e não a hérnias de disco. Para este caso, ele se utiliza da expressão "deslocamento de discos". (N.R.T.)

Yogāsanas

479

480

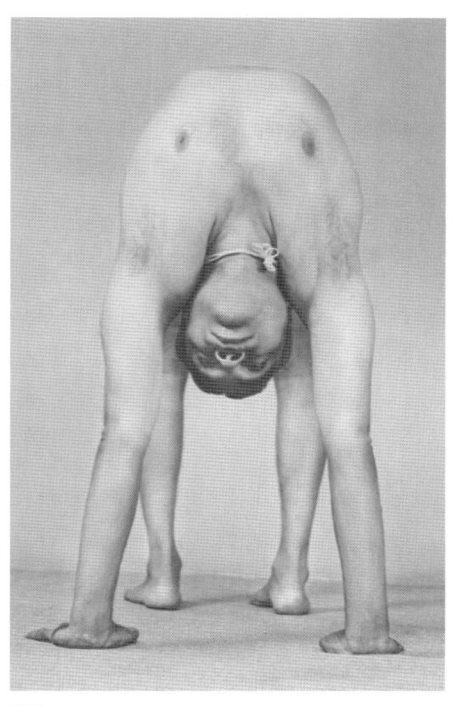

481

482

7. A fim de obter um melhor alongamento, expire e puxe ainda mais os músculos das coxas para cima, tirando os calcanhares do chão. Estenda o peito, alongue para cima a região sacral da coluna até que o abdômen esteja esticado como um tambor e então abaixe os calcanhares até o chão, mantendo o estiramento da coluna.

8. Permaneça nesta posição por 30 segundos a 1 minuto, respirando normalmente.
9. Com uma expiração, abaixe o corpo até o chão, flexionando os joelhos e os cotovelos.

172a. Ūrdhva Dhanurāsana II Quinze* (foto 486)

Técnica para alunos intermediários

1. Fique em pé com os pés afastados cerca de 30 centímetros e as palmas das mãos nos quadris.
2. Empurre a região pélvica ligeiramente para a frente (foto 483), expire e curve o tronco para trás de modo que o peso do corpo seja sentido nas coxas e nos dedos dos pés (foto 484).

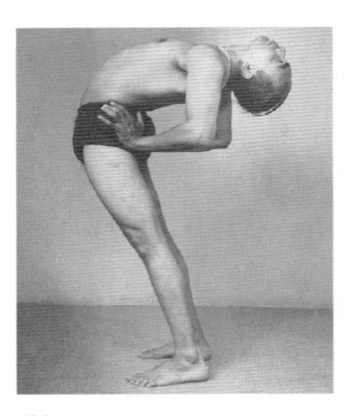

483

484

3. Eleve os braços acima da cabeça e deixe as mãos caírem até o chão (foto 485). Imediatamente tente estender os cotovelos e apoiar as palmas das mãos no chão (foto 486). Se os cotovelos não se estenderem assim que as palmas das mãos tocarem o chão, a cabeça pode bater no chão.

485   486

4. Depois de assegurar a posição anterior, estenda as pernas e os braços (foto 487).

487

5. No processo de aprendizagem da postura seguindo essa técnica, é aconselhável obter a ajuda de um colega ou de uma parede. Fique de pé de costas para uma parede, a uma distância de cerca de 90 centímetros. Curve as costas e leve a

cabeça em direção à parede. Eleve os braços acima da cabeça e apoie as palmas das mãos na parede. Empurre a pélvis para a frente para que o peso do corpo seja sentido pelas coxas e abaixe as palmas das mãos pela parede até tocar o chão. Use a parede para voltar da mesma maneira. Após dominar este método, use a parede para subir só até metade do caminho. Por fim, aprenda a fazer o *āsana* no centro da sala.

173. Viparīta Chakrāsana em Ūrdhva Dhanurāsana Vinte e seis* (*fotos 488 a 499*)

Técnica para alunos avançados

1. Fique de pé. Incline-se para a frente e apoie as palmas das mãos no chão. Expire, e impulsione as duas pernas para cima, como se estivesse fazendo parada de mão (foto 359), flexione os joelhos, arqueie as costas e deixe as pernas caírem atrás da cabeça (foto 486).
2. Quando as pernas estiverem descendo por trás da cabeça, contraia os quadris, estenda as costas para cima, alongue as costelas e o abdômen e estique os cotovelos. Se não fizer isso, você vai cair sentado no chão com um baque.
3. Quando tiver dominado tudo isso, aprenda o movimento de impulso inverso, como se vê nas fotos 488 a 499, onde as pernas são lançadas para cima e para

488

489

Yogāsanas

490

491

trás, em um salto mortal invertido. Esta cambalhota reversa para a posição de flexão anterior é denominada *viparīta chakrāsana*, a postura da roda invertida (*viparīta* = reverso, contrário, oposto, invertido; *chakra* = roda). A maioria das pessoas, entretanto, só será capaz de aprender a fazer isso com o auxílio de um professor competente.

492

493

494 495

4. Se, entretanto, não houver um *guru* disponível e você tiver confiança em si mesmo, é possível tentar conquistar o movimento da cambalhota reversa da seguinte maneira: faça *ūrdhva dhanurāsana* com os pés voltados para uma parede, a uma distância de cerca de 30 centímetros. Com uma expiração, impulsione o tronco na direção dos ombros, de modo que o peso do corpo seja sustentado pelos pulsos e pelos ombros. Então tire uma perna do chão e apoie o pé na parede a uma altura de cerca de 60 centímetros. Pressione e empurre o pé na parede, erga a outra perna do chão e, com uma expiração, impulsione as pernas por cima da cabeça, fazendo uma cambalhota invertida. Com repetidas tentativas, você ganhará confiança. Aprenderá a oscilar o corpo para a frente e para trás e a lançar o tronco na direção dos ombros com o movimento das pernas para trás, em um salto mortal invertido. Quando se sentir seguro ao tirar as pernas do chão, tente *viparīta chakrāsana* no centro da sala, longe da parede. Foi assim que aprendi os movimentos de cambalhota invertida de *viparīta chakrāsana*.

Efeitos

Este *āsana* corresponde ao início das posturas de retroflexão avançadas e difíceis. Ele tonifica a coluna alongando-a totalmente e mantém o corpo alerta e flexível. As costas se tornam fortes e cheias de vida. Ele fortalece os braços e pulsos e tem um efeito muito calmante sobre a cabeça. Quando *viparīta chakrāsana* é dominado, pode ser repetido várias vezes ao dia. Ele confere grande vitalidade, energia e um sentimento de leveza.

Yogāsanas

496

497

498

499

174. Eka Pāda Ūrdhva Dhanurāsana Doze* *(fotos 501 e 502)*

Eka significa um. *Pāda* é perna. *Ūrdhva* significa voltado para cima, e *dhanu,* arco.

379

Técnica

1. Depois de fazer *ūrdhva dhanurāsana* (foto 486), expire e erga a perna direita do chão.
2. Estenda a perna direita e mantenha-a em um ângulo de cerca de 45 graus em relação ao chão (foto 500).

500

501

502

3. Então, tire a mão direita do chão e coloque-a sobre a coxa direita (foto 501). Assim, o corpo é equilibrado sobre a mão e o pé esquerdos. Mantenha esta posição por 10 a 15 segundos, respirando normalmente.
4. Expire, abaixe a mão e a perna elevadas e retorne para *ūrdhva dhanurāsana*.
5. Repita a postura elevando a perna esquerda e colocando a mão esquerda sobre a coxa esquerda, equilibrando o corpo sobre a mão e a perna direita (foto 502). Mantenha a postura pelo mesmo tempo deste lado.

Efeitos

Somando-se aos benefícios derivados de *ūrdhva dhanurāsana* (foto 486), este belo *āsana* desenvolve o sentido de equilíbrio e confere graça e elegância.

175. *Kapotāsana* Vinte e um* *(fotos 507 e 512)*

Kapota significa pomba ou pombo. Nesta postura, o peito se expande e infla como o papo de um pombo, daí o nome.

Técnica para iniciantes

1. Sente-se em *vīrāsana* sobre um cobertor dobrado (foto 90).
2. Recline-se para trás sobre o cobertor e faça *supta vīrāsana* (foto 95). Estenda os braços acima da cabeça, flexione os cotovelos e coloque as palmas das mãos próximas às orelhas, os dedos apontando na direção dos ombros (foto 503).

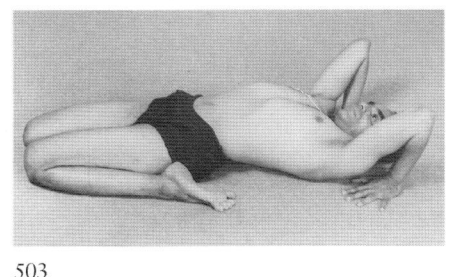

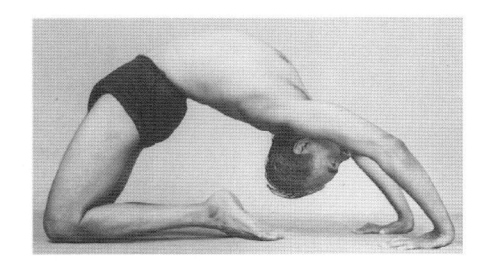

503

504

505 506

3. Apoie o peso sobre as palmas das mãos, expire, estenda os braços e eleve todo o corpo desde os joelhos, estendendo as coxas, e em seguida una os joelhos (foto 504).
4. Contraia as nádegas, estenda a coluna inteira, flexione os cotovelos e segure os dedos dos pés (foto 505). Em seguida, apoie os cotovelos no chão (foto 506). A respiração será acelerada e difícil em virtude do diafragma estar completamente contraído.

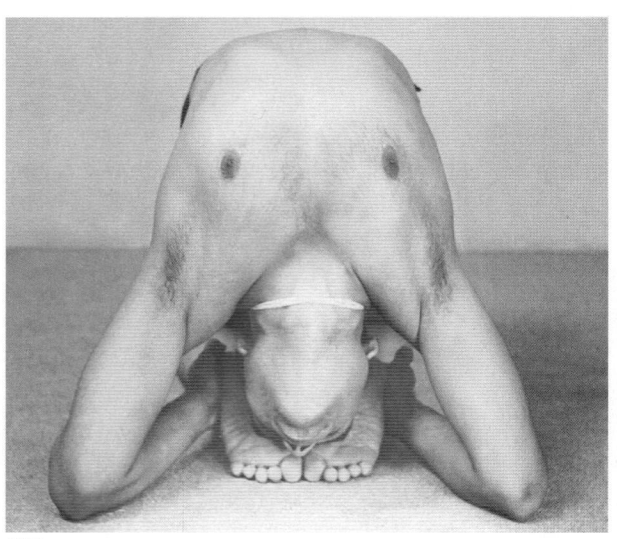

507

5. Respire rápido algumas vezes, expire, eleve a região pélvica tensionando os músculos das coxas. Aos poucos traga as mãos para perto dos calcanhares e agarre-os, aproximando a cabeça dos pés. Agora apoie o topo da cabeça nas plantas dos pés (foto 507).
6. Permaneça na postura por alguns segundos. Vá aumentando o tempo gradualmente de acordo com sua capacidade, até chegar a 1 minuto.
7. Expire, solte os pés e abaixe a cabeça e o corpo até voltar para *supta vīrāsana* (foto 95). Estenda as pernas uma de cada vez e relaxe no chão.

Técnica para alunos avançados

1. Ajoelhe-se sobre um cobertor dobrado, com os pés e os joelhos unidos. Coloque as mãos nos quadris, alongue as coxas e deixe-as perpendiculares ao chão (foto 40).
2. Expire, estenda a coluna inteira e incline-se para trás como nas fotos 508 e 509. Leve os braços por cima da cabeça em direção aos pés, coloque as palmas das mãos nos calcanhares e agarre-os (foto 510). A respiração será acelerada e forçada. Respire rápido algumas vezes.
3. Expire, alongue ainda mais a coluna para trás, flexione os cotovelos e coloque-os no chão (foto 511).

508    509

510

511

512

4. Estenda o pescoço para trás e apoie o topo da cabeça nas plantas dos pés. Contraia as nádegas, eleve a região pélvica, alongue as coxas e segure os tornozelos (foto 512).
5. Permaneça nesta posição tanto quanto puder, por cerca de 60 segundos, respirando ritmicamente.
6. Solte os pés. Estenda os braços e traga o corpo para a frente até que esteja novamente sobre os joelhos. Então, deite-se no chão e relaxe.

Efeitos

A postura tonifica toda a região da coluna, pois promove uma boa circulação sanguínea ao seu redor. Graças ao alongamento da região pélvica, os órgãos genitais se mantêm saudáveis. O diafragma é elevado, e isso massageia gentilmente o coração e ajuda a fortalecê-lo. O peito se expande plenamente. É essencial dominar *kapotāsana* antes de praticar as posturas de retroflexão mais difíceis, que não podem ser feitas sem que se tenha aperfeiçoado *kapotāsana* e *viparīta daṇḍāsana* (foto 516) até *maṇḍalāsana* (fotos 525 a 535).

176. Laghu Vajrāsana Vinte e três* *(foto 513)*

Laghu significa pequeno, miúdo, fácil, assim como encantador, bonito, belo. *Vajra* significa raio, a arma de Indra, o rei dos deuses.

Técnica

1. Ajoelhe-se no chão com os joelhos e os pés unidos. Apoie as palmas das mãos na cintura (foto 40).
2. Expire, arqueie a coluna para trás e, ao mesmo tempo, tensione os músculos das coxas (fotos 508 e 509).
3. Empurre os quadris para a frente e siga levando a coluna para trás até que o topo da cabeça se apoie sobre os pés. É preciso grande prática para conquistar a flexibilidade exigida da coluna. O peso do corpo é sustentado exclusivamente pelos joelhos.
4. Uma vez obtida a posição acima, tire as mãos da cintura, estenda os braços retos a partir dos ombros e agarre cada joelho com sua respectiva mão (foto 513).
5. A respiração será rápida e trabalhosa em virtude da extensão da coluna e da pressão no abdômen. Tente manter a postura por 10 a 15 segundos, respirando normalmente.
6. Expire, mantenha os joelhos firmes, eleve a cabeça e o tronco até voltar à posição de joelhos. Em seguida, sente-se no chão e relaxe.

513

Efeitos

Este *āsana* tonifica os nervos da coluna vertebral e exercita o cóccix (o osso triangular ao final da coluna vertebral). Caso seja praticada com regularidade, a postura alivia dores e deslocamentos de discos na região inferior da coluna. Graças ao arqueamento, os músculos abdominais e o peito são plenamente estendidos.

177. Dwi Pāda Viparīta Daṇḍāsana Vinte e quatro* (foto 516)

Dwi pāda significa os dois pés. *Viparīta* significa reverso ou invertido. *Daṇḍa* significa bastão ou vara, um símbolo de autoridade ou castigo, assim como o corpo e sua prosternação. Os devotos hindus se prosternam ante ao Senhor deitando-se no chão, com o rosto voltado para baixo e as mãos estendidas à frente. O *yogī*, por outro lado, se prosterna no gracioso arco invertido descrito abaixo.

Técnica para iniciantes

1. Deite-se de costas no chão (foto 219).
2. Estenda os braços por cima da cabeça, flexione os cotovelos e apoie as palmas das mãos debaixo dos ombros, com os dedos apontando para os pés. Flexione também os joelhos, eleve-os, traga os pés para perto dos quadris e apoie-os no chão (foto 479).
3. Expire, erga a cabeça e o tronco ao mesmo tempo e apoie o topo da cabeça no chão (foto 480). Respire algumas vezes.

4. Expire, estenda as pernas, esticando-as uma a uma e sustentando o peso sobre as mãos, cabeça e pescoço (foto 514).
5. Tire a mão esquerda do chão e coloque-a atrás da cabeça, apoiando o cotovelo no chão (foto 515). Respire 2 vezes.

514

515

516

6. Agora, tire a mão direita do chão e apoie o cotovelo, levando a mão por trás da cabeça. Entrelace os dedos e apoie as mãos em formato de copo contra a parte posterior da cabeça. Esta é a posição final (foto 516). Nela, a cabeça e as mãos ficam na mesma posição de *sālamba śīrṣāsana I* (foto 190).

7. A respiração será acelerada e curta, devido à contração do diafragma. Respire algumas vezes, expire e eleve os ombros o mais alto que puder, para longe do chão. Faça o mesmo com o peito, o tronco, os quadris, as coxas e as panturrilhas. Estique e endireite as pernas desde a pélvis até os tornozelos. Enterre os calcanhares no chão e permaneça nesta posição por 1 a 2 minutos, de acordo com a sua capacidade.
8. Aproxime os pés da cabeça, flexione os joelhos, solte o entrelaçamento dos dedos, levante a cabeça do chão, abaixe o tronco e relaxe.
9. O pescoço, o peito e os ombros devem estender-se completamente, e a região pélvica deve elevar-se ao máximo para longe do chão. No início, o pescoço não ficará perpendicular ao chão como deveria, e a cabeça e os antebraços terão uma tendência para escorregar. Assim, apoie os pés contra uma parede e peça a um colega para pressionar os cotovelos para baixo até que a distância entre os pés e a cabeça no chão seja ajustada corretamente, ao mesmo tempo em que a coluna e as pernas se estendem completamente.

Técnica para alunos avançados

1. Faça *sālamba śīrṣāsana I* (foto 190), flexione os joelhos e deixe as pernas caírem no chão atrás das costas, seguindo os movimentos das fotos 517, 518 e 519.

517

518

Yogāsanas

519   520

2. Isso deve ser feito sem que os cotovelos saiam do chão e sem perturbar a posição da cabeça.
3. Em seguida, estenda as pernas, uma a uma (fotos 520 e 516), e ao mesmo tempo eleve e estenda as regiões dorsal e lombar da coluna. Pressione os calcanhares firmemente no chão.
4. Contraia as nádegas, eleve a região pélvica e firme os joelhos, as coxas e as panturrilhas.
5. Tente permanecer nesta posição por 1 minuto ou 2, respirando normalmente.
6. Então, flexione os joelhos e impulsione as pernas para cima com uma expiração, voltando para *sālamba śīrṣāsana I*. Permaneça na postura por alguns segundos, respirando profundamente, e abaixe as pernas até o chão. Solte o entrelaçamento dos dedos, levante a cabeça do chão e relaxe ou, alternativamente, faça *ūrdhva dhanurāsana* (foto 486) e ponha-se de pé em *tāḍāsana* (foto 1) ou faça *viparīta chakrāsana* (fotos 488 a 499).

Efeitos

Esta postura estimulante mantém a coluna sólida e saudável, enquanto o peito se expande completamente. Além disso, sentem-se os efeitos de *śīrṣāsana*. É recomendada para aliviar dores na região coccígea.

A postura tem efeito calmante sobre a mente, sendo por isso bastante benéfica para pessoas que sofram de perturbações emocionais.

178. Eka Pāda Viparīta Daṇḍāsana I Vinte e seis* *(foto 521)*

Eka significa um e *pāda* perna ou pé. *Viparīta* significa reverso ou invertido. *Daṇḍa* significa bastão ou vara, símbolo de autoridade e castigo, assim como o corpo. A postura é um movimento avançado de *dwi pāda viparīta daṇḍāsana* (foto 516).

Técnica

1. Faça *dwi pāda viparīta daṇḍāsana* (foto 516).
2. Expire e levante a perna esquerda verticalmente, mantendo a perna direita no chão em *viparīta daṇḍāsana* (foto 521).
3. Fique nesta postura por 10 segundos, respirando normalmente.
4. Abaixe a perna esquerda e retorne para *viparīta daṇḍāsana*. Em seguida, com uma expiração, repita a postura pelo mesmo tempo com a perna direita na vertical.
5. Volte para *viparīta daṇḍāsana* e relaxe no chão.

521

6. Os alunos avançados podem, com uma expiração, impulsionar ambas as pernas para *sālamba śīrṣāsana I* (foto 190) e então descer até o chão e relaxar ou fazer *ūrdhva dhanurāsana* (foto 486) e ficar de pé em *tāḍāsana* (foto 1) ou fazer *viparīta chakrāsana* (fotos 488 a 499).

Efeitos

A postura tonifica a coluna e expande plenamente o peito. Conjugam-se a estes os efeitos de *śīrṣāsana* (foto 190). Esta postura estimulante também tranquiliza a mente.

179. Eka Pāda Viparīta Daṇḍāsana II Vinte e nove* *(foto 523)*

Esta é uma versão mais intensa do *āsana* anterior.

Técnica

1. Faça *dwi pāda viparīta daṇḍāsana* (foto 516).
2. Mova os dois pés em direção à cabeça.
3. Solte os dedos, separe os pulsos e apoie as palmas das mãos no chão.
4. Com uma expiração, levante a cabeça do chão, estenda o pescoço em direção às pernas e aproxime a perna direita das mãos.
5. Agarre o tornozelo direito com as duas mãos e mantenha o pé inteiramente no chão (foto 522).
6. Quando tiver agarrado firmemente o tornozelo, expire e eleve a perna esquerda verticalmente, estendendo os ombros para cima e alongando a coluna. Mantenha firme o joelho da perna elevada (foto 523).
7. Permaneça na postura por 10 a 15 segundos. Devido à contração dos músculos abdominais, a respiração será acelerada e forçada.
8. Abaixe a perna esquerda até o chão.
9. Solte o tornozelo direito e agarre o esquerdo. Repita a postura descrita antes, desta vez erguendo a perna direita verticalmente. Permaneça na postura pelo mesmo tempo. Então abaixe a perna elevada.

522

523

10. Solte o tornozelo e, com uma expiração, impulsione ambas as pernas para cima, para *sālamba śīrṣāsana I* (foto 190), e daí abaixe-as até o chão e relaxe ou faça *ūrdhva dhanurāsana* (foto 486) e fique de pé em *tāḍāsana* (foto 1) ou faça *viparīta chakrāsana* (fotos 488 a 499).

Efeitos

Neste *āsana*, os músculos abdominais são exercitados e a coluna é tonificada. Como o arco para trás é mais intenso, o efeito correspondente é maior.

180. Chakra Bandhāsana Trinta e um* *(foto 524)*

Chakra significa o centro nervoso, o mecanismo regulador da máquina que é o corpo humano. *Bandha* significa grilhão ou laço. Os *chakras* são as regiões situadas dentro da coluna onde as *nāḍīs* se cruzam. Existem sete no corpo humano: (1) *mūlādhāra chakra* (o plexo pélvico); (2) *svādhiṣṭhāna chakra* (o plexo hipogástrico); (3) *maṇipūraka chakra* (o plexo solar); (4) *anāhata chakra* (o plexo cardíaco); (5) *viśuddha chakra* (o plexo faríngeo); (6) *ājñā chakra* (o plexo do comando entre as duas sobrancelhas) e (7) *sahasrāra chakra* (o lótus de mil pétalas, o centro cerebral superior). Os *chakras* são sutis e não são facilmente reconhecíveis. Embora eles sejam comparados aos diversos plexos, não se deve presumir que os *chakras* são formados apenas pelos plexos.

Técnica

1. Faça *dwi pāda viparīta daṇḍāsana* (foto 516).
2. Leve os dois pés em direção à cabeça com uma expiração.
3. Solte os dedos, separe os pulsos e apoie os antebraços no chão, com os dedos apontando para os pés. Respire 2 vezes.
4. Com uma expiração, tire a cabeça do chão e, estendendo o pescoço em direção às pernas, aproxime os pés das mãos.
5. Então agarre o tornozelo direito com a mão direita e o tornozelo esquerdo com a mão esquerda e apoie os pés no chão. Respire 2 vezes.
6. Agarre os tornozelos firmemente e, com uma expiração, pressione os pés e os cotovelos no chão e arqueie o tronco, alongando os ombros e as coxas (foto 524).
7. Permaneça na postura por 10 a 15 segundos. A respiração será acelerada.
8. Solte os tornozelos, apoie o topo da cabeça no chão e entrelace os dedos atrás da cabeça. Agora, com uma expiração, impulsione as pernas para cima para *sālamba śīrṣāsana I* (foto 190), e depois abaixe as pernas até o chão e relaxe ou faça *ūrdhva dhanurāsana* (foto 486) seguido de *viparīta chakrāsana* (fotos 488 a 499) ou de *tāḍāsana*.

Efeitos

Todos os *chakras* são estimulados. O *āsana* auxilia o funcionamento saudável das glândulas suprarrenais e exercita o reto, os rins, o pescoço e os músculos dos olhos.

524

181. Maṇḍalāsana Vinte e sete* *(fotos 525 a 535)*

Maṇḍala significa roda, anel, circunferência ou órbita. Mantendo a cabeça e as mãos em *sālamba śīrṣāsana I* (foto 190), ande em torno da cabeça em sentido horário e anti-horário. Os movimentos dos pés formarão um círculo, *maṇḍala* ou órbita em torno da cabeça, que deve permanecer imóvel.

Técnica

1. Faça *dwi pāda viparīta daṇḍāsana* (foto 525).
2. Sem alterar a posição da cabeça, eleve os ombros e o peito o mais alto que puder.
3. Movimente as pernas lateralmente em sentido horário uma após a outra de forma a rodar em torno da cabeça. Quando as pernas alcançarem as posições de 3 horas e 9 horas, eleve ligeiramente o ombro oposto e, erguendo o peito para cima e para a frente, gire o tronco como mostrado nas fotos 525 a 535. A coluna realiza uma rotação circular completa de 360 graus.
4. Depois de completar o círculo no sentido horário, pause por um instante e respire profundamente algumas vezes. Em seguida, repita o movimento no sentido anti-horário, seguindo as fotos na ordem inversa.

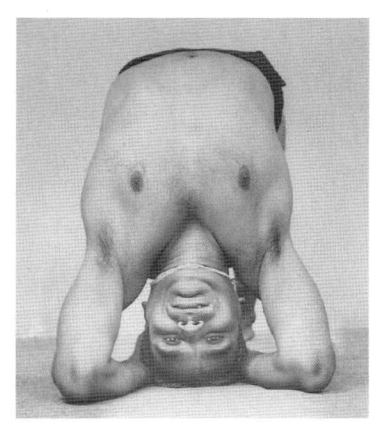

525

5. Para adquirir a flexibilidade exigida, é necessário primeiro tornar a coluna maleável praticando *viparīta chakrāsana* (fotos 488 a 499) em *ūrdhva dhanurāsana* (foto 486). No início, o pescoço e os ombros pendem para o chão; depois que eles adquirem força e as costas se tornam flexíveis, fica mais fácil realizar este *āsana*.

526  527

528  529

530 531

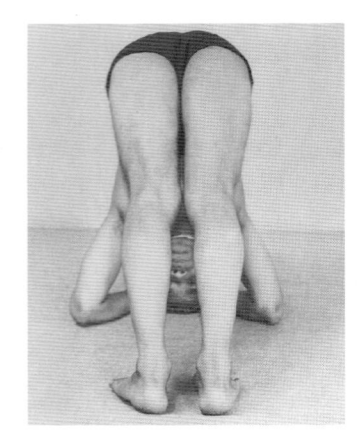

Efeitos

Durante a rotação, o tronco e o abdômen são contraídos de um lado e alongados do outro. Isto mantém a coluna e os órgãos abdominais em boas condições, promovendo saúde e longevidade.

532

Yogāsanas

533   534

535

182. Vṛśchikāsana I Trinta e dois* *(fotos 536 e 537)*

Vṛśchika significa escorpião. Para aferroar sua presa, o escorpião arqueia a cauda por cima das costas e golpeia sua vítima em frente à cabeça. Esta postura se assemelha à de um escorpião em ataque, daí o nome.

Técnica

1. Ajoelhe-se no chão, incline-se para a frente e apoie os cotovelos, antebraços e palmas das mãos no chão, paralelos entre si. A distância entre os antebraços não deve ser maior do que aquela entre os ombros.
2. Estenda o pescoço e eleve a cabeça o mais alto que puder, para longe do chão.

3. Expire, lance as pernas e o tronco para cima e tente equilibrar-se, sem deixar as pernas caírem por trás da cabeça. Estenda a região do peito verticalmente para cima, mantendo os braços, dos cotovelos até os ombros, perpendiculares ao chão. Estenda as pernas verticalmente para cima e mantenha o equilíbrio. Esta postura corresponde a *pīnchā mayūrāsana* (foto 357).
4. Depois de equilibrar-se sobre os antebraços, expire, flexione os joelhos, levante a cabeça e o pescoço ao máximo para longe do chão, estenda a coluna a partir dos ombros e abaixe os pés até que os calcanhares se apoiem no topo da cabeça (visão frontal: foto 536). Depois de ter aprendido isso, tente manter os joelhos e os tornozelos unidos, e os dedos dos pés em ponta (visão lateral: foto 537). As pernas, dos calcanhares até os joelhos, devem estar perpendiculares à cabeça. As canelas e a parte de cima dos braços devem estar paralelos entre si.
5. Como o pescoço, ombros, peito, coluna e abdômen estão todos estendidos nesta postura, a respiração será rápida e pesada. Tente respirar normalmente e permaneça na postura tanto quanto puder, em torno de 30 segundos.

536

537

6. Após sustentar a postura de acordo com a sua capacidade, deixe as pernas caírem no chão para trás da cabeça, tire os cotovelos do chão e estenda os braços para entrar em *ūrdhva dhanurāsana* (foto 486).

7. Em seguida, fique de pé em *tāḍāsana* (foto 1) ou faça *viparīta chakrāsana* (fotos 488 a 499).
8. Para aliviar a tensão nas costas causada por *vṛśchikāsana*, incline-se para a frente e toque as palmas das mãos no chão sem flexionar os joelhos em *uttānāsana* (foto 48).

183. Vṛśchikāsana II Trinta e três* *(foto 538)*

Esta é uma versão mais difícil da postura anterior, pois é praticada em parada de mãos ou *adho mukha vṛkṣāsana* (foto 359).

Técnica

1. Fique de pé em *tāḍāsana* (foto 1). Incline-se para a frente e apoie as palmas das mãos no chão. A distância entre as mãos deve ser igual à distância entre os ombros. Mantenha os braços completamente estendidos.
2. Eleve as pernas e flexione os joelhos. Expire, impulsione o tronco e as pernas verticalmente para cima e equilibre-se sobre as mãos. Eleve o pescoço e a cabeça o mais alto possível para longe do chão. Isto é *adho mukha vṛkṣāsana* (foto 359).
3. Depois de garantir o equilíbrio, expire, flexione os joelhos, estenda a coluna e o peito e abaixe os pés até que os calcanhares se apoiem no topo da cabeça. Mantenha os dedos em ponta. No equilíbrio, tente manter os joelhos e os tornozelos unidos. As canelas devem estar perpendiculares à cabeça, e os braços, ao chão. As canelas e a parte de cima dos braços devem estar paralelos entre si (foto 538).
4. É extremamente difícil manter o equilíbrio nesta postura, que é muito mais dura do que a anterior, realizada a partir de *pīnchā mayūrāsana* (foto 537).
5. Para dominar este *āsana*, é preciso ter uma força tremenda nos pulsos e fazer um esforço determinado e contínuo. A respiração será acelerada e trabalhosa porque o pescoço, os ombros, o peito e a coluna estão estendidos e o abdômen está contraído. Tente manter a respiração normal e permaneça na postura tanto quando puder, por 10 a 15 segundos.

538

6. Depois, deixe as pernas caírem no chão para trás da cabeça para entrar em *ūrdhva dhanurāsana* (foto 486) e ponha-se de pé em *tāḍāsana* (foto 1) ou faça *viparīta chakrāsana* (fotos 488 a 499).
7. Para aliviar a tensão nas costas causada por *vṛśchikāsana*, incline-se para a frente e toque as palmas das mãos no chão sem flexionar os joelhos, em *uttānāsana* (foto 48).

Efeitos

Os pulmões são totalmente expandidos e os músculos abdominais são estendidos. A coluna inteira é vigorosamente tonificada e se mantém saudável. O *āsana* também tem uma relevância psicológica. A cabeça, que é a sede do conhecimento e do poder, também é a sede do orgulho, da raiva, do ódio, da inveja, da intolerância e da malícia. Essas emoções são mais letais do que o veneno que o escorpião carrega em seu ferrão. Ao plantar os pés na própria cabeça, o *yogī* tenta erradicar essas emoções e paixões autodestrutivas. Pisando em sua cabeça, ele busca desenvolver humildade, calma e tolerância e, assim, livrar-se do ego. A subjugação do ego conduz à harmonia e à felicidade.

184. Eka Pāda Rājakapotāsana I Vinte e oito* (foto 542)

Eka significa um, *pāda* significa perna ou pé, e *kapota*, pomba ou pombo. *Rājakapota* significa rei dos pombos. Neste *āsana*, o peito é empurrado para a frente como o de um pombo papo-de-vento, daí o nome.

Técnica

1. Sente-se no chão, com as pernas estendidas à frente (foto 77).
2. Flexione o joelho direito e coloque o pé direito no chão de modo que o calcanhar toque na virilha esquerda. Mantenha o joelho direito no chão.
3. Leve a perna esquerda para trás e apoie a perna estendida em todo o seu cumprimento no chão. A parte da frente da coxa, do joelho e da canela esquerda e a parte superior dos dedos do pé esquerdo tocam o chão.
4. Coloque as palmas das mãos na cintura, empurre o peito para a frente, estenda o pescoço, leve a cabeça o máximo que puder para trás e mantenha por algum tempo o equilíbrio neste movimento preparatório da postura (foto 539).
5. Agora apoie as mãos no chão à frente, flexione o joelho esquerdo e eleve o pé esquerdo, aproximando-o da cabeça. A perna esquerda, do joelho até o tornozelo, deve ficar perpendicular ao chão. Para tanto, tensione os músculos da coxa esquerda.
6. Com uma expiração, leve o braço direito por cima da cabeça e agarre o pé esquerdo com a mão direita (foto 540). Respire algumas vezes. Então expire novamente e agarre o pé esquerdo com a mão esquerda. Apoie a cabeça contra o pé esquerdo (foto 541).
7. Empurre o peito para a frente, mova as mãos mais para baixo, agarre o tornozelo e abaixe a cabeça de modo que o lábio superior toque o calcanhar esquerdo (foto 542). Fique nesta postura por cerca de 10 segundos. Como o peito está completamente expandido enquanto o abdômen está contraído, a respiração é acelerada. Tente respirar normalmente.
8. Solte uma mão de cada vez do tornozelo esquerdo e apoie as palmas das mãos no chão. Estenda a perna esquerda, traga-a para a frente e estenda a perna direita.
9. Repita a postura do outro lado pelo mesmo tempo. Desta vez, o pé esquerdo ficará em contato com a virilha direita, a perna direita será estendida para trás e o pé direito será agarrado pelos braços estendidos por cima da cabeça.

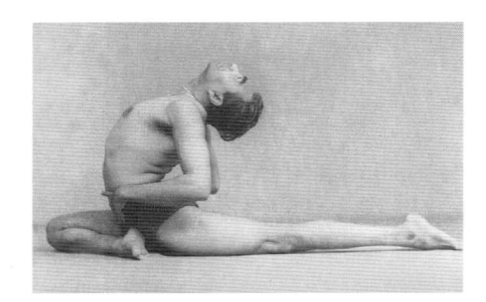

Luz sobre o *Yoga*

539

540  541

542

185. Vālakhilyāsana Quarenta e cinco* *(foto 544)*

Vālakhilyas são espíritos celestiais do tamanho de um polegar, produzidos a partir do corpo do Criador. Diz-se que vêm à frente da carruagem do Sol e somam sessenta mil. Kālidāsa refere-se a eles em seu poema épico *Raghuvaṃśa*. Este difícil *āsana* é uma continuação de *eka pāda rājakapotāsana I* (foto 542 – não tente fazê-lo até ter dominado *eka pāda rājakapotāsana I* de maneira a executá-lo confortável e graciosamente).

Técnica

1. Faça *eka pāda rājakapotāsana I* (foto 542). Depois de agarrar firmemente o tornozelo esquerdo com ambas as mãos, contraia os quadris e eleve o cóccix. Sem soltar o tornozelo, estenda a perna esquerda para trás (foto 543) e respire algumas vezes.

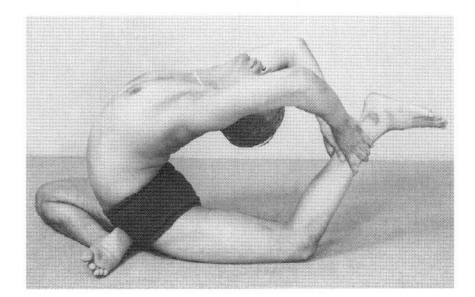

543

2. Expire, estenda ainda mais os braços e empurre a perna para baixo até que fique completamente apoiada no chão. Toda a parte frontal da perna, desde a coxa até os dedos do pé, deve tocar no chão (foto 544).
3. Permaneça na postura por alguns segundos. Devido à extensão completa do peito e à contração dos órgãos abdominais, a respiração será acelerada e forçada.
4. Solte o tornozelo, endireite as costas e descanse por um instante.
5. Repita a postura pelo mesmo tempo do outro lado.

544

Efeitos

Este movimento é o oposto de *jānu śīrṣāsana* (foto 127) e rejuvenesce a região baixa da coluna; mais sangue circula em torno da região púbica, mantendo-a saudável. A prática desta e de outras posturas do ciclo de *rājakapotāsana* corrige distúrbios do sistema urinário. Os músculos do pescoço e dos ombros são plenamente exercitados. As glândulas da tireoide, paratireoides, suprarrenais e as gônadas recebem um rico suprimento de sangue, o que traz vitalidade. Este e outros *āsana*s do ciclo de *rājakapotāsana* são recomendados para o controle do desejo sexual.

186. Eka Pāda Rājakapotāsana II Vinte e nove* *(foto 545)*

Técnica

1. Sente-se no chão com as pernas estendidas à frente (foto 77).
2. Flexione o joelho direito e coloque a planta do pé direito plana no chão. Assim, a canela da perna direita ficará quase perpendicular ao chão, e a panturrilha estará em contato com a parte posterior da coxa. Coloque o calcanhar direito perto do períneo. A perna direita estará em *marīchyāsana I* (foto 144).
3. Leve a perna esquerda para trás e apoie-a inteiramente no chão.

Yogāsanas

4. Flexione o joelho esquerdo até que a canela esquerda fique perpendicular ao chão. Equilibre o corpo sobre o pé direito e o joelho esquerdo. Para isso, empurre o joelho direito para a frente, até que a coxa direita fique paralela ao chão e a canela forme um ângulo de quase 40 graus em relação ao chão.
5. Com uma expiração, leve o braço direito por cima da cabeça e agarre o pé esquerdo firmemente com a mão direita. Respire algumas vezes e, após expirar novamente, leve o braço esquerdo sobre a cabeça e agarre o mesmo pé com a mão esquerda. Apoie a cabeça no pé (foto 545).

545

6. Empurre o peito para a frente e mantenha a postura por cerca de 15 segundos.
7. Devido à extensão do peito e à contração do abdômen, a respiração será acelerada. Procure normalizá-la.
8. Solte os tornozelos e estenda as pernas.

9. Repita a postura do outro lado. Desta vez, a perna esquerda estará em *marīchyāsana I*, o pé direito será agarrado pelas mãos, e o equilíbrio será feito com a cabeça apoiada sobre ele. Sustente a postura pelo mesmo tempo dos dois lados.
10. Quando a dificuldade de equilíbrio é superada, este *āsana* é mais fácil do que o anterior.

187. Eka Pāda Rājakapotāsana III Trinta* *(foto 546)*

Técnica

1. Sente-se no chão com as duas pernas estendidas à frente (foto 77).
2. Flexione a perna esquerda de modo que os dedos dos pés apontem para trás e toquem o chão ao lado da nádega esquerda. A parte interna da panturrilha esquerda deve estar em contato com a parte externa da coxa esquerda e o joelho esquerdo deve permanecer no chão. A perna esquerda estará em *vīrāsana* (foto 89).
3. Leve a perna direita para trás e apoie-a por inteiro no chão.
4. Apoie as palmas das mãos no chão. Expire, flexione o joelho direito e leve o pé direito para cima, próximo à cabeça. A canela direita, do joelho até o tornozelo, deve estar perpendicular ao chão. Para isso, tensione os músculos da coxa direita. Respire algumas vezes.

546

5. Expire, estenda a coluna e o pescoço, mova a cabeça para trás e, levando um braço de cada vez por cima da cabeça, agarre o pé direito e apoie a cabeça nele (foto 546). Equilibre-se por cerca de 15 segundos, procurando respirar normalmente.

6. Solte o tornozelo direito e estenda as pernas.
7. Repita a postura pelo mesmo tempo do outro lado. Desta vez, a perna direita fica em *vīrāsana* e a cabeça deve ser apoiada no pé esquerdo, que é agarrado pelas duas mãos passando por cima da cabeça.

188. Eka Pāda Rājakapotāsana IV Quarenta* (foto 547)

Técnica

1. Ajoelhe-se e apoie as palmas das mãos no chão, uma de cada lado do corpo. Eleve os joelhos. Leve a perna direita para a frente e a perna esquerda para trás e estenda as duas com uma expiração. A parte posterior da perna da frente e a parte anterior da perna de trás devem estar em contato com o chão. As pernas agora estarão em *hanumānāsana* (foto 475), que se assemelha ao espacate do balé ocidental.
2. Empurre o peito para a frente, estenda o pescoço e leve a cabeça o máximo que puder para trás. Flexione o joelho esquerdo e eleve o pé esquerdo aproximando-o da cabeça. A canela esquerda, do joelho até o tornozelo, deve estar perpendicular ao chão.
3. Com uma expiração, leve o braço esquerdo por cima da cabeça e agarre o pé esquerdo com a mão esquerda. Depois de respirar algumas vezes, expire novamente, leve o braço direito por cima da cabeça e agarre o pé esquerdo com a mão direita. Apoie a cabeça no pé (foto 547).

547

4. Fique na postura por cerca de 10 segundos. Solte o pé esquerdo e volte para *hanumānāsana* (foto 475). Com o apoio das palmas das mãos no chão, levante os quadris.
5. Agora volte a fazer *hanumānāsana*, desta vez mantendo a perna esquerda estendida no chão à frente. Flexione o joelho direito e eleve o pé direito aproximando-o da cabeça.
6. Repita a postura agarrando o pé direito e apoiando a cabeça nele. Permaneça pelo mesmo tempo deste lado.

Efeitos do ciclo de eka pāda rājakapotāsana

Estas posturas rejuvenescem as regiões lombar e torácica da coluna. Os músculos do pescoço e dos ombros são totalmente exercitados, e as diversas posições das pernas fortalecem as coxas e os tornozelos. As glândulas da tireoide, paratireoides, suprarrenais e as gônadas recebem um rico suprimento de sangue e funcionam apropriadamente, o que aumenta a vitalidade. Nestas posturas, mais sangue circula em torno da região púbica, o que a mantém saudável. Estes *āsana*s são recomendados para distúrbios do sistema urinário e para controlar o desejo sexual.

189. Bhujaṅgāsana II Trinta e sete* *(foto 550)*

Bhujaṅga significa serpente. Esta é uma postura preparatória de *rājakapotāsana* (foto 551) e se assemelha a uma serpente pronta para dar o bote.

Técnica

1. Deite-se de bruços. Flexione os cotovelos e coloque as palmas das mãos no chão, uma de cada lado da cintura.
2. Expire, eleve a cabeça e o tronco para cima e para trás estendendo os braços completamente, sem mover a região púbica ou as pernas (foto 73).
3. Permaneça por alguns segundos nesta posição, respirando normalmente.
4. Expire, flexione os joelhos e eleve os pés. O peso do corpo será sentido sobre a região pélvica, coxas e mãos. Respire algumas vezes.

5. Colocando mais pressão sobre a mão direita, tire a mão esquerda do chão e, com uma expiração profunda, lance o braço esquerdo para trás a partir do ombro e agarre a patela esquerda (foto 548). Após algumas respirações, expire de novo rápida e profundamente e, lançando o braço direito para trás a partir do ombro, agarre a patela direita com a mão direita (foto 549).

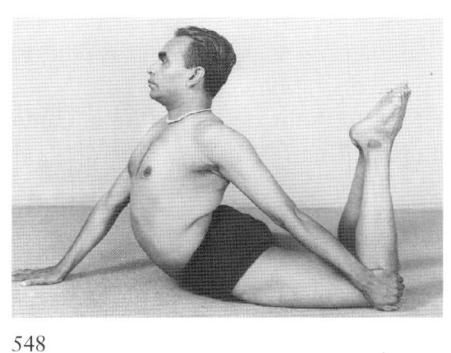

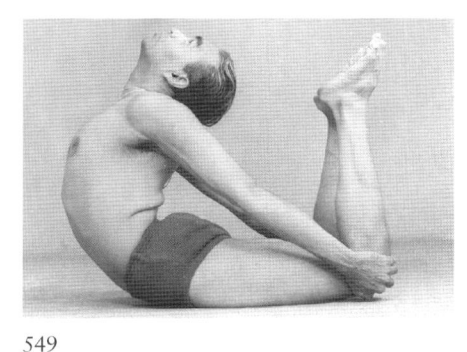

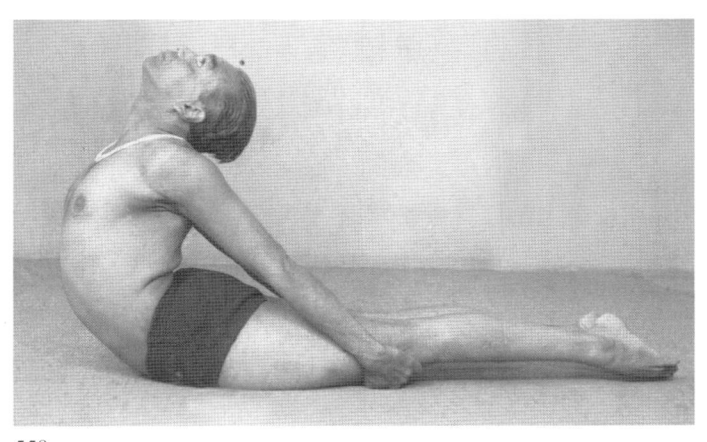

548

549

550

6. Volte a estender as pernas no chão, sem largar os joelhos. Estenda o pescoço e leve a cabeça para trás o máximo que puder (foto 550). Gradativamente, tente aproximar ao máximo um joelho do outro.

7. Contraia o ânus, tensione as coxas e sustente a postura por 15 a 20 segundos. Como a coluna, o peito e os ombros ficam totalmente estendidos enquanto o abdômen é contraído, a respiração será acelerada e difícil.
8. Flexione os joelhos, solte as mãos das patelas uma de cada vez e descanse no chão.

Efeitos

Como a postura é uma versão mais intensa de *bhujaṅgāsana I* (foto 73), seus efeitos são maiores. Neste caso, as regiões sacroilíaca, lombar e dorsal da coluna se beneficiam da postura, juntamente com os músculos do pescoço e dos ombros, que são totalmente estendidos. Nesta postura, mais sangue é levado a circular na região púbica, o que a mantém saudável. As glândulas da tireoide, paratireoides, suprarrenais e as gônadas recebem um rico suprimento de sangue, o que resulta em um aumento de vitalidade. O peito também se expande completamente.

190. *Rājakapotāsana* Trinta e oito* *(foto 551)*

Rājakapota significa rei dos pombos. Esta é uma postura muito bonita, porém difícil. O peito é empurrado para a frente, como o de um pombo se pavoneando, daí o nome.

Técnica

1. Deite-se de bruços, flexione os cotovelos e apoie as palmas das mãos no chão de cada lado da cintura.
2. Expire, leve a cabeça e o tronco para cima e para trás, estendendo os braços completamente, sem mover a região púbica ou as pernas. Permaneça nesta postura por alguns segundos, respirando normalmente.
3. Expire, flexione os joelhos e erga os pés. O peso do corpo será sentido na região pélvica e nas coxas. Respire algumas vezes.
4. Levando maior pressão à mão direita, erga a mão esquerda e, com uma expiração rápida e profunda, impulsione o braço esquerdo para trás a partir do ombro e agarre a patela esquerda (foto 548). Respire algumas vezes. Novamente, com uma expiração rápida e profunda, impulsione o braço direito para trás a partir do ombro e agarre a patela direita com a mão direita (foto 549).

5. Eleve o peito e, usando o apoio das mãos nos joelhos como uma alavanca, estenda a coluna e o pescoço ainda mais para trás até que a cabeça se apoie nas plantas dos pés. Mantenha os pés unidos e os joelhos tão próximos quanto possível (foto 551).
6. Mantenha a postura pelo tempo que puder, por cerca de 15 segundos. Como a coluna e o peito ficam completamente estendidos enquanto o abdômen é pressionado contra o chão, a respiração se torna muito rápida e difícil, e uma permanência de 15 segundos vai parecer uma eternidade. A postura parece muito com *laghu vajrāsana* (foto 513), salvo que, desta vez, o corpo é apoiado na região pélvica e nas coxas, e não na parte inferior das pernas, dos joelhos aos dedos dos pés.

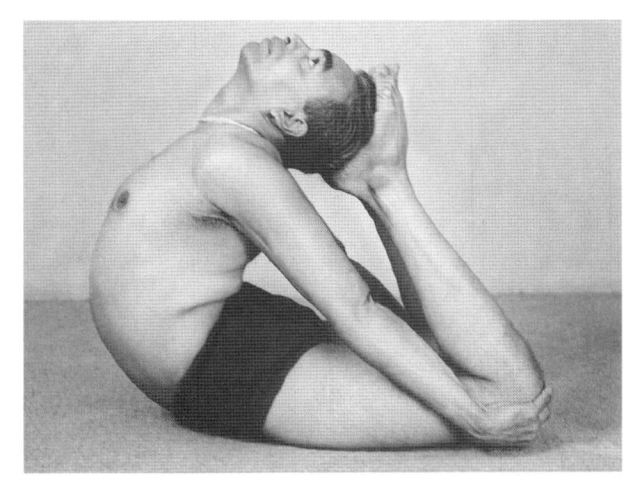

551

7. Volte a estender as pernas. Solte os joelhos e apoie as palmas das mãos à frente, no chão, uma de cada vez. Com a coluna sob tensão, se as duas mãos forem liberadas simultaneamente, a pessoa pode cair de bruços e se machucar. Depois de apoiar as palmas das mãos à frente, uma a uma, descanse o peito no chão e relaxe.

8. Se houver dificuldade, apoie as mãos no chão e encoste o topo da cabeça nos pés (foto 552).

552

Efeitos

Em *kapotāsana* (foto 512), a região lombar da coluna sente o alongamento. Em *rājakapotāsana*, por outro lado, tanto a região lombar quanto a torácica se beneficiam. Os músculos do pescoço e dos ombros são totalmente estendidos e exercitados. Como o peso do corpo recai sobre a região púbica, mais sangue circula por ali, de modo que a região permanece saudável. Os órgãos abdominais são pressionados contra o chão e assim são massageados. As glândulas da tireoide, paratireoides, suprarrenais e as gônadas recebem um rico suprimento de sangue que assegura um aumento da vitalidade. Este *āsana* é recomendado para distúrbios do sistema urinário. Juntamente com *kaṅdāsana* (foto 471) e *supta trivikramāsana* (foto 478), *rājakapotāsana* é recomendado para controlar o desejo sexual.

191. Pādāṅguṣṭha Dhanurāsana Quarenta e três* *(foto 555)*

Pāda significa pé; *aṅguṣṭha* significa dedão do pé, e *dhanu*, arco. Esta é uma versão de *dhanurāsana* (foto 63) mais intensa.

Aqui, o corpo, desde os ombros até os joelhos, se assemelha a um arco estirado. As pernas, desde os joelhos até os dedos dos pés, e os braços estendidos sobre a cabeça se assemelham à corda de um arco firmemente tensionado.

A postura é descrita abaixo em três movimentos.

Técnica

1. Deite-se de bruços, rosto voltado para baixo.
2. Apoie as palmas das mãos no chão de cada lado do peito. Pressione-as para baixo e, estendendo os braços, eleve a cabeça e o tronco do chão como em *bhujaṅgāsana I* (foto 73). Flexione os joelhos e erga os pés. Expire, aproxime os pés da cabeça e tente tocar a cabeça com os pés (foto 552).
3. Coloque um pé em cima do outro. Então, apoiando mais peso sobre uma mão, tire a outra do chão. Com uma expiração rápida e profunda, estenda o braço a partir do ombro por cima da cabeça e agarre os dedos dos pés (foto 553). Agora, tire também a outra mão do chão e, com uma expiração, agarre os dedos dos pés. Segure firmemente e agarre o dedão do pé direito com a mão direita e o dedão do pé esquerdo com a mão esquerda (foto 554). Respire algumas vezes.
4. Segure os pés firmemente. Do contrário, eles vão escorregar e se soltar. Então, com uma expiração, estenda os braços e as pernas o mais alto que puder acima da cabeça. Tente esticar os cotovelos. Este é o primeiro movimento (foto 555). Segure a postura por cerca de 15 segundos.

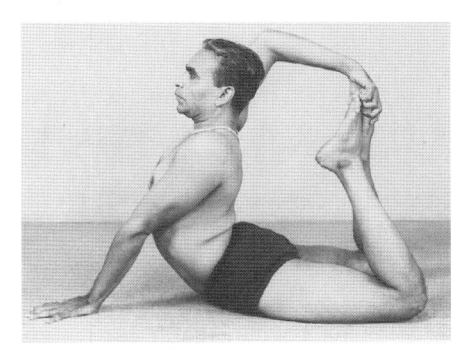

553

554

5. Mantendo os pés agarrados, flexione os cotovelos e puxe os pés para baixo até que os calcanhares toquem na cabeça. Aumente a tensão gradativamente, de modo que os calcanhares primeiro toquem na testa, depois nos olhos e finalmente nos lábios (foto 556). Este é o segundo movimento. Permaneça na postura por alguns segundos.

555

6. Ainda segurando firmemente os dedos, abaixe os pés até que toquem as laterais dos ombros (foto 557). Este é o terceiro movimento. Fique na postura por alguns segundos.
7. Depois de completar o terceiro movimento, expire e estenda as pernas e os braços para cima. Solte as pernas uma a uma, colocando imediatamente as mãos no chão. Do contrário, em virtude da curvatura da coluna, pode-se bater com o rosto. Então descanse no chão e relaxe.
8. Devido ao estiramento do pescoço, ombros, peito e coluna, além da pressão do abdômen contra o chão, a respiração será rápida e trabalhosa. Tente respirar normalmente ao longo de todos os três movimentos.

Yogāsanas

556

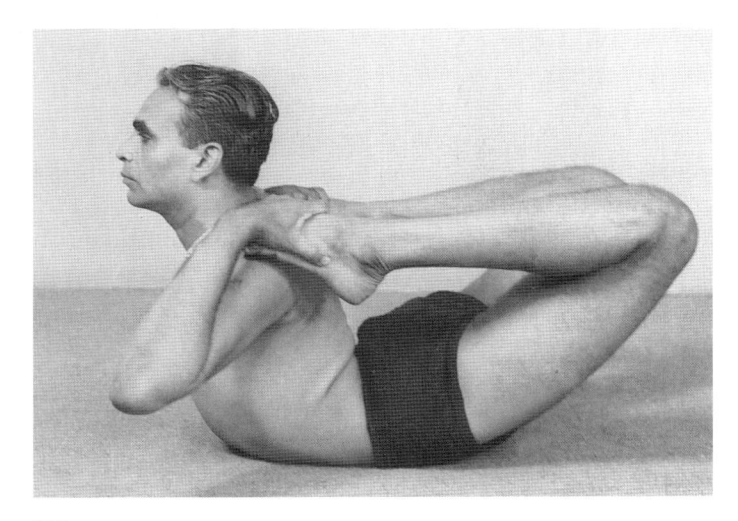

557

Efeitos

Neste *āsana*, todas as vértebras se beneficiam do alongamento. O corpo inteiro suporta o esforço e se torna mais flexível. O peso recai sobre a área abdominal próxima ao umbigo e, em decorrência da pressão sobre a aorta abdominal, o sangue circula apropriadamente em torno dos órgãos abdominais. Isso os mantém saudáveis e melhora a digestão. Nesta postura, as escápulas são bem estendidas, aliviando a rigidez dos ombros. O efeito mais notável, entretanto, é que, durante os árduos movimentos, a mente permanece passiva e calma. Este *āsana* ajuda a manter a pessoa em forma e jovem no corpo e fresca e alerta na mente.

192. Gheraṇḍāsana I Quarenta e quatro* *(fotos 561 e 562)*

Gheraṇḍa é o nome de um sábio, autor do *Gheraṇḍa Saṁhitā*, a quem este *āsana* é dedicado. Esta postura é uma combinação de *bhekāsana* (foto 100) com *pādāṅguṣṭha dhanurāsana* (foto 555): de um lado, o braço e a perna estão na primeira postura e, do outro, o braço e a perna estão na segunda postura.

Técnica

1. Deite-se de bruços, com o rosto para baixo.
2. Expire, flexione o joelho esquerdo e traga o pé esquerdo em direção ao quadril esquerdo.
3. Segure a planta do pé esquerdo com a mão esquerda. Respire algumas vezes. Agora gire a mão esquerda de modo que sua palma toque na parte superior do pé esquerdo, e os dedos dos pés e das mãos apontem para a cabeça.
4. Expire e empurre o pé esquerdo com a mão esquerda, de modo a aproximar a planta do pé do chão. Erga a cabeça e o peito do chão. O braço e a perna esquerda agora estão em *bhekāsana* (foto 100). Respire algumas vezes.

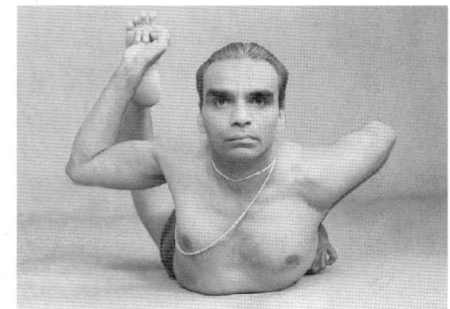

558

559

5. Flexionando o joelho direito, agarre o dedão do pé direito com a mão direita (foto 558). Gire o cotovelo e o ombro direito (foto 559) e estenda o braço e a perna do lado direito para cima (foto 560). Respire algumas vezes.

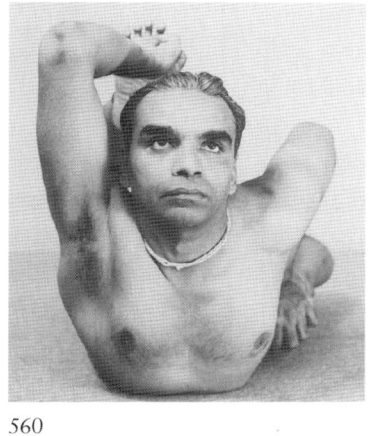

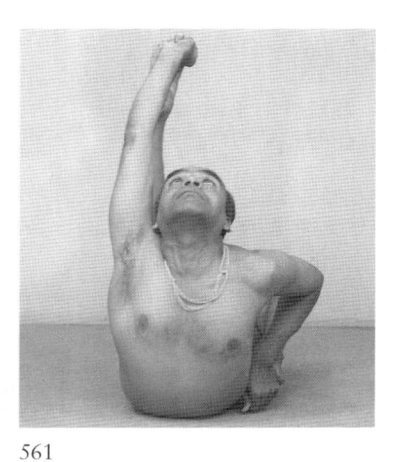

Yogāsanas

560

561

562

6. Expire, eleve o braço e a perna direita verticalmente, sem soltar o dedão do pé (fotos 561 e 562). O braço e a perna do lado direito agora estão em *pādāṅguṣṭha dhanurāsana* (foto 555).
7. Fique nesta posição por 15 a 20 segundos. A respiração será rápida devido à pressão do abdômen no chão.
8. Então expire, estenda o pescoço e leve a cabeça para trás. Flexione o cotovelo e o joelho direito e puxe a perna direita para baixo até que o pé toque no ombro esquerdo (foto 563).

563

9. Permaneça nesta postura por alguns segundos.
10. Com uma expiração, volte para a posição do item 6 (foto 561).
11. Então solte os pés, estenda as pernas no chão, abaixe a cabeça e o peito e relaxe por um curto tempo.

12. Repita a postura, desta vez mantendo o braço e a perna do lado direito em *bhekāsana* e o braço e a perna do lado esquerdo em *pādāṅguṣṭha dhanurāsana*. Permaneça pelo mesmo tempo nesta postura. Siga a técnica dada anteriormente, trocando "esquerda" por "direita" e vice-versa.

193. *Gheraṇḍāsana II* Quarenta e seis* (*fotos 564 e 565*)

Neste *āsana*, o braço e a perna de um lado estão em *baddha padmāsana* (foto 118), enquanto o braço e a perna do outro lado estão em *pādāṅguṣṭha dhanurāsana* (foto 555).

Técnica

1. Sente-se no chão com as pernas estendidas à frente (foto 77). Coloque o pé direito na raiz da coxa esquerda e deite-se de costas.
2. Então gire e deite-se de barriga para baixo, sem alterar a posição do pé direito. Expire e, movendo o braço direito para trás a partir do ombro, agarre o dedão do pé com a mão direita. O braço e a perna do lado direito agora estão em *baddha padmāsana* (foto 118). Respire algumas vezes e erga a cabeça e o peito do chão.
3. Expire, flexione o joelho esquerdo e agarre o dedão do pé esquerdo com a mão esquerda. Gire o braço e o ombro esquerdos e, sem soltar o dedão, eleve o braço e a perna do lado esquerdo até que estejam em *pādāṅguṣṭha dhanurāsana* (fotos 564 e 565).
4. Permaneça na posição por 15 segundos. A respiração será rápida e trabalhosa devido à pressão do abdômen contra o chão.
5. Então expire, estenda o pescoço e leve a cabeça para trás, flexione o cotovelo e o joelho esquerdos e puxe a perna esquerda até que o pé toque no ombro direito (foto 566).
6. Permaneça nesta postura por alguns segundos. Devido à pressão e à contração do abdômen, a respiração será trabalhosa.
7. Com uma expiração, retorne à posição do item 3 (foto 564).
8. Solte os pés, estenda as pernas e abaixe-as até o chão junto com o peito e a cabeça e relaxe por um curto tempo.

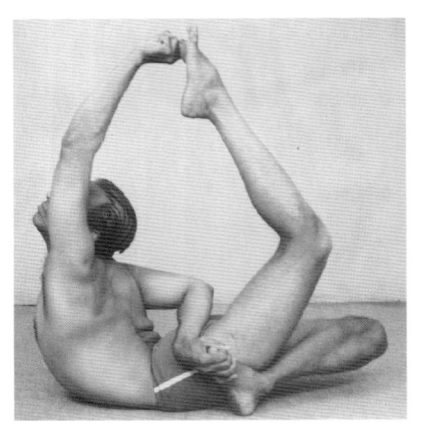

564

565

9. Repita a postura do outro lado pelo mesmo tempo. O braço e a perna do lado esquerdo devem fazer *baddha padmāsana*, enquanto o braço e a perna do lado direito estarão em *pādāṅguṣṭha dhanurāsana*. Siga a técnica descrita anteriormente, substituindo "esquerda" por "direita" e vice-versa.

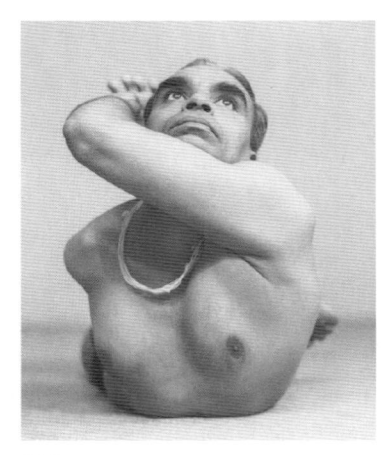

566

Efeitos

Todas as vértebras se beneficiam deste alongamento intenso, e o corpo todo se torna mais maleável. A área abdominal próxima ao umbigo sustenta o peso do corpo e, devido à pressão sobre a aorta abdominal, o sangue circula apropriadamente pela região, mantendo os órgãos abdominais saudáveis. Isso melhora a digestão. As escápulas são totalmente estendidas, de modo que a rigidez nas articulações dos ombros é aliviada. A postura torna os joelhos firmes e alivia as dores nessas articulações provocadas por reumatismo ou gota. A pressão das mãos sobre os pés corrige os arcos e ajuda a curar pés chatos. A postura fortalece as articulações dos tornozelos, alivia dores nos calcanhares e ajuda pessoas que sofrem de esporão do calcâneo.

194. *Kapiṅjalāsana* Quarenta e três* *(foto 567)*

Kapiṅjala é um tipo de perdiz, o pássaro *chātaka* que supostamente vive das gotas de chuva e orvalho.

A postura é uma combinação de *vasiṣṭhānāsana* (foto 398) e *pādāṅguṣṭha dhanurāsana* (foto 555) e seu domínio é difícil.

Técnica

1. Fique de pé em *tāḍāsana* (foto 1). Incline-se para a frente, apoie as palmas das mãos no chão e leve as pernas cerca de 1,20 m a 1,50 m para trás, como se estivesse fazendo *adho mukha śvānāsana* (foto 75).
2. Vire todo o corpo para o lado, equilibrando-se sobre a palma da mão direita e o pé direito. A borda externa do pé direito deve se apoiar firmemente no chão.
3. Coloque o pé esquerdo sobre o pé direito, apoie a palma da mão esquerda no quadril esquerdo e equilibre-se, sem mover o corpo (foto 396). O lado direito do corpo está em *vasiṣṭhāsana*.
4. Expire, flexione o joelho esquerdo e pegue o dedão do pé esquerdo firmemente entre o polegar, o indicador e o dedo médio da mão esquerda.
5. Gire o cotovelo e o ombro esquerdos e estenda o braço e a perna esquerdos por trás das costas para formar um arco, sem soltar o dedão do pé esquerdo (foto 567). O braço e a perna esquerdos agora estão em *pādāṅguṣṭha dhanurāsana*.

567

6. Equilibre-se por alguns segundos, mantendo o braço e a perna direitos rígidos e sempre segurando o dedão do pé esquerdo com a mão esquerda. Como a coluna, o peito, o pescoço e os ombros estão totalmente estendidos e o abdômen está contraído, a respiração será trabalhosa.
7. Solte o dedão do pé esquerdo, estique a perna e coloque o pé esquerdo sobre o pé direito e a mão esquerda no quadril esquerdo. Apoie as duas mãos e os dois pés no chão, como na posição 1 acima. Em seguida, repita a postura do outro lado pelo mesmo tempo. O lado esquerdo do corpo estará em *vasiṣṭhāsana* (foto 398), enquanto o lado direito estará em *pādāṅguṣṭha dhanurāsana* (foto 555). Siga a técnica descrita anteriormente substituindo "esquerda" por "direita" e vice-versa.

Efeitos

Nesta postura, os pulsos são fortalecidos e as escápulas são completamente exercitadas, de modo que reduz a rigidez nas articulações dos ombros. As pernas são tonificadas e todas as vértebras são beneficiadas. O peito se expande totalmente, e os músculos abdominais se tornam fortes. Este *āsana* ajuda a manter o corpo inteiro em boas condições.

195. Śīrṣa Pādāsana Cinquenta e dois* *(foto 570)*

Śīrṣa significa cabeça, e *pāda,* pé. Esta é a mais difícil dentre as posturas de retroflexão, praticada em equilíbrio sobre a cabeça, *śīrṣāsana* (foto 190). A partir do apoio sobre a cabeça, as costas são arqueadas e os pés descem até que os calcanhares se apoiem na parte posterior do pescoço. As mãos seguram os dedões dos pés e os fazem tocar na parte posterior da cabeça.

Técnica

1. Coloque um cobertor no chão, ajoelhe-se e faça *sālamba śīrṣāsana I* (foto 190).
2. Flexione os joelhos e abaixe as pernas por trás das costas (fotos 517 e 518). Expire, estenda a coluna, contraia as nádegas, puxe as coxas e os pés para trás e para baixo (foto 568) até que os dedos toquem a parte posterior da cabeça (foto 569). Sem mover os cotovelos, erga os pulsos ligeiramente do chão e pegue os dedões dos pés com as mãos, sem soltar o cruzamento dos dedos (foto 570). Empurre o peito para a frente e fique na postura pelo tempo que puder, por alguns segundos.

568

569

3. Em outras posturas de retroflexão, é possível obter alguma ajuda para estender a coluna. Aqui, entretanto, a coluna tem que se mover de forma independente a fim de obter a curvatura exigida.

4. Como a coluna, o peito, os ombros e o pescoço estão completamente estendidos e o abdômen está contraído, é difícil respirar normalmente. Volte para *śīrṣāsana I* (foto 190), deslize as pernas até o chão e relaxe ou faça *ūrdhva dhanurāsana* (foto 486) e fique em pé em *tāḍāsana* (foto 1), ou prossiga com *viparīta chakrāsana* (fotos 488 a 499).

Efeitos

Além dos efeitos de *śīrṣāsana I* (foto 190), todas as vértebras são exercitadas neste *āsana*. Como há um aumento do suprimento de sangue para a coluna, previne-se a degeneração dos nervos. Os órgãos abdominais também são tonificados pelo alongamento.

570

202. Nauli Dezesseis* (fotos 595 e 596)

A palavra *nauli* não é encontrada nos dicionários correntes. *Ullola* significa uma grande onda ou vaga e, assim, transmite a ideia do processo de *nauli*, no qual os músculos e os órgãos abdominais são movidos lateral e verticalmente em um movimento oscilatório. *Nau* significa barco e *li* agarrar, depender, esconder ou cobrir. O arfar de um barco em uma tempestade no mar dá uma ideia de *nauli*.

Nauli é um *kriyā* ou processo e não um *āsana*. É preciso ter cuidado em sua prática; de outro modo, pode levar a numerosas doenças. Não é, portanto, recomendado para o praticante mediano. Antes de experimentar a técnica de *Nauli*, denominada *lauliki* no *Gheraṇḍa Saṃhitā*, domine *uḍḍīyāna bandha*.

Técnica

1. Fique de pé em *tāḍāsana* (foto 1).
2. Afaste as pernas cerca de 30 centímetros e, flexionando um pouco os joelhos, incline-se ligeiramente para a frente.
3. Apoie as mãos nas coxas, logo acima dos joelhos, com os dedos abertos.
4. Abaixe a cabeça até que o queixo se apoie na depressão entre as clavículas, no topo do esterno.
5. Inspire profundamente e então expire rápido, de modo que todo o ar seja expelido dos pulmões em um só golpe.
6. Retenha a respiração (sem inspirar). Puxe toda a região abdominal para trás, em direção à coluna.
7. A área entre a cintura pélvica e as costelas flutuantes de ambos os lados do abdômen deve se tornar passiva, para se criar uma concavidade ali. Ao mesmo tempo, empurre o reto abdominal para a frente (visão frontal: foto 595; visão lateral: foto 596).
8. Mantenha esta posição por 5 a 10 segundos, de acordo com a sua capacidade.
9. Relaxe o reto abdominal e retorne para a posição descrita no item 6 acima.
10. Relaxe o abdômen e inspire devagar.
11. Respire profundamente algumas vezes. Repita o ciclo dos itens 1 a 10 acima, de 6 a 8 vezes seguidas, somente 1 vez a cada 24 horas.
12. Pratique *nauli* de estômago vazio e depois de evacuar a bexiga e os intestinos.

595 596

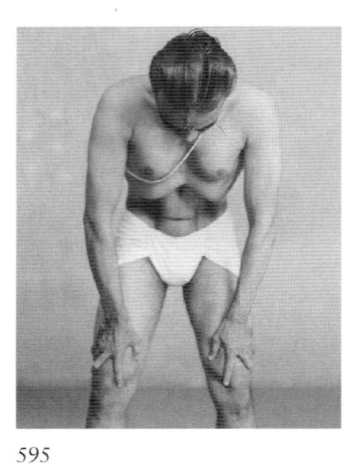

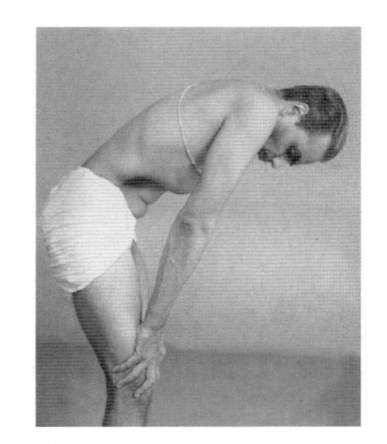

Efeitos

Há um fortalecimento dos retos abdominais. Os outros efeitos de *nauli* são os mesmos de *uḍḍīyāna bandha*.

Parte III

Prāṇāyāma

Recomendações e precauções

Leia e assimile completamente as seguintes recomendações e precauções antes de empreender as técnicas de *prāṇāyāma* descritas mais adiante.

Requisitos para a prática

1. Assim como um curso de pós-graduação depende da capacidade e da disciplina adquiridas nas matérias da graduação, do mesmo modo o treinamento de *prāṇāyāma* exige o domínio dos *āsanas* e a força e a disciplina resultantes de sua prática.
2. A aptidão do aspirante para o treinamento e o avanço no *prāṇāyāma* deve ser avaliada por um *guru* ou professor experiente e sua supervisão pessoal é essencial.
3. Ferramentas pneumáticas podem cortar a rocha mais dura. Em *prāṇāyāma*, o *yogī* usa seus pulmões como ferramentas pneumáticas. Se não forem usadas corretamente, destroem tanto a ferramenta quanto a pessoa que a está utilizando. O mesmo é válido para o *prāṇāyāma*.

Higiene e alimentação

4. Não se entra em um templo com o corpo ou a mente sujos. Antes de entrar no templo de seu próprio corpo, o *yogī* observa as regras de higiene.
5. Antes de iniciar a prática de *prāṇāyāma*, os intestinos devem ser evacuados e a bexiga esvaziada. Isso confere conforto aos *bandhas*.

6. É preferível praticar *prāṇāyāma* com o estômago vazio, mas, se isso for difícil, pode-se tomar uma xícara de leite, chá, café ou chocolate. Deixe passar pelo menos seis horas depois de uma refeição antes de praticar *prāṇāyāma*.
7. Pode-se comer algo leve meia hora após o término da prática de *prāṇāyāma*.

Hora e lugar

8. A melhor hora para praticar é de manhã cedo (preferencialmente antes do nascer do Sol) e após o pôr do Sol. De acordo com o *Haṭha Yoga Pradīpikā*, deve-se praticar *prāṇāyāma* 4 vezes ao dia, de manhã cedo, ao meio-dia, ao entardecer e à meia-noite, com 80 ciclos a cada vez (capítulo II, versículo 11). Dificilmente isso é possível no atarefado mundo moderno. Recomenda-se, portanto, uma prática de no mínimo 15 minutos por dia; os 80 ciclos são para praticantes intensamente devotados e não para os pais de família atuais.
9. As melhores estações para começar a prática são a primavera e o outono, quando o clima é ameno.
10. O *prāṇāyāma* deve ser praticado em local limpo e ventilado, livre de insetos. Como o barulho cria desassossego, pratique em horas silenciosas.
11. O *prāṇāyāma* deve ser praticado com determinação e regularidade, na mesma hora e lugar e na mesma postura. A variedade admissível é somente quanto ao tipo de *prāṇāyāma* praticado, ou seja, se *sūrya bhedana prāṇāyāma* é praticado em um dia, *śītalī* pode ser feito no dia seguinte e *bhastrikā* no terceiro dia. A prática de *nāḍī śodhana prāṇāyāma*, entretanto, deve ser diária.

Postura

12. Em *prāṇāyāma*, a respiração é feita somente pelo nariz, à exceção de *śītalī* e *śītakārī*.
13. A melhor posição para praticar *prāṇāyāma* é sentada no chão ou sobre um cobertor dobrado. As posturas adequadas são *siddhāsana*, *vīrāsana*, *padmāsana* e *baddha koṇāsana*. Qualquer outra postura sentada pode ser utilizada, desde que as costas estejam absolutamente perpendiculares ao chão e eretas da base da coluna até o pescoço. Alguns tipos, entretanto, podem ser feitos em uma posição reclinada, como será detalhado mais adiante.

14. Durante a prática, nenhuma tensão deve ser sentida nos músculos faciais, olhos ou ouvidos, tampouco nos músculos do pescoço, ombros, braços, coxas e pés. As coxas e os braços devem ser conscientemente relaxados, pois tendem a se contrair inconscientemente durante o *prāṇāyāma*.
15. Mantenha a língua passiva; de outro modo, a boca acumula saliva. Se isso ocorrer, engula antes da expiração (*rechaka*) e não durante a retenção da respiração (*kumbhaka*).
16. Durante a inspiração e a retenção, a caixa torácica deve se expandir tanto para a frente quanto para os lados, mas as áreas abaixo das escápulas e das axilas devem se expandir somente para a frente.
17. No começo haverá transpiração e tremores, que desaparecerão com o tempo.
18. Em todas as práticas de *prāṇāyāma* realizadas em posição sentada, a cabeça deve pender para a frente a partir da nuca, com o queixo apoiado na depressão entre as clavículas, no topo do esterno. Esse bloqueio do queixo, ou *jālandhara bandha*, será adotado sempre, exceto quando especificamente indicado nas técnicas descritas mais adiante.
19. Mantenha os olhos fechados durante toda a prática. De outra forma, a mente irá divagar atrás de objetos externos e distrair-se. Se permanecerem abertos, os olhos terão uma sensação de queimação e irritabilidade.
20. Nenhuma pressão deve ser sentida dentro dos ouvidos durante a prática de *prāṇāyāma*.
21. O braço esquerdo permanece esticado, com o dorso do pulso apoiado no joelho esquerdo. O dedo indicador se volta para o polegar, com as duas pontas em contato. Esta posição é chamada de *jñāna mudrā*, descrita mais adiante no capítulo da técnica.
22. O braço direito é dobrado e a mão é levada ao nariz para regular o fluxo da respiração e para calibrar seu grau de sutileza. Isso se realiza com as pontas dos dedos anular e mínimo, que controlam a narina esquerda, e a ponta do polegar, que controla a narina direita. Detalhes da posição da mão direita são expostos no capítulo sobre a técnica. Em alguns métodos de *prāṇāyāma*, as duas mãos permanecem apoiadas nos joelhos em *jñāna mudrā*.
23. Quando um bebê aprende a caminhar sozinho, a mãe permanece fisicamente passiva, mas mentalmente alerta. Numa emergência, como quando a criança cambaleia, seu corpo pula para salvá-lo de uma queda. Assim também na prática de *prāṇāyāma:* o cérebro permanece passivo, porém, alerta. Quando os órgãos do corpo deixam de trabalhar corretamente, o cérebro, vigilante, manda mensagens de alerta. O ouvido deve escutar em busca do som correto da respi-

ração (descrito abaixo). A mão e o nariz recebem o comando para observarem a sensibilidade da respiração fluindo pelos dutos nasais.

24. Talvez alguém se pergunte: se o cérebro deve enviar avisos aos sentidos, como alguém pode concentrar-se no *prāṇāyāma*? Um pintor absorto em seu trabalho nota vários detalhes como perspectiva e composição, as tonalidades das cores e sombras, o que está em primeiro plano ou ao fundo e os movimentos do pincel, tudo ao mesmo tempo. Um músico que toca uma melodia observa os movimentos dos seus dedos e os padrões de som, a afinação do instrumento e sua modulação. Embora o artista e o músico estejam ambos observando e corrigindo os detalhes, eles estão concentrados em seu trabalho. Da mesma forma, o *yogī* observa detalhes como o tempo, a postura e o ritmo regular da respiração, e está alerta e sensível ao fluxo de *prāṇa* dentro dele.

25. Como uma mãe cuidadosa que ensina seu filho a andar despreocupado, a mente do *yogī* ensina os sentidos a ficarem livres de preocupação. Por meio da prática contínua do *prāṇāyāma*, os sentidos se tornam livres da obsessão pelas coisas que antes desejavam.

26. Cada um deve avaliar sua própria capacidade ao praticar *prāṇāyāma* e não excedê-la. Isso pode ser medido da seguinte forma: suponha que o praticante consiga inspirar e expirar por 10 segundos confortavelmente, em ciclos ritmados por certo tempo, digamos 5 minutos. Se houver qualquer mudança no ritmo da respiração de maneira que o tempo de inspiração ou de expiração caia para, por exemplo, 7 ou 8 segundos, isso indica que ele atingiu o limite de sua capacidade. Se for além desse ponto, estará forçando os pulmões indevidamente, o que pode levar a uma série de doenças respiratórias.

27. A prática incorreta produz uma tensão indevida sobre os pulmões e o diafragma. O sistema respiratório se ressente, e o sistema nervoso é afetado adversamente. A fundação do corpo saudável e da mente sã é abalada pela prática imperfeita do *prāṇāyāma*. A inspiração ou a expiração forçada ou tensa é um erro, exceto em *bhastrikā prāṇāyāma*.

28. A uniformidade na respiração proporciona saúde aos nervos e serenidade à mente e ao temperamento.

29. Jamais se deve praticar *āsanas* imediatamente após *prāṇāyāma*. Se *prāṇāyāma* for praticado primeiro, deixe passar uma hora antes de começar os *āsanas*, pois os nervos, tranquilizados pelo *prāṇāyāma*, podem ficar perturbados em consequência dos movimentos do corpo nos *āsanas*.

30. Entretanto, pode-se praticar *prāṇāyāma* 15 minutos depois de uma prática branda de *āsanas*.

31. *Āsanas* árduos causam fadiga. Se estiver exausto, não pratique *prāṇāyāma* sentado, uma vez que as costas não conseguirão permanecer eretas, o corpo tremerá e a mente será perturbada. A respiração profunda como em *ujjāyī* em uma posição deitada alivia o cansaço.
32. Quando não puder mais manter ritmicamente a respiração profunda, estável e longa, pare. Não vá além. O ritmo deve ser avaliado a partir do som produzido pelo nariz na inspiração ("sssssa", que soa como um vazamento de pneu de bicicleta) e na expiração (o som "huuuuuum" aspirado). Caso o volume do som se reduza, pare.
33. Tente encontrar uma uniformidade na proporção de tempo de inspiração (*pūraka*) e de expiração (*rechaka*). Por exemplo, em um dado ciclo contínuo, se uma for de 5 segundos, a outra deve tomar o mesmo tempo.
34. Os *prāṇāyāmas* do tipo *ujjāyī* e *nāḍī śodhana* são os mais benéficos para mulheres grávidas, preferencialmente em *baddha koṇāsana*. Durante a gravidez, entretanto, a respiração nunca deve ser retida sem a orientação de um professor experiente.
35. Depois de concluir a prática de *prāṇāyāma*, sempre se deite de costas como um cadáver, em *śavāsana* (foto 592), por pelo menos 5 a 10 minutos, em silêncio. A mente deve estar completamente desligada e todos os membros e órgãos dos sentidos totalmente passivos, como se estivessem mortos. *Śavāsana* após o *prāṇāyāma* revigora o corpo e a mente.

Kuṁbhakas

36. Todos os três *bandhas*, a saber, *jālandhara*, *uḍḍīyāna* e *mūla*, devem ser observados em *kuṁbhaka* (retenção da respiração após uma inspiração completa ou após uma expiração completa) como será mencionado à frente. Os *bandhas* são como válvulas de segurança que devem permanecer fechadas durante a prática de *kuṁbhakas*.
37. O domínio completo da inspiração (*pūraka*) e da expiração (*rechaka*) é essencial antes de se buscar o aprendizado de *antara kuṁbhaka* (retenção após a inspiração).
38. *Bāhya kuṁbhaka* (retenção após a expiração) só deve ser tentada depois de *antara kuṁbhaka* tornar-se natural.
39. Durante a prática de *kuṁbhaka*, existe uma tendência de puxar o ar para dentro, assim como de apertar e soltar o diafragma e os órgãos abdominais a fim de

ampliar o período de retenção. É uma tendência inconsciente e não intencional. É preciso tomar cuidado para evitá-la.

40. Caso seja difícil reter a respiração (*kumbhaka*) após cada inspiração ou expiração, faça alguns ciclos de respiração profunda e então pratique *kumbhaka*. Por exemplo, três ciclos de respiração profunda podem ser seguidos de um ciclo de *kumbhaka*. Em seguida, faça outros três ciclos de respiração profunda seguidos de um segundo ciclo de *kumbhaka*, e assim por diante.

41. Se o ritmo da inspiração ou da expiração for perturbado pela retenção, diminua a duração de *kumbhaka*.

42. Pessoas que sofrem de problemas nos ouvidos ou nos olhos (como glaucoma e abscesso nos ouvidos) não devem tentar reter a respiração.

43. Algumas vezes ocorre constipação nos estágios iniciais da prática de *kumbhaka*. Isso é temporário e desaparecerá com o tempo.

44. A frequência normal de respirações é de 15 por minuto. Esta frequência aumenta quando o corpo é perturbado por indigestão, febre, resfriado e tosse, ou por emoções como medo, raiva ou luxúria. A frequência normal de respirações é de 21.600 inspirações e expirações a cada 24 horas. O *yogī* mede a extensão de sua vida não pelo número de dias, e sim pelo número de respirações. Como o *prāṇāyāma* prolonga a respiração, sua prática conduz à longevidade.

45. A prática contínua do *prāṇāyāma* transforma a perspectiva mental do praticante e reduz consideravelmente o impulso dos sentidos pelos prazeres do mundo, como o fumo, a bebida e o sexo.

46. Na prática de *prāṇāyāma*, os sentidos são dirigidos para dentro e, no silêncio de *kumbhaka*, o aspirante ouve sua voz interior chamando: "Olhe para dentro! A fonte de toda a felicidade está no interior!" Isto também o prepara para o estágio seguinte do *yoga*, *pratyāhāra*, que conduz à liberdade da dominação e da tirania dos sentidos.

47. Como os olhos permanecem fechados do começo ao fim da prática de *prāṇāyāma*, a passagem do tempo é observada pela repetição mental (*japa*) de uma palavra ou nome sagrado. A repetição de palavras ou nomes sagrados é uma semente (*bīja*) plantada na mente do *yogī*. Esta semente cresce e o torna apto para *dhyāna* ou concentração, o sexto estágio do *yoga*. Por fim, se produz o fruto de *samādhi*, quando se experimenta a consciência plena e a suprema alegria, quando o *yogī* se funde com o Criador do Universo e sente o que nunca poderá expressar nem tampouco ocultar inteiramente. Faltam palavras para transmitir a experiência adequadamente, porque a mente não consegue encontrar palavras para descrevê-la. É um sentimento de tal paz que transcende todo entendimento.

Bandhas, Nāḍīs e Chakras

Para que seja possível seguir as técnicas de *prāṇāyāma*, é necessário saber alguma coisa sobre *bandhas*, *nāḍīs* e *chakras*.

Bandha significa sujeição, junção, agrilhoar ou agarrar. É também uma postura na qual certos órgãos ou partes do corpo são contraídos e controlados.

Nāḍī é um duto tubular em nosso corpo pelo qual a energia flui.

Chakras são rodas ou círculos que, no corpo humano, servem como centros reguladores do maquinário corporal.

Quando a eletricidade é gerada, é necessário ter transformadores, condutores, fusíveis, interruptores e cabos isolados para carregar a energia até seu destino porque, sem isso, a eletricidade gerada seria letal. Quando o *prāṇa* flui no corpo do *yogī* pela prática do *prāṇāyāma*, é igualmente necessário que se empregue *bandhas* a fim de prevenir a dissipação da energia e conduzi-la para os lugares corretos sem causar dano em outros pontos. Sem *bandhas*, o *prāṇa* é mortal.

Os três principais *bandhas,* importantes para o *prāṇāyāma*, são: (1) *jālandhara bandha*, (2) *uḍḍīyāna bandha* e (3) *mūla bandha*.

O primeiro que o *yogī* deve dominar é *jālandhara*. *Jāla* significa rede, teia, trama ou uma estrutura entrelaçada. Em *jālandhara*, o pescoço e a garganta são contraídos, e o queixo é apoiado sobre o peito, na depressão entre as clavículas, no topo do esterno. Seu domínio é alcançado pela prática de *sarvāṅgāsana* e seu ciclo (fotos 219 a 246), onde o queixo também é pressionado contra o esterno. *Jālandhara Bandha* regula o fluxo de sangue e de *prāṇa* para o coração, para as glândulas do pescoço e da cabeça, juntamente com o cérebro. Quando se pratica *prāṇāyāma* sem *jālandhara bandha*, imediatamente se sente pressão no coração, atrás dos olhos e na cavidade dos ouvidos, além de tontura. *Jālandhara bandha* é essencial nos três processos de *prāṇāyāma*, a saber, *pūraka* (inspiração), *rechaka* (expiração) e *kumbhaka* (retenção).

Uḍḍīyāna significa alçar voo. A ação de *uḍḍīyāna bandha* consiste em elevar bem o diafragma para o tórax e puxar os órgãos abdominais para trás, na direção da coluna. Diz-se que, através de *uḍḍīyāna bandha*, o grande pássaro do *prāṇa* é forçado a subir voando pela *suṣumṇā nāḍī*, o principal canal para o fluxo da energia nervosa, que está situado dentro de *meru daṇḍa* ou a coluna vertebral. Diz-se que *uḍḍīyāna* é o melhor dos *bandhas* e que rejuvenesce aquele que o pratica de forma constante e fiel à ensinada por seu *guru* ou mestre. Diz-se que é o leão que mata o elefante chamado Morte. Deve ser feito somente em *bāhya kumbhaka*, depois de *rechaka*, isto é, durante o intervalo entre a expiração completa e a nova inspiração, quando a respiração é suspensa. Ele exercita o diafragma e os órgãos abdominais. A cavidade criada pela elevação do diafragma massageia suavemente os músculos do coração, tonificando-os. *Uḍḍīyāna bandha* nunca deve ser feito durante *antara kumbhaka*, isto é, no intervalo entre a inspiração completa e o começo da expiração, quando a respiração é retida, pois geraria tensão no coração e no diafragma e levaria os olhos a se projetarem para fora.

Mūla significa raiz, fonte, origem ou causa, base ou fundação. *Mūla* é a região entre o ânus e o escroto. Com a contração dessa região, o *apāna vāyu* (o prāṇa do abdômen inferior), cujo curso é descendente, é levado a subir para unir-se ao *prāṇa vāyu*, que reside na região do peito.

Mūla bandha deve ser primeiro praticado em *antara kumbhaka* (retenção após a inspiração). A região do baixo-ventre entre o umbigo e o ânus é contraída na direção da coluna e puxada para cima em direção ao diafragma. Em *uḍḍīyāna bandha*, toda a região do ânus até o diafragma e o esterno é puxada para trás em direção à coluna e para cima. Mas em *mūla bandha* toda a área do baixo abdômen entre o ânus e o umbigo é contraída, empurrada para trás em direção à coluna e elevada em direção ao diafragma.

A prática de contração dos músculos do esfíncter anal (*aśvinī mudrā*) ajuda a dominar o *mūla bandha*. *Aśva* significa cavalo. Este *mudrā* (selo) é assim chamado porque sugere um cavalo evacuando. Ele deve ser aprendido durante a prática de vários *āsanas*, especialmente *tāḍāsana, śīrṣāsana, sarvāṅgāsana, ūrdhva dhanurāsana, uṣṭrāsana* e *paśchimōttānāsana*.

Diz-se, que mediante a prática desses *bandhas*, os dezesseis *ādhāras* são fechados. *Ādhāra* (da raiz '*dhr*' = suportar) significa um suporte, uma parte vital. As dezesseis partes vitais são: polegares, tornozelos, joelhos, coxas, prepúcio, órgãos reprodutivos, umbigo, coração, pescoço, garganta, palato, nariz, espaço entre as sobrancelhas, testa, cabeça e *brahmarandhra* (a abertura no topo da cabeça através da qual se diz que a alma escapa ao deixar o corpo).

Há um grave perigo em tentar aprender *uḍḍīyāna* e *mūla bandha* sozinho, sem a supervisão pessoal de um *guru* ou de um professor experiente. A realização incorreta de *uḍḍīyāna bandha* causará descarga involuntária de sêmen e perda de vitalidade e a de *mūla bandha* enfraquecerá seriamente o praticante, que perderá virilidade. Até mesmo a prática correta de *mūla bandha* tem seus perigos. Ela aumenta o poder de retenção sexual, e o praticante pode ser tentado a abusar desse poder. Se ele sucumbe a essa tentação, está perdido. Todos os seus desejos latentes são despertados e se tornam letais, como uma serpente adormecida cutucada por uma vara. Com o domínio desses três *bandhas*, o *yogī* estará na encruzilhada do seu destino. Uma estrada conduz ao *bhoga* ou à fruição dos prazeres do mundo; a outra conduz ao *yoga* ou à união com a Alma Suprema. Apesar da força de atração dos prazeres do mundo ser grande, o *yogī* sente maior atração por seu Criador. Os sentidos se abrem para fora e, consequentemente, são atraídos pelos objetos e seguem o caminho de *bhoga*. Se a direção dos sentidos é invertida, de forma a voltarem-se para o interior, então eles seguirão o caminho do *yoga*. Os sentidos do *yogī* se invertem para encontrar o Criador, a fonte de toda a criação. No momento em que o aspirante alcança o domínio dos três *bandhas* torna-se mais essencial a condução de um *guru*, para que, sob orientações apropriadas, este poder aumentado seja sublimado para objetivos mais altos e nobres. O praticante então se torna um *ūrdhvaretus* (*ūrdhva* = para cima; *retus* = sêmen) ou alguém que leva a vida de celibato e não dissipa sua virilidade. Então, ele adquire um poder moral e espiritual que resplandece como o Sol.

Ao praticar *mūla bandha*, o *yogī* tenta alcançar a verdadeira fonte ou *mūla* de toda a criação. Seu objetivo é a completa retenção ou *bandha* de *citta* que inclui a mente (*manas*), o intelecto (*buddhi*) e o ego (*ahaṁkāra*).

O corpo humano é em si mesmo um universo em miniatura. A palavra *haṭha* se compõe das sílabas *ha* e *ṭha* que significam o Sol e a Lua, respectivamente. Diz-se que as energias solar e lunar fluem através das duas *nāḍīs* principais, *piṅgalā* e *iḍā*, que começam nas narinas direita e esquerda, respectivamente, e descem até a base da coluna. *Piṅgalā* é a *nāḍī* do Sol, enquanto *iḍā* é a *nāḍī* da Lua. No meio delas está *suṣumṇā*, a *nāḍī* do fogo. Como já foi dito, *suṣumṇā nāḍī* é o canal principal para o fluxo da energia nervosa e se situa dentro do *meru daṇḍa* ou coluna vertebral. *Piṅgalā* e *iḍā* se interseccionam entre si e com *suṣumṇā* em vários lugares. Essas interseções são chamadas *chakras* ou rodas que regulam o mecanismo do corpo como um volante regula o motor.

Os principais *chakras* são: *mūlādhāra chakra*, que se situa na região pélvica acima do ânus (*mūla* = raiz, causa, fonte; *ādhāra* = suporte ou parte vital); *svādhiṣṭhana chakra*, acima dos órgãos reprodutivos (*sva* = força vital, alma; *adhiṣṭhana* = assento ou domicílio); *maṇipūraka chakra* é o umbigo (*maṇipūra* = umbigo); *manas* e *sūrya chakras*, entre o umbigo e o coração (*manas* = mente, *sūrya* = Sol); *anāhata chakra*, na região cardíaca (*anāhata* = coração); *viśuddha chakra*, na região da faringe (*viśuddha* = puro); *ājñā chakra*, entre as sobrancelhas (*ājñā* = comando); *sahasrāra chakra*, que é chamado de lótus de mil pétalas, na cavidade cerebral; e *lalāṭa chakra*, que fica no topo da testa (*lalāṭa* = testa).

É possível que os *chakras* correspondam às glândulas endócrinas, que fornecem hormônios e outras secreções internas ao sistema. Os *chakras mūladhāra* e *svādhiṣṭhana* talvez correspondam às gônadas (testículos, pênis e próstata nos homens e ovários, útero e vagina nas mulheres). Entre esses dois *chakras* está a sede dos genitais, conhecida como *kāmarūpa*, em homenagem à Kāma, deus da paixão e do amor. Os órgãos abdominais como estômago, baço, fígado e pâncreas talvez correspondam ao *maṇipūraka chakra*. As duas glândulas suprarrenais podem corresponder aos *chakras manas* e *sūrya*; o *anāhata chakra* é o coração e os principais vasos sanguíneos ao redor dele. O *viśuddha chakra* pode ser a tireoide, paratireoide e timo. Os *chakras ājñā*, *sahasrāra* e *lalāṭa* podem ser a matéria cerebral e as glândulas pituitária e pineal.

De acordo com os textos tântricos, o objetivo do *prāṇāyāma* é despertar a Kuṇḍalinī, a força divina cósmica em nosso corpo. A Kuṇḍalinī é simbolizada como uma serpente enrolada e adormecida que se encontra inativa no centro nervoso mais baixo na base da coluna vertebral, o *mūlādhāra chakra*. Essa energia latente tem de ser despertada e conduzida para cima pela coluna, atravessando os *chakras* até o *sahasrāra* (a lótus de mil pétalas na cabeça, rede nervosa do cérebro) e lá se unir à Alma Suprema. Talvez esta seja uma forma alegórica de descrever a tremenda vitalidade, especialmente sexual, que se obtém pela prática de *uḍḍīyāna bandha* e *mūla bandha* descritos acima. O despertar da Kuṇḍalinī e sua elevação talvez seja um modo simbólico de descrever a sublimação da energia sexual.

Técnica e efeitos do prāṇāyāma

203. Ujjāyī Prāṇāyāma (foto 597)

O prefixo *ud* anexado a verbos e nomes significa voltado para cima ou superioridade. Também significa soprando ou expandindo. Transmite o sentido de proeminência e poder.

Jaya significa conquista, vitória, triunfo ou sucesso. De outro ponto de vista, implica em contenção ou restrição.

Ujjāyī é o processo no qual os pulmões são completamente expandidos e o peito se infla como o de um orgulhoso conquistador.

Técnica

1. Sente-se em qualquer posição confortável como *padmāsana* (foto 104), *siddhāsana* (foto 84) ou *vīrāsana* (foto 89).
2. Mantenha as costas eretas e firmes. Abaixe a cabeça para o tronco. Apoie o queixo na depressão entre as clavículas, logo acima do esterno (isto é *jālandhara bandha*).
3. Estenda os braços e apoie o dorso dos pulsos nos joelhos. Junte as pontas dos dedos indicador e polegar das duas mãos, mantendo os outros dedos estendidos (esta posição ou gesto das mãos é conhecida como *jñāna mudrā*, o símbolo ou o selo do conhecimento. O dedo indicador simboliza a alma individual, e o polegar, a Alma Universal. A união das duas simboliza o conhecimento).
4. Feche os olhos e olhe para dentro (foto 597).
5. Expire completamente.
6. Aqui se inicia o método de respiração *ujjāyī*.
7. Faça uma inspiração lenta, profunda e uniforme por ambas as narinas. A entrada do ar é sentida no céu do palato e faz um som sibilante (*sa*). Este som deve ser ouvido.

8. Encha os pulmões até o topo. Tome cuidado para não inflar o abdômen no processo de inspiração (observe isso em todos os tipos de *prāṇāyāma*). Este processo de encher os pulmões é denominado *pūraka* (inspiração).
9. Toda a região abdominal, desde o púbis até o esterno, deve ser puxada para trás, em direção à coluna.
10. Retenha a respiração por um ou dois segundos. Essa retenção interna é denominada *antara kumbhaka*. Observe *mūla bandha* conforme descrito na página 452.

597

11. Expire lenta, profunda e uniformemente até os pulmões estarem completamente vazios. Ao começar a expirar, mantenha a contração do abdômen. Após 2 ou 3 segundos de expiração, relaxe o diafragma gradual e lentamente. Durante a expiração, a saída do ar deve ser sentida no palato. O roçar do ar no palato deve fazer um som aspirado (ha). Esta expiração é chamada de *rechaka*.
12. Espere um segundo antes de voltar a inspirar. Este período de espera é chamado de *bāhya kumbhaka*.
13. O processo descrito nos itens 7 a 12 completa um ciclo de *ujjāyī prāṇāyāma*.
14. Repita os ciclos por 5 a 10 minutos, mantendo os olhos fechados do início ao fim.
15. Deite-se no chão em *śavāsana* (foto 592).
16. *Ujjāyī prāṇāyāma* pode ser praticado sem *jālandhara bandha*, mesmo quando se está caminhando ou deitado. Este é o único *prāṇāyāma* que pode ser feito a qualquer hora do dia ou da noite.

Efeitos

Este tipo de *prāṇāyāma* oxigena os pulmões, remove o muco, dá resistência, tranquiliza os nervos e tonifica todo o sistema. *Ujjāyī* sem *kumbhaka* e em posição reclinada é ideal para pessoas que sofrem de pressão alta ou de problemas coronários.

204. Sūrya Bhedana Prāṇāyāma (foto 599)

Sūrya é o Sol. *Bhedana* deriva da raiz *"bhid"*, significando furar, quebrar ou atravessar.

Em *sūrya bhedana prāṇāyāma,* o ar é inspirado pela narina direita. Em outras palavras, o *prāṇa* passa por *piṅgalā* ou *sūrya nāḍī*. Então, faz-se um *kumbhaka* e o ar é expirado pela narina esquerda, que é a trajetória da *nāḍī idā*.

Técnica

1. Sente-se em qualquer posição confortável como *padmāsana* (foto 104), *siddhāsana* (foto 84) ou *vīrāsana* (foto 89).
2. Mantenha as costas eretas e firmes. Abaixe a cabeça para o tronco e apoie o queixo na depressão entre as clavículas, logo acima do esterno (isto é *jālandhara bandha*).
3. Estenda o braço esquerdo e apoie o dorso do pulso no joelho esquerdo. Faça *jñāna mudrā* com a mão esquerda (como descrito no estágio 3 da técnica de *ujjāyī*).
4. Flexione o cotovelo direito. Dobre os dedos indicador e médio em direção à palma da mão, mantendo-os passivos. Traga os dedos anular e mínimo em direção ao polegar (foto 598).
5. Coloque o polegar direito do lado direito do nariz, logo abaixo do osso nasal, os dedos anular e mínimo do lado esquerdo do nariz, logo abaixo do osso nasal e logo acima da curva de tecido flexível* das narinas, acima do maxilar superior.
6. Pressione os dedos anular e mínimo para bloquear completamente o lado esquerdo do nariz.
7. Com o polegar direito, pressione o tecido flexível do lado direito, de modo a tornar a borda externa da narina direita paralela à borda inferior da cartilagem do septo.

---

* Aba nasal. (N.T.)

8. O polegar direito é dobrado em sua articulação superior e a ponta do polegar é colocada em um ângulo reto ao septo (foto 599).

598

599

9. Agora inspire lenta e profundamente, controlando a abertura da narina direita com a ponta do polegar, o mais perto possível da unha. Encha os pulmões até o topo (*pūraka*).
10. Em seguida, bloqueie a narina direita de modo que as duas fiquem fechadas.
11. Retenha a respiração por cerca de 5 segundos (*antara kumbhaka*) e faça *mūla bandha* (ver p. 452).
12. Mantendo a narina direita completamente bloqueada, abra parcialmente a narina esquerda e expire através dela, lenta e profundamente (*rechaka*).
13. Ao expirar, regule o fluxo rítmico do ar pela narina esquerda ajustando a pressão dos dedos anular e mínimo, de modo que a borda externa da narina esquerda fique paralela ao septo. A pressão deve ser exercida com a parte interna das pontas dos dedos (longe das unhas).
14. Assim se completa um ciclo de *sūrya bhedana prāṇāyāma*. Continue com ciclos seguidos, por 5 a 10 minutos, de acordo com a sua capacidade.
15. Todas as inspirações de *sūrya bhedana* são feitas pela narina direita e todas as expirações são feitas pela narina esquerda.

16. Durante todo o processo, sente-se o fluxo de ar com as pontas dos dedos nas membranas nasais onde a pressão é aplicada. A passagem do ar faz um som similar ao ar escapando de um pneu de bicicleta. Este som deve ser mantido constante, do começo ao fim, por meio da variação da pressão sobre as narinas.
17. Os olhos, as têmporas, as sobrancelhas e a pele da testa devem permanecer completamente passivos, sem sinal de tensão.
18. A mente deve estar completamente absorta em ouvir o som correto da passagem do ar e em manter o ritmo adequado da respiração.
19. Cada inspiração e expiração deve ter a mesma duração.
20. As inspirações e expirações não devem ser forçadas. Um ritmo uniforme e lento deve ser mantido do começo ao fim.
21. Deite-se em *śavāsana* após concluir o *prāṇāyāma* (foto 592).

Efeitos

Devido à pressão nas narinas, os pulmões neste *prāṇāyāma* têm que trabalhar mais do que em *ujjāyī*. Em *sūrya bhedana*, eles são preenchidos de forma mais lenta, uniforme e completa do que em *ujjāyī*. *Sūrya bhedana* aumenta o poder digestivo, tranquiliza e revigora os nervos e limpa os seios nasais.

Nota: Frequentemente, os dutos nasais não têm a mesma largura, com um lado maior do que o outro. Neste caso, a pressão dos dedos tem de ser ajustada. Algumas vezes, a narina direita está completamente bloqueada enquanto a esquerda está livre. Neste caso, a inspiração pode ser feita apenas pela narina esquerda, enquanto a expiração é feita apenas pela narina direita. Com o tempo e a manipulação dos dedos, a narina direita se desobstrui e torna-se possível inspirar por ela.

Precauções

Pessoas com pressão arterial baixa obterão benefícios, mas aquelas com pressão alta ou problemas de coração não devem reter a respiração após a inspiração (*antara kumbhaka*) ao praticarem este *prāṇāyāma*.

205. Nāḍī Śodhana Prāṇāyāma

Nāḍī é um órgão tubular do corpo, como uma artéria ou veia, para a passagem do *prāṇa* ou energia. As *nāḍīs* têm três camadas, como os fios encapados de eletricidade. A camada mais interna é chamada de *sirā*, a do meio de *damanī* e o órgão inteiro, assim como a camada externa, é denominado *nāḍī*.

Śodhana significa purificar ou limpar. Assim, o objeto de *nāḍī śodhana prāṇāyāma* é a purificação dos nervos. Uma pequena obstrução em uma tubulação de água pode bloquear completamente o fluxo. Uma pequena obstrução nos nervos pode causar grande desconforto e paralisar um membro ou órgão.

Técnica

1. Siga a técnica descrita nos itens 1 a 8 de *sūrya bhedana prāṇāyāma* (foto 599).
2. Esvazie os pulmões completamente pela narina direita. Controle a abertura da narina direita com a parte interna do polegar direito, longe da unha.
3. Agora inspire lenta, uniforme e profundamente pela narina direita, controlando a abertura com a ponta do polegar direito, próxima à unha. Encha os pulmões até o topo (*pūraka*). Durante esta inspiração, a narina esquerda deve estar completamente bloqueada pelos dedos anular e mínimo.
4. Depois da inspiração completa, feche a narina direita completamente com a pressão do polegar e relaxe a pressão dos dedos anular e mínimo sobre a narina esquerda. Reajuste-os sobre a borda externa da narina esquerda de modo que ela fique paralela ao septo. Expire lenta, uniforme e profundamente pela narina esquerda. Esvazie os pulmões completamente. A pressão deve ser empregada na parte interna das pontas dos dedos anular e mínimo, longe das unhas (*rechaka*).
5. Após a expiração completa pela narina esquerda, mude a pressão sobre ela ajustando os dedos, de modo que as pontas dos dedos anular e mínimo mais próximas das unhas exerçam a pressão.
6. Agora inspire pela narina esquerda de forma lenta, uniforme e profunda, enchendo os pulmões até o topo (*pūraka*).
7. Após a inspiração completa pela narina esquerda, feche-a e expire pela narina direita, ajustando a pressão do polegar direito sobre a narina direita, como no item 2 acima (*rechaka*).

8. Isso completa um ciclo de *nāḍī śodhana prāṇāyāma*. O ritmo da respiração neste caso é assim:
   (a) Expire pela narina direita.
   (b) Inspire pela narina direita.
   (c) Expire pela narina esquerda.
   (d) Inspire pela narina esquerda.
   (e) Expire pela narina direita.
   (f) Inspire pela narina direita.
   (g) Expire pela narina esquerda.
   (h) Inspire pela narina esquerda.
   (i) Expire pela narina direita.
   (j) Inspire pela narina direita... e assim sucessivamente.

Técnica e efeitos do prāṇāyāma

O estágio (a) acima é preparatório. O primeiro ciclo de fato de *nāḍī śodhana prāṇāyāma* começa no estágio (b) e termina no estágio (e). O segundo ciclo começa no estágio (f) e termina no estágio (i). O estágio (j) é uma medida de segurança para ser observada depois de concluir os ciclos, para se prevenir o ofego, a falta de ar e o esforço cardíaco.

9. Faça de 8 a 10 ciclos de uma vez, como descrito acima. Isto pode levar de 6 a 8 minutos.
10. A inspiração e a expiração devem durar o mesmo tempo de cada lado. No início a duração será desigual. Persevere até que a igualdade seja alcançada.
11. Depois de obter a igualdade de duração e a precisão da inspiração e da expiração em cada lado, pode-se fazer uma tentativa de retenção da respiração após a inspiração (*antara kumbhaka*).
12. Essa precisão só é alcançada após uma longa prática.
13. A retenção não deve perturbar o ritmo e a igualdade da inspiração e da expiração. Se houver alguma alteração, reduza o período de retenção ou retenha a respiração somente em ciclos alternados.
14. Durante a retenção após a inspiração pratique *mūla bandha* (ver p. 452).
15. Não tente reter a respiração após a expiração (*bāhya kumbhaka*, foto 600) antes de ter dominado a retenção após a inspiração (*antara kumbhaka*). Em *bāhya kumbhaka*, pratique *uḍḍīyānā* (fotos 593, 594) com *mūla bandha* (ver p. 452).
16. Só se deve tentar reter e alongar a inspiração e a expiração com o auxílio e a orientação de um *guru* experiente.
17. Sempre conclua deitando-se em *śavāsana* (foto 592).

Efeitos

O sangue recebe um suprimento maior de oxigênio em *nāḍī śodhana* do que na respiração normal, de modo que a pessoa se sente renovada e os nervos são acalmados e purificados. A mente se torna serena e lúcida.

600

Nota. No começo, o corpo transpira e treme, enquanto os músculos das coxas e dos braços ficam tensos. Tal tensão deve ser evitada.

Precauções

1. Pessoas com hipertensão arterial ou problemas cardíacos não devem jamais tentar reter a respiração (*kumbhaka*). Elas podem, contudo, praticar *nāḍī śodhana prāṇāyāma* sem retenção (*kumbhaka*), com efeitos benéficos.
2. Pessoas que têm pressão baixa podem fazer este *prāṇāyāma* com retenção, mas somente após a inspiração (*antara kumbhaka*), com efeitos benéficos.

Prāṇāyāmas

206. Bhastrikā prāṇāyāma

Bhastrikā significa um fole usado em fornalhas. Aqui, o ar é forçado a entrar e a sair, como em um fole de ferreiro, daí o nome. A técnica é descrita em dois estágios.

Técnica: Estágio I

1. Siga a técnica dos itens 1 e 2 de *ujjāyī*.
2. Faça uma inspiração rápida e vigorosa e uma expiração rápida e forte. Uma inspiração e uma expiração completam o ciclo de *bhastrikā*. O som produzido se assemelha ao do ar passando rápido pelo fole.
3. Faça uma sequência de 10 a 12 ciclos. Então faça uma respiração lenta e profunda, como em *ujjāyī*. Retenha a respiração com *mūla bandha* por 2 a 3 segundos e expire lenta e profundamente como em *ujjāyī*.
4. Esse tipo de respiração *ujjāyī* descansa os pulmões e o diafragma, preparando-os para novos ciclos de *bhastrikā*.
5. Repita os ciclos de *bhastrikā* 3 ou 4 vezes, intercalando respirações de *ujjāyī* entre eles.
6. Se o som produzido pelo ar decair ou o vigor diminuir, reduza o número de ciclos.
7. Quando terminar, deite-se em *śavāsana* (foto 592).

Estágio II

1. Siga a técnica dos itens 1 e 2 de *ujjāyī*.
2. Ajuste a pressão dos dedos sobre as narinas como explicado na técnica de *sūrya bhedana*.

3. Feche completamente a narina esquerda, mas mantenha a narina direita parcialmente aberta.
4. Inspire e expire vigorosamente somente pela narina direita, por 10 a 12 ciclos de *bhastrikā*, como no estágio 1 acima.
5. Feche a narina direita. Abra a narina esquerda parcialmente e repita *bhastrikā* pelo mesmo número de ciclos.
6. Solte os dedos das narinas.
7. Faça algumas respirações profundas em *ujjāyī*.
8. Repita os ciclos de ambos os lados por 3 ou 4 vezes, intercaladas por *ujjāyī*.
9. Ao terminar, deite-se em *śavāsana* (foto 592).

207. Kapālabhāti Prāṇāyāma

O processo ou *kriyā* de *kapālabhāti* (*kapāla* = crânio; *bhāti* = luz, brilho) é uma forma atenuada de *bhastrikā prāṇāyāma*. Em *kapālabhāti*, a inspiração é lenta, mas a expiração é vigorosa. Há uma fração de segundo da retenção depois de cada expiração. Faça alguns ciclos de *kapālabhāti* em vez de *bhastrikā*, se estes se provarem árduos demais. Deite-se em *śavāsana* depois de terminar *kapālabhāti* (foto 592).

Efeitos

Tanto *bhastrikā* quanto *kapālabhāti* ativam e revigoram o fígado, o baço, o pâncreas e os músculos abdominais. Deste modo, a digestão é melhorada, os seios nasais são drenados, os olhos se sentem refrescados, e há uma sensação geral de euforia.

Precauções

1. Da mesma forma que uma locomotiva é alimentada com carvão para gerar vapor e puxar o trem, *bhastrikā* gera *prāṇa* para ativar o corpo inteiro. O excesso de fogo pode queimar a caldeira. De modo semelhante, uma prática muito longa de *bhastrikā* desgasta o sistema, pois é um processo de respiração forçado.
2. Pessoas com uma constituição frágil e pequena capacidade pulmonar não devem tentar *bhastrikā* ou *kapālabhāti*.

3. Quem sofre de problemas nos ouvidos ou nos olhos (supuração nos ouvidos, descolamento de retina ou glaucoma) tampouco devem fazê-los.
4. Tampouco as pessoas com pressão alta ou baixa.
5. Se o nariz começar a sangrar ou os ouvidos começarem a latejar ou doer em *bhastrikā* ou *kapālabhāti*, pare imediatamente.
6. Deixe de praticar os dois por algum tempo.

208. Bhamarī Prāṇāyāma

Bhamarī significa uma abelha grande e negra.

Técnica

A técnica de *bhamarī prāṇāyāma* é a mesma de *ujjāyī*. A diferença é que, na expiração em *bhamarī*, faz-se um zunido suave como o zumbido produzido pelas abelhas. Após concluir, deite-se em *śavāsana* (foto 592).

Efeitos

O zunido de *bhamarī prāṇāyāma* auxilia em casos de insônia.

209. Śītalī Prāṇāyāma (foto 601)

Śītalī significa fresco. Este *prāṇāyāma* resfria o sistema, daí o nome.

Técnica

1. Sente-se em *padmāsana* (foto 104), *siddhāsana* (foto 84) ou *vīrāsana* (foto 89).
2. Mantenha as costas eretas e firmes e a cabeça nivelada. Faça *jñāna mudrā* com as mãos (ver p. 447, item 21). Aqui não se faz *jālandhara bandha* durante a inspiração e sim depois.
3. Abra a boca e forme um "O" com os lábios.

4. As laterais e a ponta da língua que tocam os dentes desde os molares até os dentes da frente devem ser levantadas e enroladas para cima. O formato da língua se parecerá com o de uma folha nova, prestes a se abrir (foto 601).

601

5. Projete a língua enrolada para fora dos lábios. Sugue o ar pela língua enrolada com um som sibilante (*ssssssa*) até encher os pulmões completamente. O ar é aspirado como se entrasse através de uma pipeta ou um canudo. Depois de uma inspiração completa, recolha a língua e feche a boca.
6. Após a inspiração, abaixe a cabeça desde a nuca até o tronco. O queixo deve se apoiar no entalhe entre as clavículas, logo acima do esterno. A cabeça então estará na posição de *jālandhara bandha*.
7. Agora retenha a respiração (*antara kumbhaka*) por cerca de 5 segundos, praticando *mūla bandha* (ver p. 452).
8. Expire devagar com um som aspirado (*hhuuuuuuuum*) pelo nariz, como em *ujjāyī*.
9. Isto completa um ciclo de *śitalī prāṇāyāma*.
10. Erga a cabeça e repita o ciclo por 5 a 10 minutos.
11. Ao terminar, deite-se em *śavāsana* (foto 592).

Efeitos

Esta prática resfria o sistema e suaviza os olhos e ouvidos. É benéfica em casos de febre baixa e de transtornos biliares. Ela ativa o fígado e o baço, melhora a digestão e alivia a sede.

Precauções

1. Pessoas que sofrem de pressão alta devem omitir *antara kumbhaka*.
2. Pessoas com problemas cardíacos não devem tentar *śitalī prāṇāyāma* no começo.

210. Śitakārī Prāṇāyāma

Śitakārī é aquilo que causa frio. Esta é uma variação de *śitalī prāṇāyāma*.

Técnica

Neste caso, a língua não é enrolada. Os lábios são ligeiramente abertos e somente a ponta da língua projeta-se por entre os dentes. A língua permanece plana, em seu formato normal. Siga a mesma técnica de *śitalī prāṇāyāma*.

Efeitos

Os efeitos são os mesmos mencionados em *śitalī prāṇāyāma*.

Precauções

Pessoas com pressão alta podem sentir maior tensão em *śitakārī* do que em *śitalī prāṇāyāma*.

211. Sama Vṛtti Prāṇāyāma

1. *Sama* significa o mesmo, idêntico, reto, inteiro, todo e completo; também significa semelhante ou da mesma maneira.
2. *Vṛtti* significa ação, movimento, função, operação, linha de conduta ou método.
3. Em *sama vṛtti prāṇāyāma*, portanto, tenta-se uniformizar a duração de todos os três processos da respiração, a saber: *pūraka* ou inspiração, *kumbhaka* ou retenção e *rechaka* ou expiração, em qualquer tipo de *prāṇāyāma*. Se um desses processos durar 5 segundos, os demais também deverão ter a mesma duração.
4. Essa uniformidade de 5 segundos deve ser mantida durante todos os ciclos de respiração, qualquer que seja o *prāṇāyāma: ujjāyī, sūrya bhedana, nāḍī śodhana, śitalī,* etc.

Precauções

5. No início, *sama vṛtti prāṇāyāma* deve ser limitado à inspiração (*pūraka*) e à expiração (*rechaka*).
6. Primeiro obtenha uniformidade na duração de *pūraka* e *rechaka* e, somente então, inclua *antara kumbhaka* (retenção da respiração depois de uma inspiração completa).
7. Avance gradualmente com *antara kumbhaka*. No começo, a relação de tempo entre *pūraka*, *antara kumbhaka* e *rechaka* deve ser de 1 : 1/4 : 1. Pouco a pouco, aumente a proporção para 1 : 1/2 : 1. Depois de firmemente estabelecida, tente 1 : 3/4 : 1. Somente quando tiver dominado esta proporção, aumente *antara kumbhaka* de forma a obter uma razão de 1 : 1 : 1.
8. Não tente *bāhya kumbhaka* (retenção da respiração após a expiração completa) até que tenha alcançado a razão desejada de 1 : 1 : 1 em *pūraka*, *antara kumbhaka* e *rechaka*.
9. Se todo o ar for expelido dos pulmões, o vácuo no interior e a pressão atmosférica do lado de fora criarão uma tremenda tensão nos pulmões. Portanto, no começo, não faça *antara kumbhaka* e *bāhya kumbhaka* juntos.
10. Pratique *antara kumbhaka* e *bāhya kumbhaka* separadamente ou alternadamente. É aconselhável praticar primeiro dois ou três ciclos de respiração profunda, realizando só *pūraka* e *rechaka*, e depois intercalar *kumbhakas*. Por

exemplo, faça dois ou três ciclos de respiração profunda e um ciclo de *antara kumbhaka*. Então faça dois ou três ciclos de respiração profunda e um ciclo de *bāhya kumbhaka*. Comece com três *antara kumbhaka*s e três *bāhya kumbhakas* e aumente o número de *kumbhakas* muito gradualmente.

212. Viṣama Vṛtti Prāṇāyāma

1. Entre muitas outras coisas, *viṣama* significa irregular e difícil.
2. *Viṣama vṛtti prāṇāyāma* tem esse nome porque não mantém a mesma duração de tempo na inspiração, na retenção e na expiração. Isto conduz à interrupção do ritmo e a uma diferença nas proporções que gera dificuldade e perigo para o aluno.
3. Neste tipo de *prāṇāyāma*, se a inspiração toma 5 segundos, a retenção (*antara kumbhaka*) é feita por 20 segundos e a expiração por 10 segundos, tem-se uma proporção de 1 : 4 : 2. Inicialmente, o aluno terá dificuldades para manter o ritmo durante a expiração, mas tudo se torna mais fácil com a prática.
4. Por outro lado, se a inspiração durar 10 segundos, a retenção, 20 segundos, e a expiração 5 segundos, obtém-se uma proporção de 2 : 4 : 1.
5. Também é possível alterar as durações de modo que a inspiração dure 20 segundos, a retenção dure 10 segundos e a expiração 5, obtendo-se uma proporção de 4 : 2 : 1.
6. Em um ciclo de *prāṇāyāma*, as razões 1 : 2 : 4, 2 : 4 : 1 e 4 : 1 : 2 podem ser adotadas. Essas três proporções contam como um ciclo de *prāṇāyāma*.
7. Se *bāhya kumbhaka* (retenção após a expiração completa e antes de uma nova inspiração) também for observado, a combinação de proporções será ainda maior.
8. Se as diferentes proporções forem aplicadas a técnicas de *prāṇāyāma* como *viloma*, *anuloma* e *pratiloma* (descritas a seguir) e nas variedades básicas de *prāṇāyāma*, como *ujjāyī*, *sūrya bhedana*, *nāḍī śodhana*, *bhamarī*, *śitalī* e *śitakārī*, o número de combinações será astronômico.
9. Nenhum mortal poderia executar todas essas diferentes combinações no período de uma vida.
10. O caminho de *viṣama vṛtti prāṇāyāma* é repleto de perigos. Portanto, nem sonhe em tentar praticá-lo por si mesmo, sem a supervisão pessoal de um *guru* ou professor experiente.
11. Devido à desarmonia causada por essas diferentes razões de tempo na inspiração, retenção e expiração, todos os sistemas do corpo, especialmente o respiratório e o nervoso, são sobrecarregados e extenuados.

12. O cuidado observado em *sama vṛtti prāṇāyāma* (ver p. 468) no que se refere à prática de *kumbhaka* nos itens 5 a 10 se aplica ainda mais enfaticamente em *viṣama vṛtti prāṇāyāma*.
13. Neste ponto, é possível perceber a veracidade da afirmação de Svātmārāma no segundo capítulo do *Haṭha Yoga Pradīpikā*: "O *prāṇa* deve ser domado de forma mais lenta e gradual do que os leões, elefantes e tigres (de acordo com a capacidade e as limitações físicas de cada um); do contrário, matará o praticante."

Prāṇāyāmas Viloma, Anuloma e Pratiloma

Sama vṛtti e *viṣama vṛtti prāṇāyāma* tratam da proporção específica de tempo na inspiração, na retenção e na expiração.

Os tipos de *prāṇāyāma viloma, anuloma* e *pratiloma* tratam dos métodos e técnicas de inspiração e expiração. Em *viloma*, a inspiração ou a expiração não são processos contínuos; são realizadas gradualmente com diversas pausas. Em *anuloma*, a inspiração é feita através de ambas as narinas, como em *ujjāyī* e a expiração se alterna entre ambas as narinas, como em *nāḍī śodhana*. Em *pratiloma*, a inspiração é alternada entre cada narina, enquanto a expiração é feita através de ambas as narinas, como em *ujjāyī*.

213. Viloma Prāṇāyāma

Loma significa pelo. A partícula *vi* é usada para denotar negação ou privação. *Viloma*, portanto, significa no contrapelo, contra a corrente, contra a ordem natural das coisas.

Em *viloma prāṇāyāma*, a inspiração ou a expiração não é contínua e ininterrupta, e sim interrompida por algumas pausas. Por exemplo, se a inspiração contínua para encher os pulmões ou a expiração contínua para expelir o ar demorassem 15 segundos em cada caso, em *viloma* haveria uma pausa de cerca de 2 segundos após cada 3 segundos de inspiração ou de expiração. Desse modo, o processo de inspiração ou de expiração seria estendido para 25 segundos. Abaixo, a técnica é descrita em dois estágios distintos.

Técnica: Estágio I

1. *Viloma prāṇāyāma* pode ser feito tanto em uma postura sentada ou deitada.
2. Se estiver sentado, mantenha as costas eretas, abaixe a cabeça em direção ao tronco de modo que o queixo se apoie no espaço entre as clavículas, logo acima do esterno. Isto é *jālandhara bandha*. Mantenha as mãos em *jñāna mudrā* (ver p. 447, item 21).
3. Inspire por 2 segundos e faça uma pausa por 2 segundos, retendo a respiração; novamente, inspire por 2 segundos, de novo pause por 2 segundos, retendo a respiração; continue desta maneira até que os pulmões estejam completamente cheios.
4. Agora retenha a respiração por 5 a 10 segundos (*antara kumbhaka*), de acordo com sua capacidade, praticando *mūla bandha* (ver p. 452).
5. *Mūla bandha* deve ser praticado durante as pausas do processo de inspiração.
6. Expire lenta e profundamente como em *ujjāyī*, com um som aspirado (*huuuum*). Na expiração, relaxe o *mūla bandha*.
7. Isso completa um ciclo do primeiro estágio de *viloma prāṇāyāma*.
8. Faça entre 10 a 15 ciclos desse primeiro estágio seguidamente.

Estágio II

9. Repouse por 1 ou 2 minutos.
10. Então inspire profundamente sem nenhuma pausa como em *ujjāyī*, com um som sibilante (*ssssssa*), mantendo o queixo no topo do esterno. Encha os pulmões completamente.
11. Retenha a respiração por 5 a 10 segundos (*antara kumbhaka*), mantendo a contração de *mūla bandha*.
12. Expire por 2 segundos e pause por 2 segundos. Novamente expire por 2 segundos, pause por 2 segundos e continue assim até que os pulmões sejam completamente esvaziados.
13. Mantenha a contração de *mūla bandha* durante as pausas.
14. Assim se completa um ciclo do segundo estágio de *viloma prāṇāyāma*.
15. Repita o segundo estágio de *viloma* por 10 a 15 vezes seguidas.
16. Com isso, termina-se o *viloma prāṇāyāma*.
17. Deite-se em *śavāsana* (foto 592).

Efeitos

O primeiro estágio de *viloma prāṇāyāma* auxilia quem sofre de pressão baixa. O segundo estágio beneficia quem sofre de pressão alta.

Precauções

1. O segundo estágio de *viloma* só deve ser praticado na posição deitada por aqueles que têm pressão alta.
2. Pessoas com problemas cardíacos não devem praticar *viloma* antes de terem dominado *nāḍī śodhana* e *ujjāyī prāṇāyāma*.

214. Anuloma Prāṇāyāma

Anu significa com, junto com ou conectado; também significa uma sucessão ordenada. *Anuloma*, portanto, significa com gradação regular, na mesma direção do pelo (*loma* = pelo), a favor da corrente ou na ordem natural. Em *anuloma prāṇāyāma*, a inspiração é feita através de ambas as narinas e a expiração através de cada narina alternadamente.

Técnica

1. Sente-se em uma posição confortável como *padmāsana* (foto 104), *siddhāsana* (foto 84) ou *vīrāsana* (foto 89).
2. Mantenha as costas eretas e firmes. Abaixe a cabeça para o tronco e apoie o queixo no espaço entre as clavículas, logo acima do esterno (em *jālandhara bandha*).
3. Inspire profundamente através de ambas as narinas, como em *Ujjāyī*, até que os pulmões estejam completamente cheios.
4. Retenha a respiração após a inspiração (*antara kumbhaka*), por 5 a 10 segundos, de acordo com a sua capacidade, mantendo *mūla bandha* (ver p. 452).

5. Traga a mão direita até o nariz como descrito em *sūrya bhedana prāṇāyāma*, relaxe o *mūla bandha* e expire lentamente pela narina direita parcialmente aberta, mantendo a esquerda completamente bloqueada. Esvazie completamente os pulmões e então abaixe a mão.
6. Inspire através de ambas as narinas, até que os pulmões estejam cheios, como no item 3.
7. Retenha a respiração após a inspiração (*antara kumbhaka*) por 5 a 10 segundos, de acordo com a sua capacidade, mantendo *mūla bandha*. A retenção da respiração deve ter a mesma duração que aquela descrita no item 4.
8. Novamente, traga a mão direita até o nariz. Relaxe o *mūla bandha* e feche a narina direita completamente. Agora mantenha a narina esquerda parcialmente aberta e expire lenta e profundamente até esvaziar completamente os pulmões.
9. Isto completa um ciclo de *anuloma prāṇāyāma*.
10. Faça de 5 a 8 ciclos de uma só vez.
11. Em seguida, deite-se em *śavāsana* (foto 592).

Efeitos

Os efeitos são os mesmos de *ujjāyī*, *nāḍī śodhana* e *sūrya bhedana*.

Precauções

1. Em *anuloma prāṇāyāma* a expiração é mais longa do que a inspiração. Isso leva a uma variação do ritmo da respiração. Devido à sua dificuldade, esta técnica só deve ser praticada por alunos avançados.
2. Pessoas com doenças cardíacas, alterações na pressão sanguínea e distúrbios do sistema nervoso não devem realizá-la, pois os resultados podem ser desastrosos.

215. Pratiloma Prāṇāyāma

Prati significa oposto. Este tipo de *prāṇāyāma* é o inverso de *anuloma*. Nele, a inspiração é feita alternadamente através de cada uma das narinas e a expiração se dá por ambas as narinas como em *ujjāyī*.

Técnica

1. Sente-se em uma posição confortável, como *padmāsana* (foto 104), *siddhāsana* (foto 84) ou *vīrāsana* (foto 89).
2. Mantenha as costas eretas e firmes. Abaixe a cabeça em direção ao tronco. Apoie o queixo no espaço entre as clavículas, logo acima do esterno. Isto é *jālandhara bandha*.
3. Estenda o braço esquerdo. Apoie o dorso do pulso esquerdo sobre o joelho esquerdo. Faça *jñāna mudrā* com a mão esquerda (ver seção 203, item 3).
4. Flexione o cotovelo direito e dobre os dedos indicador e médio em direção à palma da mão, mantendo-os passivos. Traga os dedos anular e mínimo em direção ao polegar (foto 598).
5. Coloque o polegar direito no lado direito do nariz, logo abaixo do osso do nariz* e os dedos anular e mínimo do lado esquerdo do nariz, logo abaixo do osso do nariz e logo acima da curva do tecido flexível das narinas.**
6. Pressione os dedos anular e mínimo de forma a bloquear completamente o lado esquerdo do nariz.
7. Pressione o tecido suave da narina direita com o polegar direito, de modo que a borda externa da narina fique paralela à borda inferior da cartilagem do septo.
8. O polegar direito se dobra na última articulação e a ponta forma um ângulo reto com o septo nasal (foto 599).
9. Agora inspire lenta e profundamente, controlando a abertura da narina direita com a ponta do polegar, perto da unha. Encha os pulmões até o topo (*pūraka*).
10. Então bloqueie e narina direita, de modo que ambas as narinas estejam tapadas.
11. Retenha a respiração por cerca de 5 a 10 segundos (*antara kumbhaka*) e permaneça em *mūla bandha* (ver p. 452).
12. Abaixe a mão direita. Solte a contração de *mūla bandha*. Expire lenta e profundamente como em *ujjāyī* (203), até que os pulmões estejam completamente vazios.
13. Novamente, eleve a mão direita até o nariz. Inspire lenta e profundamente pela narina esquerda parcialmente aberta, mantendo a narina direita completamente fechada.
14. Encha os pulmões até o topo.

---

* Vômer. (N.T.)
** Aba nasal. (N.T.)

15. Retenha a respiração por 5 a 10 segundos, com a contração de *mūla bandha*. A retenção da respiração após a inspiração (*antara kumbhaka*) por cada narina deve ter a mesma duração.
16. Abaixe a mão direita, solte o *mūla bandha*, expire lenta e profundamente, esvaziando completamente os pulmões, como em *ujjāyī*.
17. Isto completa um ciclo de *pratiloma prāṇāyāma*.
18. Faça de 5 a 8 ciclos seguidos.
19. Em seguida, deite-se em *śavāsana* (foto 592).

Efeitos

Os efeitos são os mesmos de *ujjāyī*, *nāḍī śodhana* e *sūrya bhedana prāṇāyāma*.

Precauções

1. Aqui, como em anuloma, há uma variação no ritmo da respiração uma vez que a inspiração é mais longa do que a expiração. Portanto, este tipo difícil de prāṇāyāma deve ser praticado apenas por alunos avançados.
2. Pessoas com doenças cardíacas, alterações na pressão sanguínea e distúrbios do sistema nervoso não devem realizá-lo, pois os resultados podem ser desastrosos.

216. Sahita e Kevala Kumbhaka Prāṇāyāma

Sahita significa acompanhado, junto ou associado.

Quando as práticas de *prāṇāyāma* são realizadas com o auxílio intencional e o acompanhamento deliberado de *bāhya* e *antara kumbhaka*, elas passam a ser chamadas de *sahita kumbhaka prāṇāyāma*.

Kevala significa isolado, puro, absoluto e perfeito. Quando a prática de *kumbhaka prāṇāyāma* se torna *instintiva*, passa a ser chamada de *kevala kumbhaka*.

Quando o estudante domina *kevala kumbhaka*, ele se encontra isolado do mundo e em sintonia com o Infinito. Ele obtém uma forma de controle sobre um dos elementos mais sutis e poderosos, aquele que pode permear desde a menor fresta até a vastidão do espaço. Sua mente é completamente absorvida por *prāṇa* e se torna tão livre quanto o próprio *prāṇa*.

Como um vento que leva a fumaça e as impurezas do ambiente, o *prāṇāyāma* remove as impurezas do corpo e da mente. Assim, diz Patañjali, o FOGO DIVINO interior resplandece em toda a sua glória, e a mente se torna apta para a concentração (*dhāraṇā*) e a meditação (*dhyāna*) (*Yoga Sūtras*, capítulo II, 52 e 53). Isso leva um longo tempo. Gradativamente, as trevas são banidas pela alvorada.

Apêndice I

Curso de āsanas

Estou dividindo os *āsanas* em três grupos: curso básico, intermediário e avançado. Estou fornecendo séries de *āsanas* em uma ordem sequenciada para a prática e o tempo estimado para se obter o controle em todos esses três cursos.

(Os números entre parênteses depois dos nomes dos *āsana*s se referem às fotos correspondentes.)

Curso I

Semanas 1 e 2

Tāḍāsana (1); *vṛkṣāsana* (2); *utthita trikoṇāsana* (4 e 5); *utthita pārśva koṇāsana* (8 e 9); *vīrabhadrāsana I* e *II* (14 e 15); *pārśvōttānāsana* (26); *sālamba sarvāṅgāsana I* (223); *halāsana* (244); *śavāsana* (592).

Semanas 3 e 4

Utthita trikoṇāsana (4 e 5); *utthita pārśva koṇāsana* (8 e 9); *vīrabhadrāsana I* e *II* (14 e 15); *parivṛtta trikoṇāsana* (6 e 7); *pārśvōttānāsana* (26); *prasārita pādōttānāsana I* (33 e 34); *sālamba sarvāṅgāsana I* (223); *halāsana* (244); *śavāsana* (592).

Semanas 5 e 6

Utthita trikoṇāsana (4 e 5); *utthita pārśva koṇāsana* (8 e 9); *vīrabhadrāsana I* e *II* (14 e 15); *parivṛtta trikoṇāsana* (6 e 7); *pārśvōttānāsana* (26); *prasārita pādōttānāsana I* (33 e 34); *ūrdhva prasārita pādāsana* (276 a 279); *paripūrṇa nāvāsana* (78); *ardha nāvāsana* (79); *sālamba sarvāṅgāsana I* (223); *halāsana* (244); *ujjāyī prāṇāyāma* (seção 203) por 5 minutos em *śavāsana* (592).

Semana 7

Consolide os *āsana*s e aumente o tempo de permanência em cada um.

Semana 8

Utthita trikoṇāsana (4 e 5); *utthita pārśva koṇāsana* (8 e 9); *vīrabhadrāsana I, II e III* (14, 15 e 17); *ardha chandrāsana* (19); *parivṛtta trikoṇāsana* (6 e 7); *pārśvōttānāsana* (26); *prasārita pādōttānāsana I e II* (33 e 34, 35 e 36); *ūrdhva prasārita pādāsana* (276 a 279); *paripūrṇa nāvāsana* (78); *ardha nāvāsana* (79); *sālamba sarvāṅgāsana I* (223); *halāsana* (244); *ujjāyī prāṇāyāma* (seção 203) por 5 minutos em *śavāsana* (592).

Semanas 9 e 10

Utthita trikoṇāsana (4 e 5); *utthita pārśva koṇāsana* (8 e 9); *vīrabhadrāsana I, II e III* (14, 15 e 17); *ardha chandrāsana* (19); *parivṛtta trikoṇāsana* (6 e 7); *parivṛtta pārśva koṇāsana* (10 e 11); *pārśvōttānāsana* (26); *prasārita pādōttānāsana I e II* (33 e 34, 35 e 36); *parighāsana* (39); *ūrdhva prasārita pādāsana* (276 a 279); *paripūrṇa nāvāsana* (78); *ardha nāvāsana* (79); *sālamba sarvāṅgāsana I* (223); *halāsana* (244); *karṇapīḍāsana* (246); *eka pāda sarvāṅgāsana* (250); *jaṭhara parivartanāsana* (274 e 275); *ujjāyī prāṇāyāma* com retenção na inspiração (seção 203) por 5 minutos em *śavāsana* (592).

Semanas 11 e 12

Utthita trikoṇāsana (4 e 5); *parivṛtta trikoṇāsana* (6 e 7); *utthita pārśva koṇāsana* (8 e 9); *parivṛtta pārśva koṇāsana* (10 e 11); *vīrabhadrāsana I, II e III* (14, 15 e 17); *ardha chandrāsana* (19); *pārśvōttānāsana* (26); *prasārita pādōttānāsana I e II* (33 e 34, 35 e 36); *pādāṅguṣṭhāsana* (44); *pāda hastāsana* (46); *uttānāsana* (48); *parighāsana* (39); *ūrdhva prasārita pādāsana* (276 a 279); *paripūrṇa nāvāsana* (78); *ardha nāvāsana* (79);

sālamba sarvāṅgāsana I (223); halāsana (244); karṇapīḍāsana (246); eka pāda sarvāṅgāsana (250); jaṭhara parivartanāsana (274 e 275); ujjāyī prāṇāyāma com retenção na inspiração (seção 203) em śavāsana (592).

Semana 13

Repita e consolide sua prática diária. Aqueles que acharem difícil dominar todos estes *āsana*s neste período podem continuar com eles por algumas semanas mais.

Semanas 14 e 15

Sālamba śīrṣāsana I (184); *utthita e parivṛtta trikoṇāsana* (4 e 5, 6 e 7); *utthita e parivṛtta pārśva koṇāsana* (8 e 9, 10 e 11); *vīrabhadrāsana I, II e III* (14, 15 e 17); *ardha chandrāsana* (19); *pārśvottānāsana* (26); *prasārita pādottānāsana I e II* (33, 34, 35 e 36); *pādāṅguṣṭhāsana* (44); *pāda hastāsana* (46); *uttānāsana* (48); *parighāsana* (39); *śalabhāsana* ou *makarāsana* (60 ou 62); *dhanurāsana* (63); *bhujaṅgāsana I* (73); *ūrdhva prasārita pādāsana* (276 a 279); *paripūrṇa nāvāsana* (78); *ardha nāvāsana* (79); *sālamba sarvāṅgāsana I* (223); *halāsana* (244); *karṇapīḍāsana* (246); *supta koṇāsana* (247); *pārśva halāsana* (249); *eka pāda sarvāṅgāsana* (250); *jaṭhara parivartanāsana* (274 e 275); *mahā mudrā* (125); *jānu śīrṣāsana* (127); *daṇḍāsana* (77); *paśchimottānāsana* (160); *ujjāyī prāṇāyāma* com retenção na inspiração (seção 203) em *śavāsana* (592).

Semanas 16 e 17 (observe a mudança na ordem dos āsanas)

Sālamba śīrṣāsana I (184); *utthita e parivṛtta trikoṇāsana* (4, 5, 6 e 7); *utthita e parivṛtta pārśva koṇāsana* (8, 9, 10 e 11) *vīrabhadrāsana I, II e III* (14, 15 e 17); *ardha chandrāsana* (19); *pārśvottānāsana* (26); *prasārita pādottānāsana I e II* (33, 34, 35 e 36); *pādāṅguṣṭhāsana* (44); *pāda hastāsana* (46); *uttānāsana* (48); *ūrdhva prasārita eka pādāsana* (49); *utkaṭāsana* (42); *parighāsana* (39); *uṣṭrāsana* (41); *śalabhāsana* ou *makarāsana* (60 ou 62); *dhanurāsana* (63), *chaturaṅga daṇḍāsana* (67); *bhujaṅgāsana I* (73); *ūrdhva mukha śvānāsana* (74); *adho mukha śvānāsana* (75); *vīrāsana* (86); *sālamba sarvāṅgāsana I* (223); *halāsana* (244); *karṇapīḍāsana* (246); *supta koṇāsana* (247); *pārśva halāsana* (249); *eka pāda sarvāṅgāsana* (250); *pārśvaika pāda sarvāṅgāsana* (251); *jaṭhara parivartanāsana* (274 e 275); *ūrdhva prasārita pādāsana* (276 to 279); *paripūrṇa nāvā-*

sana (78); *ardha nāvāsana* (79); *mahā mudrā* (125); *jānu śīrṣāsana* (127); *paśchimōttānāsana* (160); *pūrvottānāsana* (171); *śavāsana* (592); *siddhāsana* (84). Faça *ujjāyī prāṇāyāma* (sem retenção na inspiração) (seção 203) em *siddhāsana*.

Semana 18

Repita. Se agora todos os *āsana*s em pé lhe parecerem suficientemente fáceis, você pode fazê-los em dias alternados ou 2 vezes por semana.

Semanas 19 a 21

Sālamba śīrṣāsana I (184); *pārśva śīrṣāsana* (202 e 203); *eka pāda śīrṣāsana* (208 e 209); *sālamba sarvāṅgāsana I* (223); *sālamba sarvāṅgāsana II* (235); *nirālamba sarvāṅgāsana I* (236); *nirālamba sarvāṅgāsana II* (237); *halāsana* (244); *karṇapīḍāsana* (246); *supta koṇāsana* (247); *pārśva halāsana* (249); *eka pāda sarvāṅgāsana* (250); *pārśvaika pāda sarvāṅgāsana* (251); *ūrdhva prasārita pādāsana* (276 a 279); *jaṭhara parivartanāsana* (275); *chakrāsana* (280 a 283); *paripūrṇa nāvāsana* (78); *ardha nāvāsana* (79); *utkaṭāsana* (42); *uṣṭrāsana* (41); *vīrāsana* (89); *śalabhāsana* (60); *dhanurāsana* (63); *chaturaṅga daṇḍāsana* (67); *bhujaṅgāsana I* (73); *ūrdhva mukha śvanāsana* (74); *adho mukha śvānāsana* (75); *mahā mudrā* (125); *jānu śīrṣāsana* (127); *triaṅg mukhaika pāda paśchimōttānāsana* (139); *ardha baddha padma paśchimōttānāsana* (135); *marīchyāsana I e II* (144, 146 e 147); *ubhaya pādāṅguṣṭhāsana* (168); *ūrdhva mukha paśchimōttānāsana I* (167); *paśchimōttānāsana* (160); *pūrvottānāsana* (171); *bharadvājāsana I e II* (297, 298, 299 e 300); *mālāsana II* (322); *baddha koṇāsana* (102); *śavāsana* (592); *ujjāyī prāṇāyāma* sem *kumbhaka* ou retenção (seção 203) em *siddhāsana* (84).

Semanas 22 a 25

Siga a ordem da série até *chakrāsana* (280 a 283) como na 19ª semana. Então faça: *śalabhāsana* (60); *dhanurāsana* (63); *chaturaṅga daṇḍāsana* (67); *bhujaṅgāsana I* (73); *ūrdhva mukha śvanāsana* (74); *adho mukha śvānāsana* (75); *jānu śīrṣāsana* (127); *ardha baddha padma paśchimōttānāsana* (135); *triaṅga mukhaika pāda paśchimōttānāsana* (139); *marīchyāsana I e II* (144, 146 e 147); *paśchimōttānāsana* (160); *ubhaya pādāṅguṣṭhāsana* (167); *ūrdhva mukha paśchitmōttānāsana I* (168); *lolāsana* (83); *gomukhā-*

sana (80); *siṃhāsana I* (109); *padmāsana* (104); *parvatāsana* (107); *tolāsana* (108); *vīrāsana* (89); *supta vīrāsana* (96); *paryankāsana* (97); *uṣṭrāsana* (41); *utkaṭāsana* (42); *uttānāsana* (48); *bharadvājāsana I e II* (297, 298, 299 e 300); *marīchyāsana III* (303 e 304); *ardha matsyendrāsana I* (311 e 312); *mālāsana II* (322); *baddha koṇāsana* (102); *śavāsana* (592); *ujjāyī prāṇāyāma* sem retenção (seção 203) em *siddhāsana* (84).

Semanas 26 a 30

Sālamba śīrṣāsana I (184); *pārśva śīrṣāsana* (202 e 203); *eka pāda śīrṣāsana* (208 e 209); *ūrdhva padmāsana* (211); *piṇḍāsana* em *śīrṣāsana* (218); *sālamba sarvāṅgāsana I e II* (223 e 235); *nirālamba sarvāṅgāsana I e II* (236 e 237); *halāsana* (244); *karṇapīḍāsana* (246); *supta koṇāsana* (247); *pārśva halāsana* (249), *eka pāda sarvāṅgāsana* (250); *pārśvaika pāda sarvāṅgāsana* (251); *ūrdhva padmāsana* (261); *piṇḍāsana* em *sarvāṅgāsana* (269); *jaṭhara parivartanāsana* (275); *paripūrṇa nāvāsana* (78); *ardha nāvāsana* (79); *jānu śīrṣāsana* (127); *ardha baddha padma paśchimōttānāsana* (135); *triaṅg mukhaika pāda paśchimōttānāsana* (139); *marīchyāsana I* (144); *paśchimōttānāsana* (160); *ūrdhva mukha paśchimōttānāsana I* (168); *gomukhāsana* (80); *lolāsana* (83); *siṃhāsana I* (109); *padmāsana* (104); *parvatāsana* (107); *tolāsana* (108); *matsyāsana* (113); *vīrāsana* (89); *supta vīrāsana* (96); *paryankāsana* (97); *marīchyāsana III* (303 e 304); *ardha matsyendrāsana I* (311 e 312); *baddha koṇāsana* (102); *adho mukha śvānāsana* (75); *ūrdhva mukha śvānāsana* (74); *chaturaṅga daṇḍāsana* (67); *śalabhāsana* (60); *dhanurāsana* (63); *uṣṭrāsana* (41); *utkaṭāsana* (42); *uttānāsana* (48); *garuḍāsana* (56); *śavāsana* (592); *ujjāyī prāṇāyāma* com *antara kuṁbhaka* (retenção na inspiração) (seção 203) em *siddhāsana* (84) ou em *vīrāsana* (89) ou em *padmāsana* (104).

Quando fizer as posturas em pé, elimine os diferentes movimentos dos ciclos de *śīrṣāsana* e *sarvāṅgāsana* e faça o restante. Se *padmāsana* ainda não tiver sido dominado, continue com a prática por algumas semanas. Pode-se adicionar mais *āsana*s ao programa, se isso puder ser feito sem fadiga.

Para aqueles que estão satisfeitos com este primeiro curso, vou dar um pequeno curso de três dias que, quando seguido, irá beneficiar o corpo e trazer harmonia para a mente.

Primeiro dia da semana

Sālamba śīrṣāsana I (184) por 10 minutos; *sālamba sarvāṅgāsana I* (223) por 10 minutos; *halāsana* (244) por 5 minutos; *jaṭhara parivartanāsana* (275) meio minuto de cada lado; *paripūrṇa nāvāsana* (78) por 1 minuto; *ardha nāvāsana* (79) por 20 a 30 segundos; *paśchimōttānāsana* (160) por 3 a 5 minutos; *marīchyāsana III* (303 e 304) por 30 segundos de cada lado; *ardha matsyendrāsana I* (311 e 312) por 30 segundos de cada lado. Se *marīchyāsana III* ou *ardha matsyendrāsana I* forem difíceis, então faça *bharadvājāsana I* e *II* (297, 298, 299 e 300). *Parvatāsana* (107) por 1 minuto; *matsyāsana* (113) por 20 a 30 segundos; *śalabhāsana* (60) por 20 a 30 segundos; *dhanurāsana* (63) por 30 segundos; *ūrdhva mukha śvānāsana* (74) por 20 a 30 segundos; *adho mukha śvānāsana* (75) por 1 minuto; *uttānāsana* (48) por 1 a 2 minutos; *śavāsana* (592) por 5 minutos e *nāḍī śodhana prāṇāyāma* em *padmāsana* (104) ou em *vīrāsana* (89) ou em *siddhāsana* (84) com retenção na inspiração por 10 minutos e 6 *uḍḍīyānas* (Seção 201) e *śavāsana* (592) novamente.

Segundo dia da semana

Sālamba śīrṣāsana I (184) por 10 minutos; *pārśva śīrṣāsana* (202 e 203) por 20 segundos de cada lado; *eka pāda śīrṣāsana* (208 e 209) por 10 a 15 segundos de cada lado; *ūrdhva padmāsana* (211) por 20 segundos; *piṇḍāsana* em *śīrṣāsana* (218) por 30 segundos (faça todos esses de uma vez). *Sālamba sarvāṅgāsana I* (223) por 8 a 10 minutos; *sālamba sarvāṅgāsana II* (235) por 30 segundos; *nirālamba sarvāṅgāsana I* e *II* (236 e 237) por 30 segundos cada; *halāsana* (244) por 5 minutos; *karṇapīḍāsana* (246) por 30 segundos; *supta koṇāsana* (247) por 20 segundos; *pārśva halāsana* (249) por 20 segundos de cada lado; *eka pāda sarvāṅgāsana* (250) por 15 segundos de cada lado; *pārśvaika pāda sarvāṅgāsana* (251) por 15 segundos de cada lado; *ūrdhva padmāsana* (261) por 20 segundos; *piṇḍāsana* em *sarvāṅgāsana* (269) por 20 segundos (todos feitos em sequência). *Jaṭhara parivartanāsana* (275) por 15 segundos de cada lado; *ūrdhva prasārita pādāsana* (276 a 279) por 15 segundos em cada posição; *mahā mudrā* (125) por 20 a 30 segundos de cada lado; *jānu śīrṣāsana* (127), *ardha baddha padma paśchimōttānāsana* (135), *trianga mukhaika pāda paśchimōttānāsana* (139), *marīchyāsana I* e *II* (144, 146 e 147) por 20 segundos de cada lado em todos estes *āsana*s; *paśchimōttānāsana* (160) por 3 minutos; *ūrdhva mukha paśchimōttānāsana I* (167) por 1 minuto; *marīchyāsana III* (303 e 304) por meio minuto de cada lado; *ardha matsyendrāsana I* (311 e 312) por meio minuto de cada lado; *baddha koṇāsana* (102) por 1 minuto; *uttānāsana* (48) por 2 minutos; *śavāsana* (592) por 5 minutos. *Ujjāyī prāṇāyāma* (seção 203) ou *nāḍī śodhana prāṇāyāma* (seção 205) por 8 minutos em qualquer *āsana* confortável e depois termine com *śavāsana* (592).

Terceiro dia da semana

Sālamba śīrṣāsana I (184) por 10 minutos; *utthita trikoṇāsana* (4 e 5) por meio minuto de cada lado; *parivṛtta trikoṇāsana* (6 e 7) por meio minuto de cada lado; *utthita pārśva koṇāsana* e *parivṛtta pārśva koṇāsana* (8, 9, 10 e 11) por 20 segundos de cada lado; *vīrabhadrāsana I, II* e *III* (14, 15 e 17) por 15 segundos de cada lado; *ardha chandrāsana* (19) por 20 segundos de cada lado; *pārśvōttānāsana* (26) por 30 segundos de cada lado; *prasārita pādōttānāsana I* (33 e 34), *pādāṅguṣṭhāsana* (44) por 30 segundos; *pāda hastāsana* (46) por 30 segundos; *uttānāsana* (48) por um minuto; *ūrdhva prasārita eka pādāsana* (49) por 15 segundos de cada lado; *garuḍāsana* (56) por 10 segundos de cada lado; *utkaṭāsana* (42) por 15 segundos; *parighāsana* (39) por 15 segundos de cada lado; *uṣṭrāsana* (41) por 20 segundos; *bhujaṅgāsana I* (73) por 20 a 30 segundos, *vīrāsana* (89), *supta vīrāsana* (96) e *paryankāsana* (97) por 30 a 40 segundos em cada *āsana*; *padmāsana* (104), *parvatāsana* (107), *tolāsana* (108), *matsyāsana* (113) por 30 segundos em cada *āsana*; *gomukhāsana* (80) 15 segundos de cada lado; *lolāsana* (83) por 15 segundos; *siṃhāsana I* (109) por 20 segundos; *paśchimōttānāsana* (160) por 3 a 5 minutos; *ujjāyī prāṇāyāma* (seção 203) ou *nāḍī śodhana prāṇāyāma* (seção 205) sem *kumbhaka* ou retenção por 10 minutos; *śavāsana* (592) por 5 minutos.

Nos dias seguintes da semana, este curso pode ser repetido em três dias, na mesma ordem, descansando no domingo ou fazendo apenas *śīrṣāsana I* (184) por 10 minutos; *sālamba sarvāṅgāsana I* (223) por 10 minutos; *halāsana* (244) por 5 minutos; *paśchimōttānāsana* (160) por 5 minutos e *nāḍī śodhana prāṇāyāma* (Seção 205) por 15 minutos sem retenção na inspiração e *śavāsana* (592) por 5 minutos.

Se o número de *āsana*s ou a duração da série ultrapassar sua capacidade ou disponibilidade de tempo, ajuste de acordo com suas possibilidades. Faça *śavāsana* (592) depois de *prāṇāyāma*.

Faça *antara kumbhaka* (retenção na inspiração) somente quando tiver dominado a arte da inspiração e expiração profunda sem solavancos.

Não pratique *āsana*s e *prāṇāyāma* juntos. Você pode sentir tensão e fadiga.

Se você praticar *prāṇāyāma* pela manhã, então os *āsana*s poderão ser feitos à noite ou meia hora depois do *prāṇāyāma*.*

Nunca pratique *āsana*s imediatamente após o *prāṇāyāma*. Por outro lado, se ainda estiver bem-disposto após a prática de *āsana*s, pode praticar *prāṇāyāma*.

---

* O original fazia referência a *"āsana"*. A alteração para *"prāṇāyāma"* foi efetuada a pedido do autor. (N. R. T.)

Aqueles que desejarem reverenciar o Sol (*sūrya namaskār*) e desenvolver os braços e o peito podem fazer a seguinte sequência de *āsana*s, inicialmente em séries de seis, aumentando o número de acordo com a sua capacidade.

*Āsana*s	*Método de respiração*
1. *Tāḍāsana* (1)	Inspiração
2. *Uttānāsana* (47 e 48) e salte para	Expiração, inspiração (foto 47)
3. *Chaturaṅga daṇḍāsana* (66 e 67)	Expiração
4. *Ūrdhva mukha śvānāsana* (74) e volte para	Inspiração
5. *Chaturaṅga daṇḍāsana* (67)	Expire, inspire
6. *Adho mukha śvānāsana* (75) e daqui salte para	Expire
7. *Uttānāsana* (47 e 48) e então retorne para	Inspiração
8. *Tāḍāsana* (1)	Expiração

Āsanas importantes do Curso I

Utthita trikoṇāsana (4 e 5); *parivṛtta trikoṇāsana* (6 e 7); *utthita pārśva koṇāsana* (8 e 9); *parivṛtta pārśva koṇāsana* (10 e 11); *vīrabhadrāsana I e III* (14 e 17); *ardha chandrāsana* (19); *pārśvōttānāsana* (26); *prasārita pādōttānāsana I* (33 e 34); *uṣṭrāsana* (41); *uttānāsana* (48); *śalabhāsana* (60); *dhanurāsana* (63); *adho mukha śvānāsana* (75); *paripūrṇa nāvāsana* (78); *ardha nāvāsana* (79); *siddhāsana* (84); *vīrāsana* (89); *baddha koṇāsana* (102); *padmāsana* (104); *matsyāsana* (113); *jānu śīrṣāsana* (127); *paśchimōttānāsana* (160); *sālamba śīrṣāsana I* (184); *sālamba sarvāṅgāsana* (223); *halāsana* (244); *marīchyāsana III* (303 e 304); *ardha matsyendrāsana I* (311 e 312) e *śavāsana* (592).

Se estes *āsana*s forem dominados, os outros do curso serão desenvolvidos, mesmo que não sejam praticados regularmente.

Curso II

Semanas 31 a 35

Sālamba śīrṣāsana I (184); *ūrdhva daṇḍāsana* (188); *pārśva śīrṣāsana* (202 e 203); *parivṛtta eka pāda śīrṣāsana* (206 e 207); *eka pāda śīrṣāsana* (208 e 209); *pārśvaika pāda* śīrṣāsana (210); ūrdhva padmāsana (211); pārśva ūrdhva padmāsana (215 e 216); piṇḍāsana em śīrṣāsana (218); sālamba sarvāṅgāsana I e II (223 e 235); nirālamba sarvāṅgāsana I e II (236 e 237); halāsana (244); karṇapīḍāsana (246); supta koṇāsana (247); pārśva halāsana (249); eka pāda sarvāṅgāsana (250); pārśvaika pāda sarvāṅgāsana (251); ūrdhva padmāsana (261); piṇḍāsana em sarvāṅgāsana (269); pārśva piṇḍāsanaa (270 e 271); setu bandha sarvāṅgāsana (259); eka pāda setu bandha sarvāṅgāsana (260); jaṭhara parivartanāsana (275); supta pādāṅguṣṭhāsana (285 a 287); chakrāsana (280 a 283); paripūrṇa nāvāsana (78); ardha nāvāsana (79); uṣṭrāsana (41); vīrāsana (89); supta vīrāsana (96); paryankāsana (97); jānu śīrṣāsana (127); ardha baddha padma paśchimōttānāsana (135); triaṅga mukhaika pāda paśchimōttānāsana (139); krounchāsana (141 e 142); marīchyāsana I (144); paśchimōttānāsana (160); baddha padmāsana (118); yoga mudrāsana (120); parvatāsana (107); kukkuṭāsana (115); garbha piṇḍāsana (116) (todo o ciclo de padmāsana pode ser realizado em sequência). Upaviṣṭha koṇāsana (151); ākarṇa dhanurāsana (173 e 175); baddha koṇāsana (102); marīchyāsana III (303 e 304); ardha matsyendrāsana I (311 e 312); śalabhāsana (60); dhanurāsana (63); pārśva dhanurāsana (64 e 65); uttānāsana (48); nāḍī śodhana prāṇāyāma (seção 205) sem retenção na inspiração por 10 minutos e ujjāyī prāṇāyāma (seção 203) em śavāsana (592).

Apêndice I

Semanas 36 a 40

Siga a ordem acima de sālamba śīrṣāsana e seu ciclo, sālamba sarvāṅgāsana e seu ciclo até supta pādāṅguṣṭhāsana (285 a 287); utthita e parivṛtta trikoṇāsana (4 e 5, 6 e 7); utthita e parivṛtta pārśva koṇāsana (8 e 9, 10 e 11); vīrabhadrāsana I e III (14 e 17); ardha chandrāsana (19); pārśvōttānāsana (26); pādāṅguṣṭhāsana (44); pāda hastāsana (46); uttānāsana (48); utthita hasta pādāṅguṣṭhāsana (23); ardha baddha padmōttānāsana (52); vātāyanāsana (58); jānu śīrṣāsana (127); parivṛtta jānu śīrṣāsana (132); ardha baddha padma paśchimōttānāsana (135); krounchāsana (141 e 142); marīchyāsana I (144); paśchimōttānāsana (160); ūrdhva mukha paśchimōttānāsana I (168); ūrdhva mukha paśchimōttānāsana II (170); baddha padmāsana (118); yoga mudrāsana (120); kukkuṭāsana (115); garbha piṇḍāsana (116); siṃhāsana II (110); matsyāsana (113); baddha koṇāsana (102); upaviṣṭha koṇāsana (151); ākarṇa dhanurāsana (173 e 175); marīchyāsana III (303 e 304); ardha matsyendrāsana I (311 e 312); uttāna pādāsana (292); śalabhāsana (60); dhanurāsana (63); pārśva dhanurāsana (64 e 65); ūrdhva dhanurāsana I (482); śavāsana (592); nāḍī śodhana prāṇāyāma (seção 205) por 5 minutos; sūrya bhedana prāṇāyāma (seção 204) por 5 minutos com retenção após a inspiração; uḍḍīyāna (seção 201) 8 vezes.

Semanas 40 a 44

Consolide todas as posturas, concentrando-se nos *āsana*s que não foram incluídos no Curso I.

Semanas 45 a 50

Sālamba śīrṣāsana I (184); *sālamba śīrṣāsana II* (192); *sālamba śīrṣāsana III* (194 e 195); *baddha hasta śīrṣāsana* (198); *mukta hasta śīrṣāsana* (200 e 201); *pārśva śīrṣāsana* (202 e 203); *parivṛttaika pāda śīrṣāsana* (206 e 207); *eka pāda śīrṣāsana* (208 e 209); *pārśvaika pāda śīrṣāsana* (210); *ūrdhva padmāsana* (211); *pārśva ūrdhva padmāsana* (215 e 216); *piṇḍāsana em śīrṣāsana* (218); *sālamba sarvāṅgāsana I e II* (223 e 235); *nirālamba sarvāṅgāsana I e II* (236 e 237); *halāsana* (244); *karṇapīḍāsana* (246); *supta koṇāsana* (247); *pārśva halāsana* (249); *eka pāda sarvāṅgāsana* (250); *pārśva eka pāda sarvāṅgāsana* (251); *pārśva sarvāṅgāsana* (254); *setu bandha sarvāṅgāsana* (259); *eka pāda setu bandha sarvāṅgāsana* (260); *ūrdhva padmāsana* (261); *pārśva ūrdhva padmāsana* (264 e 265); *piṇḍāsana* em *sarvāṅgāsana* (269); *pārśva piṇḍāsana* (270 e 271); *supta pādāṅguṣṭhāsana* (285 a 287); *anantāsana* (290); *paśchimōttānāsana* (160); *parivṛtta paśchimōttānāsana* (165); *jānu śīrṣāsana* (127); *parivṛtta jānu śīrṣāsana* (132); *krounchāsana* (141 e 142); *ākarṇa dhanurāsana* (173 e 175); *baddha padmāsana* (118); *yoga mudrāsana* (120); *kukkuṭāsana* (115); *garbha piṇḍāsana* (116); *gorakṣāsana* (117); *siṃhāsana II* (110); *matsyāsana* (113); *supta vīrāsana* (96); *bhekāsana* (100); *baddha koṇāsana* (102); *ardha matsyendrāsana I* (311 e 312); *marīchyāsana III* (303 e 304); *marīchyāsana IV* (305); *mālāsana I* (321); *uttāna pādāsana* (292); *ūrdhva dhanurāsana I* (482) 6 vezes e *śavāsana* (592).

(Todo o ciclo de *śīrṣāsana* pode ser feito em uma única sequência, com permanência de 10 a 15 segundos de cada lado, exceto *śīrṣāsana I* (184), que deve ser mantido por 5 minutos. Permaneça também por 5 minutos em *sālamba sarvāṅgāsana I* (234) e 5 minutos em *halāsana* (244) e por 15 segundos de cada lado nas outras posturas do ciclo. Faça *paśchimōttānāsana* (160) por 3 a 5 minutos e as outras posturas por 15 a 20 segundos.)

Faça *nāḍī śodhana* (seção 205) com *antara kumbhaka* ou retenção na inspiração por 10 minutos, *bhastrikā* (seção 206) por 3 minutos e *uḍḍīyāna* (fotos 593, 594) 8 vezes.

Semanas 51 a 54

Faça os *āsana*s importantes do Curso I e aperfeiçoe as posturas do Curso II. Algumas serão dominadas rapidamente, mas outras tomarão mais tempo. Ajuste, portanto, à sua própria conveniência.

Semanas 55 a 60

Śīrṣāsana e seu ciclo (184 a 218); *sarvāṅgāsana* e seu ciclo (234 a 271, exceto 267); *jaṭhara parivartanāsana* (275); *supta pādāṅguṣṭhāsana* (285 a 287); *anantāsana* (290); *ūrdhva prasārita pādāsana* (276 a 279); *paśchimōttānāsana* (160); *parivṛtta paśchimōttānāsana* (165); *ūrdhva mukha paśchimōttānāsana I* (167); *ākarṇa dhanurāsana* (173 e 175); *bhujapīḍāsana* (348); *kūrmāsana* (363 e 364); *supta kūrmāsana* (368); *eka pāda śīrṣāsana* (371); ciclo de *padmāsana* (104 a 120) e *supta vajrāsana* (124); *bhekāsana* (100); *baddha koṇāsana* (102); *marīchyāsana III* (303 e 304); *ardha matsyendrāsana I* (311 e 312); *mālāsana I* (321); *pāśāsana* (328 e 329); *uttāna pādāsana* (292); *setu bhandāsana* (296); *ūrdhva dhanurāsana II* (486) 12 vezes, seguindo a técnica II na seção sobre o *āsana*; *uttānāsana* (48); *śavāsana* (592); *prāṇāyāma* como mencionado anteriormente e dê início à meditação em *siddhāsana* (84), *vīrāsana* (89), *baddha koṇāsana* (103) ou *padmāsana* (104).

Semanas 61 a 65

Śīrṣāsana e seu ciclo (184 a 218). Se *sālamba śīrṣāsana II* e *III* (192, 194 e 195), *baddha hasta śīrṣāsana* (198) e *mukta hasta śīrṣāsana* (200 e 201) estiverem dominados, podem ser saltados na prática diária, mas devem ser feitos de vez em quando de forma que o equilíbrio não seja perdido. *Sarvāṅgāsana* e seu ciclo (234 a 271, exceto 267); *jaṭhara parivartanāsana* (275); *supta pādāṅguṣṭhāsana* (285 a 287); *anantāsana* (290); *paśchimōttānāsana* (160); *parivṛtta paśchimōttānāsana* (165); *ākarṇa dhanurāsana* (173 e 175); *kūrmāsana* (363 e 364); *supta kūrmāsana* (368); *eka pāda śīrṣāsana* (371); *skandāsana* (372); *bhujapīḍāsana* (348); *aṣṭāvakrāsana* (342 e 343); *eka hasta bhujāsana* (344); *dwi hasta bhujāsana* (345); *adho mukha vṛkṣāsana* (359 – contra a parede); ciclo de *padmāsana* (104 a 124); *marīchyāsana III* (303 e 304); *ardha matsyendrāsana I* (311 e 312); *pagāsana* (328 e 329); *uttāna pādāsana* (292); *setu bandhāsana* (296); *ūrdhva dhanurāsana* por 12 a 15 vezes conforme descrito na semana 55; *uttānāsana* (48); *śavāsana* (592). Faça *prāṇāyāma* conforme a descrição anterior e aumente a duração da inspiração, da retenção após a inspiração, da expiração e o número de ciclos e finalize com meditação em algum dos *āsana*s apontados para este fim anteriormente.

Semanas 66 a 70

Śīrṣāsana I e seu ciclo (184 a 218, exceto 192, 194, 195, 198 e 200/1); *adho mukha vṛkṣāsana* (359); *mayūrāsana* (354); *padma mayūrāsana* (355); *nakrāsana* (68 a 71); *sālamba sarvāṅgāsana* e seu ciclo (234 a 271 exceto 267); *jaṭhara parivartanāsana* (275); *supta pādāṅguṣṭhāsana* (285 a 287); *anantāsana* (290); *uttāna pādāsana* (292); *setu bandhāsana* (296); *ūrdhva dhanurāsana* (486); a partir de *vṛkṣāsana* (359) 12 vezes e erguendo-se em *tāḍāsana* (1); *marīchyāsana III* (303 e 304); *ardha matsyendrāsana I* (311 e 312); *pāśāsana* (328 e 329); *bhujapīḍāsana* (348); *aṣṭāvakrāsana* (342 e 343); *bakāsana* (406); *paśchimōttānāsana* (160), *parivṛtta paśchimōttānāsana* (165); *upaviṣṭha koṇāsana* (151); *ākarṇa dhanurāsana* (173 e 175); ciclo de *padmāsana* (104 a 124); *kūrmāsana* (363 e 364); *supta kūrmāsana* (368); *eka pāda śīrṣāsana* (371); *skandāsana* (372); *baddha koṇāsana* (102); *bhekāsana* (100); *supta vīrāsana* (96); *śavāsana* (592).

Semanas 71 a 73

Siga a semana 66, mas quando fizer *ūrdhva dhanurāsana* (486), acrescente *eka pāda ūrdhva dhanurāsana* (501 e 502), prossiga com *marīchyāsana III* (303 e 304) e faça o restante. Faça *prāṇāyāma* conforme descrito acima e, depois de *uḍḍīyāna*, adicione *nauli* (seção 202) por 6 a 8 vezes e termine com meditação.

Semanas 74 a 78

Repita todos os āsanas dos Cursos I e II

Āsanas importantes no Curso II

Utthita hasta pādāṅguṣṭhāsana (23); *vātāyanāsana* (58); *nakrāsana* (68 a 71); *bhekāsana* (100); *siṃhāsana II* (110); *garbha piṇḍāsana* (116), *yoga mudrāsana* (120); *supta vajrāsana* (124); *parivṛtta jānu śīrṣāsana* (132); *krounchāsana* (141 e 142); *upaviṣṭha koṇāsana* (151); *parivṛtta paśchimōttānāsana* (165); *ākarṇa dhanurāsana* (173 e 175); *ūrdhva daṇḍāsana* (188); ciclos de *śīrṣāsana* e *sarvāṅgāsana*; *supta pādāṅguṣṭhāsana* (285 a 287); *anantāsana* (290); *setu bandhāsana* (296); *pāśāsana* (328 e 329); *aṣṭāvakrāsana* (342 e 343); *bhujapīḍāsana* (348); *mayūrāsana* (354); *adho mukha vṛkṣāsana* (359); *kūrmāsana* (363 e 364); *supta kūrmāsana* (368); *eka pāda śīrṣāsana* (371); *skandāsana* (372); *bakāsana* (406); e *ūrdhva dhanurāsana* (486).

Para aqueles que queiram praticar os *āsana*s dos Cursos I e II, ofereço um método de prática no decorrer de uma semana.

Primeiro dia da semana

Śīrṣāsana e seu ciclo (184 a 218, exceto 192, 194-95, 198, 200-01); *sarvāṅgāsana* e seu ciclo (234 a 271, exceto 267); *supta pādāṅguṣṭhāsana* (285 a 287); *anantāsana* (290); *paśchimōttānāsana* (160); *utthita* e *parivṛtta trikoṇāsana* (4 e 5, 6 e 7); *utthita* e *parivṛtta pārśva koṇāsana* (8 e 9, 10 e 11); *vīrabhadrāsana I, II* e *III* (14, 15 e 17); *ardha chandrāsana* (19); *utthita hasta pādāṅguṣṭhāsana* (23); *pārśvōttānāsana* (26); *prasārita pādōttānāsana I* e *II* (33 e 34, 35 e 36); *ardha baddha padmōttānāsana* (52); *pādāṅguṣṭhāsana* (44); *pāda hastāsana* (46); *uttānāsana* (48); *marīchyāsana II, III* e *IV* (144-46, 303-04, 305); *ardha matsyendrāsana I* (311 e 312); *mālāsana I* e *II* (321 e 322); *pāśāsana* (328 e 329); *ūrdhva dhanurāsana* (486) 12 vezes; *śavāsana* (592). *Nāḍī śodhana prāṇāyāma* (seção 205) por 15 minutos e meditação por 5 minutos.

Segundo dia da semana

Śīrṣāsana e seu ciclo (184 a 218); *adho mukha vṛkṣāsana* (359); *mayūrāsana* (354); *padma mayūrāsana* (355); *nakrāsana* (68 a 71); *śalabhāsana* ou *makarāsana* (60 ou 62); *dhanurāsana* (63); *pārśva dhanurāsana* (64 e 65); *chaturaṅga daṇḍāsana* (67); *bhujaṅ*-

gāsana I (73); ūrdhva mukha śvānāsana (74); adho mukha śvānāsana (75); ciclo de sālamba sarvāṅgāsana (234 a 271 exceto 267); jaṭhara parivartanāsana (275); supta pādāṅguṣṭhāsana (285 a 287); ūrdhva prasārita pādōttānāsana (276 a 279); chakrāsana (280 a 283); paripūrṇa nāvāsana (78); ardha nāvāsana (79); utkaṭāsana (42); uṣṭrāsana (41); parighāsana (39); garuḍāsana (56); vātāyanāsana (58); marīchyāsana III (303 e 304); ardha matsyendrāsana I (311 e 312); pāśāsana (328 e 329); paśchimōttānāsana (160); kūrmāsana e supta kūrmāsana (363-64 e 368); eka pāda śīrṣāsana e skandāsana (371 e 372); ūrdhva dhanurāsana (486) 15 vezes e śavāsana (592); uḍḍīyāna (seção 201) e nauli (seção 202) 8 vezes cada. Ujjāyī prāṇāyāma (seção 203) com retenção na inspiração por 10 minutos e meditação por 5 minutos.

Terceiro dia da semana

Sālamba śīrṣāsana (184) 10 minutos; sarvāṅgāsana I (234) 10 minutos; halāsana (244) 5 minutos; supta pādāṅguṣṭhāsana (285 a 287); ūrdhva prasārita pādāsana (276 a 279); paripūrṇa nāvāsana (78); ardha nāvāsana (79); jānu śīrṣāsana (127); parivṛtta jānu śīrṣāsana (132); ardha baddha padma paśchimōttānāsana (135); triaṅg mukhaika pāda paśchimōttānāsana (139); krounchāsana (141 e 142); marīchyāsana I (144); paśchimōttānāsana (160); ūrdhva mukha paśchimōttānāsana I e II (168 e 170); parivṛtta paśchimōttānāsana (165); ākarṇa dhanurāsana (173 e 175); kūrmāsana e supta kūrmāsana (363-64 e 368); eka pāda śīrṣāsana e skandāsana (371 e 372); ūrdhva dhanurāsana (486) 15 vezes e eka pāda ūrdhva dhanurāsana 1 vez (501 e 502); uttānāsana (48) e śavāsana (592). Sūrya bhedana prāṇāyāma (seção 204) por 10 minutos; ujjāyī (seção 203) por 5 minutos; bhastrikā (seção 206) por 3 minutos e meditação por 5 minutos.

Quarto dia da semana

Sālamba śīrṣāsana e seu ciclo (184 a 218, exceto 192, 194–5, 198, 200 e 201); sālamba sarvāṅgāsana e seu ciclo (234 a 271, exceto 267); jaṭhara parivartanāsana (275); supta pādāṅguṣṭhāsana (285 a 287); paśchimōttānāsana (160) por 5 minutos; padmāsana e seu ciclo (104 a 124); vīrāsana (89); supta vīrāsana (96); paryankāsana (97); upaviṣṭha koṇāsana (151); baddha koṇāsana (102); kūrmāsana (363 e 364) por um minuto cada; supta kūrmāsana (368) por 3 minutos; eka pāda śīrṣāsana (371) por 1 minuto de cada lado; skandāsana (372) por 30 segundos de cada lado; marīchyāsana III (303 e 304); ardha matsyendrāsana I (311 e 312); pāśāsana (328 e 329); uttāna pādāsana (292); setu *bandhāsana* (296); *ūrdhva dhanurāsana* (486) 12 vezes, permanecendo por 20 segundos a cada vez; *śavāsana* (592). *Nāḍī śodhana prāṇāyāma* (com retenção na inspiração) (seção 205) por 15 minutos e meditação de acordo com a capacidade, em qualquer dos *āsana* descritos anteriormente.

Quinto dia da semana

Sālamba śīrṣāsana e seu ciclo (184 a 218); *sālamba sarvāṅgāsana* e seu ciclo (234 a 271, exceto 267); *supta pādāṅguṣṭhāsana* (285 a 287); *paśchimōttānāsana* (160); *parivṛtta paśchimōttānāsana* (165); *kūrmāsana* (363 e 364); *supta kūrmāsana* (368); *bhujapīḍāsana* (348); *aṣṭāvakrāsana* (342 e 343); *mayūrāsana* e *padma mayūrāsana* (354 e 355); *ūrdhva mukha śvānāsana* (74); *bakāsana* (406); *lolāsana* (83); *adho mukha vṛkṣāsana* (359); *adho mukha śvānāsana* (75); *chaturaṅga daṇḍāsana* (67); *nakrāsana* (68 a 71); *ūrdhva dhanurāsana* de 15 a 20 vezes (486); *śavāsana* (592). *Prāṇāyāma* e meditação como no terceiro dia.

Sexto dia da semana

Sālamba śīrṣāsana I (184) por 15 minutos; *ūrdhva daṇḍāsana* (188) por 1 minuto; *sālamba sarvāṅgāsana I* (234) por 10 minutos; *halāsana* (244) por 5 minutos; *paśchimōttānāsana* (160) por 5 minutos; *ūrdhva mukha paśchimōttānāsana I* (167) por 1 minuto; *paripūrṇa nāvāsana* (78) por 1 minuto; *ardha nāvāsana* (79) por 30 segundos; *supta vīrāsana* (96) por 3 a 5 minutos; *krounchāsana* (141 e 142) por 20 segundos de cada lado; *kūrmāsana* e *supta kūrmāsana* (363-64 e 368) por 1 minuto cada; *ardha matsyendrāsana I* (311 e 312) por 30 segundos de cada lado; *pāśāsana* (328 e 329) por 1 minuto de cada lado; *adho mukha vṛkṣāsana* (359) por 1 minuto; *mayūrāsana* (354) por 1 minuto; *ūrdhva dhanurāsana* (486) 6 vezes, cada vez permanecendo por 20 a 30 segundos; *śavāsana* (592) por 10 a 15 minutos.

(Quando o tempo não estiver especificado, faça de acordo com a sua capacidade e com o tempo disponível).

Sétimo dia da semana

Pode descansar ou fazer apenas *prāṇāyāma* (todos os tipos). *Uḍḍīyāna* (seção 201) e *nauli* (seção 202) 8 vezes cada.

Curso III

Este curso é principalmente para aqueles que gostam de perseverar e têm devoção suficiente pela ciência.

Semanas 79 a 84

Śīrṣāsana e seu ciclo (184 a 218, exceto 192, 194-95, 198, 200-1); *sarvāṅgāsana* e seu ciclo (234 a 271, exceto 267); *paśchimōttānāsana* (160); *kūrmāsana* e *supta kūrmāsana* (363-64 e 368); *eka pāda śīrṣāsana* (371); *skandāsana* (372); *bhairavāsana* (375); *yoganidrāsana* (391); *bhujapīḍāsana* (348); *bakāsana* (406); *aṣṭāvakrāsana* (342 e 343); *adho mukha vṛkṣāsana* (359); *pīnchā mayūrāsana* (357); *mayūrāsana* (354); *marīchyāsana III* (303 e 304); *ardha matsyendrāsana I* (311 e 312); *pāśāsana* (328 e 329); *ardha matsyendrāsana II* (330 e 331); *setu bandhāsana* (296); *ūrdhva dhanurāsana* (486) 8 vezes; *dwi pāda viparīta daṇḍāsana* (516); *eka pāda ūrdhva dhanurāsana* (501 e 502); *uttānāsana* (48); *śavāsana* (592). *Nāḍī śodhana prāṇāyāma* (seção 205) por 10 minutos e meditação por 5 minutos em *siddhāsana* (84) ou *vīrāsana* (89) ou *padmāsana* (104) ou *baddha koṇāsana* (102).

Semanas 85 a 90

Śīrṣāsana e seu ciclo (184 a 218); *sarvāṅgāsana* e seu ciclo (234 a 271, exceto 267); *jaṭhara parivartanāsana* (275); *ūrdhva prasārita pādāsana* (276 a 270); *supta pādāṅguṣṭhāsana* (285 a 287); *anantāsana* (290); *jānu śīrṣāsana* (127); *parivṛtta jānu śīrṣāsana* (132); *ardha baddha padma paśchimōttānāsana* (135); *trianga mukhaika pāda paśchimōttānāsana* (139); *krounchāsana* (141 e 142); *marīchyāsana I* (144); *paśchimōttānāsana* (160); *parivṛtta paśchimōttānāsana* (165); *upaviṣṭha koṇāsana* (151); *baddha koṇāsana* (102); *baddha padmāsana* (118); *yoga mudrāsana* (120); *kukkuṭāsana* (115); *garbha piṇḍāsana* (116); *siṁhāsana II* (110); *gorakṣāsana* (117); *matsyāsana* ou *supta vajrāsana* (113 ou 124); *vīrāsana* (89); *supta vīrāsana* (96); *paryankāsana* (97); *bhekāsana* (100); *kūrmāsana* e *supta kūrmāsana* (363-64 e 368); *yoganidrāsana* (391); *eka pāda śīrṣāsana* (371); *bhairavāsana* (375); *skandāsana* (372); *chakorāsana* (379 e 380); *bhujapīḍāsana* (348); *bakāsana* (406); *pīnchā mayūrāsana* (357); *adho mukha vṛkṣā-*

sana (359); *mayūrāsana* (354); *ardha matsyendrāsana I* e *II* (311–12 e 330–1); *mālāsana I* e *II* (321 e 322); *pāśāsana* (328 e 329); *dwi pāda viparīta daṇḍāsana* (516); *ūrdhva dhanurāsana* (486) 8 vezes e *śāvāsana* (592). Siga o *prāṇāyāma* indicado na semana 79.

Apêndice I

Semanas 91 a 94

Faça os *āsana*s importantes dos Cursos I e II, assim como todos os *āsana*s que foram adicionados até agora no Curso III, incluindo os ciclos de *śīrṣāsana* e *sarvāṅgāsana*.

Semanas 95 a 100

Śīrṣāsana e seu ciclo (184 a 218); *sarvāṅgāsana* e seu ciclo (234 a 271, exceto 267); *supta pādāṅguṣṭhāsana* (285 a 287); *paśchimōttānāsana* (160); *kūrmāsana* e *supta kūrmāsana* (363-64 e 368); *yoganidrāsana* (391); *eka pāda śīrṣāsana* (371); *bhairavāsana* (375); *skandāsana* (372); *chakorāsana* (379 e 380); *pīnchā mayūrāsana* (357); *śayanāsana* (358); *mayūrāsana* (354); *haṃsāsana* (356); *bhujapīḍāsana* (348); *bakāsana* (406); *adho mukha vṛkṣāsana* (359); *vasiṣṭhāsana* (398); *viśvāmitrāsana* (403); *ūrdhva dhanurāsana* (486) 8 vezes, estendendo pernas e braços depois de cada vez (487) para aliviar rigidez nas costas; *dwi pāda viparīta daṇḍāsana* (516) por 1 minuto; *kapotāsana* (507); *ardha matsyendrāsana I* e *II* (311-12 e 330-1); *pāśāsana* (328 e 329); *uttānāsana* (48); *śavāsana* (592). *Prāṇāyāma* como descrito anteriormente.

Semanas 101 a 108

Siga a 95ª semana, mas faça *viparīta daṇḍāsana* (516) a partir de *sālamba śīrṣāsana I* (184) e volte com um impulso para *śīrṣāsana I*. Para muitos este período é muito curto para adquirir controle de *viparīta daṇḍāsana*. Portanto, concentre-se nisto e reduza o tempo despendido nos outros *āsana*s.

Semanas 109 a 125

Siga a 95ª semana do curso, adicione *viparīta daṇḍāsana* (516) como acima e aprenda *viparīta chakrāsana* (488 a 499) praticando-o 15 vezes seguidas diariamente. Este é um *āsana* difícil e é necessário perseverança para aperfeiçoá-lo. Se você não conseguir alcançá-lo neste período, não desanime, continue praticando-o por mais algumas semanas.

Semanas 126 a 130

Śīrṣāsana e seu ciclo (184 a 218); *ūrdhva kukkuṭāsana* (419); *bakāsana* (410) a partir de *śīrṣāsana II* (192); *adho mukha vṛkṣāsana* (359); *pīnchā mayūrāsana* (357) dando sequência a estes quatro *āsana*s com *ūrdhva dhanurāsana* (486) e *viparīta chakrāsana* (488 a 499); *bhujapīḍāsana* (348); *aṣṭāvakrāsana* (342–3); *mayūrāsana* (354); *haṃsāsana* (356); *vasiṣṭhāsana* (398); *kaśyapāsana* (399-400); *viśvāmitrāsana* (403); *sālamba sarvāṅgāsana* e seu ciclo (234 a 271, exceto 267); *supta pādāṅguṣṭhāsana* (285 a 287); *paśchimōttānāsana* (160); *kūrmāsana* (363-64); *supta kūrmāsana* (368); *yoganidrāsana* (391); *eka pāda śīrṣāsana* (371); *skandāsana* (372); *bhairavāsana* (375); *kāla bhairavāsana* (378); *chakorāsana* (379-80); *dwi pāda viparīta daṇḍāsana* (516) a partir de *śīrṣāsana* (184); *kapotāsana* (507); *viparīta chakrāsana* (488 a 499) 6 vezes; *ardha matsyendrāsana I* e *II* (311–12, 330–1); *pāśāsana* (328-29); *uttānāsana* (48); *śavāsana* (592). *Prāṇāyāma* como descrito anteriormente com meditação.

Semanas 131 a 136

Volte para os Cursos I e II e faça *ūrdhva kukkuṭāsana* (419); *yoganidrāsana* (391); *viparīta chakrāsana* (488 a 499) 15 vezes; *dwi pāda viparīta daṇḍāsana* (516) e *kapotāsana* (507).

Nota: *viparīta chakrāsana* (488 a 499) é um *āsana* árduo, de modo que a pessoa talvez não consiga praticá-lo e fazer *prāṇāyāma* no mesmo dia. Neste caso, faça *prāṇāyāma* e os ciclos de *śīrṣāsana* e *sarvāṅgāsana* em dias alternados. Do mesmo modo, se o corpo estiver rígido e você não estiver em condições de seguir a lista acima, espalhe os *āsana*s e as semanas de acordo com a sua conveniência. A menos que aperfeiçoe estas posturas de retroflexão, você não poderá prosseguir muito com outros *āsana*s difíceis. As pessoas com mais de 35 anos também podem encontrar dificuldades para dominar *viparīta chakrāsana* em um curto período. Instruí muitas pessoas de idades diferentes e algumas aprendem mais rápido que outras. Contudo, não há limite de idade para estes *āsana*s.

Semanas 137 a 142

Śīrṣāsana e seu ciclo (184 a 218); ūrdhva kukkuṭāsana (419); bakāsana (410) a partir de śīrṣāsana II (192); pārśva bakāsana (412); gālavāsana (427 e 428); adho mukha vṛkṣāsana (359); pīnchā mayūrāsana (357) mayūrāsana (354); vasiṣṭhāsana (398); kaśyapāsana (399 e 400); viśvāmitrāsana (403); sālamba sarvāṅgāsana e seu ciclo (234 a 271, exceto 267); supta pādāṅguṣṭhāsana (285 a 287); paśchimōttānāsana (160); kūrmāsana e supta kūrmāsana (363-64 e 368); yoganidrāsana (391); eka pāda śīrṣāsana (371); skandāsana (372); bhairavāsana (375); kāla bhairavāsana (378); dūrvāsāsana (383); ṛichikāsana (384); dwi pāda viparīta daṇḍāsana (516) a partir de śīrṣāsana I (184) e de volta 3 vezes; maṇḍalāsana (525 a 535); kapotāsana (507); viparīta chakrāsana (488 a 499) 12 vezes; ardha matsyendrāsana I e II (311-12 e 330-31); pāśāsana (328 e 329); uttānāsana (48); śavāsana (592); prāṇāyāma como descrito anteriormente com meditação.

Semanas 143 a 145

Repita a 137ª semana do curso até ṛichikāsana (384) e acrescente viranchyāsana I e II (386-67 e 388) e continue com dwi pāda viparīta daṇḍāsana (516) e os exercícios restantes daquele curso.

Se puder adicionar os diferentes métodos de prāṇāyāma explicados na Parte III, faça-o. Neste caso, pratique prāṇāyāma de manhã cedo, os āsanas difíceis pela manhã e somente os ciclos de śīrṣāsana e sarvāṅgāsana à tarde. Se você não tiver tempo, pratique prāṇāyāma de manhã e os āsanas à tarde.

Semanas 146 a 155

Śīrṣāsana e seu ciclo (184 a 218); ūrdhva kukkuṭāsana (419); bakāsana (410); pārśva bakāsana (412); gālavāsana (427 e 428); eka pāda gālavāsana (432 e 433); adho mukha vṛkṣāsana (359); pīnchā mayūrāsana (357), terminando cada um destes āsanas com viparīta chakrāsana (488 a 499); vasiṣṭhāsana (398); kaśyapāsana (399 e 400); viśvāmitrāsana (403); sālamba sarvāṅgāsana e seu ciclo (234 a 271, inclusive) de uttāna padma mayūrāsana (267); supta pādāṅguṣṭhāsana (285 a 287); paśchimōttānāsana (160); kūrmāsana e supta kūrmāsana (363-64 e 368); eka pāda śīrṣāsana (371); skandāsana (372); buddhāsana (373); kapilāsana (374); bhairavāsana (375); kāla bhairavāsana (378); chakorāsana (379 e 380); dūrvāsāsana (383); ṛichikāsana (384); viranchyāsana I e II (386 e 388); dwi pāda śīrṣāsana (393); ṭiṭṭibhāsana (395); ardha matsyendrāsana I e II (311-12 e 330-31); pāśāsana (328); ardha matsyendrāsana III (332 e 333); dwi pāda viparīta daṇḍāsana (516); maṇḍalāsana (525 a 535); kapotāsana (512); eka pāda viparīta daṇḍāsana (521); chakra bhandāsana (524); śavāsana (592). Ujjāyī prāṇāyāma (seção 203) ou sūrya bhedana (seção 204) ou nāḍī śodhana (seção 205) com retenção após a inspiração (antara kumbhaka); uḍḍīyāna (seção 201) 8 vezes; nauli (seção 202) 8 vezes e meditação por 5 a 10 minutos.

Semanas 156 a 160

Repita os *āsanas* importantes dos Cursos I e II e então os *āsanas* do Curso III aprendidos até agora.

Semanas 161 a 165

Śīrṣāsana e seu ciclo (184 a 218); *ūrdhva kukkuṭāsana* (419); *bakāsana* (410); *pārśva bakāsana* (412); *gālavāsana* (427 e 428); *eka pāda gālavāsana* (432 e 433); *dwi pāda kouṇḍinyāsana* (438); *eka pāda kouṇḍinyāsana I* (441); *adho mukha vṛkṣāsana* (359); *pīnchā mayūrāsana* (357) terminando cada *āsana* com *viparīta chakrāsana* (488 a 499); *aṣṭāvakrāsana* (342 e 343); *bhujapīḍāsana* (348); *vasiṣṭhāsana* (398); *viśvāmitrāsana* (403); *sarvāṅgāsana* e seu ciclo (234 a 271); *paśchimōttānāsana* (160); *kūrmāsana* e *supta kūrmāsana* (363-64 e 368); *eka pāda śīrṣāsana* e seu ciclo (371 a 384); *dwi pāda śīrṣāsana* e *ṭiṭṭibhāsana* (393 e 395); *yoganidrāsana* (391); *ardha matsyendrāsana I, II* e *III* (311-12, 330–1, 332-33); *pāśāsana* (328); *yogadaṇḍāsana* (456); *supta bhekāsana* (458).

Semanas 166 a 175

Sālamba śīrṣāsana I (184) por 10 minutos; *sālamba sarvāṅgāsana I* (234) por 10 minutos; *halāsana* (244) por 5 minutos; *jaṭhara parivartanāsana* (275); *supta pādāṅguṣṭhāsana* (285 a 287); *ūrdhva kukkuṭāsana* (419); *bakāsana* (410); *pārśva bakāsana* (412); *gālavāsana* (427); *eka pāda gālavāsana* (432); *dwi pāda kouṇḍinyāsana* (438); *eka pāda kouṇḍinyāsana I* e *II* (441 e 442); *eka pāda bakāsana I* e *II* (446 e 451); terminando cada *āsana* com *viparīta chakrāsana* (488 a 499); *paśchimōttānāsana* (160); *kūrmāsana* e *supta kūrmāsana* (363-64 e 368); *eka pāda śīrṣāsana* e seu ciclo (371 a 384); *dwi pāda śīrṣāsana* (393); *yoganidrāsana* (391); *yogadaṇḍāsana* (456); *supta bhekāsana* (458); *mūla bandhāsana*

(462 e 463); *vāmadevāsana I e II* (465 e 466); *dwi pāda viparīta daṇḍāsana* (516); *maṇḍalāsana* (525 a 535); *eka pāda viparīta daṇḍāsana I e II* (521 e 522); *chakra bandhāsana* (524); *kapotāsana* (512); *laghu vajrāsana* (513); *ardha matsyendrāsana I, II e III* (311, 330 e 332); *pāśāsana* (328); *śavāsana* (592). *Prāṇāyāma* como descrito anteriormente.

Semanas 176 a 180

Repita a semana 166 do curso e acrescente *pārśva kukkuṭāsana* (424 e 425) depois de *ūrdhva kukkuṭāsana* (419) e *paripūrṇa matsyendrāsana* (336 e 339) após *pāśāsana* (328). É possível que leve mais tempo para dominar *paripūrṇa matsyendrāsana* (336 e 339) do que o previsto. Deve-se tentar este *āsana* todos os dias, independentemente de fracassar. Se não for possível dominar os *āsana*s do Curso III incluídos até o momento no período estipulado, distribua-os por mais algumas semanas.

Como o domínio dos outros *āsana*s pode levar anos, tentarei, da melhor forma, dar um resumo para a prática diária desses *āsana*s.

Primeiro dia da semana

Sālamba śīrṣāsana I (184) por 8 a 10 minutos; *sālamba sarvāṅgāsana* I (234) por 10 minutos; *halāsana* (244) por 5 minutos; *jaṭhara parivartanāsana* (274); *supta pādāṅguṣṭhāsana* (285 a 287); *bhujapīḍāsana* (348); *aṣṭāvakrāsana* (342 e 343); *adho mukha vṛkṣāsana* (359); *pīnchā mayūrāsana* (357); *mayūrāsana* (354); *haṃsāsana* (356); *ūrdhva kukkuṭāsana* (419); *pārśva kukkuṭāsana* (424 e 425); *bakāsana* (410) *pārśva bakāsana* (412); *dwi pāda kouṇḍinyāsana* (438); *eka pāda kouṇḍinyāsana I e II* (441 e 442); *eka pāda bakāsana I e II* (446 e 451); *gālavāsana* (427); *eka pāda gālavāsana* (432) e termine cada um desses *āsana*s com *viparīta chakrāsana* (488 a 499); *uttānāsana* (48); *śavāsana* (592). *Nāḍī śodhana prāṇāyāma* (seção 205) por 10 minutos, *uḍḍīyāna* (seção 201) 8 vezes e *nauli* 8 vezes (seção 202).

Segundo dia da semana

Śīrṣāsana e seu ciclo (184 a 218); *sarvāṅgāsana* e seu ciclo (234 a 271); *jaṭhara parivartanāsana* (274); *supta pādāṅguṣṭhāsana* (285 a 287); *jānu śīrṣāsana* (127); *parivṛtta jānu śīrṣāsana* (132); *ardha baddha padma paśchimōttānāsana* (135); *triaṅga mukhaika* pāda paśchimōttānāsana (139); krounchāsana (141); marīchyāsana I e II (144 e 146); upaviṣṭha koṇāsana (151); paśchimōttānāsana (160); padmāsana e seu ciclo (104 a 124); baddha koṇāsana (102); vīrāsana (89); vātāyanāsana (58); paripūrṇa nāvāsana (78); ardha nāvāsana (79); gomukhāsana (80); ūrdhva mukha paśchimōttānāsana I (167); yoganidrāsana (391); śavāsana (592). Prāṇāyāma como descrito anteriormente, com bhastrikā (seção 206) e śitalī (seção 209).

Terceiro dia da semana

Śīrṣāsana e seu ciclo (184 a 218); sarvāṅgāsana e seu ciclo (234 a 271); todas as posturas em pé (4 a 36); dhanurāsana (63); śalabhāsana (60); chaturaṅga daṇḍāsana (67); ūrdhva mukha śvānāsana (74); adho mukha śvānāsana (75); paśchimōttānāsana (160); parivṛtta paśchimōttānāsana (165); ākarṇa dhanurāsana (173 e 175); uttāna pādāsana (292); setu bandhāsana (296); marīchyāsana III e IV (303 e 305); ardha matsyendrāsana I (311); pāśāsana (328); mayūrāsana (354); yoganidrāsana (391); dwi pāda śīrṣāsana (393); dwi pāda viparīta daṇḍāsana (516); maṇḍalāsana (525 a 535); kapotāsana (512); viparīta chakrāsana (488 a 499) 8 vezes seguidas; uttānāsana (48); śavāsana (592). Prāṇāyāma de acordo com a sua capacidade, sem tensão.

Quarto dia da semana

Śīrṣāsana e seu ciclo (184 a 218); sarvāṅgāsana e seu ciclo (234 a 271); adho mukha vṛkṣāsana (359); pīnchā mayūrāsana (357); śayanāsana (358); mayūrāsana (354); haṃsāsana (356); paśchimōttānāsana (160); kūrmāsana e supta kūrmāsana (363–4, 368); eka pāda śīrṣāsana e seu ciclo (371 a 384); virinchyāsana I e II (386 e 388); yoganidrāsana (391); dwi pāda viparīta daṇḍāsana (516); maṇḍalāsana (525 a 535); eka pāda viparīta daṇḍāsana I e II (521 e 523); chakra bandhāsana (524); laghu vajrāsana (513); kapotāsana (512); uttānāsana (48); śavāsana (592). Nāḍī śodhana prāṇāyāma sem retenção por 15 minutos e meditação em siddhāsana (84) ou em padmāsana (104).

Quinto dia da semana

Sālamba śīrṣāsana I (184) por 10 minutos; sālamba sarvāṅgāsana I (234) por 10 minutos; halāsana (244) por 5 minutos; paśchimōttānāsana (160) por 5 minutos; vasiṣṭhāsana (398); *kaśyapāsana* (399); *viśvāmitrāsana* (403); *ūrdhva kukkuṭāsana* (429); *pārśva kukkuṭāsana* (424 e 425); *bakāsana* (410); *pārśva bakāsana* (412); *dwi pāda kouṇḍinyāsana* (438); *eka pāda kouṇḍinyāsana I e II* (441 e 442); *eka pāda bakāsana I e II* (446 e 451) (todos esses *āsana*s de equilíbrio de uma só vez); *yogadaṇḍāsana* (456); *mūla bandhāsana* (462); *vāmadevāsana I e II* (465 e 466); *dwi pāda viparīta daṇḍāsana* (516); *maṇḍalāsana* (525 a 535); *kapotāsana* (512); *paśchimōttānāsana* (160) por 5 minutos; *uttānāsana* (48) por 3 minutos; *śavāsana* (592) por 5 minutos; *ujjāyī prāṇāyāma* por 10 minutos.

Sexto dia da semana

Śīrṣāsana e seu ciclo (184 a 218); *sarvāṅgāsana* e seu ciclo (234 a 271); *paśchimōttānāsana* (160) por 5 minutos; *yoganidrāsana* (391) 1 minuto de cada lado, trocando as pernas; *dwi pāda śīrṣāsana* (393) meio minuto de cada lado; *marīchyāsana III* (303); *ardha matsyendrāsana I, II e III* (311, 330 e 332); *mālāsana I e II* (321 e 322); *pāśāsana* (328); *paripūrṇa matsyendrāsana* (336 e 339); *dwi pāda viparīta daṇḍāsana* (516); *maṇḍalāsana* (525 a 535); *eka pāda viparīta daṇḍāsana I e II* (521 e 523); *kapotāsana* (512); 6 vezes *viparīta chakrāsana* (488 a 499); *śavāsana* (592).

Sétimo dia da semana

Descanse completamente ou pratique somente *prāṇāyāma*.

Semanas 181 a 190

Śīrṣāsana e seu ciclo (184 a 218); *sarvāṅgāsana* e seu ciclo (234 a 271); *ūrdhva kukkuṭāsana* (419); *pārśva kukkuṭāsana* (424); *bakāsana* (410); *pārśva bakāsana* (412); *dwi pāda kouṇḍinyāsana* (438); *eka pāda kouṇḍinyāsana I e II* (441 e 442); *eka pāda bakāsana I e II* (446 e 451); *vasiṣṭhāsana* (398); *viśvāmitrāsana* (403); *paśchimōttānāsana* (160); *kūrmāsana* e *supta kūrmāsana* (363-64 e 368); *eka pāda śīrṣāsana* e seu ciclo (371 a 384); *yoganidrāsana* (391); *dwi pāda śīrṣāsana* e *ṭiṭṭibhāsana* (393 e 395); *yogadaṇḍāsana* (456); *mūla bandhāsana* (462); *ardha matsyendrāsana I* (311); *pāśāsana* (328); *paripūrṇa matsyendrāsana* (326); *dwi pāda viparīta daṇḍāsana* (516); *maṇḍalāsana* (525 a 535); *eka pāda viparīta daṇḍāsana I* e *II* (521 e 523); *kapotāsana* (512); *laghu vajrāsana* (513), *eka pāda rājakapotāsana I* (542); *hanumānāsana* (475 e 476); *uttānāsana* (48); *śavāsana* (592). *Nāḍī śodhana prāṇāyāma* (seção 205) por 20 minutos.

Semanas 191 a 200

Śīrṣāsana (184); *sarvāṅgāsana* (234); *halāsana* (244); *ūrdhva kukkuṭāsana* (419); *pārśva kukkuṭāsana* (424); *bakāsana* (410); *pārśva bakāsana* (412); *dwi pāda kouṇḍinyāsana* (438); *eka pāda kouṇḍinyāsana I* e *II* (441 e 442); *eka pāda bakāsana I* e *II* (446 e 451) terminando cada *āsana* com *viparīta chakrāsana* (488 a 499); *dwi pāda viparīta daṇḍāsana* (516); *maṇḍalāsana* (525 a 535); *eka pāda viparīta daṇḍāsana I* e *II* (521 e 523); *chakra bandhāsana* (524); *kapotāsana* (512); *eka pāda rājakapotāsana I* (542); *hanumānāsana* (475); *sama koṇāsana* (477); *yogadaṇḍāsana* (456); *mūla bandhāsana* (462); *vasiṣṭhāsana* (398); *viśvāmitrāsana* (403); *paśchimōttānāsana* (160); *kūrmāsana* e *supta kūrmāsana* (363-64 e 368); *yoganidrāsana* (391); *eka pāda śīrṣāsana* e seu ciclo (371 a 384); *dwi pāda śīrṣāsana* (393); *ardha matsyendrāsana I* (311); *pāśāsana* (328); *paripūrṇa matsyendrāsana* (336); *kandāsana* (470); *śavāsana* (592). *Prāṇāyāma* como acima.

Semanas 201 a 225

Siga a semana 191 do curso até *eka pāda rājakapotāsana I* (542) e adicione *eka pāda rājakapotāsana II* (545); *pādāṅguṣṭha dhanurāsana* (555); *bhujaṅgāsana II* (550); *rāja kapotāsana* (551); *hanumānāsana* (475); *sama koṇāsana* (477); *supta trivikramāsana* (478); *yogadaṇḍāsana* (456); *mūla bandhāsana* (462); *kandāsana* (470); *ardha matsyendrāsana I* (311); *pāśāsana* (328); *paripūrṇa matsyendrāsana* (336); *yoganidrāsana* (391); *dwi pāda śīrṣāsana* (393); *paśchimōttānāsana* (160); *śavāsana* (592). *Prāṇāyāma* como descrito anteriormente.

Semana 226 a 250

Siga a semana 200 do curso até *rāja kapotāsana* (551); acrescente *vṛśchikāsana I* e *II* (537 e 538); *gheraṇḍāsana I* e *II* (561 e 564); *kapiṅjalāsana* (567) e siga novamente a semana 200 a partir de *hanumānāsana* (475).

Semanas 251 a 275

Śīrṣāsana e seu ciclo (184 a 218); *sarvāṅgāsana* e seu ciclo (234 a 271); *ūrdhva kukkuṭāsana* (419); *pārśva kukkuṭāsana* (424); *bakāsana* (410); *pārśva bakāsana* (412); *dwi pāda kouṇḍinyāsana* (438); *eka pāda kouṇḍinyāsana I* (441); *eka pāda bakāsana I* e *eka pāda bakāsana II* com *eka pāda kouṇḍinyāsana II* (446, 451 e 442) terminando cada *āsana* com *viparīta chakrāsana* (488 a 499); *dwi pāda viparīta daṇḍāsana, maṇḍalāsana, eka pāda viparīta daṇḍāsana I* e *II* de uma só vez (516, 525 a 535, 521 e 523); *kapotāsana* (512); *vṛśchikāsana I* (537); *bhujaṅgāsana II* (550); *rāja kapotāsana* (551); *pādāṅguṣṭha dhanurāsana* (555); *gheraṇḍāsana I* e *II* (561 e 564); *eka pāda rāja kapotāsana I, II, III* e *IV* (542, 545, 546 e 547); *gaṇḍa-bheruṇḍāsana* (580); *naṭarājāsana* (590 e 591) e então siga a semana 200 do curso de *hanumānāsana* (475) em diante.

Semanas 276 a 300

Siga a semana 251 do curso até *eka pāda rājakapotāsana I* (542); então faça *vālakhilyāsana* (544); *eka pāda rājakapotāsana II, III* e *IV* (545, 546 e 547); *śīrṣa pādāsana* (570); *gaṇḍa-bheruṇḍāsana* e *viparīta śalabhāsana* juntos (580, 581 e 584) de uma só vez e vá para *ūrdhva dhanurāsana* (486) para fazer *tirieng mukhottānāsana* (586); *naṭarājāsana* (590 e 591). Então siga a semana 200 do curso a partir de *hanumānāsana* (475) e faça *prāṇāyāma* como descrito anteriormente.

No princípio, muitos encontram dificuldades para avançar além dos exercícios dados na 166ª semana. Mas por meio da prática tenaz e persistente é possível dominar todos os *āsanas* e *prāṇāyāmas* recomendados neste livro. Nos meus primeiros anos, tive que trabalhar duro por quatro anos, durante os quais houve igualmente otimismo e pessimismo. Ao dominar a 166ª semana do curso, peço com toda sinceridade que persevere em sua empreitada, feliz com o que conquistou e nunca se desesperando por qualquer insucesso temporário.

A maioria das pessoas, entretanto, leva muito mais tempo do que eu levei para dominar todos esses *āsana*s com facilidade e conforto. Quando tiver aperfeiçoado todas as posturas detalhadas neste terceiro curso, você poderá dividi-las no curso de uma semana, como sugerido abaixo. Então, por meio da prática diária, ganhe o domínio absoluto de todas elas.

Primeiro dia da semana

Śīrṣāsana e seu ciclo (184 a 218); *sarvāṅgāsana* e seu ciclo (234 a 271); *bhujapīdāsana* (348); *aṣṭāvakrāsana* (342 e 343); *bakāsana* (410); *pārśva bakāsana* (412); *ūrdhva kukkuṭāsana* (419); *pārśva kukkuṭāsana* (424); *dwi pāda kouṇḍinyāsana* (438); *eka pāda kouṇḍinyāsana I* (441); *eka pāda bakāsana I* (446); *eka pāda bakāsana II* com *eka pāda kouṇḍinyāsana II* (451 com 442); *gālavāsana* (427); *eka pāda gālavāsana* (432), terminando cada *āsana* com *viparīta chakrāsana* (488 a 499); *adho mukha vṛkṣāsana* (359); *pīnchā mayūrāsana* (357); *mayūrāsana* (354); *paśchimōttānāsana* (160) por 5 minutos; *śavāsana* (592); *nāḍī śodhana prāṇāyāma* por 15 minutos; *ujjāyī prāṇāyāma* com *antara kumbhaka* (retenção após a inspiração) 8 vezes; meditação em *padmāsana* (104) ou *siddhāsana* (84) por 5 minutos.

Segundo dia da semana

Śīrṣāsana e seu ciclo (184 a 218); *sarvāṅgāsana* e seu ciclo (234 a 271); *supta pādāṅguṣṭhāsana* (285 a 287); *jaṭhara parivartanāsana* (274); *paśchimōttānāsana* (160); *ākarṇa dhanurāsana* (173 e 175); *kūrmāsana* e *supta kūrmāsana* (363, 364 e 368); *eka pāda śīrṣāsana* e seu ciclo (371 a 384); *viranchyāsana I* e *II* (386 e 388); *dwi pāda śīrṣāsana* (393); *yoganidrāsana* (391); *yogadaṇḍāsana* (456); *mūla bandhāsana* (462); *vāmadevāsana I* e *II* (465 e 466); *kaṅdāsana* (470); *hanumānāsana* (475); *uttānāsana* (48); *śavāsana* (592). *Prāṇāyāma* como descrito anteriormente, 8 vezes *uḍḍīyāna* e 8 vezes *nauli*.

Terceiro dia da semana

Śīrṣāsana e seu ciclo (184 a 218); *sarvāṅgāsana* e seu ciclo (234 a 271); *dwi pāda viparīta daṇḍāsana* (516); *maṇḍalāsana* (525 a 535); *eka pāda viparīta daṇḍāsana I* e *II* (521 e 523); *chakra bandhāsana* (524); *kapotāsana* (512); *laghu vajrāsana* (513); *vṛśchikāsana I* (537); *bhujaṅgāsana II* (550); *rāja kapotāsana* (551); *pādāṅguṣṭha dhanurāsana* (555); *gheraṇḍāsana I* e *II* (561 e 564); *eka pāda rājakapotāsana I* e *II* (542 e 545); *vālakhilyāsana* (544); *śīrṣa pādāsana* (570) e *gaṇḍa bheruṇḍāsana, viparīta śalabhāsana* e *tirieng mukhottānāsana* (580, 581, 584 e 586) todos juntos; *paśchimōttānāsana* (160); *marīchyāsana III* (303); *ardha matsyendrāsana I* (311); *pāśāsana* (328); *paripūrṇa matsyendrāsana* (336); *śavāsana* (592). *Nāḍī śodhana prāṇāyāma* sem retenção por 10 a 15 minutos.

Quarto dia da semana

Śīrṣāsana e seu ciclo (184 a 218); *sarvāṅgāsana* e seu ciclo (234 a 271); *paśchimōttānāsana* (160); *yoganidrāsana* (391); *marīchyāsana III* (303); *ardha matsyendrāsana I* (311); *pāśāsana* (328); *paripūrṇa matsyendrāsana* (336); *yogadaṇḍāsana* (456); *mūla bandhāsana* (462); *kaṅdāsana* (470); *hanumanāsana* (475); *sama koṇāsana* (477); *supta trivikramāsana* (478); *ūrdhva mukha paśchimōttānāsana I* e *II* (167 e 170); *śavāsana* (592). *Prāṇāyāma* como no primeiro dia da semana.

Quinto dia da semana

Śīrṣāsana e seu ciclo (184 a 218); *sarvāṅgāsana* e seu ciclo (234 a 271); *ūrdhva kukkuṭāsana* (419); *pārśva kukkuṭāsana* (424); *bakāsana* (410); *pārśva bakāsana* (412); *dwi pāda kouṇḍinyāsana* (438); *eka pāda kouṇḍinyāsana I* (441); *eka pāda bakāsana I* e *II* (446 e 451); *eka pāda kouṇḍinyāsana II* (442); *gālavāsana* (427); *eka pāda gālavāsana* (432) – todos esses *āsanas* de uma vez só, sem entrar em *ūrdhva dhanurāsana* (486); *vasiṣṭhāsana* (398); *kaśyapāsana* (399); *viśvāmitrāsana* (403); *maṇḍalāsana* (525 a 535); *kapotāsana* (512); *vṛśchikāsana I* (537); *rāja kapotāsana* (551); *pādāṅguṣṭha dhanurāsana* (555); *śīrṣa pādāsana* (570); *gaṇḍa bheruṇḍāsana* (580 e 581); *uttānāsana* (48); *śavāsana* (592). *Nāḍī śodhana prāṇāyāma* sem retenção por 15 minutos.

Sexto dia da semana

Śīrṣāsana e seu ciclo (184 a 218); *sarvāṅgāsana* e seu ciclo (234 a 271); *paśchimōttānāsana* (160); *yoganidrāsana* (391); *marīchyāsana III* (303); *ardha matsyendrāsana I* (311); *pāśāsana* (328); *paripūrṇa matsyendrāsana* (336); *hanumānāsana* (475); *sama koṇāsana* (477); *supta trivikramāsana* (478); *mūla bandhāsana* (462); *kaṅdāsana* (470); *maṇḍalāsana* (525 a 535); *kapotāsana* (512); *vṛśchikāsana I* (537); *rāja kapotāsana* (551); *eka pāda rajakapotāsana I* (542); *vālakhilyāsana* (544); *śīrṣa pādāsana* (570); *gaṇḍa bheruṇḍāsana* (580 e 581); *uttānāsana* (48); *śavāsana* (592). *Nāḍī śodhana prāṇāyāma*, *ujjāyī prāṇāyāma* com retenção após a inspiração e 8 vezes *uḍḍīyāna*.

Sétimo dia da semana

Repouso completo ou somente *śīrṣāsana I* (184); *sālamba sarvāṅgāsana* I (234); *halāsana* (244); *paśchimōttānāsana* (160) e *nāḍī śodhana prāṇāyāma* sem retenção por 30 minutos.

Apêndice II

Āsanas curativos para diversas doenças

Depois de trabalhar por 25 anos como professor, reuni diferentes grupos de *āsanas* para doenças e indisposições funcionais e orgânicas distintas, baseado nas experiências com meus alunos.

Listei uma série de posturas para cada reclamação, portanto é recomendável buscar a orientação de um professor experiente e adotá-las de acordo com a sua capacidade, flexibilidade e constituição física individual. Ao praticar *āsanas* é importante usar o bom-senso e observar as reações do seu corpo, para assim avaliar o tempo de permanência em cada postura.

Acidez

Utthita trikoṇāsana (4 e 5); *parivṛtta trikoṇāsana* (6 e 7); *utthita pārśva koṇāsana* (8 e 9); *parivṛtta pārśva koṇāsana* (10 e 11); *vīrabhadrāsana I, II e III* (14, 15 e 17); *ardha chandrāsana* (19); *pārśvōttānāsana* (26); *pādāṅguṣṭhāsana* (44); *pāda hastāsana* (46); *uttānāsana* (48); *sālamba śīrṣāsana* e seu ciclo (184 a 218); *sālamba sarvāṅgāsana* e seu ciclo (234 a 271); *jaṭhara parivartanāsana* (275); *paripūrṇa nāvāsana* (78); *ardha nāvāsana* (79); *ūrdhva prasārita pādāsana* (276 a 279); *jānu śīrṣāsana* (127); *parivṛtta jānu śīrṣāsana* (132); *paśchimōttānāsana* (160); *marīchyāsana I, II e III* (144, 146 e 303); *ardha matsyendrāsana I, II e III* (311, 330 e 332); *pāśāsana* (328); *paripūrṇa matsyendrāsana* (336); *yoganidrāsana* (391); *śalabhāsana* (60); *dhanurāsana* (63); *bhujaṅgāsana I* (73); *mayūrāsana* (354); *ūrdhva dhanurāsana* (486) e *uḍḍīyāna* (seção 201).

Amigdalite

Śīrṣāsana e qualquer *āsana* possível de seu ciclo (184 a 218); *sarvāṅgāsana* e os *āsana*s possíveis de seu ciclo (234 a 271); *vīrāsana* (89); *paryaṅkāsana* (97); *padmāsana* e seu ciclo (104 a 124); posturas em pé (1 a 36); *uṣṭrāsana* (41); *dhanurāsana* (63); *ūrdhva mukha śvānāsana* (74); *marīchyāsana III* (303); *ardha matsyendrāsana I* (311); *pāśāsana* (328); *paripūrṇa matsyendrāsana* (336); *paśchimōttānāsana* (160); *yoganidrāsana* (391); *ūrdhva dhanurāsana* (486); *dwi pāda viparīta daṇḍāsana* (516); *ujjāyī* (seção 203) e *nāḍī śodhana prāṇāyāma* (seção 205); *bhastrikā* (seção 206) e *uḍḍīyāna* (seção 201).

Anemia

Śīrṣāsana e seu ciclo (184 a 218); *sarvāṅgāsana* e seu ciclo (234 a 271); *paśchimōttānāsana* (160); *uttānāsana* (48); *ujjāyī prāṇāyāma*; *nāḍī śodhana prāṇāyāma* sem *kumbhaka* (retenção) por 2 a 3 meses. Após 3 meses faça *antara kumbhaka* (retenção após a inspiração); *śavāsana* (592), sempre que for possível, de 10 a 15 minutos seguidos.

Apendicite

Śīrṣāsana e seu ciclo (184 a 218); *sarvāṅgāsana* e seu ciclo (234 a 271); *paśchimōttānāsana* (160); *ūrdhva mukha paśchimōttānāsana I* e *II* (168 e 170); *pūrvottānāsana* (171); *mahā mudrā* (125); *jānu śīrṣāsana* (127); *ardha matsyendrāsana I* (311); *pāśāsana* (328); *ūrdhva dhanurāsana* (468); *dwi pāda viparīta daṇḍāsana* (516); *uttānāsana* (48). *Nāḍī śodhana prāṇāyāma* (seção 205) sem retenção por 2 meses e, depois, com retenção após a inspiração.

Artrite na parte inferior da coluna

Utthita e *parivṛtta trikoṇāsana* (4, 5, 6 e 7); *utthita* e *parivṛtta; pārśva koṇāsana* (8, 9, 10 e 11); *vīrabhadrāsana I, II* e *III* (14, 15 e 17); *ardha chandrāsana* (19); *pādāṅguṣṭhāsana* (44); *pāda hastāsana* (46); *uttānāsana* (48); *śīrṣāsana* e seu ciclo (184 a 218); *sarvāṅgāsana* e seu ciclo (234 a 271); *marīchyāsana I, II, III* e *IV* (143, 145, 303 e 305);

bharadvājāsana I e II (297 e 299); ardha matsyendrāsana I (311); pāśāsana (328); parighāsana (39); śalabhāsana (60); dhanurāsana (63); pārśva dhanurāsana (64 e 65); uttāna pādāsana (292); uṣṭrāsana (41); setu bandhāsana (296); ūrdhva dhanurāsana (486); dwi pāda viparīta daṇḍāsana (516); adho mukha vṛkṣāsana (359); pīnchā mayūrāsana (357).

Artrite na região dorsal

Padmāsana e seu ciclo (104 a 124); vīrāsana (91); paryankāsana (97); gomukhāsana (80); todas as posturas em pé (4 a 36); parighāsana (39); paśchimōttānāsana (160); ūrdhva mukha paśchimōttānāsana I e II (168 e 170); bhujangāsana I (73); ūrdhva mukha śvānāsana (74); adho mukha śvānāsana (75); pīnchā mayūrāsana (357); adho mukha vṛkṣāsana (359); śīrṣāsana e seu ciclo (184 a 218); sarvāṅgāsana e seu ciclo (234 a 271); bharadvājāsana I e II (297 e 299); marīchyāsana I e III (143 e 303); ardha matsyendrāsana I e II (311 e 330); pāśāsana (328); uṣṭrāsana (41); dhanurāsana (63); ūrdhva dhanurāsana (486 e 487); eka pāda ūrdhva dhanurāsana (501); dwi pāda viparīta daṇḍāsana (516); eka pāda viparīta daṇḍāsana I (521); kapotāsana (512); laghu vajrāsana (513).

Artrite nas articulações dos ombros

Utthita e parivṛtta trikoṇāsana (4, 5, 6 e 7); utthita e parivṛtta pārśva koṇāsana (8, 9, 10 e 11); vīrabhadrāsana I, II e III (14, 15 e 17); ardha chandrāsana (19); pārśvōttānāsana (26); sālamba śīrṣāsana (184); sālamba sarvāṅgāsana I e II (234 e 235); halāsana (244); dhanurāsana (63); ūrdhva mukha śvānāsana (74); adho mukha śvānāsana (75); vīrāsana (89); parvatāsana (107); ardha baddha padmōttānāsana (52); ardha baddha padma paśchimōttānāsana (135); paśchimōttānāsana (160); gomukhāsana (80); baddha padmāsana (118); yoga mudrāsana (120); pīnchā mayūrāsana (357); adho mukha vṛkṣāsana (359); vasiṣṭhāsana (398); kaśyapāsana (399); viśvāmitrāsana (403); bhujapīḍāsana (348); bakāsana (410); marīchyāsana I, II e III (144, 146 e 303); ardha matsyendrāsana I e II (311 e 330); bharadvājāsana I e II (297 e 299); pāśāsana (328); paripūrṇa matsyendrāsana (336); uṣṭrāsana (41); yogadaṇḍāsana (456); ūrdhva dhanurāsana (486); kapotāsana (512); maṇḍalāsana (525 a 535); pādāṅguṣṭha dhanurāsana (555).

Asma

Śīrṣāsana e seu ciclo (184 a 218); *sarvāṅgāsana* e seu ciclo (234 a 271); *mahā mudrā* (125); *jānu śīrṣāsana* (127); *uttānāsana* (48); *paśchimōttānāsana* (160); *bhujangāsana I* e *II* (73 e 550); *śalabhāsana* (60); *dhanurāsana* (63); *ūrdhva mukha śvānāsana* (74); *adho mukha śvānāsana* (75); *vīrāsana* (89); *supta vīrāsana* (96); *paryankāsana* (97); *padmāsana* e seu ciclo (104 a 124); *uttāna pādāsana* (292); *setu bandhāsana* (296); *pūrvottānāsana* (171); *ardha matsyendrāsana I* e *II* (311 e 330); *pāśāsana* (328); *uṣṭrāsana* (41); *ūrdhva dhanurāsana* (486); *dwi pāda viparīta daṇḍāsana* (516). *Ujjāyī prāṇāyāma* (seção 203) e *nāḍī śodhana prāṇāyāma* (seção 205) sem retenção quando estiver em um acesso de asma e em outras ocasiões com retenção após a inspiração e *uḍḍīyāna* (seção 201).

Azia

Siga os exercícios recomendados para "Acidez".

Braços (deformidade nos)

Todas as posturas em pé (1 a 48); *parvatāsana* (107); *halāsana* (244); *ūrdhva mukha śvānāsana* (74); *adho mukha śvānāsana* (75); *adho mukha vṛkṣāsana* (359); *gomukhāsana* (80); *marīchyāsana I* e *III* (144 e 303); *ardha matsyendrāsana I* (311); *baddha padmāsana* (118); *mālāsana I* (321); *pāśāsana* (328).

Braços e órgãos abdominais

Chaturaṅga daṇḍāsana (67); *nakrāsana* (68 a 71); *ūrdhva mukha śvānāsana* (74); *adho mukha śvānāsana* (75); *lolāsana* (83); *tolāsana* (108); *siṃhāsana II* (110); *mayūrāsana* (354); *padma mayūrāsana* (355); *haṃsāsana* (356); *aṣṭāvakrāsana* (342); *bhujapīdāsana* (348); *pīnchā mayūrāsana* (357); *adho mukha vṛkṣāsana* (359); *bakāsana* (410); *pārśva bakāsana* (412); *eka hasta bhujāsana* (344); *dwi hasta bhujāsana* (345); *chakorāsana* (379); *vasiṣṭhāsana* (398); *viśvāmitrāsana* (403); *ṭiṭṭibhāsana* (395); *ūrdhva kukkuṭāsana* (419); *pārśva kukkuṭāsana* (424); *dwi pāda kouṇḍinyāsana* (438); *eka pāda kouṇḍinyāsana I* e *II* (441 e 442); *eka pāda bakāsana I* e *II* (446 e 451); *gālavāsana* (427); *eka pāda gālavāsana* (432); *viparīta chakrāsana* (488 a 499).

Broncopneumonia

Sālamba śīrṣāsana I (184); sālamba sarvāṅgāsana I (234); halāsana (244); paśchimōttānāsana (160); uttānāsana (48); mahā mudrā (125); adho mukha śvānāsana (75); vīrāsana (89); siddhāsana (84); padmāsana (104); baddha padmāsana (118); baddha koṇāsana (102); ujjāyī, nāḍī śodhana e sūrya bhedana prāṇāyāma; śavāsana (592).

Bronquite

Todas as posturas em pé (4 a 39); śīrṣāsana e, se possível, seu ciclo (184 a 218); sarvāṅgāsana e seu ciclo (234 a 271, exceto 267); paśchimōttānāsana (160); jaṭhara parivartanāsana (275); ūrdhva mukha paśchimōttānāsana I e II (167 e 170); jānu śīrṣāsana (127); mahā mudrā (125); bhujangāsana I (73); adho mukha śvānāsana (75); gomukhāsana (80); marīchyāsana I e III (144 e 303); ardha matsyendrāsana I (311); mālāsana I e II (321 e 322); pāśāsana (328); vīrāsana (89); supta vīrāsana (96); paryankāsana (97); padmāsana e o que for possível do ciclo de padmāsana (104 a 124); baddha koṇāsana (102); upaviṣṭha koṇāsana (151); eka pāda śīrṣāsana e seu ciclo (371 a 384); yoganidrāsana (391); dwi pāda śīrṣāsana (393); kūrmāsana e supta kūrmāsana (363, 364 e 368); śalabhāsana (60); dhanurāsana (63); uṣṭrāsana (41); ūrdhva dhanurāsana (486); kapotāsana (512); dwi pāda viparīta daṇḍāsana (516); ujjāyī (seção 203), nāḍī śodhana (seção 205) e sūrya bhedana prāṇāyāma (seção 204) com retenção após a inspiração.

Calafrios

Śīrṣāsana e seu ciclo (184 a 218); sarvāṅgāsana e seu ciclo (234 a 271); uttānāsana (48); paśchimōttānāsana (160); ardha matsyendrāsana I (311) ; pāśāsana (328); ūrdhva dhanurāsana (486). Ujjāyī (seção 203), bhastrikā (seção 206), nāḍī śodhana (seção 205) e sūrya bhedana prāṇāyāmas (seção 204).

Calcanhares (dor ou esporão)

Śīrṣāsana e seu ciclo (184 a 218); sarvāṅgāsana e seu ciclo (234 a 271); adho mukha śvānāsana (75); vīrāsana (89); supta vīrāsana (96); paryankāsana (97); bhekāsana (100); supta bhekāsana (458); baddha koṇāsana (101); mūla bandhāsana (462); ardha *matsyendrāsana I* (311); *mālāsana I* e *II* (321 e 322); *pāśāsana* (328); *paripūrṇa matsyendrāsana* (336); *ūrdhva mukha paśchimōttānāsana I* e *II* (168 e 170); *gomukhāsana* (80); *pīnchā mayūrāsana* (357); *adho mukha vṛkṣāsana* (359); *vāmadevāsana I* e *II* (465 e 466); *yogadaṇḍāsana* (456); *kaṅdāsana* (470).

Catarro nasal

Śīrṣāsana e seu ciclo (184 a 218); *sarvāṅgāsana* e seu ciclo (234 a 271); *paśchimōttānāsana* (160); *uttānāsana* (48); *adho mukha śvānāsana* (75); *ujjāyī* (seção 203), *bhastrikā* (seção 206), *sūrya bhedana* (seção 204) e *nāḍī śodhana prāṇāyāma* (seção 205).

Cérebro

Śīrṣāsana e seu ciclo (184 a 218); *sarvāṅgāsana* e seu ciclo (234 a 271); *adho mukha śvānāsana* (75); *paśchimōttānāsana* (160); *uttānāsana* (48); *kūrmāsana* e *supta kūrmāsana* (363, 364 e 368); *yoganidrāsana* (391); *ūrdhva dhanurāsana* (486); *viparīta chakrāsana* (488 a 499); *dwi pāda viparīta daṇḍāsana* (516); *eka pāda viparīta daṇḍāsana I* e *II* (521 e 523); *vṛiśchikāsana I* e *II* (537 e 538); *śīrṣa pādāsana* (570); *gaṇḍa bheruṇḍāsana* (580 e 581); *viparīta śalabhāsana* (584); *nāḍī śodhana* (seção 205), *sūrya bhedana* (seção 204), *bhastrikā* (seção 206) e *śitali prāṇāyāmas* (601); *śavāsana* (592).

Ciática

Todas as posturas em pé (1 a 36); *śīrṣāsana* e o que for possível de seu ciclo (184 a 218); *sarvāṅgāsana* e os *āsana*s que forem possíveis do seu ciclo (234 a 271); *jaṭhara parivartanāsana* (275); *supta pādāṅguṣṭhāsana* (284 a 287); *anantāsana* (290); *uttāna pādāsana* (292); *setu bandhāsana* (296); *paśchimōttānāsana* (160); *śalabhāsana* (60); *dhanurāsana* (63); *bhujangāsana I* (73); *ūrdhva mukha śvānāsana* (74); *adho mukha śvānāsana* (75); *ūrdhva mukha paśchimōttānāsana I* e *II* (167 e 170); *pūrvottānāsana* (171); *kūrmāsana* (363 e 364); *mūla bandhāsana* (462); *bharadvājāsana I* e *II* (297 e 299); *marīchyāsana III* (303); *ardha matsyendrāsana* I (311); *mālāsana I* e *II* (321 e 322); *pāśāsana* (328); *hanumānāsana* (475); *supta trivikramāsana* (478); *uṣṭrāsana* (41); *dwi pāda viparīta daṇḍāsana* (516). Se possível, *paripūrṇa matsyendrāsana* (336).

Cóccix (dor e deslocamento)

Vīrāsana (86); *supta vīrāsana* (96); *padmāsana* e seu ciclo (104 a 124); *śīrṣāsana I* (184); *sarvāṅgāsana I* (234); *setu bandha sarvāṅgāsana* e *eka pāda setu bandha sarvāṅgāsana* (259 e 260); *śalabhāsana* (60); *dhanurāsana* (63); *pārśva dhanurāsana* (64 e 65); *bhujaṅgāsana I* e *II* (73 e 550); *adho mukha vṛkṣāsana* (359); *pīnchā mayūrāsana* (357); *ūrdhva mukha śvānāsana* (74); *vātāyanāsana* (58); *uṣṭrāsana* (41); *ūrdhva dhanurāsana* (486 e 487); *dwi pāda viparīta daṇḍāsana* (516); *kapotāsana* (512); *laghu vajrāsana* (513); *vṛiśchikāsana I* (537); *rāja kapotāsana* (551); *eka pāda rājakapotāsana I, II, III* e *IV* (542, 545, 546 e 547); *vālakhilyāsana* (544); *gaṇḍa bheruṇḍāsana* (580 e 581); *viparīta śalabhāsana* (584); *pādāṅguṣṭha dhanurāsana* (550); *tirieng mukhottānāsana* (586); *hanumānāsana* (475); *mūla bandhāsana* (462).

Cólica

Śīrṣāsana e seu ciclo (184 a 218); *sarvāṅgāsana* e seu ciclo (234 a 271); *uttānāsana* (48); *jaṭhara parivartanāsana* (275); *paripūrṇa nāvāsana* (78); *ardha nāvāsana* (79); *vīrāsana* (89); *supta vīrāsana* (96); *mahā mudrā* (125); *uḍḍīyāna* 6 a 8 vezes (seção 201).

Colite

Śīrṣāsana e seu ciclo (184 a 218); *sarvāṅgāsana* e seu ciclo (234 a 271); *uttānāsana* (48); *paśchimōttānāsana* (160); *vīrāsana* (89); *supta vīrāsana* (96); *jaṭhara parivartanāsana* (275); *paripūrṇa nāvāsana* (78); *ardha nāvāsana* (79); *marīchyāsana III* (303); *ardha matsyendrāsana I* (311); *pāśāsana* (328); *mahā mudrā* (125); *adho mukha śvānāsana* (75); *jānu śīrṣāsana* (127); *yoganidrāsana* (391); *śalabhāsana* (60); *dhanurāsana* (63); *ūrdhva dhanurāsana* (486); *ujjāyī* (seção 203) e *nāḍī śodhana prāṇāyāma* (seção 205).

Constipação

Śīrṣāsana e seu ciclo (184 a 218); *sarvāṅgāsana* e seu ciclo (234 a 271); todas as posturas em pé (4 a 36); *uttānāsana* (48); *paśchimōttānāsana* (160); *jaṭhara parivartanāsana* (275). *Nāḍī śodhana prāṇāyāma* (seção 205).

Coração (dilatação cardíaca)

Nāḍī śodhana prāṇāyāma (seção 205) sem retenção.

Coração (problemas cardíacos)

Ujjāyī (seção 203) ou nāḍī śodhana prāṇāyāma (seção 205) sem retenção e sem esforço. Meditação. Śavāsana (592).

Corcunda

Todas as posturas em pé (1 a 36); chaturaṅga daṇḍāsana (67); śalabhāsana (60); makarāsana (62); dhanurāsana (63); uṣṭrāsana (41); pādāṅguṣṭhāsana (43); pāda hastāsana (45); uttānāsana (47); bhujaṅgāsana I (73); ūrdhva mukha śvānāsana (74); adho mukha śvānāsana (75); mahā mudrā (125); jānu śīrṣāsana (127); upaviṣṭha koṇāsana (151); gomukhāsana (80); parvatāsana (107); bharadvājāsana I e II (297 e 299); marīchyāsana I, II, III e IV (144, 146, 303 e 305); baddha padmāsana (118); paryaṅkāsana (97); ardha matsyendrāsana I e II (311 e 330); jaṭhara parivartanāsana (275); supta pādāṅguṣṭhāsana (285 a 287); ūrdhva dhanurāsana (486); pīnchā mayūrāsana (357); adho mukha vṛkṣāsana (359); dwi pāda viparīta daṇḍāsana (516).

Diabete

Śīrṣāsana e seu ciclo (184 a 218); sarvāṅgāsana e seu ciclo (234 a 271); mahā mudrā (125); jānu śīrṣāsana (127); paśchimōttānāsana (160); vīrāsana (89); supta vīrāsana (96); ākarṇa dhanurāsana (173 e 175); śalabhāsana (60); dhanurāsana (63); paripūrṇa nāvāsana (78); ardha nāvāsana (79); jaṭhara parivartanāsana (275); uttānāsana (48); marīchyāsana I, II, III e IV (146, 303 e 305); ardha matsyendrāsana I, II e III (311, 330 e 332); pāśāsana (328); paripūrṇa matsyendrāsana (336); ūrdhva dhanurāsana (486); dwi pāda viparīta daṇḍāsana (516); mayūrāsana (354); haṁsāsana (356); bhujaṅgāsana I e II (73 e 550); uḍḍīyāna (seção 201), nauli (seção 202), nāḍī śodhana prāṇāyāma (seção 205) com retenção após a inspiração; śavāsana (592).

Diarreia

Sālamba śīrṣāsana I (184); sālamba sarvāṅgāsana I (234); nāḍī śodhana prāṇāyāma (seção 205) sem retenção.

Deslocamento do útero

Śīrṣāsana e seu ciclo (184 a 218); sarvāṅgāsana e seu ciclo (234 a 271); uttānāsana (48); pādāṅguṣṭhāsana (44); pāda hastāsana (46); adho mukha śvānāsana (75); daṇḍāsana (77); parvatāsana (107); matsyāsana (114); baddha koṇāsana (101); upaviṣṭha koṇāsana (151); ujjāyī (seção 203) e nāḍī śodhana prāṇāyāma (seção 205); uḍḍīyāna (seção 201).

Deslocamento dos discos intervertebrais

Todas as posturas em pé (4 a 19); pādāṅguṣṭhāsana (43); pāda hastāsana (45); uttānāsana (47); paśchimōttānāsana (160); śalabhāsana (60 e 61); makarāsana (62); dhanurāsana (63); uṣṭrāsana (41); bhujangāsana I (73); ūrdhva mukha śvānāsana (74); uttāna pādāsana (292); setu bandhāsana (296); sarvāṅgāsana I (234); setu bandha sarvāṅgāsana (259); pīnchā mayūrāsana (357); adho mukha vṛkṣāsana (359); parvatāsana (107); matsyāsana (113); supta vīrāsana (96); paryankāsana (97); parighāsana (39); ūrdhva dhanurāsana (486 e 487); dwi pāda viparīta daṇḍāsana (516); ujjāyī (seção 203) e nāḍī śodhana prāṇāyāma (seção 205).

Distúrbios menstruais

Śīrṣāsana e seu ciclo (184 a 218); sarvāṅgāsana e seu ciclo (234 a 271); paśchimōttānāsana (160); uttānāsana (48); adho mukha śvānāsana (75); baddha padmāsana (118); yoga mudrāsana (120); parvatāsana (107); matsyāsana (113); kūrmāsana e supta kūrmāsana (363, 364 e 368); vīrāsana (89); supta vīrāsana (96); paryankāsana (97); baddha koṇāsana (102); upaviṣṭha koṇāsana (151); ūrdhva mukha paśchimōttānāsana I e II (167 e 170); yoganidrāsana (391); marīchyāsana III (303); ardha matsyendrāsana I (311); pāśāsana (328); ūrdhva dhanurāsana (486); dwi pāda viparīta daṇḍāsana (516); śavāsana (592); nāḍī śodhana prāṇāyāma com retenção após a inspiração e uḍḍīyāna (seção 201).

Disenteria

Śīrṣāsana e os āsanas possíveis de seu ciclo (184 a 218); sarvāṅgāsana e os āsanas possíveis de seu ciclo (234 a 271); mahā mudrā (125); jānu śīrṣāsana (127); nāḍī śodhana prāṇāyāma (seção 205) sem retenção.

Dispepsia

Siga os āsanas prescritos para "Acidez".

Dor de cabeça

Sālamba śīrṣāsana I (184) por 10 minutos; sālamba sarvāṅgāsana I (234) por 10 minutos; halāsana (244) por 5 minutos e os āsanas possíveis do ciclo de sarvāṅgāsana; paśchimōttānāsana (160) por 5 minutos; uttānāsana (48) por 3 minutos; nāḍī śodhana prāṇāyāma (seção 205) sem retenção por 10 a 15 minutos; śavāsana (592) por 10 minutos.

Dor nas costas

Śīrṣāsana e seu ciclo (184 a 218); sarvāṅgāsana e seu ciclo (234 a 271); todas as posturas em pé (4 a 36); jaṭhara parivartanāsana (275); supta pādāṅguṣṭhāsana (285 a 287); mahā mudrā (125); jānu śīrṣāsana (127); parivṛtta jānu śīrṣāsana (132); paśchimōttānāsana (160); ūrdhva mukha paśchimōttānāsana I e II (167 e 170); parivṛtta paśchimōttānāsana (165); marīchyāsana I e III (144 e 303); ardha matsyendrāsana I e II (311 e 330); pāśāsana (328); paripūrṇa matsyendrāsana (336); mālāsana I e II (321 e 322); adho mukha śvānāsana (75); uṣṭrāsana (41); śalabhāsana (60); dhanurāsana (63); pārśva dhanurāsana (64 e 65); ūrdhva dhanurāsana (486); viparīta chakrāsana (488 a 499); dwi pāda viparīta daṇḍāsana (516); maṇḍalāsana (525 a 535).

Dores do parto

Vīrāsana (89); baddha koṇāsana (101 e 103); upaviṣṭha koṇāsana (148), segurando ou não os dedões dos pés; ujjāyī prāṇāyāma (seção 201) com retenção após a inspiração e nāḍī śodhana prāṇāyāma (seção 203) sem retenção; śavāsana (592).

Dores reumáticas

Siga os *āsanas* recomendados para "Artrite" e "Lumbago".

Enxaqueca

Sālamba śīrṣāsana (184) e, se possível, o ciclo de *śīrṣāsana*; *sarvāṅgāsana* (e o que for possível do ciclo de *sarvāṅgāsana*) (234 a 271); *paśchimōttānāsana* (160); *uttānāsana* (48); *nāḍī śodhana prāṇāyāma* sem retenção; *śītali prāṇāyāma*; *ṣaṇmukhī mudrā* (106); meditação em *vīrāsana* (89) ou *siddhāsana* (84) ou *baddha koṇāsana* (103) ou *padmāsana* (104); *śavāsana* (592).

Epilepsia

Sālamba śīrṣāsana I (184); *sālamba sarvāṅgāsana I* (234); *halāsana* (244); *mahā mudrā* (125); *paśchimōttānāsana* (160); *ujjāyī prāṇāyāma* com retenção após a inspiração e *nāḍī śodhana prāṇāyāma* sem retenção; *ṣaṇmukhī mudrā* (106) por 5 minutos; *śavāsana* (592) pelo tempo que tiver disponível. *Śitalī prāṇāyāma* (601); *dhyāna* ou meditação.

Espermatorreia

Śīrṣāsana e seu ciclo (184 a 218); *sarvāṅgāsana* e seu ciclo (234 a 271); *paśchimōttānāsana* (160); *baddha koṇāsana* (103); *mūla bandhāsana* (462); *kaṅdāsana* (470); *ujjāyī* (seção 203) e *nāḍī śodhana prāṇāyāma* (seção 205) sem retenção por 2 a 3 meses e depois com retenção após a inspiração.

Esterilidade

Siga os āsanas recomendados para "Espermatorreia".

Fadiga

Sālamba śīrṣāsana I (184); *sālamba sarvāṅgāsana I* (234); *halāsana* (244); *paśchimōttānāsana* (160); *ūrdhva mukha paśchimōttānāsana II* (170); *adho mukha śvānāsana*

(75); *uttānāsana* (48); *ardha matsyendrāsana I* (311); *pāśāsana* (328); *mālāsana II* (322); *dwi pāda viparīta daṇḍāsana* (516); *nāḍī śodhana prāṇāyāma* (seção 205) sem retenção; *śavāsana* (592).

Falta de ar

Sālamba śīrṣāsana I (184); *sālamba sarvāṅgāsana I* (234); *halāsana* (244); *paśchimōttānāsana* (160); *uttānāsana* (48); *adho mukha śvānāsana* (75); *parvatāsana* (107); *ūrdhva dhanurāsana* (486); *ujjāyī prāṇāyāma*; *nāḍī śodhana prāṇāyāma*; *uḍḍīyāna*; *śavāsana* (592).

Fígado, baço, pâncreas e intestinos

Siga os *āsanas* recomendados para "Braços" e "Rins".

Flatulência

Śīrṣāsana e seu ciclo (184 a 218); *sarvāṅgāsana* e seu ciclo (234 a 271); todas as posturas em pé (1 a 36); *pādāṅguṣṭhāsana* (44); *pāda hastāsana* (46); *uttānāsana* (48); *mahā mudrā* (125); *jānu śīrṣāsana* (127); *ardha baddha padma paśchimōttānāsana* (135); *triaṅga mukhaika pāda paśchimōttānāsana* (139); *krounchāsana* (142); *marīchyāsana I* (144); *paripūrṇa nāvāsana* (78); *ardha nāvāsana* (79); *marīchyāsana III* (303); *ardha matsyendrāsana I* e *III* (311 e 332); *mālāsana II* (322); *pāśāsana* (328); *paripūrṇa matsyendrāsana* (336); *paśchimōttānāsana* (160); *ūrdhva mukha paśchimōttānāsana I* e *II* (167 e 170); *jaṭhara parivartanāsana* (275); *ūrdhva prasārita pādāsana* (276 a 279); *chakrāsana* (280 a 283); *supta vīrāsana* (96); *yoga mudrāsana* (120); *eka pāda śīrṣāsana* e ciclo (371 a 384); *kūrmāsana* e *supta kūrmāsana* (363, 364 e 368); *yoganidrāsana* (391); *dwi pāda śīrṣāsana* (393); *śalabhāsana* (60); *dhanurāsana* (63); *mayūrāsana* (354); *ūrdhva dhanurāsana* (486); *dwi pāda viparīta daṇḍāsana* (516); *maṇḍalāsana* (525 a 535); *uḍḍīyāna* (seção 201) e *nauli* (seção 202).

Gastrite

Os mesmos recomendados para "Flatulência".

Gota

Śīrṣāsana e o que for possível do seu ciclo (184 a 218); *sarvāṅgāsana* e o que for possível do seu ciclo (234 a 271); posturas em pé (4 a 36); se possível, *padmāsana* e seu ciclo (104 a 124); *vīrāsana* (89); *supta vīrāsana* (96); *paryankāsana* (97); *parighāsana* (39); *garuḍāsana* (56); *gomukhāsana* (80); *uttānāsana* (48); *paśchimōttānāsana* (160); *ubhaya pādāṅguṣṭhāsana* (167); *ākarṇa dhanurāsana* (173 e 175); *krounchāsana* (142); *marīchyāsana III* (303); *ardha matsyendrāsana I* (311); *mālāsana I e II* (321 e 322); *pāśāsana* (328); *yogadaṇḍāsana* (456); *bhekāsana* (100); *supta bhekāsana* (458); *mūla bandhāsana* (462); *vāmadevāsana I e II* (465 e 466); *kaṅdāsana* (470); *hanumānāsana* (475).

Halitose (mau hálito)

Śīrṣāsana e seu ciclo (184 a 218); *sarvāṅgāsana* e seu ciclo (234 a 271); *uttānāsana* (48); *jaṭhara parivartanāsana* (275); *paśchimōttānāsana* (160); *siṃhāsana I e II* (109 e 110); *ujjāyī* (seção 203), *nāḍī śodhana* (seção 205) e *śitali prāṇāyāma* (601); *uḍḍīyāna* (seção 201).

(Quando fizer *āsanas* e *prāṇāyāma*, abra a boca, estenda a língua e enrole-a para cima, de modo que sua ponta seja empurrada e se aproxime da glote ao longo da prática. Isso não somente remove o odor desagradável, mas também extingue a sede. No *yoga*, esta ação é denominada *kāka mudrā*. *Kāka* significa corvo, e *mudrā*, símbolo).

Hemorroidas

Śīrṣāsana e seu ciclo (184 a 218); *sarvāṅgāsana* e seu ciclo (234 a 271); *jaṭhara parivartanāsana* (275); *supta pādāṅguṣṭhāsana* (285 a 287); *matsyāsana* (114); *siṃhāsana II* (110); *śalabhāsana* (60); *dhanurāsana* (63); *ūrdhva dhanurāsana* (486); *dwi pāda viparīta daṇḍāsana* (516); *ujjāyī* (seção 203) e *nāḍī śodhana prāṇāyāma* (seção 205) com retenção e *śavāsana* (592).

Hérnia (inguinal)

Śīrṣāsana e seu ciclo (184 a 218); *sarvāṅgāsana* e seu ciclo (234 a 271); *ubhaya pādāṅguṣṭhāsana* (167); *ūrdhva mukha paśchimōttānāsana I e II* (167 e 170); *krounchāsana* (141); *ākarṇa dhanurāsana* (173 e 175); *supta pādāṅguṣṭhāsana* (284 a 287); *upaviṣṭha* koṇāsana (151); *baddha koṇāsana* (102); *hanumānāsana* (475); *sama koṇāsana* (477); *supta trivikramāsana* (478); *yogadaṇḍāsana* (456); *mūla bandhāsana* (462); *yoganidrāsana* (391); *uḍḍīyāna* (seção 201).

(É recomendável fazer *baddha koṇāsana* (101) em posição deitada enquanto descansa. Não se levante nem se movimente imediatamente depois de executar o *āsana* – faça *śavāsana* após o *āsana*).

Hérnia (umbilical)

Śīrṣāsana e seu ciclo (184 a 218); *sarvāṅgāsana* e seu ciclo (234 a 271); *baddha koṇāsana* (103); *upaviṣṭha koṇāsana* (151); *paśchimōttānāsana* (160); *ūrdhva mukha paśchimōttānāsana I e II* (167 e 170); *ākarṇa dhanurāsana* (173 e 175); *supta pādāṅguṣṭhāsana* (284 a 287); *mahā mudrā* (125); *adho mukha śvānāsana* (75); *pādāṅguṣṭhāsana* (43); *pāda hastāsana* (45); *uttānāsana* (57); *ūrdhva dhanurāsana* (486); *dwi pāda viparīta daṇḍāsana* (516); *kūrmāsana* e *supta kūrmāsana* (363, 364 e 368); *eka pāda śīrṣāsana* e seu ciclo (371 a 384); *yoganidrāsana* (391); *dwi pāda śīrṣāsana* (393); *paripūrṇa nāvāsana* (78); *ardha nāvāsana* (79); *uḍḍīyāna*.

Hidrocele

Śīrṣāsana e seu ciclo (184 a 218); *sarvāṅgāsana* e seu ciclo (234 a 271); *padmāsana* e seu ciclo (104 a 124); *adho mukha vṛkṣāsana* (359); *pīnchā mayūrāsana* (357); *adho mukha śvānāsana* (75); *jaṭhara parivartanāsana* (275); *supta pādāṅguṣṭhāsana* (285 a 287); *baddha koṇāsana* (101); *upaviṣṭha koṇāsana* (151); *paśchimōttānāsana* (160); *yoganidrāsana* (391); *yogadaṇḍāsana* (456); *mūla bandhāsana* (462); *vāmadevāsana I e II* (465 e 466); *kaṅdāsana* (470); *hanumānāsana* (475); *sama koṇāsana* (477); *uḍḍīyāna* (seção 201) e *nauli* (seção 202).

Impotência

Śīrṣāsana e seu ciclo (184 a 218); *sarvāṅgāsana* e seu ciclo (234 a 271); *paśchimōttānāsana* (160); *uttānāsana* (48); *mahā mudrā* (125); *baddha koṇāsana* (101); *ardha matsyendrāsana I* (311); *pāśāsana* (328); *mūla bandhāsana* (462); *kaṅdāsana* (470);

hanumānāsana (475); *yoganidrāsana* (391); *ūrdhva dhanurāsana* (486); *dwi pāda viparīta daṇḍāsana* (516); *uḍḍīyāna*; *nāḍī śodhana prāṇāyāma* (seção 205) com retenção após a inspiração.

Indigestão

Todas as posturas em pé (4 a 48); *śīrṣāsana* e seu ciclo (184 a 218); *sarvāṅgāsana* e seu ciclo (234 a 271); *jaṭhara parivartanāsana* (275); *ūrdhva prasarīta pādāsana* (276 a 279); *paripūrṇa nāvāsana* (78); *ardha nāvāsana* (79); *mahā mudrā* (125); *śalabhāsana* (60); *dhanurāsana* (63); *paśchimōttānāsana* (160); *yoganidrāsana* (391); *marīchyāsana III* (303); *ardha matsyendrāsana I* (311); *pāśāsana* (328); *paripūrṇa matsyendrāsana* (336); *supta vīrāsana* (96); *uḍḍīyāna* (seção 201) e *nauli* (seção 202), *bhastrikā prāṇāyāma* (seção 206), *nāḍī śodhana prāṇāyāma* (seção 205) com retenção após a inspiração.

Insônia

Śīrṣāsana e seu ciclo (184 a 218); *sarvāṅgāsana* e seu ciclo (234 a 271); *paśchimōttānāsana* (160); *uttānāsana* (48); *bhastrikā*, *nāḍī śodhana* e *sūrya bhedana prāṇāyāma* sem retenção, *ṣaṇmukhī mudrā* (106) e *śavāsana* (592).

Isquiotibiais (músculos)

Todas as posturas em pé (4 a 36); *sālamba śīrṣāsana* e o que for possível de seu ciclo (184 a 218); *sālamba sarvāṅgāsana* e o que for possível de seu ciclo (234 a 271); *jaṭhara parivartanāsana* (275); *supta pādāṅguṣṭhāsana* (284 a 287); *anantāsana* (290); *paśchimōttānāsana* (160); *pūrvottānāsana* (171); *baddha koṇāsana* (101); *upaviṣṭha koṇāsana* (151); *ākarṇa dhanurāsana* (173 e 175); *kūrmāsana* (363 e 364); *uṣṭrāsana* (41); *śalabhāsana* (60); *dhanurāsana* (63); *ūrdhva dhanurāsana* (486 e 487); *dwi pāda viparīta daṇḍāsana* (516); *maṇḍalāsana* (525 a 535); *ardha matsyendrāsana I* (311); *mālāsana II* (322); *pāśāsana* (328); *hanumānāsana* (475); *sama koṇāsana* (477); *supta trivikramāsana* (478).

Apêndice II

Joelhos

Todas as posturas em pé (1 a 48); *jānu śīrṣāsana* (127); *parivṛtta jānu śīrṣāsana* (132); *ardha baddha padma paśchimōttānāsana* (135); *triaṅga mukhaika pāda paśchimōttānāsana* (139); *krounchāsana* (141); *marīchyāsana I, II, III e IV* (144, 146, 303 e 305); *ākarṇa dhanurāsana* (173 e 175); *padmāsana* e seu ciclo (104 a 124); *vīrāsana* (89); *supta vīrāsana* (96); *paryankāsana* (97); *gomukhāsana* (80); *siddhāsana* (84); *baddha koṇāsana* (101); *bharadvājāsana I e II* (297 e 299); *ardha matsyendrāsana I* (311); *mālāsana I e II* (321 e 322); *pāśāsana* (328); *kūrmāsana e supta kūrmāsana* (363, 364 e 368); *yoganidrāsana* (391); *yogadaṇḍāsana* (456); *bhekāsana* (100); *supta bhekāsana* (458); *mūla bandhāsana* (462); *vāmadevāsana I e II* (465 e 466); *kaṅdāsana* (470); *hanumānāsana* (475); *gheraṇḍāsana I e II* (561 e 564).

Lumbago

Todas as posturas em pé (4 a 48); *śalabhāsana* (60); *dhanurāsana* (63); *bhujangāsana I* (73); *pūrvottānāsana* (171); *mālāsana I e II* (321 e 322); *bharadvājāsana I e II* (297 e 299); *marīchyāsana III* (303); *ardha matsyendrāsana I* (311); *pāśāsana* (328); *ūrdhva mukha paśchimōttānāsana II* (170); *jaṭhara parivartanāsana* (275); *parvatāsana* (107); *śīrṣāsana* e seu ciclo (184 a 218); *sarvāṅgāsana* e seu ciclo (234 a 271); *ūrdhva dhanurāsana* (486 e 487); *viparīta chakrāsana* (488 a 499); *dwi pāda viparīta daṇḍāsana* (516); *maṇḍalāsana* (525 a 535).

Memória (perda)

Śīrṣāsana e seu ciclo (184 a 218); *sarvāṅgāsana* e seu ciclo (234 a 271); *uttānāsana* (48); *paśchimōttānāsana* (160); *ūrdhva mukha paśchimōttānāsana I e II* (167 e 170); *trāṭaka* (fixar o olhar entre as sobrancelhas ou na ponta do nariz). *Nāḍī śodhana prāṇāyāma* (seção 205) sem retenção após a inspiração e *bhastrikā prāṇāyāma* (seção 206).

Nervos (fragilidade nervosa)

Śīrṣāsana e seu ciclo (184 a 218); *sarvāṅgāsana* e seu ciclo (234 a 271); *uttānāsana* (48); *paśchimōttānāsana* (160); *nāḍī śodhana prāṇāyāma* sem retenção; *ṣaṇmukhī mudrā* (106); meditação e *śavāsana* (592).

Obesidade

Siga os *āsanas* recomendados para "Acidez", "Dispepsia" e "Gastrite".

Olhos

Śīrṣāsana e ciclo (184 a 218); *sarvāṅgāsana* e ciclo (234 a 271); *uttānāsana* (48); *paśchimōttānāsana* (160); *trāṭaka* (ou dirigir o olhar, com os olhos fechados, primeiro à ponta do nariz e depois entre as sobrancelhas, por algum tempo). *ṣaṇmukhī mudrā* (106); *śitalī* (601) e *nāḍī śodhana prāṇāyāma* (seção 205); *śavāsana* (592).

Ovários

Siga os *āsanas* recomendados para "Distúrbios menstruais".

Palpitação

Sālamba śīrṣāsana I (184); *sālamba sarvāṅgāsana I* (234); *halāsana* (244); *paśchimōttānāsana* (160); *uttānāsana* (48); *adho mukha śvānāsana* (75); *dwi pāda viparīta daṇḍāsana* (516); *vīrāsana* (89), *supta vīrāsana* (96); *ujjāyī* (seção 203) e *nāḍī śodhana prāṇāyāma* (seção 205) sem retenção no começo. Após 2 ou 3 meses, comece com 5 segundos de retenção depois da inspiração e aumente o tempo gradualmente. *Śavāsana* (592).

Paralisia

Neste caso também, a orientação de um professor competente é uma necessidade. Todas as posturas em pé (1 a 36); *pādāṅguṣṭhāsana* (44); *pāda hastāsana* (46); *uttānāsana* (48); *śalabhāsana* (60 e 61); *makarāsana* (62); *dhanurāsana* (63); *bhujaṅgāsana I* (73); *sālamba śīrṣāsana I* (184); *sālamba sarvāṅgāsana I* (234); *halāsana* (244); *eka pāda sarvāṅgāsana* (250); *pārśvaika pāda sarvāṅgāsana* (251); *pārśva halāsana* (249); *supta koṇāsana* (247); *supta pādāṅguṣṭhāsana* (284, 285 e 287); *ūrdhva prasārita pādāsana* (276 a 279); *śavāsana* (592); *ujjāyī* (seção 203) e *nāḍī śodhana prāṇāyāma* (seção 205).

Pés chatos

Todas as posturas em pé (1 a 48); *śīrṣāsana I* (184); *sarvāṅgāsana I* (234); *vīrāsana* (89); *supta vīrāsana* (96); *paryaṅkāsana* (97); *bhekāsana* (100); *supta bhekāsana* (458); *triaṅga mukhaika pāda paśchimōttānāsana* (139); *krounchāsana* (141); *baddha padmāsana* (118); *baddha koṇāsana* (102); *mūla bandhāsana* (462); *supta pādāṅguṣṭhāsana* (284 a 287); *gomukhāsana* (80); *yogadaṇḍāsana* (456); *vāmadevāsana I e II* (465 e 466); *gheraṇḍāsana I* (561).

Peito

Todas as posturas em pé (1 a 48); *śīrṣāsana* e seu ciclo (184 a 218); *sarvāṅgāsana* e seu ciclo (234 a 271); *dhanurāsana* (63); *chaturaṅga daṇḍāsana* (67); *bhujaṅgāsana I e II* (73 e 550); *ūrdhva mukha śvānāsana* (74); *adho mukha śvānāsana* (75); *padmāsana* e seu ciclo (104 a 124); *paśchimōttānāsana* (160); *ākarṇa dhanurāsana* (173 e 175); *ubhaya pādāṅguṣṭhāsana* (168); *ūrdhva mukha paśchimōttānāsana I e II* (167 e 170); *baddha koṇāsana* (101); *bhujapīḍāsana* (348); *marīchyāsana III* (303); *ardha matsyendrāsana I, II e III* (311, 330 e 332); *pāśāsana* (328); *pīnchā mayūrāsana* (357); *adho mukha vṛkṣāsana* (359); *bakāsana* (410); *pārśva bakāsana* (412); *dwi pāda kouṇḍinyāsana* (348); *eka pāda kouṇḍinyāsana I e II* (441 e 442); *eka pāda bakāsana I e II* (446 e 451); *ūrdhva kukkuṭāsana* (419); *pārśva kukkuṭāsana* (424); *vāmadevāsana I e II* (465 e 466); *ūrdhva dhanurāsana* (486); *viparīta chakrāsana* (488 a 499); *kapotāsana* (512); *laghu vajrāsana* (513); *dwi pāda viparīta daṇḍāsana* (516); *eka pāda viparīta daṇḍāsana I e II* (521 e 523); *chakra bandhāsana* (524); *maṇḍalāsana* (525 a 535); *vṛiśchikāsana I* (537); *rāja kapotāsana* (551); *eka pāda rāja kapotāsana I, II, III e IV* (542, 545, 546 e 547); *vālakhilyāsana* (544); *pādāṅguṣṭha dhanurāsana* (555); *gaṇḍa bheruṇḍāsana* (580 e 581); *viparīta śalabhāsana* (584); *tirieng mukhottānāsana* (586); *naṭarājāsana* (590); *ujjāyī* (seção 203) e *nāḍī śodhana prāṇāyāma* (seção 205) com retenção após a inspiração.

Pernas

Todas as posturas em pé (1 a 58); *śalabhāsana* (60); *dhanurāsana* (63); *bhujaṅgāsana I e II* (73 e 550); *chaturaṅga daṇḍāsana* (67); *ūrdhva mukha śvānāsana* (74); *adho mukha śvānāsana* (75); *paripūrṇa nāvāsana* (78); *ardha nāvāsana* (79); *paśchimōt-*

tānāsana (160); *ūrdhva mukha paśchimōttānāsana I* e *II* (167 e 170); *ākarṇa dhanurāsana* (173 e 175); *upaviṣṭha koṇāsana* (151); *jaṭhara parivartanāsana* (275); *supta pādāṅguṣṭhāsana* (285 a 287); *krounchāsana* (141); *sālamba śīrṣāsana I* (184); *sālamba sarvāṅgāsana* (234); *halāsana* (244); *pīnchā mayūrāsana* (357); *adho mukha vṛkṣāsana* (359); *anantāsana* (290); *eka pāda śīrṣāsana* e seu ciclo (371 a 384); *vasiṣṭhāsana* (398); *viśvāmitrāsana* (403); *hanumānāsana* (475); *sama koṇāsana* (477); *supta trivikramāsana* (478).

Pernas (deformidade)

Todas as posturas em pé (4 a 48); *jānu śīrṣāsana* (127); *ardha baddha padma paśchimōttānāsana* (135); *triaṅga mukhaika pāda paśchimōttānāsana* (139); *krounchāsana* (141); *upaviṣṭha koṇāsana* (151); *ubhaya pādāṅguṣṭhāsana* (168); *ūrdhva mukha paśchimōttānāsana I* e *II* (167 e 170); *halāsana* (244); *jaṭhara parivartanāsana* (275); *supta pādāṅguṣṭhāsana* (284 a 287); *anantāsana* (290); *adho mukha śvānāsana* (75); *śalabhāsana* (60); *hanumānāsana* (475); *sama koṇāsana* (477); *supta trivikramāsana* (478).

Pleurite e pneumonia

(Após o tratamento médico e o período de repouso, o paciente pode convenientemente praticar *yoga* a fim de ganhar força e conduzir uma vida normal em um período de tempo menor).

Sālamba śīrṣāsana I (184); *sālamba sarvāṅgāsana I* (234); *halāsana* (244); *paśchimōttānāsana* (160); *uttānāsana* (48); *vīrāsana* (89); *parvatāsana* (107); *matsyāsana* (114); *ujjāyī* (seção 203) e *nāḍī śodhana prāṇāyāma* (seção 205) sem retenção, meditação e *śavāsana* (592).

Pólio

Todas as posturas em pé (1 a 36); *śalabhāsana* (60); *dhanurāsana* (63) e daí em diante. Mas na minha experiência, nos casos de pólio, a orientação direta é essencial, portanto, não trabalhe segundo o livro. Os *āsana*s têm que ser ajustados às necessidades individuais e ao estado dos pacientes.

Pressão arterial alta

Halāsana (244); jānu śīrṣāsana (127); ardha baddha padma paśchimōttānāsana (135); trianga mukhaika pāda paśchimōttānāsana (139); paśchimōttānāsana (160); vīrāsana (89); siddhāsana (84); padmāsana (104); śavāsana (592). Nāḍī śodhana prāṇāyāma (seção 205) sem retenção. Meditação com os olhos fechados. (Se a pressão arterial estiver muito alta, é preferível fazer primeiro ujjāyī prāṇāyāma (seção 203) em posição deitada sobre um suporte – o peito elevado por um almofadão resistente e a cabeça mais alta que o peito, com o suporte de um cobertor* – por 5 minutos e, em seguida, nāḍī śodhana prāṇāyāma (seção 205) e seguido imediatamente de śavāsana [592] por 15 minutos).

Pressão arterial baixa

Sālamba śīrṣāsana I (184); sālamba sarvāṅgāsana I (234); halāsana (244); karṇapīḍāsana (246); paśchimōttānāsana (160); vīrāsana (89); siddhāsana (84); padmāsana (104); baddha koṇāsana (102); nāḍī śodhana prāṇāyāma (seção 205) sem retenção no começo e śavāsana (592).

Próstata

Śīrṣāsana e seu ciclo (184 a 218); sarvāṅgāsana e seu ciclo (234 a 271); jaṭhara parivartanāsana (275); uttānāsana (48); śalabhāsana (60); dhanurāsana (63); adho mukha śvānāsana (75); paripūrṇa nāvāsana (78); ardha nāvāsana (79); jānu śīrṣāsana (127); vīrāsana (89); supta vīrāsana (96); baddha koṇāsana (102); padmāsana e seu ciclo (104 a 124); kūrmāsana e supta kūrmāsana (363, 364 e 368); eka pāda śīrṣāsana e seu ciclo (371 a 384); yoganidrāsana (391); ardha matsyendrāsana I e II (311 e 320); pāśāsana (328); paripūrṇa matsyendrāsana (336); mūla bandhāsana (462); kandāsana (470); hanumānāsana (475); sama koṇāsana (477); ūrdhva dhanurāsana (486); viparīta chakrāsana (488 a 499); dwi pāda viparīta daṇḍāsana (516); maṇḍalāsana (525 a 535); uḍḍīyāna (seção 201), nāḍī śodhana (seção 205) e ujjāyī prāṇāyāma (seção 203) com retenção.

---

* Texto alterado após consulta ao autor. (N.R.T.)

Pulmões

Śīrṣāsana e seu ciclo (184 a 218); *sarvāṅgāsana* e seu ciclo (234 a 271); *padmāsana* e seu ciclo (104 a 124); *vīrāsana* (89); *supta vīrāsana* (96); *paryaṅkāsana* (97); todas as posturas em pé (4 a 36); *ūrdhva dhanurāsana* (486); *dwi pāda viparīta daṇḍāsana* (516); todos os tipos de *prāṇāyāma* com retenção após a inspiração.

Resfriado

Śīrṣāsana e seu ciclo (184 a 218); *sarvāṅgāsana* e seu ciclo (234 a 271); *uttānāsana* (48); *paśchimōttānāsana* (160); *kūrmāsana* e *supta kūrmāsana* (363, 364 e 368); *yoganidrāsana* (391); *ujjāyī prāṇāyāma* (seção 203) com retenção após a inspiração.

Rins

Śīrṣāsana e seu ciclo (184 a 218); *sarvāṅgāsana* e seu ciclo (234 a 271); todas as posturas em pé (4 a 48); *ūrdhva mukha śvānāsana* (74); *adho mukha śvānāsana* (75); *śalabhāsana* (60); *dhanurāsana* (63); *jānu śīrṣāsana* (127); *parivṛtta jānu śīrṣāsana* (132); *paśchimōttānāsana* (160); *parivṛtta paśchimōttānāsana* (165); *baddha koṇāsana* (103); *upaviṣṭha koṇāsana* (151); *jaṭhara parivartanāsana* (275); *ardha nāvāsana* (79); *marīchyāsana III* (303); *ardha matsyendrāsana I, II e III* (311, 330 e 332); *paśāsāna* (328); *paripūrṇa matsyendrāsana* (336); *bhujaṅgāsana I e II* (73 e 550); *mūla bandhāsana* (462); *kaṇḍāsana* (470); *hanumānāsana* (475); *yoganidrāsana* (391); *ūrdhva dhanurāsana* (486 e 487); *dwi pāda viparīta daṇḍāsana* (516); *maṇḍalāsana* (525 a 535); *kapotāsana* (512); *rāja kapotāsana* (551); *vṛśchikāsana I* ou *II* (537 ou 538); *pādāṅguṣṭha dhanurāsana* (555); *śīrṣa pādāsana* (570); *gaṇḍa bheruṇḍāsana* (580 e 581); *viparīta śalabhāsana* (584); *tirieng mukhottānāsana* (586); *naṭarājāsana* (590); *uḍḍīyāna* (seção 201) e *nāḍī śodhana prāṇāyāma* (seção 205).

Tornozelos

Utthita e *parivṛtta trikoṇāsana* (4, 5, 6 e 7); *utthita* e *parivṛtta pārśva koṇāsana* (8, 9, 10 e 11); *vīrabhadrāsana I, II e III* (14, 15 e 17); *pārśvōttānāsana* (26); *prasārita pādōttānāsana* (33); *adho mukhasvānāsana* (75); *gomukhāsana* (80); *vīrāsana* (89); *supta* vīrāsana (96); bhekāsana (100); baddha padmāsana e ciclo (104 a 124); baddha koṇāsana (102); supta pādāṅguṣṭhāsana (285 a 287); triaṅga mukhaika pāda paśchimōttānāsana (139); krounchāsana (141); bharadvājāsana I e II (297 e 299); ākarṇa dhanurāsana (173 e 175); śalabhāsana (60), dhanurāsana (63); uṣṭrāsana (41); vātāyanāsana (58); garuḍāsana (56); supta bhekāsana (458); mālāsana I e II (321 e 322).

Tosse

Śīrṣāsana e seu ciclo (184 a 218); sarvāṅgāsana e seu ciclo (234 a 271); uttānāsana (48); paśchimōttānāsana (160); ardha matsyendrāsana I (311); pāśāsana (328); ūrdhva dhanurāsana (486); ujjāyī prāṇāyāma (seção 203) com retenção após a inspiração.

Trombose coronária

Ujjāyī prāṇāyāma (seção 203) em posição deitada, sem retenção (até mesmo a respiração profunda deve ser feita sem esforço e preferivelmente com a instrução de um professor competente). Śavāsana (592) por 15 minutos, 2 vezes ao dia.

Trombose nas pernas

Sālamba sarvāṅgāsana I, se possível (234); halāsana (244); vīrāsana (89); siddhāsana (84); baddha koṇāsana (102) e qualquer āsana sentado, sem esforço. Ujjāyī (seção 203) e nāḍī śodhana prāṇāyāma (seção 205) e śavāsana (592).

Tuberculose

É recomendável buscar a orientação de um professor competente após o tratamento médico.

Tumor no estômago

(Somente se a doença estiver em estágio inicial.) *Sālamba śīrṣāsana I* e *āsana*s possíveis de seu ciclo (184 a 218); *sālamba sarvāṅgāsana I* e *āsana*s possíveis de seu ciclo (234 a 271); posturas em pé (1 a 36); *uttānāsana* (48); *mahā mudrā* (125); *jānu śīrṣāsana* (127); *supta vīrāsana* (96); *matsyāsana* (114); *parvatāsana* (107); *paśchimōttānāsana* (160); *uḍḍīyāna* (seção 201) e *ujjāyī* (seção 203) ou *nāḍī śodhana prāṇāyāma* (seção 205).

Úlcera (gástrica)

Siga os *āsana*s recomendados para "Acidez", "Dispepsia" e "Flatulência".

Úlcera (duodenal)

Śīrṣāsana e seu ciclo (184 a 218); *sarvāṅgāsana* e seu ciclo (234 a 271); *mahā mudrā* (125); *jānu śīrṣāsana* (127); *paśchimōttānāsana* (160); *kūrmāsana* e *supta kūrmāsana* (363, 364 e 368); *yoganidrāsana* (391); *marīchyāsana III* (303); *ardha matsyendrāsana I* (311); *pāśāsana* (328); *dwi pāda viparīta daṇḍāsana* (516); *uḍḍīyāna* (seção 201), *ujjāyī* (seção 203) e *nāḍī śodhana prāṇāyāma* (seção 205) com retenção após a inspiração.

Urina (gotejando ou excessiva)

Śīrṣāsana e o que for possível do ciclo de *śīrṣāsana* (184 a 218); *sarvāṅgāsana* e o que for possível do ciclo de *sarvāṅgāsana* (234 a 271); *supta vīrāsana* (96); *matsyāsana* (114); *siṃhāsana II* (110); *mahā mudrā* (125); *baddha koṇāsana* (101); *uḍḍīyāna* (594); *nāḍī śodhana prāṇāyāma* (seção 205) com *antara kumbhaka* e *bāhya kumbhaka*.

Varizes

Śīrṣāsana e seu ciclo (184 a 218); *sarvāṅgāsana* e seu ciclo (234 a 271); *vīrāsana* (89); *supta vīrāsana* (96); *paryankāsana* (97); *bhekāsana* (100).

Vertigem

Sālamba śīrṣāsana I (184); *sālamba sarvāṅgāsana I* (234); *halāsana* (244); *paśchimōttānāsana* (160); *ṣaṇmukhī mudrā* (106); *nāḍī śodhana prāṇāyāma* (seção 205) sem retenção; *śavāsana* (592).

Vesícula biliar e fígado

Siga os *āsanas* dados para "Acidez", "Dispepsia" e "Flatulência".

Tabela correlacionando os *āsanas* com as fotos que os ilustram

Nomes dos āsanas, etc.	Āsana Intermediário Foto nº	Āsana Final Foto nº
1. Tāḍāsana	—	1
2. Vṛkṣāsana	—	2
3. Utthita trikoṇāsana	3	4 e 5
4. Parivṛtta trikoṇāsana	—	6 e 7
5. Utthita pārśva koṇāsana	—	8 e 9
6. Parivṛtta pārśva koṇāsana	—	10 e 11
7. Vīrabhadrāsana I	12 e 13	14
8. Vīrabhadrāsana II	—	15
9. Vīrabhadrāsana III	16	17
10. Ardha chandrāsana	18	19
11. Utthita hasta pādāṅguṣṭhāsana	20 a 22	23
12. Pārśvōttānāsana	24 e 25	26, 27 e 28
13. Prasārita pādōttānāsana I	29 a 32	33 e 34
14. Prasārita pādōttānāsana II	—	35 e 36
15. Parighāsana	37 e 38	39
16. Uṣṭrāsana	40	41
17. Utkaṭāsana	—	42
18. Pādāṅguṣṭhāsana	43	44
19. Pāda hastāsana	45	46
20. Uttānāsana	47	48
21. Ūrdhva prasārita eka pādāsana	—	49

Nomes dos āsanas, etc.	Āsana Intermediário Foto nº	Āsana Final Foto nº
22. Ardha baddha padmōttānāsana	50 e 51	52, 53, 54 e 55
23. Garuḍāsana	—	56
24. Vātāyanāsana	57	58 e 59
25. Śalabhāsana	61	60
26. Makarāsana	—	62
27. Dhanurāsana	—	63
28. Pārśva dhanurāsana	—	64 e 65
29. Chaturaṅga daṇḍāsana	66	67
30. Nakrāsana	—	68 a 71
31. Bhujaṅgāsana I	72	73
32. Ūrdhva mukha śvānāsana	—	74
33. Adho mukha śvānāsana	—	75 e 76
34. Daṇḍāsana	—	77
35. Paripūrṇa nāvāsana	—	78
36. Ardha nāvāsana	—	79
37. Gomukhāsana	—	80 e 81
38. Lolāsana	82	83
39. Siddhāsana	—	84
40. Vīrāsana	85 a 92	89
41. Supta vīrāsana	93 a 95	96
42. Paryankāsana	—	97
43. Bhekāsana	98 e 99	100
44. Baddha koṇāsana	101	102 e 103
45. Padmāsana	—	104 e 105
46. Ṣaṇmukhī mudrā	—	106
47. Parvatāsana	—	107
48. Tolāsana	—	108
49. Siṃhāsana I	—	109

Nomes dos āsanas, etc.	Āsana Intermediário Foto nº	Āsana Final Foto nº
50. Siṃhāsana II	—	101 e 111
51. Matsyāsana	112 e 114	113
52. Kukkuṭāsana	—	115
53. Garbha piṇḍāsana	—	116
54. Gorakṣāsana	—	117
55. Baddha padmāsana	—	118 e 119
56. Yoga mudrāsana	—	120, 121 e 122
57. Supta vajrāsana	123	124
58. Mahā mudrā	—	125
59. Jānu śīrṣāsana	126	127, 128 e 129
60. Parivṛtta jānu śīrṣāsana	130 e 131	132
61. Ardha baddha padma paśchimōttānāsana	133, 134 e 136	135 e 137
62. Triaṅga mukhaika pāda paśchimōttānāsana	138	139
63. Krounchāsana	140	141 e 142
64. Marīchyāsana I	143	144
65. Marīchyāsana II	145	146 e 147
66. Upaviṣṭha koṇāsana	148 a 150	151 e 152
67. Paśchimōttānāsana (ou ugrāsana ou brahmacharyāsana)	153 a 160	161 e 162
68. Parivṛtta paśchimōttānāsana	163 e 164	165 e 166
69. Ubhaya pādāṅguṣṭhāsana	—	168
70. Ūrdhva mukha paśchimōttānāsana I	—	167
71. Ūrdhva mukha paśchimōttānāsana II	169	170
72. Pūrvottānāsana	—	171
73. Ākarṇa dhanurāsana	172 e 174	173 e 175
74. Sālamba śīrṣāsana I	176 a 183 e 186 a 189, 191	184, 185 e 190
75. Ūrdhva daṇḍāsana	—	188

Tabela correlacionando os āsanas com as fotos que os ilustram

Nomes dos āsanas, etc.	Āsana Intermediário Foto nº	Āsana Final Foto nº
76. Sālamba śīrṣāsana II	—	192
77. Sālamba śīrṣāsana III	193, 196 e 197	194 e 195
78. Baddha hasta śīrṣāsana	—	198
79. Mukta hasta śīrṣāsana	199	200 e 201
80. Pārśva śīrṣāsana	—	202 e 203
81. Parivṛttaika pāda śīrṣāsana	204	205, 206 e 207
82. Eka pāda śīrṣāsana	—	208 e 209
83. Pārśvaika pāda śīrṣāsana	—	210
84. Ūrdhva padmāsana em śīrṣāsana	—	211 e 212
85. Pārśva ūrdhva padmāsana em śīrṣāsana	—	213 a 216
86. Piṇḍāsana em śīrṣāsana	217	218
87. Sālamba sarvāṅgāsana I	219 a 222 e 226 a 235	223 e 224, 225 e 234
88. Sālamba sarvāṅgāsana II	—	235
89. Nirālamba sarvāṅgāsana I	—	236
90. Nirālamba sarvāṅgāsana II	—	237
91. Halāsana	238 a 243	244
92. Karṇapīḍāsana	245	246
93. Supta koṇāsana	—	247 e 248
94. Pārśva halāsana	—	249
95. Eka pāda sarvāṅgāsana	—	250
96. Pārśvaika pāda sarvāṅgāsana	—	251
97. Pārśva sarvāṅgāsana	252 e 253	254 e 255
98. Setu bandha sarvāṅgāsana (ou uttāna mayūrāsana)	256 a 258	259
99. Eka pāda setu bandha sarvāṅgāsana (ou eka pāda uttāna mayūrāsana)	—	260
100. Ūrdhva padmāsana em sarvāṅgāsana	—	261

Nomes dos āsanas, etc.	Āsana Intermediário Foto nº	Āsana Final Foto nº
101. Pārśva ūrdhva padmāsana em sarvāṅgāsana	—	262 a 265
102. Uttāna padma mayūrāsana	266	267
103. Piṇḍāsana em sarvāṅgāsana	268	269
104. Pārśva piṇḍāsana em sarvāṅgāsana	—	270 e 271
105. Jaṭhara parivartanāsana	272 e 273	274 e 275
106. Ūrdhva prasārita pādāsana	—	276 a 279
107. Chakrāsana	—	280 a 283
108. Supta pādāṅguṣṭhāsana	284	285 a 287
109. Anantāsana	288 e 289	290
110. Uttāna pādāsana	291	292
111. Setu bandhāsana	293 a 295	296
112. Bharadvājāsana I	—	297 e 298
113. Bharadvājāsana II	—	299 e 300
114. Marīchyāsana III	301 e 302	303 e 304
115. Marīchyāsana IV	—	305 e 306
116. Ardha matsyendrāsana I	307 a 310 e 313 a 316	311 e 312
117. Mālāsana I	317 a 320	321
118. Mālāsana II	—	322
119. Pāśāsana	323 a 327	328 e 329
120. Ardha matsyendrāsana II	—	330 e 331
121. Ardha matsyendrāsana III	—	332 e 333
122. Paripūrṇa matsyendrāsana	334 e 335, 337 e 338	336 e 339
123. Aṣṭāvakrāsana	340 e 341	342 e 343
124. Eka hasta bhujāsana	—	344
125. Dwi hasta bhujāsana	—	345

Tabela correlacionando os āsanas com as fotos que os ilustram

Nomes dos āsanas, etc.	Āsana Intermediário Foto nº	Āsana Final Foto nº
126. Bhujapīdāsana	346 e 347, 349 e 350	348
127. Mayūrāsana	351 a 353	354
128. Padma mayūrāsana	—	355
129. Haṃsāsana	—	356
130. Pīnchā mayūrāsana	—	357
131. Śayanāsana	—	358
132. Adho mukha vṛkṣāsana	—	359
133. Kūrmāsana	360 a 362	363 e 364
134. Supta kūrmāsana	365 a 367	368
135. Eka pāda śīrṣāsana	369 e 370	371
136. Skandāsana	—	372
137. Buddhāsana	—	373
138. Kapilāsana	—	374
139. Bhairavāsana	—	375
140. Kāla bhairavāsana	376 e 377	378
141. Chakorāsana	—	379 e 380
142. Dūrvāsāsana	381 e 382	383
143. Ṛichikāsana	—	384 e 385
144. Viranchyāsana I	—	386 e 387
145. Viranchyāsana II	—	388
146. Yoganidrāsana	389 e 390	391
147. Dwi pāda śīrṣāsana	392	393 e 394
148. Ṭiṭṭibhāsana	—	395
149. Vasiṣṭhāsana	396 e 397	398
150. Kaśyapāsana	—	399 e 400
151. Viśvāmitrāsana	401 e 402	403

Tabela correlacionando os āsanas com as fotos que os ilustram

Nomes dos āsanas, etc.	Āsana Intermediário Foto nº	Āsana Final Foto nº
152. Bakāsana	404 e 405, 407 a 409	406 e 410
153. Pārśva bakāsana	411	412
154. Ūrdhva kukkuṭāsana	413 a 416	417 a 419
155. Pārśva kukkuṭāsana	420 a 423	424 e 424a, 425 e 425a
156. Gālavāsana	426	427 e 428
157. Eka pāda gālavāsana	429, 430 e 432	431 e 433
158. Dwi pāda kouṇḍinyāsana	434 a 437	438
159. Eka pāda kouṇḍinyāsana I	439 e 440	441
160. Eka pāda kouṇḍinyāsana II	444	442 e 443
161. Eka pāda bakāsana I	445	446 e 447
162. Eka pāda bakāsana II	448 a 450	451 e 452
163. Yoga daṇḍāsana	453 a 455	456
164. Supta bhekāsana	457	458
165. Mūla bhandāsana	459 a 461	462 e 463
166. Vāmadevāsana I	464	465
167. Vāmadevāsana II	—	466
168. Kaṅdāsana	467 a 469	470 a 471b
169. Hanumānāsana	472 a 474	475 a 476a
170. Sama koṇāsana	—	477
171. Supta trivikramāsana	—	478
172. Ūrdhva dhanurāsana I	479 a 481	482
172a. Ūrdhva dhanurāsana II	483 a 485	486 e 487
173. Viparīta chakrāsana em ūrdhva dhanurāsana	—	488 a 499
174. Eka pāda ūrdhva dhanurāsana	500	501 e 502
175. Kapotāsana	503 a 506, 508 a 511	507 e 512

Nomes dos āsanas, etc.	Āsana Intermediário Foto nº	Āsana Final Foto nº
176. Laghu vajrāsana	—	513
177. Dwi pāda viparīta daṇḍāsana	514 e 515, 517 a 520	516
178. Eka pāda viparīta daṇḍāsana I	—	521
179. Eka pāda viparīta daṇḍāsana II	522	523
180. Chakra bandhāsana	—	524
181. Maṇḍalāsana	—	525 a 535
182. Vṛśchikāsana I	—	536 e 537
183. Vṛśchikāsana II	—	538
184. Eka pāda rājakapotāsana I	539 a 541	542
185. Vālakhilyāsana	543	544
186. Eka pāda rājakapotāsana II	—	545
187. Eka pāda rājakapotāsana III	—	546
188. Eka pāda rājakapotāsana IV	—	547
189. Bhujaṅgāsana II	548 e 549	550
190. Rāja kapotāsana	552	551
191. Pādāṅguṣṭha dhanurāsana	553 e 554, 556 e 557	555
192. Gheraṇḍāsana I	558 a 560	561 a 563
193. Gheraṇḍāsana II	—	564 a 566
194. Kapiñjalāsana	—	567
195. Śīrṣa pādāsana	568 e 569	570
196. Gaṇḍa bheruṇḍāsana	571 a 579, 582 e 583	580 e 581
197. Viparīta śalabhāsana	—	584
198. Tirieng mukhottānāsana	585	586
199. Naṭarājāsana	587 a 589	590, 591 e 591a
200. Śavāsana (ou mṛtāsana)	—	592

Tabela correlacionando os āsanas com as fotos que os ilustram

Nomes dos āsanas, etc.	Āsana Intermediário Foto nº	Āsana Final Foto nº
201. Uḍḍyāna bandha	—	593 e 594
202. Nauli	—	595 e 596

Prāṇāyāma

203. Ujjāyī	—	597
204. Sūrya bhedana	598	599
— Bāhya kumbhaka	—	600
205. Nāḍī śodhana	—	—
206. Bhastrikā	—	—
207. Kapālabhāti	—	—
208. Bhrāmarī	—	—
209. Śitalī	—	601
210. Śitakārī	—	—
211. Sama vṛtti	—	—
212. Viṣama vṛtti	—	—
213. viloma	—	—
214. Anuloma	—	—
215. Pratiloma	—	—
216. Sahita e kevala	—	—
— Dhyāna	—	602

Glossário

A	Partícula de negação, significa "não", como em não violência.
Abhaya	Libertação do medo.
Abhiniveśa	Apego instintivo à vida e medo de separar-se de tudo em função da morte.
Abhyāsa	Estudo ou prática constante e determinada.
Adhaḥ	Abaixo, inferior.
Ādhāra	Suporte.
Adhimātra	Além de qualquer medida, superior.
Adhimātratama	Supremo, mais elevado.
Adho mukha	Rosto para baixo.
Ādīśvara	Senhor primevo, um epíteto de Śiva.
Aditi	Mãe dos deuses, conhecidos como *ādityas*.
Ādityas	Filhos de Aditi ou deuses.
Advaita	Não dualidade entre o Espírito Universal e a alma individual.
Āgama	Testemunho ou prova fornecida por uma autoridade aceitável, quando a fonte do conhecimento foi verificada e considerada confiável.
Ahaṁkāra	Ego ou egotismo; literalmente, o "eu-fazedor", o estado que afirma "eu sei".
Ahiṁsā	Não violência; a palavra não contém somente o significado negativo e restritivo de "não matar ou não cometer violência", mas também o significado positivo e amplo de "um amor que abarca toda a criação".
Ajapa mantra	Oração repetitiva inconsciente; toda criatura viva inconscientemente respira a prece "*So'ham*" (*Sah* = Ele, o Espírito Universal, *aham* = eu sou) a cada inspiração e a prece "*haṁsaḥ*" (*aham* = eu sou, *saḥ* = Ele, o Espírito Universal) a cada expiração.
Ājñā chakra	Plexo nervoso situado entre as sobrancelhas, a sede do comando.
Ākarṇa	Perto do ouvido, em direção ao ouvido.
Akrodha	Libertação da ira.

Alabhdha bhūmikatva		Fracasso na obtenção de uma base firme ou continuidade na prática ante a sensação de que não é possível ver a realidade.
Ālamba		Suporte.
Ālasya		Preguiça, indolência, apatia.
Amanaska		A mente livre de pensamentos e desejos.
Amṛta		Néctar da imortalidade.
Anāhata chakra		Plexo nervoso situado na região cardíaca.
Ananta		Infinito; um nome de Viṣṇu, assim como também do leito de Viṣṇu, a serpente Śeṣa.
Ananta Padmanābha		Um nome de Viṣṇu.
Anavasthi tattva		Instabilidade na continuidade da prática em função do sentimento de que a continuidade não é necessária por acreditar ter alcançado o mais alto estado de *samādhi*.
Aṅga		Corpo; membro ou parte do corpo; uma parte constituinte.
Aṅgamejayatva		Instabilidade ou tremor do corpo.
Aṅgula		Um dedo; o polegar.
Aṅguṣṭha		Dedão do pé.
Aṅjanā		Nome da mãe de Hanumān, o poderoso chefe dos macacos.
Antara		Dentro; interior.
Antara kumbhaka		Suspensão da respiração após a inspiração completa.
Antaraṅga sādhanā		Busca interior da alma por meio do *prāṇāyāma* e *pratyāhara*, quando a mente é controlada e os sentidos são emancipados da escravidão dos objetos do desejo.
Antarātmā		Alma Suprema que reside no coração dos homens.
Antarātmā sādhanā		Busca mais íntima da alma por meio de *dhāraṇā* (concentração), *dhyāna* (meditação) e *samādhi*.
Anuloma		Na direção do pelo, a favor da corrente, regular; em uma ordem natural.
Anumāna		Inferência.
Apāna		Um dos sopros vitais, que se move na esfera do baixo abdômen e controla a função de eliminação da urina e das fezes.
Aparigraha		Libertação da ganância, do acúmulo.
Apuṇya		Vício ou demérito.
Ardha		Metade.
Arjuna		Um príncipe Pāṇḍava, o poderoso arqueiro e herói do épico *Mahābhārata*.
Āsana		Postura. O terceiro estágio do *yoga*.

Asmitā	Egotismo.
Aṣṭa	Oito.
Aṣṭāṅga Yoga	Oito partes constituintes do *yoga* descritas por Patañjali.
Aṣṭāvakra	Aquele cujo corpo foi entortado em oito lugares. Nome de um sábio que, embora nascido fisicamente deformado, se tornou o mentor espiritual do rei Janaka, de Mithilā.
Asteya	Não roubar.
Aśva	Cavalo.
Aśvinī mudrā	Contração dos músculos do esfíncter anal; tem esse nome por lembrar a imagem de um cavalo defecando.
Ātmā ou Ātman	Alma Suprema ou Brahman.
Ātma Ṣaṭkam	Um grupo de seis versos escritos por Śankarāchārya descrevendo a alma no estado de *samādhi*.
Ātmīyatā	Sensação de unidade, como o sentimento de uma mãe por seu filho.
āuṁ	Assim como a palavra latina *"omne"*, a palavra sânscrita *"āuṁ"* significa "tudo" e transmite os conceitos de onisciência, onipresença e onipotência.
Avasthā	Estado ou condição da mente.
Avatāra	Descida, advento ou encarnação de Deus; há dez *avatāras* de Viṣṇu: Matsya (o Peixe); Kūrma (a Tartaruga); Varāha (o Javali); Narasiṁha (o Homem-Leão); Vāmana (o Anão); Paraśurāma; Rāma (o herói do épico *Rāmāyana*); Kṛṣṇa (herói do épico *Mahābhārata* que discursa no *Bhagavad Gītā*); Balarāma e Kalki.
Avidyā	Ignorância.
Avirati	Sensualidade.
Āyāma	Comprimento, expansão, extensão; também transmite a ideia de contenção, controle e paralisação.
Baddha	Atado, preso, contido, firme.
Bahiraṅga sādhanā	A busca externa da alma por seu Criador. Os primeiros três estágios do *yoga*, a saber, *yama*, *niyama* e *āsana*, são a busca externa e mantêm o aspirante em harmonia com seus semelhantes e com a natureza.
Bāhya kuṁbhaka	Suspensão da respiração após a expiração completa, quando os pulmões estão completamente vazios.
Baka	Garça, pássaro pernalta.
Bali	Nome de um rei demônio.

Bandha		Sujeição ou grilhão; significa uma postura onde certos órgãos ou partes do corpo são contraídos e controlados.
Bhagavad Gītā		A Canção Divina, o diálogo sagrado entre Kṛṣṇa e Arjuna. É um dos livros de base da filosofia hindu e contém a essência das Upaniṣads.
Bhagavān		Senhor; venerável, sagrado.
Bhairava		Terrível, formidável; uma das formas de Śiva.
Bhakti		Veneração, adoração.
Bhakti mārga		Caminho para a realização por meio da adoração de um deus pessoal.
Bharadvāja		Um sábio.*
Bhastrikā		Fole usado em fornalhas; bhastrikā é um tipo de prāṇāyāma onde o ar é forçado para dentro e para fora como num fole de ferreiro.
Bhaya		Medo.
Bhedana		Furar, romper, atravessar.
Bheka		Rã.
Bheruṇḍa		Terrível, aterrorizante; também significa uma espécie de pássaro.
Bhoga		Gozo; um objeto de prazer.
Bhoktṛ		Aquele que desfruta ou experimenta.
Bhramara		Grande abelha negra.
Bhrāmarī		Um tipo de prāṇāyāma no qual, durante a expiração, se produz um suave zumbido, como o zumbido de uma abelha.
Bhrānti darśana		Visão ou conhecimento (darśana) incorreto (bhrānti), ilusão.
Bhū		Terra.
Bhūdāna		A doação de terras.
Bhuja		Braço ou ombro.
Bhuja pīdā		Pressão sobre o braço ou ombro.
Bhujaṅga		Serpente, cobra.
Bhūmikatva		Terra firme.
Bīja		Semente ou gérmen.
Bīja mantra		Sílaba mística que contém uma prece sagrada e é repetida mentalmente durante o prāṇāyāma; a semente assim plantada na mente germina na forma de concentração.

---

* Bharadvāja é um lendário vidente védico (ṛṣi) e sacerdote que aparece nos épicos e nos Purāṇas como filho de Bṛaspati e pai de Drona. (N.T.)

Brahmā	O Ser Supremo, o Criador; a primeira deidade da trindade hindu, encarregada da tarefa de criar o mundo.
Brahma raṅdhra	Abertura no topo da cabeça através da qual se diz que a alma deixa o corpo por ocasião da morte.
Brahma vidyā	Conhecimento do Espírito Supremo.
Brahmachārī	Estudante religioso que fez os votos de celibato e abstinência; aquele que constantemente se move (*chārin*) em Brahman (o Espírito Supremo); aquele que vê a divindade em tudo.
Brahmacharya	Uma vida de celibato, estudo religioso e autodisciplina.
Brahman	O Ser Supremo, a causa do universo, o espírito universal que a tudo permeia.
Brahmāṇḍa prāṇa	O alento cósmico.
Brahma ṛṣi	Sábio *brahmin*.
Buddhi	Intelecto, razão, discernimento, juízo.
Chakra	Literalmente, roda ou círculo; diz-se que a energia (*prāṇa*) flui no corpo humano através de três canais principais (*nāḍīs*), a saber, *suṣumṇā*, *piṅgalā* e *iḍā*. *Suṣumṇā* se situa no interior da coluna. *Piṅgalā* e *iḍā* partem das narinas direita e esquerda, respectivamente, vão em direção ao topo da cabeça e descem até a base da coluna vertebral. Essas duas *nāḍīs* se interceptam uma com a outra e também com *suṣumṇā*. Essas junções das *nāḍīs* são conhecidas como *chakras* ou centros reguladores do mecanismo do corpo. Os *chakras* importantes são: (a) *mūlādhāra* (*mūla* = raiz, fonte; *ādhāra* = suporte, parte vital) situado na pélvis, acima do ânus; (b) *svādhiṣṭhana* (*sva* = força vital, alma; *adhiṣṭhāna* = residência ou morada) situado acima dos órgãos reprodutores; (c) *maṇipūraka* (*maṇipūra* = umbigo) situado no umbigo; (d) *manas* (mente) e (e) *sūrya* (o Sol), que estão situados na região entre o umbigo e o coração; (f) *anāhata* (= invicto) situado na região cardíaca; (g) *viśuddhi* (= puro) situado na região faríngea; (h) *ājñā* (= comando) situado entre as sobrancelhas; (i) *sahasrāra* (= mil), chamado de "lótus de mil pétalas" e situa-se na cavidade cerebral; e (j) *lalāta* (= fronte) que se situa no alto da testa.
Chakra bandha	Postura que sela ou retém, na qual todos os *chakras* são exercitados.
Chandra	Lua.
Chatur	Número quatro (4).

Chidaṃbaram		Local de peregrinação na Índia (*cit* = consciência, *ambara* = atmosfera ou veste); um nome de Deus, que tudo cobre com Sua consciência.
Citta		A mente em sua totalidade ou no seu sentido coletivo, composta de três categorias: (a) a mente, que detém as faculdades de atenção, seleção e rejeição; (b) a razão, a capacidade de decidir e que determina a distinção entre coisas e (c) o ego, o "eu fazedor".
Citta vikṣepa		Distração, confusão, perplexidade.
Citta vṛtti		Flutuações da mente, comportamento ou modo de ser, condição ou estado mental.
Dadhīcha		Célebre sábio que doou seus ossos para os deuses. Com eles, foi moldado o raio com o qual Indra, o rei dos deuses, matou o demônio Vṛtra.
Daityas		Filhos de Diti, demônios.
Dakṣa		Um célebre *prajāpati*, senhor das criaturas.
Dakṣiṇā		O lado direito.
Damanī		Camada interna de uma *naḍī* ou canal para a passagem de energia.
Dānava		Demônio.
Daṇḍa		Bastão.
Daṇḍakā		Região de bosques em Deccan, entre os rios Narmādā e Godāvarī*.
Daurmanasya		Desespero, prostração.
Deva		Deus.
Devadatta		Um dos sopros vitais que provê a tomada de oxigênio extra em um corpo cansado, provocando um bocejo.
Dhanañyaya		Um dos sopros vitais, que permanece no corpo mesmo após a morte e algumas vezes faz com que o cadáver inche.
Dhanu		Arco.
Dhāraṇā		Concentração ou completa atenção; o sexto estágio do *yoga* mencionado por Patañjali.
Dhenu		Vaca.
Dhṛ		Segurar, suportar, manter.
Dhyāna		Meditação; o sétimo estágio do *yoga* mencionado por Patañjali.
Diti		Mãe dos demônios chamados *daityas*.
Droṇa		Preceptor dos príncipes Pāṇḍavas e Kauravas nas artes da guerra, especialmente o arco e flecha. Filho do sábio Bharadvāja.

---

* Onde muitas das aventuras de Rāma e Sītā se passam, no épico *Rāmāyaṇa*. (N.T.)

Duḥkha	Dor, sofrimento, tristeza.	
Dūrvāsā	Um sábio muito irascível.	
Dveṣa	Ódio, Aversão, Repugnância.	
Dwi	Dois, ambos.	
Dwi hasta	Duas mãos.	
Dwi pāda	Dois pés ou pernas.	
Eka	Um, único, sozinho, apenas.	
Eka pāda	Uma perna.	
Eka tattva abhyāsa	Estudo do elemento unitário, o Espírito Supremo que penetra no íntimo mais recôndito de todos os seres.	
Ekāgra	(*Eka* = um; *agra* = principal); concentrado em um só objeto ou ponto; totalmente atento, quando as faculdades mentais são todas dirigidas a um único objeto.	
Ekāgratā	Concentração em um só ponto.	
Gālava	Um sábio.*	
Gaṇa	Tropa de semideuses auxiliares de Śiva.	
Gaṇḍa	Bochecha, toda a lateral da face, incluindo a têmpora.	
Gaṇḍa bheruṇḍa	Uma espécie de pássaro.	
Gaṅgā	O rio Ganges, o mais sagrado da Índia.	
Garbha piṇḍa	Embrião no útero.	
Garuḍa	Uma águia; nome do rei dos pássaros; Garuḍa é representado como o veículo de Viṣṇu, com o rosto branco, o bico aquilino, as asas vermelhas e o corpo dourado.	
Gheraṇḍa	Um sábio, autor do *Gheraṇḍa Saṁhitā*, obra clássica sobre *haṭha yoga*.	
Gheraṇḍa Saṁhitā	Ver acima.	
Go	Vaca.	
Gomukha	Cara parecida com a de uma vaca; também um tipo de instrumento musical que é estreito de um lado e largo do outro, como a cara de uma vaca.	
Gorakṣa	Vaqueiro; nome de um famoso *yogī*.	
Gotra	Família, raça, linhagem.	
Gu	Primeira sílaba da palavra *guru* e significa escuridão.	

---

* Do épico *Mahābhārata*. (N.T.)

Gulma		Baço.
Guṇa		Uma qualidade, ingrediente ou constituinte da natureza.
Guṇa atīta		Aquele que está livre, que foi além ou ultrapassou os três *guṇas*: *sattva*, *rajas* e *tamas*.
Guru		Mentor espiritual, aquele que ilumina a escuridão da incerteza espiritual.
Ha		Primeira parte da palavra *haṭha*, que se compõe das sílabas *ha*, que significa Sol, e *ṭha*, que significa Lua. O objeto do *haṭha yoga* é equilibrar o fluxo das energias solar e lunar no sistema humano.
Hala		Arado.
Haṁsa		Cisne.
"Haṁsaḥ"		*"Eu sou Ele, o Espírito Universal"*, prece repetida inconscientemente a cada expiração de todas as criaturas ao longo da vida.
Hanumān		Um poderoso chefe dos macacos de extraordinária força, cujas proezas são celebradas no épico *Rāmāyana*. Filho de Añjana e Vāyu, o deus do vento.
Hasta		Mão.
Haṭha		Força; a palavra *haṭha* é usada como advérbio no sentido de forçadamente ou contra a própria vontade; *haṭha yoga* é assim denominado porque prescreve uma disciplina rigorosa na busca da união com o Supremo.
Haṭha vidyā		Ciência do *haṭha yoga*.
Haṭha yoga		Caminho em direção à realização por meio da disciplina rigorosa.
Haṭha Yoga Pradīpikā		Texto célebre sobre *haṭha yoga* escrito por Svātmārāma.
Himalaia		Morada do gelo e da neve; nome da cadeia de montanhas na fronteira norte da Índia.
Hiṁsā		Violência, matar.
Hiraṇya Kaśipu		Um célebre rei demônio, morto por Viṣṇu para salvar Prahlāda, seu devoto.
Iḍā		Uma *nāḍī*, ou canal de energia, que se inicia na narina esquerda, se dirige para o topo da cabeça e então desce para a base da coluna; em sua trajetória transporta a energia lunar e por isso é denominada *chandra nāḍī* (canal da energia lunar).
Indra		Chefe dos deuses; deus do trovão, relâmpagos e chuva.
Indriya		Órgão dos sentidos.

Indriya jaya	Conquista, contenção ou domínio dos sentidos por meio do controle dos desejos.
Īśvara	Ser Supremo, Deus.
Īśvara praṇidhāna	Dedicação das ações e da vontade ao Senhor.
Jāgrata avasthā	Completa consciência do estado mental.
Jālandhara bandha	*Jālandhara* é uma posição em que o pescoço e a garganta são contraídos e o queixo se apoia no espaço entre as clavículas, no topo do esterno.
Jamunā	Um afluente do Ganges.
Janaka	Um famoso filósofo, rei de Videha ou Mithilā.
Jānu	Joelho.
Japa	Prece repetitiva.
Jaṭhara	Abdômen, estômago.
Jaṭhara parivartana	Um *āsana* no qual o abdômen é levado de um lado para o outro.
Jaya	Conquista, vitória; também significa controle, domínio.
Jīva	Ser vivo, criatura.
Jīvana	Vida.
Jīvana mukta	Uma pessoa que se emancipa durante sua vida em virtude do verdadeiro conhecimento do Espírito Supremo.
Jīvana mukti	O estado de emancipação.
Jīvātmā	Alma individual ou pessoal.
Jñāna	Conhecimento sagrado derivado da meditação sobre as mais altas verdades filosóficas e religiosas, que ensina ao homem como entender sua própria natureza.
Jñāna mārga	Caminho do conhecimento por meio do qual o homem encontra a realização.
Jñāna mudrā	Gesto em que a ponta do dedo indicador fica em contato com a ponta do polegar, enquanto os três dedos restantes permanecem estendidos. O gesto é um símbolo de conhecimento (*jñāna*). O dedo indicador é o símbolo da alma individual, o polegar simboliza a Suprema Alma Universal e a união desses dois simboliza o verdadeiro conhecimento.
Jñānendriya	Audição, tato, visão, paladar e olfato.
Kagola ou Kahola	Pai do sábio Aṣṭāvakra.

Kailāsa		Um pico da cordilheira dos Himālayas que é considerado o domicílio de Śiva.
Kaivalya		Emancipação final
Kaivalya pāda		Quarto e último capítulo do *Yoga Sūtras* de Patañjali, que trata da emancipação.
Kāla Bhairava		Um nome de Śiva.
Kālidāsa		Mais renomado dramaturgo e poeta da literatura sânscrita, cuja obra *Śakuntalā** é universalmente respeitada.
Kāma		Desejo, luxúria; nome do deus da paixão.
Kāma dhenu		Vaca celestial que concede todos os desejos.
Kāma rūpa		Zona das genitais, assim denominada em decorrência de Kāma, o deus da paixão.
Kanda		Raiz bulbosa, nó; *kanda* tem uma forma redonda em torno de dez centímetros e fica situado cerca de trinta centímetros acima do ânus, próximo ao umbigo, onde as três *nāḍīs* principais – *suṣumṇā*, *iḍā* e *piṅgalā* – se juntam e se separam; é recoberto por algo como um tecido branco suave.
Kanyākubja		Antiga cidade e território situado em um tributário do Ganges, hoje chamado de Kanoja.
Kapālabhāti		*Kapāla* = crânio; *bhāti* = luz, lustre; processo de limpar os seios da face.
Kapila		Sábio fundador do sistema *sāṁkhya*, um dos seis sistemas ortodoxos da filosofia hindu.**
Kapiṅjala		Pássaro *chātaka* que, supostamente, só bebe gotas de chuva.
Kapota		Pombo, pomba.
Karma		Ação.
Karma mārga		Caminho do homem ativo para a realização por meio da ação.
Karma yoga		União com a Suprema Alma Universal através da ação.
Karmendriya		Órgãos da excreção, reprodução, mãos, pés e fala.
Karṇa		Orelha; também um dos heróis do *Mahābhārata*.

* Śakuntalā é a filha da ninfa Menakā e do sábio Viśvāmitra que, seduzida pelo rei Duṣyanta, dá nascimento a Bharata. Inicialmente, ele é rejeitado pelo rei, mas depois de ouvir a retórica de Śakuntalā e sofrer a intervenção divina, acaba sendo reconhecido pelo pai. Esta é a história que Kālidāsa conta em seu texto *Abhijñānaśakuntalam, O Reconhecimento de Śakuntalā*. (N.T.)

** *Darśana* deriva da raiz *dṛś* = ver, significando, portanto, visão, daí serem os seis sistemas ortodoxos da filosofia hindu denominados *darśanas*, sendo eles: *nyāya* e *vaiśeṣika*, *sāṁkhya* e *yoga*, *mīmāṁsā* e *vedānta*. (N.T.)

Karṇa pīḍā	Pressão em torno da orelha.	
Kārtikeya	Deus da guerra, também conhecido como Kumāra, Ṣaṇmukha e Skanda. Ele é filho de Śiva e recebeu este nome porque foi criado pelas Kṛttikās, as Plêiades, sendo que cada uma das seis lhe deu de mamar em seu seio (*ṣaṇ* = seis; *mukha* = boca ou face); a história de seu nascimento é contada por Kālidāsa em seu épico *Kumāra Saṁbhava*.	
Karuṇā	Compaixão, piedade, doçura; também implica ação devotada para aliviar o sofrimento dos aflitos.	
Kaśyapa	Sábio esposo de Aditi e Diti; é um dos senhores ou progenitores dos seres vivos.	
Kaṭhopaniṣad	Uma das principais *Upaniṣads* em verso e na forma de diálogo entre o aspirante Nachiketās e Yama, o deus da morte.	
Kauṇḍinya	Um sábio.	
Kauravas	Descendentes de Kuru que lutaram na guerra fraticida do *Mahābhārata* contra seus primos, os Pāṇḍavas.	
Kāyā	Corpo.	
Kāyika	Relativo ao corpo.	
Kevala	Todo, inteiro, absoluto, perfeito, puro.	
Kevala kumbhaka	Quando a prática de *kumbhaka* (processo respiratório) se torna tão perfeita que é instintiva, ela recebe o nome de *kevala kumbhaka*.	
Kleśa	Dor, angústia, sofrimento.	
Koṇa	Ângulo.	
Kriyā	Rito expiatório, processo de limpeza.	
Kṛkara	Nome de um dos sopros vitais subsidiários, cuja função é evitar que as substâncias subam através das passagens nasais e da garganta, provocando espirros ou tosse.	
Krouncha	Ave semelhante à garça; nome de uma montanha.	
Kṛṣṇa	Mais celebrado herói da mitologia hindu, oitava encarnação de Viṣṇu.	
Kṛta	Nome da primeira das quatro eras do mundo dos homens.	
Kṣatriya	Membro da casta dos guerreiros.	
Kṣipta	Distraído, negligente.	
kukkuṭa	Galo.	
Kumāra Saṁbhava	Veja Kārtikeya.	
Kumbha	Cântaro de água, jarro, cálice.	

Kumbhaka		*Kumbhaka* é o intervalo de tempo ou a retenção da respiração após a inspiração completa ou após a expiração completa.
Kuṇḍalinī		Kuṇḍalinī (*kuṇḍala* = corda enrolada; Kuṇḍalinī = serpente fêmea enrolada) é a energia cósmica divina; esta força ou energia é representada como uma serpente enrolada adormecida, situada no centro nervoso mais baixo da coluna vertebral, o *muladhāra chakra*; esta energia latente tem de ser despertada e levada a subir pelo principal canal raquidiano, *suṣumṇā*, atravessando os *chakras* diretamente até o *sahasrāra*, a lótus de mil pétalas na cabeça. Então o *yogī* estará em união com Suprema Alma Universal;
Kūrma		Tartaruga; também o nome de um dos sopros vitais subsidiários, cuja função é controlar os movimentos das pálpebras a fim de evitar que matérias estranhas ou uma luz muito forte entre nos olhos.
Lac		100.000.
Laghu		Pequeno, miúdo; também significa bonito.
Lakṣmana		Irmão de Rāma, herói do épico *Rāmāyaṇa*.
Lakṣmī		Deusa da beleza e da prosperidade, consorte de Viṣṇu.
Lalāṭa		Fronte; também o nome de um *chakra*.
Laṅkā		Reino do demônio Rāvaṇa, identificado com o Sri Lanka.
Lauliki		O mesmo que *nauli*.
Laya		Dissolução; absorção da mente, devoção.
Laya yoga		União com a Suprema Alma Universal por meio da adoração ou da devoção.
Lobha		Cobiça.
Lola		Trêmulo, oscilante, movimento de vai e vem como o de um balanço ou um pêndulo.
Loma		Cabelo.
Madhyama		Médio, mediano, medíocre.
Mahā		Grande, potente, poderoso, elevado, nobre.
Mahābhārata		Célebre épico composto por Vyāsa, que inclui o *Bhagavad Gītā*.
Maha ṛṣi		Grande sábio.
Maitri		Afabilidade associada a um sentimento de unidade.
Makara		Crocodilo.
Mālā		Guirlanda, grinalda.
Man		Pensar.

Manas	A mente individual que detém o poder e a faculdade da atenção, da seleção e da rejeição; soberana dos sentidos.
Manas chakra	Plexo nervoso situado entre o umbigo e o coração.
Mānasika	Da mente, mental.
Maṇḍala	Círculo; também significa uma coleção, uma divisão do *Ṛgveda*.
Mandara	Uma montanha que foi usada pelos deuses e demônios como vara para agitar o oceano cósmico em busca do néctar.
Maṇḍūka	Rã.
Maṇipūraka Chakra	Plexo nervoso situado na região do umbigo.
Manomanī	Estado de *samādhi*.
Mantra	Pensamento sagrado ou prece.
Manu	Nome do pai da raça humana.
Mārga	Senda, estrada, caminho.
Marīchi	Nome de um dos filhos de Brahmā. Era um sábio e pai de Kaśyapa.
Matsya	Peixe.
Matsyendra	Um dos fundadores do *haṭha yoga*.
Mayūra	Pavão.
Menakā	Uma ninfa, mãe de Śakuntalā.
Meru daṇḍa	Coluna vertebral.
Mithilā	Capital do reino de Videha, governado pelo rei Janaka.
Moha	Ilusão, paixão.
Mokṣa	Liberação, emancipação final da alma de seus nascimentos recorrentes.
Mṛdu	Macio, gentil, suave.
Mṛta	Morto, cadáver.
Mūdha	Perplexo, confuso, tolo, obtuso, estúpido.
Muditā	Alegria, deleite.
Mudrā	Selo, uma postura que sela.
Mukha	Cara, boca.
Mukta	Liberto.
Mukti	Livramento, liberação, absolvição final da alma da cadeia de nascimento e morte.
Mūla	Raiz, base.
Mūla bandha	Postura na qual a região do ânus ao umbigo é contraída na direção da coluna e elevada.
Mūlādhāra chakra	Plexo nervoso situado na pélvis, acima do ânus, na base ou na raiz da coluna, o principal suporte do corpo.
Muṇḍakopaniṣad	Nome de uma *Upaniṣad* que trata da sílaba mística *auṁ*.

Nachiketās		Nome de um aspirante espiritual e um dos principais personagens do *Kaṭhopaniṣad*. Seu pai, Vājaśravas, queria doar todas as suas posses para obter mérito religioso. *Nachiketās* ficou curioso e perguntou a seu pai repetidas vezes: "A quem você me dará?" Seu pai respondeu: "Eu te darei a Yama" (o deus da morte). Nachiketās desceu para o reino da morte e obteve três desejos, o último dos quais era o conhecimento do segredo da vida após a morte. Yama tentou distrair Nachiketās para não ter que satisfazer seu desejo, oferecendo-lhe os maiores prazeres mundanos, mas Nachiketās não foi demovido de seu propósito e, finalmente, Yama deu a ele o conhecimento desejado.
Nāda		Som místico interior.
Nāḍī		Órgão tubular do corpo sutil através do qual a energia flui. Constituída por três camadas, uma dentro da outra, como o isolamento de um fio elétrico; a camada mais interna é denominada *sirā*, e a do meio, *damanī*; o órgão todo, assim como a camada externa é chamada de *nāḍī*.
Nāḍī śodhana		Purificação ou limpeza das *nāḍīs*.
Nāga		Um dos sopros vitais subsidiários que alivia a pressão abdominal, fazendo com que a pessoa arrote.
Nakra		Crocodilo.
Nara		Homem.
Narasiṃha		Homem-leão, Viṣṇu em sua quarta encarnação.
Naṭarāja		Um dos nomes de Śiva, o senhor da dança.
Nauli		Processo em que os órgãos abdominais são movidos vertical e lateralmente em um movimento ondular.
Nāva		Barco.
"Neti neti"		"Não é isso! Não é isso!" A experiência de *samādhi* não é como outras experiências, que podem ser descritas em palavras. Os sábios dizem sobre ela: "Não é isso! Não é isso!", pois as palavras não conseguem transmitir o sentimento de alegria e paz de tal estado.
Nirālamba		Sem suporte.
Nirañjana		Imaculado; livre de falsidade, puro.
Nirodhaḥ		Contenção, supressão.
Niruddha		Contido, verificado, controlado.
Niyama		Autopurificação por meio da disciplina; o segundo estágio do *yoga* mencionado por Patañjali.

Pāda	Pé ou perna; também uma parte de um livro.
Pādāṅguṣṭha	Dedão do pé.
Padma	Lótus.
Padmanābha	Uma das representações de Viṣṇu com um lótus crescendo do umbigo; desse lótus surgiu Brahmā.
Pāṇḍava	Nome de qualquer um dos cinco filhos de Pāṇḍu, os heróis do *Mahābhārata*.
Paramapāda	O degrau mais alto, o estado supremo, beatitude final.
Paramātmā	O Espírito Supremo.
Parāṅgmukhi	Voltado para dentro.
Paraśurāma	A sexta encarnação de Viṣṇu que destruiu os *kṣatriyas* ou casta dos guerreiros com seu machado de guerra (*paraśu*).
Parigha	Trave ou barra usada para bloquear ou fechar um portão.
Parigraha	Acúmulo.
Paripūrṇa	Inteiro, completo.
Parivartana	Girando em torno, revolvendo.
Parivṛtta	Girado em torno, revolto.
Parivṛtta eka pāda	Com uma perna rodando.
Pārśva	Lado, flanco, lateral.
Pārśva eka pāda	Com uma perna virada ao lado.
Parvata	Montanha.
Pārvati	Deusa consorte de Śiva, filha do Himalaia.
Paryanka	Cama, sofá.
Pāśa	Grilhão, alçapão, laço.
Paśchima	Oeste; a parte posterior do corpo, da cabeça aos calcanhares.
Paśchimōttāna	Alongamento intenso da parte posterior do corpo, desde a parte posterior do pescoço até os calcanhares.
Pātāḷa	Região inferior.
Patañjali	Proponente da filosofia do *yoga*, autor dos *Yoga Sūtras*, do *Mahābhāṣya* (tratado clássico sobre gramática) e um tratado sobre medicina.
Pīḍā	Dor, sofrimento, pressão.
Pīnchā	Queixo, pena.
Piṇḍa	Feto ou embrião, o corpo.
Piṇḍa prāṇa	Respiração individual, em contraste com o alento cósmico ou universal.

Piṅgalā		*Nāḍī* ou canal de energia que começa na narina direita, vai até o topo da cabeça e desce para a base da coluna; como a energia solar circula por ela, também é chamado de *sūrya nāḍī*; *piṅgalā* significa ocre ou avermelhado.
Plīhā		Baço.
Prahlāda		Grande devoto de Viṣṇu e filho do rei demônio Hiraṇyakaśipu.
Prajāpati		Deus dos seres criados.
Prajñā		Inteligência, sabedoria.
Prajñātmā		O ser dotado de inteligência.
Prakṛti		A natureza, fonte original do mundo material, constituída de três qualidades: *sattva*, *rajas* e *tamas*.
Pramāda		Indiferença, insensibilidade.
Pramāṇa		Um modelo ou ideal; autoridade.
Prāṇa		Alento, respiração, vida, vitalidade, vento, energia, força; também denota a alma.
Prāṇa vāyu		Sopro vital que permeia todo o corpo humano e se move na região do peito.
Praṇava		Outro nome para a sílaba sagrada *aum̐*.
Prāṇāyāma		Controle rítmico da respiração; o quarto estágio do *yoga*.
Praṇidhāna		Dedicação.
Prasārita		Afastado, alongado.
Praśvāsa		Expiração.
Pratiloma		Contrapelo, contracorrente.
Pratyāhāra		Recolhimento e emancipação da mente do domínio dos sentidos e dos objetos sensuais; o quinto estágio do *yoga*.
Pratyakṣa		Evidência direta.
Puṇya		Virtude, mérito, retidão, justo, bom.
Pūraka		Inspiração.
Pūrṇatā		Plenitude, perfeição.
Pūrva		Oeste; parte anterior do corpo.
Pūrvottana		Alongamento intenso da parte anterior do corpo.
Rāga		Amor, paixão, raiva.
Rāja		Rei, soberano.
Rāja kapota		Rei dos pombos.
Rāja mārga		Caminho real para a autorrealização por meio do controle da mente.

Rāja yoga	A união com o Espírito Supremo Universal, quando o indivíduo se torna senhor da própria mente, derrotando seus inimigos. Os principais desses inimigos são: *kāma* (paixão ou luxúria), *krodha* (ira ou fúria), *lobha* (cobiça), *moha* (ilusão), *mada* (orgulho) e *matsara* (ciúme ou inveja). O *yoga* de oito partes de Patañjali mostra o caminho real (*rāja mārga*) para alcançar este objetivo.
Rāja yogī	Aquele que tem domínio completo de si e de sua mente; aquele que conquistou a si mesmo.
Rajarṣi	Um rei sábio, um rei filósofo.
Rajas	Mobilidade ou atividade; uma das três qualidades ou componentes de tudo o que há na natureza.
Rajo-guṇa	A qualidade de mobilidade ou atividade.
Rāma	Herói do épico *Rāmayāṇa*; sétima encarnação de Viṣṇu.
Rāmāyaṇa	Nome do célebre épico sobre as proezas de Rāma, obra do sábio Vālmīki.
Rāvaṇa	Nome do rei demônio de Lankā que sequestrou Sītā, esposa de Rāma.
Rechaka	Expiração, esvaziamento dos pulmões.
Retus	Sêmen.
Ṛṣi	Sábio inspirado.
Ru	É a segunda sílaba da palavra *guru* e significa luz.
Ruchika	Um sábio.
Sādhaka	Buscador, aspirante.
Sādhanā	Prática, busca.
Sādhanā pāda	Segundo capítulo do *Yoga Sūtras* de Patañjali, que trata dos meios.
Sahajāvasthā	Estado natural da alma em *samādhi*.
Sahasrāra chakra	Lótus de mil pétalas situada na cavidade cerebral.
Sahita kumbhaka	*Sahita* significa acompanhado, assistido ou junto com; suspensão intencional da respiração.
Śakuntalā	Filha do sábio Viśvāmitra e da ninfa de Menakā, heroína da peça de Kālidāsa que carrega seu nome.
Śalabha	Lagosta.
Sālamba	Com suporte.
Sama	Mesmo, igual, uniforme, ereto.
Sama sthiti	De pé, parado e reto.
Sama vṛtti	Igualdade na inspiração, na expiração e na retenção da respiração no *prāṇayāma*.

Samādhi		Estado no qual o aspirante se torna um com o objeto de sua meditação, o Espírito Supremo que permeia o universo, e há um sentimento de indescritível regozijo e paz.
Samādhi pāda		Primeiro capítulo do *Yoga Sūtras* de Patañjali, que trata do estado de *samādhi*.
Samāna		Um dos sopros vitais, cuja função é auxiliar a digestão.
Sambhava		Nascimento.
Śāmbhava ou śāmbhavī		Pertencente a Śambhu ou Śiva.
Śambhu		Nome de Śiva.
Saṁśaya		Dúvida.
Saṁskāra		Impressão mental do passado.
Ṣaṇ		Seis.
Sañjīvani		Certo elixir ou planta medicinal com a suposta capacidade de ressuscitar os mortos.
Śankarāchārya		Célebre professor da doutrina *advaita*.
Ṣaṇmukha		Literalmente, "com seis bocas"; outro nome de Kārtikeya, o deus da guerra.
Ṣaṇmukhī mudrā		Postura selada na qual as aberturas da cabeça são fechadas e a mente é dirigida ao interior como preparação para a meditação.
Santoṣa		Contentamento.
Sarasvatī		Tributário do Ganges; também o nome da deusa da fala e do aprendizado, consorte de Brahmā.
Sarva		Todo, inteiro.
Sarvāṅga		O corpo inteiro.
Satī		Filha de Dakṣa Prajāpati. Ela se imolou em virtude do insulto cometido por seu pai ao seu marido, Śiva; renasceu como filha do Himālaya e reconquistou Śiva como seu marido; ela é a mãe de Kārtikeya (deus da guerra) e de Ganapati (deus do aprendizado, da sabedoria e da sorte).
Sattva		Qualidade iluminadora, pura e boa de tudo que existe na natureza.
Sattva guṇa		Qualidade de bondade e pureza.
Śaucha		Pureza, limpeza.
Śava		Cadáver, um corpo morto.
Śayana		Cama, sofá.
Śeṣa		Famosa serpente de mil cabeças; Śeṣa é representada como o leito de Viṣṇu, flutuando no oceano cósmico ou segurando o mundo em suas cabeças; outros nomes de Śeṣa são Ananta e Vāsuki.

setu	Ponte.
Setu bandha	A construção de uma ponte; nome de um *āsana* no qual o corpo é arqueado.
Siddha	Sábio, vidente ou profeta; também um ser semidivino sagrado de grande pureza.
Siṃha	Leão.
Sirā	Órgão tubular no corpo; veja *nāḍī*.
Śirṣa	Cabeça.
Śiṣya	Aluno, discípulo.
Śita	Fresco, frio.
Sītā	Nome da esposa de Rāma, heroína do épico *Rāmāyana*.
Sitakārī e *śitalī*	Tipos de *prāṇāyāma* que esfriam o sistema.
Śiva	Nome do terceiro deus da trindade hindu, encarregado da tarefa da destruição.
Śiva Saṃhitā	Texto clássico sobre *haṭha yoga*.
Skanda	Um dos nomes de Kārtikeya, o deus da guerra.
Ṣmrti	Memória, código de leis.
"So'ham"	"Ele sou eu"; a prece que se repete inconscientemente, a cada inspiração, no interior de todas as criaturas ao longo da vida.
Śodhana	Purificação, limpeza.
Śoka	Angústia, aflição, pesar, tristeza.
Śraddhā	Fé, confiança.
Steya	Furto, roubo.
Sthita prajñā	Aquele cuja sabedoria está firmemente estabelecida e não oscila; aquele que não se altera em virtude das dualidade do prazer e da dor, ganho e perda, alegria e tristeza, vitória e derrota.
Sthiti	Estabilidade.
Styāna	Languidez, indolência.
Sugrīva	Um líder macaco que auxiliou Rāma na busca e recuperação de Sītā, que havia sido sequestrada pelo rei demônio Rāvaṇa.
Sukha	Alegria, deleite, regozijo, prazer, conforto.
Sumanasya	Benevolência.
Śūnya aśūnya	A mente em estado de vazio (*śūnya*) e que ainda assim é um estado de não vazio (*aśūnya*).
Supta	Dormindo.
Sūrya	Sol.

Sūrya bhedana		Perfurando ou atravessando (*bhedana*) o Sol; aqui a inspiração é feita pela narina direita, onde se inicia *piṅgalā nāḍī* ou *sūrya nāḍī*; a expiração é efetuada através da narina esquerda, onde começa *iḍā nāḍī* ou *chandra nāḍī*.
Sūrya chakra		Plexo nervoso situado entre o umbigo e o coração.
Sūrya nāḍī		A *nāḍī* do Sol; outro nome para *piṅgalā nāḍī*.
Suṣumṇā		Principal canal no interior da coluna vertebral.
Suṣupti avasthā		Estado da mente no sono sem sonhos.
Sva		Próprio, inato, força viral, alma, ser.
Svādhiṣṭhāna chakra		Plexo nervoso situado acima dos órgãos reprodutores.
Svādhyāya		Educação do ser por meio do estudo da literatura divina.
Śvāna		Cachorro.
Svapna avasthā		O estado da mente em um sonho.
Śvāsa		Inspiração.
Śvāsa praśvāsa		Ofegar e suspirar.
Svātmārāma		Autor do *Haṭha Yoga Pradīpikā*, texto clássico sobre *haṭha yoga*.
Tāḍa		Montanha.
Tamas		Trevas ou ignorância, uma das três qualidades ou componentes de tudo o que existe na natureza.
Tamo-guṇa		Qualidade da escuridão ou da ignorância.
Tan ou *tān*		Alongar, estender, encompridar.
Tāṇḍava		Dança violenta de Śiva simbolizando a destruição do universo.
Tap		Queimar, chamejar, brilhar, sofrer dor, ser consumido pelo calor.
Tapas		Esforço ardente que envolve purificação, autodisciplina e austeridade.
Tāraka		Demônio assassinado por Kārtikeya, deus da guerra.
"*Tat tvam asi*"		"Tu és aquilo";* a realização da verdadeira natureza do homem como parte do divino, da divindade dentro de si mesmo, que liberta o espírito do homem dos limites do corpo, mente, intelecto e ego.
Tattva		O verdadeiro ou o primeiro princípio, elemento ou substância primária; a natureza real da alma humana ou do mundo material e o Espírito Supremo Universal que permeia o universo.
Tattva jñāna		O conhecimento do princípio verdadeiro.
Tejas		Lustre, brilho, majestade.

---

* "*That thou art*" é um grande dito do *Chāndogya Upaniṣad* que significa que você, indivíduo, não é diferente do Absoluto (That). (N.T.)

Ṭha	Segunda sílaba da palavra *haṭha*; a primeira sílaba, *ha,* representa o Sol, enquanto a segunda sílaba, *ṭha,* representa a Lua; a união dessas duas é *haṭha yoga.*
Ṭiṭṭibha	Vagalume.
Tirieng	Horizontal, oblíquo, transverso, reverso ou de cabeça para baixo.
Tola	Uma balança.
Tri	Três.
Trianga	Três membros.
Trikoṇa	Triângulo.
Trivikrama	Viṣṇu em sua quinta encarnação que, com três passos (*krama*) cobriu a terra, o céu e o inferno.
Tṛṣṇā	Sede, ânsia, desejo.
Turīya avasthā	O quarto estado da alma, que combina mas transcende os outros três, de vigília, sonho e sono – o estado de *samādhi.*
Ubhaya	Ambos.
Udāna	Um dos sopros vitais que permeia o corpo humano, enchendo-o de energia vital; localiza-se na cavidade torácica e controla a entrada de ar e de alimento.
Uḍḍīyāna	Grilhão ou servidão; aqui o diafragma é elevado bem para o alto do tórax e os órgãos abdominais são puxados para trás em direção à coluna; com *uḍḍīyāna bandha,* o grande pássaro *prāṇa* (vida) é forçado a voar para cima pela *suṣumṇā nāḍī.*
Ugra	Formidável, poderoso, nobre.
Ujjāyi	Tipo de *prāṇāyāma* no qual os pulmões são completamente expandidos e o peito se infla.
Ullola	Onda ou vaga grande.
Umā	Outro nome para a deusa Pārvati, consorte de Śiva.
Unmanī	Estado de *samādhi.*
Upaniṣad	A palavra é derivada dos prefixos *upa* (perto) e *ni* (embaixo), adicionados à raiz *sad* (sentar). Significa sentar no chão perto de um *guru* para receber instrução espiritual; os *Upaniśads* são a porção filosófica dos *Vedas,* a mais antiga literatura sagrada dos hindus, que trata da natureza do homem e do universo, da união da alma individual, ou ser, com a Alma Universal.
Upaviṣṭha	Sentado.

Upekṣā	Desconsideração; *upekṣā* não é tão somente um sentimento de desdém por uma pessoa que caiu no vício ou um sentimento de indiferença ou superioridade em relação a ela; é também uma autoanálise para descobrir qual teria sido nosso comportamento em uma circunstância semelhante e também até onde somos responsáveis pelo estado daquela pessoa que caiu e ajudá-la a voltar ao caminho correto.
Ūrdhva	Levantado, elevado, tendendo para cima.
Ūrdhva mukha	Com a cara para cima.
Ūrdhva retus	(*Ūrdhva* = para cima, *retus* = sêmen) Quem vive em perpétuo celibato e se abstém de relações sexuais; quem sublimou o desejo sexual.
Uṣṭra	Camelo.
Ut	Uma partícula que denota intensidade.
Utkaṭa	Poderoso, feroz.
Uttāna	Alongamento intenso.
Utthita	Levantado, estendido, alongado.
Vāchā	Fala.
Vāchika	Relativo à fala, oral.
Vaikuṇṭha	Um epíteto de Viṣṇu.
Vairāgya	Ausência de desejos mundanos.
Vajra	Raio, a arma de Indra.
Vakra	Torto.
Vālakhilya	Personagens divinos do tamanho de um polegar, nascidos do corpo do Criador que precedem a carruagem do Sol.
Valli	Um capítulo das *Upaniṣads*.
Vāma	O lado esquerdo.
Vāmadeva	Um sábio.*
Vāmana	Viṣṇu em sua quinta encarnação, quando nasceu como anão para humilhar o rei demônio Bali.
Vaṇḍi	Acadêmico da corte do rei Janaka.
Vāsanā	Desejo, inclinação, ânsia.
Vasanta	A estação da primavera personificada como uma divindade. Companheira de Kāma, o deus do amor e da paixão.
Vasiṣṭha	Célebre sábio, autor de diversos hinos védicos.

---

* Vāmadeva é o nome de um *ṛṣi* a quem se credita a autoria do texto *Mandala 4* do *Ṛg Veda*. (N.T.)

Vāsuki	Outro nome de Śeṣa.	
Vātāyana	Cavalo.	
Vāyu	O vento, os sopros vitais.	
Veda	Escrituras sagradas hindus, reveladas pelo Ser Supremo.	
Vibhūti	Força, poder, grandeza.	
Vibhūti pāda	Terceiro capítulo dos *Yoga Sūtras* de Patañjali, que trata dos poderes com os quais o *yogī* se depara em sua busca.	
Vidyā	Conhecimento, aprendizado, erudição, ciência.	
Vikalpa	Fantasia, que repousa meramente na expressão verbal, sem base factual.	
Vikṣepa	Distração, confusão, perplexidade.	
Vikṣipta	Estado mental agitado.	
Viloma	Contrapelo; contra a ordem das coisas; a partícula *vi* denota negação ou privação.	
Viparīta	Invertido, revertido.	
Viparyaya	Ponto de vista errôneo que, após estudo, é reconhecido como tal.	
Vīra	Herói, bravo.	
Vīrabhadra	Poderoso herói criado a partir do cabelo embaraçado de Śiva.	
Virancha ou Viranchi	Um nome de Brahma.	
Virochana	Príncipe demônio filho de Prahlāda e pai de Bali.	
Vīrya	Vigor, força, virilidade, entusiasmo.	
Viṣama vṛtti	Movimento respiratório irregular ou veemente.	
Viṣṇu	Segunda deidade da trindade hindu, encarregada da preservação do mundo.	
Viśuddha chakra	Plexo nervoso situado na região faríngea.	
Viśvāmitra	Um célebre sábio.*	
Vitasti	Medida de cumprimento.	
Vṛkṣa	Árvore.	
Vṛśchika	Escorpião.	
Vṛt	Girar, revolver, rolar.	
Vṛtti	Ação, conduta, modo de ser, condição ou estado mental.	
Vyādhi	Enfermidade, moléstia, doença.	
Vyāna	Um dos sopros vitais que permeia o corpo inteiro e faz circular pelo corpo a energia derivada do alimento e da respiração.	

---

* Viśvāmitra é um dos *maharṣis* dos *Vedas*, a quem se atribui a autoria do texto *Mandala 3* do *Ṛg Veda*; na mitologia *purāṇica* ele é retratado como arqui-inimigo de Vasiṣṭha. (N.T.)

Yama		O deus da morte; *yama* também é a primeira das oito partes ou meios de alcançar o *yoga*; *yamas* são os mandamentos morais ou disciplinas éticas universais que transcendem credos, países, idade e tempo. As cinco mencionadas por Patañjali são: não violência, veracidade, não roubar, continência e não cobiçar.
Yoga		União, comunhão; a palavra *yoga* é derivada da raiz *yuj*, que significa unir, juntar, concentrar a atenção; é a união da nossa vontade à vontade de Deus, uma postura serena da alma que nos capacita a olhar todos os aspectos da vida de modo equânime; o objetivo principal do *yoga* é ensinar os meios pelos quais a alma humana pode unir-se completamente ao Espírito Supremo que permeia o universo e, desta forma, assegurar a liberação.
Yoga mudrā		Uma postura.
Yoganidrā		O sono do *yoga*, no qual o corpo está em repouso como se estivesse dormindo, enquanto a mente permanece totalmente consciente, embora todos os seus movimentos estejam aquietados. *Yoga nidrā* também é o nome de um *āsana*.
Yoga Sūtras		Obra clássica de Patañjali sobre *yoga*, que consiste de 185 aforismos concisos sobre o *yoga*, divididos em quatro capítulos que tratam, respectivamente, de *samādhi*, os meios pelos quais se atinge o *yoga*, os poderes que o aspirante encontra em sua busca e o estado da liberação.
Yogī ou yogin		Aquele que segue o caminho do *yoga*.
Yoni mudrā		*Yoni* significa útero ou origem, e *mudrā*, selo; *yoni mudrā* é uma posição na qual as aberturas da cabeça são fechadas e os sentidos do aspirante são dirigidos para dentro, de modo a habilitá-lo a descobrir a origem de seu ser.
Yuga		Época, era.
Yuj		Juntar, unir, usar, concentrar a atenção em algo.
Yukta		Aquele que atingiu a comunhão com o Espírito Supremo que permeia o universo.

Índice

abhaya 37
abhiniveśa 28
abhyāsa 25, 32, 51
ação 24, 27, 31-5, 42, 50, 55
acidez 505
adoração 40, 43, 49, 53
Advaita 126
āgama 27
ahaṁkāra 23, 53, 453
ahiṁsā 36-8, 42
ajapa mantra 48
ajñā chakra 393, 453
akrodha 37
alabdha bhūmikatva 28, 30
ālasya 28
alienação 49
alma 23, 25, 34, 43-4, 45, 57, 125, 438, 452
    condições da 126
amanaska 49, 126
amigdalite 506
amṛta 298
anahāta chakra 393, 453
anantāsana 255-56
anavasthi tattva 30, 31
anemia 506
aṅgamejayatva 29
antaraṅga sādhanā 26
Antarātmā 45
antarātmā sādhanā 26
anuloma prāṇāyāma 470, 472-73

apāna 49, 137, 452
aparigraha 36, 39
apendicite 506
apuṇya 31
Arjuna 23, 25, 33, 40, 53, 302
artrite 506-07
āsana 25, 40, 44-6, 52, 54
    veja também os nomes de cada um dos *āsanas*
asma 508
aṣṭāṅga yoga 26, 35
Aṣṭāvakra 284-85
aṣṭāvakrāsana 284
asteya 36, 38-9
Ātmā ou Ātman 26, 35, 48, 55
ātmīyatā 31
auṁ 53-5
auto rendição 27, 37
avasthā 54, 125
avatāres 46
avidyā 28
avirati 28
azia 508

baço 516
bahiraṅga sādhanā 25
bakāsana 326
    eka pāda I 349-51
    eka pāda II 351-53
    pārśva 330-31
bandha 145, 393, 449-53

jālandhara 449, 451, 455, 472
mūla 357-58, 449, 451, 453-55, 472
uḍḍīyāna 439-40, 449, 451-54
bandhāsana:
    chakra 393-95
    mūla 357-58
    setu 258-59
Bhagavad Gītā 23-4, 35, 40, 56, 199, 151
bhairavāsana 306-07
    kāla 307-08
bhakti 40, 43, 49, 53
bhakti mārga 26
bhamarī prāṇāyāma 465-66
Bharadvāja 46, 260
bharadvājāsana I 260-61
bharadvājāsana II 261-62
bhastrikā prāṇāyāma 463
bhekāsana 134-35
    supta 355-56
Bheruṇḍāsana Gaṇḍa 425-29
bhoga 43, 452
bhoktṛ 35
bhrānti darśana 28
bhujaṅgāsana I 114-15
bhujaṅgāsana II 408-10
bhujapīḍāsana 289-90
bhujāsana:
    dwi hasta 288

563

eka hasta 287
braços 508
   deformidade nos 508
Brahmā 33, 54, 143, 168, 246, 313
brahmā vidyā 54
brahmacharya 36, 39, 42, 174, 179
Brahman 25, 39, 46, 54-5, 125, 137, 199
brahmāṇḍa prāṇa 48
bronco pneumonia 509
bronquite 509
buddhāsana 305
buddhi 24, 40, 53, 453

calcanhares 509
catarro nasal 510
celibato 39, 453
cérebro 510
chakorāsana 308-09
chakras 138, 393, 431, 451, 453
chakrāsana 251-52
chandrāsana, ardha 81-2
chaturaṅga 111-12
   dwi pāda viparīta 386-91
   eka pāda viparīta I 390-91
   eka pāda viparīta II 391-92
   ūrdhva 194-99
ciática 510
citta 24, 48, 453
citta vikṣepa 28-9
citta vṛtti 24, 27
cóccix, dor e deslocamento 511
cólica 511
colite 511
comida 36, 41, 50, 61, 125, 445
compaixão 30
concentração 25, 28, 29, 41, 48, 53, 55, 126, 450, 476
consciência 50, 54, 125, 437, 450

constipação 511
coração 512
corcunda 512
corpo 23, 25, 28-9, 34, 36, 40, 42, 44-7, 52, 54, 55, 62, 125, 449

Dakṣa 75, 433
daṇḍāsana 119
daurmanasya 29, 41
debilidade nervosa 520
desejo 26, 32, 35, 38, 42, 44, 48, 52, 125, 141, 359, 404, 408, 412, 452
desespero 29, 41
disinteria 514
Deus 14, 23, 26, 29, 36, 38, 46, 49, 52, 66, 385, 450, 452
devadatta 49
dever 26, 35, 39
dhanurāsana 108-10
   ākarṇa 186-89
   eka pāda ūrdhva 379-81
   pādāṅguṣṭha 412-16
   pārśva 110-11
   ūrdhva I 372-74
   ūrdhva II 374-76
   viparīta chakrāsana em ūrdhva 376-79
dhāraṇā 25, 52-3, 476
dhyāna 25, 48, 55, 450, 476
diabetes 512
diarreia 513
disciplina 14, 25, 33, 35, 40, 42, 44, 46, 51-2, 54, 61, 445
discos vertebrais
   deslocamento dos 513
dispepsia 514
distúrbios menstruais 137, 222, 513
dor 27, 31, 36, 40, 52

dor de cabeça 514
dor nas costas 514
dor no parto 514
dores reumáticas 515
Droṇa 53, 260
duḥkha 29, 31
dūrvāsāsana 310-11
dveṣa 28

ego 24, 48, 53, 54, 55, 453
eka pādāsana
   ūrdhva prasārita 99-100
eka tattvā abhyāsa 53
ekāgra 52
ekāgratā 53
emoções 23, 25, 36, 40, 48, 51, 55, 302, 389, 400, 450
energia 25, 39, 41, 43, 47, 49, 125, 138, 439, 451, 454
enxaqueca 515
epilepsia 515
espermatorreia 515
esterilidade 515
estômago, tumor no 527
ética 25, 36, 61

fadiga 515-16
falta de ar 516
fígado 516, 528
flatulência 516
frio 509

gālavāsana 339, 41
   eka pāda 341-43
Gandhī 23, 38
garbha piṇḍa 149
garuḍāsana 103-04
gastrite 516
gheraṇḍāsana I 416-19
gheraṇḍāsana II 419-21
gomukhāsana 122-23

gorakṣāsana 150-51
gota 517
guṇas 50-2
guṇātīta 52, 54
guru 32, 46, 54, 97, 378, 445, 451, 452, 462

halāsana 226-29
   pārśva 231-32
halitose 517
Haṁsaḥ" 48
haṁsāsana 294-95
Hanumān 46, 366-67
hanumānāsana 366-69
hastāsana, pāda 96-7
haṭha vidyā 267-68
haṭha yoga 27, 32, 47, 48
hemorroidas 517
hérnia 517-18
hidrocele 518

iḍā 281, 453, 457
iluminação 32, 33
imaginação 27
imortalidade 52, 126, 298
impotência 518-19
indigestão 519
individualidade 28, 48, 54
indriya jaya 41
insônia 519
intelecto 23, 26, 30, 33, 40, 44, 53, 54, 453
intestinos 516
isquiotibiais (músculos) 519
Īśvara praṇidhāna 40, 43-4

jāgrata avasthā 54
Janaka 284
japa 450
jaya 455
jīvana mukta 55

jīvana mukti 126
jīvātmā 23, 48
joelhos 520

kaivalya 35
Kālidāsa 75
Kāma 304, 453
kāma rūpa 453
kaṅdāsana 363-66
kapālabhāti prāṇāyāma 464-65
Kapila 46
kapilāsana 306
kapiñjalāsana 421-22
kapotāsana 381-85
karma 55
karma mārga 26
karma yoga 24
karṇapīḍāsana 229-30
Kārtikeya 166, 304
karuṇā 30
Kaśyapa 323, 371
kaśyapāsana 323-24
Kaṭhopaniṣad 24, 30, 33
kleśa 28
koṇāsana:
   baddha 136-37, 446
   supta 230
   upaviṣṭha 172-74
Kouṇḍinya 343
kouṇḍinyāsana:
   dwi pāda 343-45
   eka pāda I 345-47
   eka pāda II 347-49
kṛkara 49
krounchāsana 166-67
Kṛṣṇa 23, 25, 33, 40, 55
kṣipta 52
kukkuṭāsana 148-49
   pārśva 335-39
   ūrdhva 331-35

kumbhaka 47-8, 126, 447, 449-50, 451, 456-57
   antara 47-8, 449, 452, 456, 458, 459, 472, 474
   bāhya 47, 449, 451, 456, 461-62, 468, 475
   kevala 475-76
Kuṇḍalinī 137, 281, 363, 454
kūrmāsana 298-301
   supta 301-02

laghu vajrāsana 385-86
Lakṣmī 298
lalāṭa chakra 453
lauliki veja *nauli*
laya 126
laya yoga 32
limpeza 40, 61, 445
lobha 43
lolāsana 123-24
lumbago 515

madhyama 32
maitri 31
makarāsana 108
mālāsana I 272-74
mālāsana II 274-75
manas 24, 31, 49, 53, 126, 438, 453
manas chakra 453
maṇḍalāsana 394-97
maṇipūraka chakra 393, 453
manomanī 126
mantra yoga 32
marīchyāsana I 168-70
marīchyāsana II 170-72
marīchyāsana III 263-65
marīchyāsana IV 265-66
matsyāsana 146-47
Matsyendra 267-68

Índice

565

matsyendrāsana:
   ardha I 267-72
   ardha II 278-79
   ardha III 279-80
   paripūrṇa 281-84
mayūrāsana 291-92
   eka pāda uttāna 239-40
   padma 293-94
   pīnchā 295-96
   uttāna 237-38
   uttāna padma 241-43
meditação 25, 29, 55, 128, 137, 476
memória 520
mente 23, 31-2, 34, 38, 42, 48, 52, 62, 99, 126, 302, 389, 416, 437-38, 449, 453
meru daṇḍa 451, 453
moderação 24, 34
moha 43
mokṣa 23, 438
moralidade 36
morte 33, 37, 45, 52, 451
mṛdu 32
mūdha 52
muditā 30
mudrā:
   aśvinī 452
   jñāna 447, 455, 471, 474
   khecharī 126
   mahā 155-56
   parāṅgmukhī 140
   ṣaṇmukhī 140
   yoni 140
mudrāsana yoga 152-53
mukhottanāsana tirieng 431-32
mūlādhāra chakra 393, 429, 453
mulher 65, 99, 121, 137, 174, 513, 521
   gravidez 65, 137

nāda 126
nāḍī 125, 281, 393, 451, 453, 460
nāḍī śodhana prāṇāyāma 446, 460-62
nāga 49
nakrāsana 112-13
não violência 36-7, 42, 50
naṭarājāsana 433-36
nauli 441-42
nāvāsana:
   ardha 120-21
   paripūrṇa 118
"neti neti" 56
nirañjana 126
nirodhaḥ 24
niruddha 53
niyama 25, 40, 61, 125
nomes, sagrados 450

obesidade 521
olhos 521
órgãos abdominais 356, 508
ovários 521

pādāṅguṣṭhāsana 95-6
   supta 252-54
   utthita hasta 83-4
pādāṅguṣṭhāsana ubhaya 182-83
pādāsana:
   śīrṣa 422-24
   ūrdhva prasārita 249-50
   uttāna 256-57
padmāsana 137-40, 446
   baddha 151-53
padmóttanāsana
   ardha baddha 100-03
pādōttānāsana:
   prasārita I 87-9
   prasārita II 89-90

palavras sagradas 450
palpitação 521
pâncreas 516
paralisia 521
paramapāda 126
paramātmā 23, 25, 48
parighāsana 90-1
parivartanāsana, jaṭhara 247-48
pārśva koṇāsana:
   parivṛtta 74-5
   utthita 72-3, 83
pārśvōttānāsana 85-6
parvatāsana 141-42
Pārvati 267
paryankāsana 133-34
pāśāsana 275-78
paśchimōttānāsana 174-79
   ardha baddha padma 161-64
   parivṛtta 179-82
   triaṅga mukhaika pāda 164-66
   ūrdhva mukha I 182
   ūrdhva mukha II 183-85
Patañjali 13, 23, 30, 35, 39, 40, 476
paz 24, 31, 34, 42, 48, 56, 141, 450
pé chato 522
peito 522
pernas 522-23, 526
   deformidade nas 508
piṇḍa prāna 48
piṇḍāsana, garbha 149-50
piṅgalā 281, 453, 457
pleurite 523
pneumonia 523
pólio 523
postura de lótus 137-38
   veja também *padmāsana*

postura de apoio sobre a cabeça 189-90
   veja também *śīrṣāsana*
posturas 25, 44-6, 446-47
   veja também *āsana*
Prajāpati 326
prakṛti 50
pramāda 29
pramāṇa 27
prāṇa 31, 46, 47, 48, 126, 137, 438, 439, 451, 457, 475
prāṇa vāyu 49
praṇava 53
prāṇāyāma 25, 31, 40, 47-9, 52, 54, 64, 128, 140, 439-76
   prática 25, 30, 32, 62, 65, 446, 449
pratiloma prāṇāyāma 470, 473-75
pratyāhāra 25, 30, 48, 49-52, 54, 141, 302, 450
pratyaksa 27
prazer 27
prece 32, 42, 48
pressão sanguínea 524
próstata 524
pulmões 525
puṇya 31
pūraka 47, 449, 451, 456, 458, 460, 468
pūrṇatā 44
pūrvottānāsana 185-86

rāga 28
rāja kapotāsana 410-12
   eka pāda I 401-02
   eka pāda II 404-05
   eka pāda III 406-07
   eka pāda IV 407-08
rāja yoga 26, 126
rajas 50, 54

rajo-guṇa 51
Rāma 366-67
razão 24, 26, 34, 37, 48, 54
rechaka 48, 449, 451, 456, 458, 460, 468
relaxamento 437, 447
renascimento 34
renúncia 35, 39
respiração 25, 28, 31, 40, 47-9, 55, 63, 140, 438, 447
   veja também *prāṇāyāma*
ṛichikāsana 312-13
rins 525

sādhanā 30, 34, 35
sahajāvasthā 126
sahasrāra chakra 393, 453
sahita prāṇāyāma 475-76
śalabhāsana 106-07
   viparīta 430-31
sama koṇāsana 369-70
samādhi 25, 35, 56, 126, 450
samāna 49
śāmbhava 140
saṁśaya 28
saṁskāra 33
śaṅkarāchārya 56
santoṣa 42
sarvāṅgāsana 61, 215-46
   eka pāda 233-34
   eka pāda setu bandha 239-40
   nirālamba I 223-24
   nirālamba II 224-25
   pārśva 235-36
   pārśva piṇḍāsana em 244-45
   pārśva ūrdhva padmāsana em 241, 246
   pārśvaika pāda 234-35
   piṇḍāsana em 243-44
   sālamba I 215-22
   sālamba II 222

setu bandha 237-38
   ūrdhva padmāsana em 240
Satī 75, 433
sattva 50, 52, 54
sattva guṇa 51
satya (verdade) 36, 38
śaucha (pureza) 40
saúde 29, 41, 55
śavāsana 64, 437-38, 449
śayanāsana 297
self 24, 29, 30, 34, 36, 40, 45, 53, 125
sentidos 24, 30, 32, 34, 39, 43, 49, 55, 126, 141, 302, 438, 448, 450
siddha 125-26
siddhāsana 125-27, 446
siṁhāsana I 143-45
siṁhāsana II 145-46
śīrṣāsana 61, 189-215
   baddha hasta 203-04
   dwi pāda 317-18
   eka pāda 209-10, 302-04
   jānu 156-58
   mukta hasta 204-06
   parivṛtta jānu 159-61
   parivṛttaika pāda 207-09
   pārśva 206
   pārśva ūrdhva padmāsana em 214
   pārśvaika pāda 210-11
   piṇḍāsana em 214-15
   sālamba I 189-93
   sālamba II 200
   sālamba III 201-02
   ūrdhva padmāsana em 212-14
Sītā 284, 366-67
śitakārī prāṇāyāma 467
śitalī prāṇāyāma 465-66
Śiva 54, 75, 140, 267, 304, 306, 360, 433

skandāsana 304-05
So'ham" 48
śoka 43
som, interior 126
śraddhā 33
sthita prajñā 54, 302
styāna 28
śunya aśūnya 126
Sūrya 168
sūrya bhedana prāṇāyāma 457-59
sūrya chakra 453
sūrya nāḍī 457
suṣumṇa nāḍī 138, 451, 453
suṣupti avasthā 54, 125
svādhiṣṭhāna chakra 393, 429, 453
svādhyāya 40, 42-3
śvānāsana:
    adho mukha 64, 116-18
    ūrdhva mukha 115-16
svapna avasthā 54
śvāsa praśvāsa 29

tāḍāsana 66-7
tamas 50, 54
tamo-guṇa 51, 52
tapas 40, 42
tat tvam asi" 54
tattva jñāna 34
tiṭṭibhāsana 318-20
tolāsana 142-43
tornozelos 525-26
tosse 526
trabalho 26
trikoṇāsana:
    parivṛtta 71-2
    utthita 69-70, 83
trivikramāsana
    supta 371-72
trombose coronária 526
tṛṣṇa 52
tuberculose 526
turīyāvasthā 54, 125

udāna 49
ujjāyi 455
ujjāyi prāṇāyāma 455-56
úlcera 527
Upaniṣads 55, 126
upekṣā 31
ūrdhva retus 453
urina 527
uṣṭrāsana 91-2
útero, deslocamento do 513
utkaṭāsana 93-4
uttānāsana 64, 97-8

vāchika 42
vairāgya 25, 32, 52
vajrāsana, supta 153-54
vālakhilyāsana 403-04
vāmadevāsana I 360-61
vāmadevāsana II 362
Vāmana 371
Vasanta 304
Vasiṣṭha 46, 321-22, 324, 343
vasiṣṭhāsana 321-22
vātāyanāsana 105-06
vāyu 49, 452
vegetarianismo 36, 41
veias varicosas 527
vertigem 528
vesícula biliar 528
vibhūti pāda 35
vikalpa 27
viloma prāṇāyāma 470-72
Vinoba Bhave 53
viparyaya 27
vīrabhadrāsana I 75-7
vīrabhadrāsana II 78-9
vīrabhadrāsana III 79-80
viranchyāsana I 313-14
viranchyāsana II 314-15
vīrāsana 128-31/supta 131-32
virtude 29-31, 39
vīrya 30
Viṣṇu 54, 143, 146, 166, 246, 255, 298, 312, 315, 366, 371
viśuddha chakra 393, 429, 453
Viśvāmitra 46, 321, 324, 339
viśvāmitrāsana 324-25
vontade 14, 43, 54
vṛkṣāsana 68-9
    adho mukha 297
vṛśchikāsana I 397-98
vṛśchikāsana II 399-400
vṛtti 24
vṛtti prāṇāyāma:
    sama 468-69
    viṣama 469-70
vyāna 49
yama 25, 33, 34, 36, 40, 61, 125
Yoga Sūtras 23, 27, 35
yogadaṇḍāsana 281-83
yoganidrāsana 315-17
yukta 23